W0330275

Les fabuleux exploits

DES PREMIÈRES SPORTIVES

Les fabuleux exploits

DES PREMIÈRES SPORTIVES

MÉLINA GAZSI

Préface de **NELSON MONFORT**

DBS

Pour toute information sur notre fonds et nos nouveautés,
consultez notre site web : www.deboecksuperieur.com

15, allée de la 2e DB, F-75015 Paris
Rue de Bosquet, 7 – B-1348 Louvain-la-Neuve

Maquette intérieure et mise en page : Primo & Primo

Dépôt légal :
Bibliothèque nationale, Paris : janvier 2024
Bibliothèque royale de Belgique, Bruxelles : 024/13647/021

ISBN : 978-2-8073-6209-3

REMERCIEMENTS

Comme dans les pratiques sportives, il y a sous la lumière des projecteurs celle ou celui qui court, nage, saute, vole, escalade et pilote, etc. Puis autour, il y a une équipe qui travaille… Dans l'écriture, qui pourrait être considérée comme une discipline sportive - car c'est souvent du sport aussi ! – c'est un peu la même chose.

Je voudrais donc ici saluer fraternellement toutes celles et tous ceux qui m'ont aidée à des titres divers.

Tout d'abord, un grand merci aux éditions De Boeck Supérieur pour la confiance qu'elles m'ont accordée, et tout particulièrement à Fabrice et à Florence pour l'accomplissement du travail en commun réalisé dans la plus grande fluidité et complicité.

Merci à ma famille qui m'a supportée et aidée pendant ces mois d'écriture sportive, et plus particulièrement Gérard Desprez alias Solférino, Lola G., Jean Gazounaud.

Merci à Maria Dos Anjos, Eric Salone, Frank Bourdeau, Dominique Blaizot, Michel Cyprien, Véronique et Stéphane Deldicque, Maria Fermanis, Nicolas Rebbot, Alix de Montaigu… et peut-être aussi à quelques voisins à qui j'ai parfois demandé s'ils pouvaient faire moins de bruit…

SOMMAIRE

PRÉFACE

Avec cet ouvrage, Mélina Gazsi nous entraîne à la découverte de femmes extraordinaires. Le «casting» est impressionnant ! L'ouvrage que vous avez sous les yeux fourmille d'anecdotes plus passionnantes et divertissantes, les unes que les autres. L'émotion est également au rendez-vous.

Saviez-vous, par exemple, que Serena et Vénus Williams n'étaient pas les premières tenniswomen à s'imposer dans les grands tournois ? Elles avaient été précédées, bien avant, par l'oubliée Althea Gibson. De même, en sport automobile, les femmes ont parfois concurrencé directement leurs homologues masculins, témoin la trajectoire de la charismatique Italienne Maria Teresa de Filippis. Et que dire de l'histoire passionnante de la jeune gymnaste roumaine Nadia Comăneci... À lire les lignes qui lui sont consacrées, on comprend pourquoi elle était surnommée « la jeune fille qui ne souriait jamais ».

Il y a tant d'exemples dans ce livre consacré aux premières sportives qui ont marqué l'Histoire du sport et de l'aventure. Mélina nous entraîne, avec elles, des tempêtes océaniques aux plus hauts sommets himalayens. L'auteure ne s'est pas contentée de dresser le portrait de ces femmes exceptionnelles. Les photographies, et notamment celles en noir et blanc, qui illustrent l'ouvrage lui apportent une touche d'élégance et de poésie. Ces destins d'exception nous font penser à l'inoubliable chanson de Jean Ferrat : « La femme est l'avenir de l'homme ».

Nelson Monfort

INTRODUCTION

L*es fabuleux exploits des premières sportives*, quel casting ! Nelson Monfort a raison de le souligner dans la préface qu'il a acceptée d'écrire, au nom de son amour du sport et de son admiration pour celles qui ont dû affronter toutes sortes d'obstacles pour parvenir à assouvir leur passion et s'inscrire dans les disciplines de leur choix comme des sportives à part entière. Elles sont nombreuses.

Du Moyen Âge jusqu'à aujourd'hui, ce livre raconte le parcours et les exploits de plus d'une centaine de sportives. Beaucoup sont connues, quelques-unes se sont hissées au rang des stars, mais la plupart d'entre elles restent méconnues ou oubliées. Toutes, néanmoins, se sont illustrées dans le sport de façon remarquable.

Pourtant, tout aussi remarquables, d'autres sportives sont, hélas, absentes de ces pages ; de même que les disciplines dans lesquelles elles se sont distinguées. Car, pour leur rendre hommage à toutes, il aurait sans doute fallu doubler la pagination de cet ouvrage. Malgré le parti pris de ne prendre en compte que les premières, la place nous a manqué pour évoquer toutes celles qui, pour la première fois, ont couru, sauté, piloté, nagé, volé, grimpé, boxé, joué au ballon, etc., et très souvent remporté des courses et gagné des victoires. Il y en eut tellement ! Et comment ne pas dire : tant mieux !

J'avais déjà fait ce constat quand j'avais eu l'idée en 2021 d'écrire mon premier opus sur le parcours de femmes exceptionnelles (*Elles ont été les Premières !*) Le champ était alors plus vaste s'agissant des premières dans des domaines très divers. Parmi elles, déjà quelques sportives : Elisa Deroche, Isadora Duncan, Annette Kellerman, Charlotte Cooper, Junko Tabei et Stéphanie Frappart. Difficile déjà de choisir parmi celles qui avaient suivi leur propre voie et ouvert, parfois sans en avoir vraiment conscience, le chemin de l'émancipation et de l'égalité entre les sexes…

Dans le domaine du sport, j'ai pensé que le choix serait... disons, plus facile. Eh bien, pas du tout. Je me trompais. Vous n'imaginez pas combien de femmes, de tous pays, de tous continents, de tous milieux sociaux et culturels, durant des siècles et des siècles jusqu'à aujourd'hui, ont décidé qu'elles seraient des sportives et sont devenues des premières dans leur discipline et souvent des championnes…

Certaines ont été adoubées, encouragées et aidées par leur famille, leurcompagnon ou leur époux, leurs professeurs et leurs entraîneurs. D'autres, pour y parvenir, ont tenu tête, bravé les diktats de la société, les règlements en vigueur au sein des instances et des organisations, et surmonté tout autant les aléas de la vie et les handicaps.

D'autres encore, parvenues au sommet, en ont profité pour faire entendre leur voix et exiger, pour elles et leurs consœurs, qu'il leur soit donné un traitement moral et financier identique à celui accordé à leurs homologues masculins. Aussi, cet ouvrage préfacé par Nelson Monfort, revendique-t-il, à sa façon, d'illustrer un peu de cette parité, qui fut si longue à s'imposer…

Pour donner une idée de ce long chemin, je tenterai un premier grand saut en arrière. Dans le passé, s'entend. Très loin, vers Cynisca et Callipateira appelée Phérénike. Certes, pas à proprement parler des sportives, mais leur histoire plus que tout discours est édifiante et nous fait mesurer le prix des victoires sur l'égalité. Pas des sportives ? Pas si vrai que cela pour Cynisca, princesse de Sparte. Car les femmes de Sparte qui en avaient les moyens détenaient le privilège de pratiquer certains sports équestres – à leur manière – et d'entraîner leurs fils ou leur équipe. Ainsi, en 396 et 392 av. J. C., Cynisca, a bel et bien concouru à des courses de char, à sa manière. Et a gagné le premier prix. À sa manière, c'est-à-dire ? Eh bien, sans pénétrer dans le stade. Un aurige bien entraîné par elle conduisait à sa place le quadrige lui appartenant. Quant à Callipateira, si son nom est incertain, elle est bien l'unique fille de Diagoras de Rhodes, célèbre pugiliste grec du 5e siècle avant J.-C. Elle serait la première et la seule, dit-on, à être descendue dans l'Olympe. La seule femme mariée, en tous cas. Car, allez savoir pourquoi ces dernières risquaient gros, parfois la vie, à braver l'interdiction décrétée en haut lieu à leur encontre. Précisons qu'elle ne s'y était précipitée que dans le seul but d'embrasser un des vainqueurs, son fils Peisirodos. Mais elle était déguisée… Tiens, tiens. Cela paraît invraisemblable, n'est-ce pas ? C'est oublier que des siècles après, le même subterfuge fut utilisé. Vous en trouverez dans ce livre quelques « savoureux » exemples.

Prêts pour un autre saut encore plus époustouflant ? Mais tout à l'opposé du premier. À la villa du Casale[1] construite au 3e siècle après J. C. par un haut dignitaire de l'Empire romain, au sud de la Sicile ? Là, une série de mosaïques dite « des femmes en bikini » témoigne des différents sports pratiqués (pour les loisirs, bien sûr) par des jeunes filles : haltères, jeux de balle, course à pied, lancer de disque… Dommage que leurs noms nous sont inconnus. Elles auraient pu faire partie de nos Premières !

Puis, plus près de nous, enfin, à la fin du 19e siècle, c'est-à-dire il y a près de cent trente ans, saluons la première présidente du premier club de football féminin. Vous n'y croyez pas ? Eh bien, si ! Lady Florence Douglas alias Florence Dixie, fille du marquis de Queensberry, née en Écosse, écrivaine, correspondante de guerre au *Morning Post* de Londres en Afrique du Sud et militante féminine, dirigea en 1895 le British Ladies Football ! Et que dire de Lizzie Arlington, la première à évoluer au baseball en ligues mineures en 1898[2] ?

Saluons aussi dans l'univers de la moto, Suzanne Koerner et Bessie Stringfield, l'une parcourant en 1927 deux mille kilomètres à moto, de Berlin à Birmingham, seule et en plein hiver ; la seconde traversant en 1930 les États-Unis. Adressons aussi un coup de chapeau à Mireia Rodriguez, la première à jouer en 2021 dans une équipe féminine de handball. À Salma al-Majidi qui, à défaut de chausser les crampons, réussit en 2018 à être reconnue comme la première coach du monde arabe d'une équipe masculine de football. À Tifanny Abreu, première femme trans à jouer en 2017 dans la Superliga brésilienne de volley-ball féminin. Et encore à la Savoyarde Karine Ruby, qui, en 1996, décroche à dix-huit ans son premier titre mondial en slalom géant de snowboard et à la Polonaise Lexie Janson, première pilote de drones qui, via son blog et sa chaîne *You tube,* dit aux femmes : allez-y !

C'est pour porter ce même message et donner une juste et permanente place aux sportives que s'est bâtie la Journée internationale du sport féminin, célébrée depuis 2014, le 24 janvier. Un seul jour est évidemment bien peu. Pour l'ancienne cycliste de haut niveau, vice-présidente du Comité national olympique et sportif français, en charge des JO de Paris 2024 et de la mixité, Marie-Françoise Potereau, il faudrait en parler toute l'année. Gageons que ce livre y contribuera.

Mélina Gazsi

---

1. A Piazza Armerina, à environ 30 km au sud de Enna, la villa du Casale est inscrite depuis 1997 sur la Liste du Patrimoine mondial.

2. *Histoire populaire du baseball de Gaétan Alibert, éditions Blacklephant, 2022*

15e siècle

Margot La Hennuyère

Française | 1401 ou 1397 | (Mons, Belgique)

LA PREMIÈRE JOUEUSE DE JEU DE PAUME, L'ANCÊTRE DE TENNIS, AU MOYEN ÂGE.

Si Brassens était parmi nous aujourd'hui, il nous dirait peut-être que décidemment les Margot ne sont pas si ingénues qu'elles en ont l'air... Mais si **Margot La Hennuyère** n'est pas celle de la chanson du chanteur de la ville de Sète, elle aurait pu, en revanche, figurer dans une des dernières chansons de geste du Moyen-âge. Nous sommes bien au 15e siècle. Pour autant, on ne conte pas ici ni en décasyllabes ni en alexandrins. Pas davantage, on ne célèbre sous la forme épique les exploits guerriers des chevaliers français. La Margot dont il est question est, certes, bien une jeune fille. Mais contre toute attente, c'est une tenniswoman avant l'heure. Même s'il est vrai que personne n'appelait de ce nom de « tennis » les parties que l'on jouait déjà avec une balle et une raquette.

De l'existence de cette Margot, il en est attesté dans le *Journal d'un Bourgeois de Paris*, une œuvre anonyme écrite par un Parisien entre 1405 et 1449, dont on trouve au moins trois copies, l'une au Vatican, l'autre à Oxford et une troisième à la Bibliothèque nationale de France, à Paris. On y raconte événements, nouvelles officielles, faits divers et autres rumeurs...

Y est évoquée en effet une joueuse de jeu de Paume, tel que l'on devait appeler ce jeu que l'on exerçait d'abord avec la paume d'une main, pour les « vilains », à savoir les pauvres — d'où l'expression « jeu de main, jeu de vilain » — ou gantée, puis avec un battoir et enfin avec une raquette en cordage de chanvre, une balle de bois, de cuir ou en « éteuf », c'est-à-dire en tissu.

Voici ce qu'on peut lire dans les pages de ce Journal :

« En cette année 1427, vint à Paris une femme nommée Margot, assez jeune, comme de 28 à 30 ans, qui était du pays de Hainaut, laquelle jouait le mieux à la Paume qu'oncques homme eût vu,

et avec ce, jouait devant main derrière main très puissamment, très malicieusement, très habilement, comme pouvait faire un homme, et peu venaient d'hommes à qui elle ne gagnât, si ce n'étaient les plus puissants joueurs ».

[...] d'où l'expression « jeu de main, jeu de vilain » [...]

Ce jeu faisait florès dans les campagnes et dans les villes. Dans les gargotes des faubourgs populaires jusque dans les châteaux et demeures princières. On y faisait montre de sa souplesse ou on en profitait pour se lancer dans des paris querelleurs avant de se jeter dans les bras de femmes de petite vertu. Henri IV, lui-même, est sacré le roi paumier. Avant que le jeu ne disparaisse au profit de jeux jugés plus convenables.

Mais que venait-elle donc faire là, cette Margot La Hennuyère ? Autant les transformations du jeu nous sont connues, autant la jeune femme reste encore un mystère. Certaines sources lui donnent le nom de Margot de Hainaut, la font naître en 1401 ou 1397. Allez savoir ? Ce que l'on sait mieux, c'est qu'elle nous venait de Mons, dans le Hainaut justement. Le Royaume de France est alors sous occupation anglaise. Est-ce cela qui permet à la demoiselle la privauté de jouer à l'égal des hommes ? Rien n'est moins sûr. Si, dans cette période Sir Robert Dallington, maître de la Chartreuse de Londres, rapporte de son voyage en France : *« Votre royaume possède plus de terrains de jeu de paume que d'églises ; quant à vos sujets qui s'adonnent à ce sport, ils sont plus nombreux que les buveurs de bière chez nous »*, il ne nous dit rien sur la joueuse. Il ne l'aura pas rencontrée. Ou bien avait-elle déjà succombé comme bon nombre de paumiers, tels un des frères de Montaigne, sous le coup scélérat d'une balle d'étoffe lestée de pierres ? Dans le doute, gardons l'histoire pour ce qu'elle est : une belle histoire.

Elisabeth Wilkinson ou Elisabeth Stokes

Britannique | vers 1700 (?)

LA PREMIÈRE SUPPOSÉE BOXEUSE, VERS 1722.

La boxe est-il le sport le plus ancien ? Oui, sans doute, avec l'athlétisme. Courir, sauter, lancer et se défendre avec ses poings font en effet partie des premiers gestes « sportifs » des humains… Certains font remonter les plus anciennes formes de boxe au 7e siècle avant J. C., lors des Jeux antiques. Ensuite, on évoque les combats à mains nues chez les Sumériens du 3e siècle av. J. C et à l'Antiquité grecque avant les pugilats (du latin *pugnus*, poing) romains. Les combattants protègent alors leurs poings et avant-bras de bandelettes de cuir. Homère évoque un pugilat vers 1100 av. J. C. durant le siège de Troie, et dans une traduction de *Hippolytus,* une tragédie de Sénèque appelée aussi *Hippolyte* ou *Phèdre*, élaborée par l'Anglais John Studley entre 1581 et 1657, on lit :

> *« le poing nu a été créé pour érafler et gifler, pour boxer et taper ».*

Plus tard, en 1765 dans l'ouvrage du philosophe Abraham Tucker, intitulé *The Light of Nature persued*, on lit aussi :

> *« Deux hommes boxant dans la rue voisine » …*

Pour autant, s'agit-il alors d'un sport ? Quant au combat féminin, on en trouve la première trace au 18e siècle, et à Londres précisément. Le mot lui-même provenant du verbe anglais *to box*, signifiant donner des coups de poing ! Oui, vous avez bien lu : au 18e siècle ! Trois siècles avant nos championnes contemporaines, notamment Nicola Adams en 2012, Estelle Mossely et Sarah Ourahmoune en 2016 et Kellie Anne Harrigton, Stoyka Zhelyazkova Krasteva, Lauren Price, Busenaz Sürmeneli et Sena Irie en 2020.

LA FEMME BOXEUSE

Mais quelle est donc cette première boxeuse londonienne, au 18e siècle ? Elle s'appellerait **Elisabeth Wilkinson.** Ou Stokes. C'est selon. Parfois, il est dit qu'elle aurait épousé un Robert Wilkinson ou un James Stokes, tous deux boxeurs, et aurait défié à mains nues une certaine Hannah Hyfied dans un combat en 1722. En réalité, il s'agit davantage d'une rixe que d'un combat sportif. A noter qu'en Angleterre, dès le 17e siècle, la boxe fut traditionnellement organisée par l'aristocratie et se développa peu à peu aux États-Unis quand y furent autorisés les combats publics en 1896. Mais la supposée première boxeuse viendrait plutôt, croit-on, de la classe ouvrière. Allez savoir ! En tous cas, la Wilkinson gagne son combat et entame alors une carrière qui lui a valu le surnom de « Lady Bareknuckles ». On rapporte ensuite un combat en 1876 entre deux Américaines, Nell Saunders et Rose Harland. Cette fois, c'est à New York, au Hills Theater. Pour gagner un beurrier en argent.

Mais quelle est donc cette première boxeuse londonienne, au 18e siècle ? Elle s'appellerait **Elisabeth Wilkinson**. Ou Stokes. C'est selon. Parfois, il est dit qu'elle aurait épousé un Robert Wilkinson ou un James Stokes, tous deux boxeurs, et aurait défié à mains nues une certaine Hannah Hyfied dans un combat en 1722. En réalité, il s'agit davantage d'une rixe que d'un combat sportif. A noter qu'en Angleterre, dès le 17e siècle, la boxe fut traditionnellement organisée par l'aristocratie et se développa peu à peu aux États-Unis quand y furent autorisés les combats publics en 1896. Mais la supposée première boxeuse viendrait plutôt, croit-on, de la classe ouvrière. Allez savoir ! En tous cas, la Wilkinson gagne son combat et entame alors une carrière qui lui a valu le surnom de « Lady Bareknuckles ». On rapporte ensuite un combat en 1876 entre deux Américaines, Nell Saunders et Rose Harland. Cette fois, c'est à New York, au Hills Theater. Pour gagner un beurrier en argent. Vrai ou faux ?

Absolument vraie en revanche est la victoire de la britannique Nicola Adams, qui, à 30 ans, gagne l'or aux premiers Jeux Olympiques de 2012, l'année où la discipline est permise aux femmes. Veinarde Nicola ! Devenant ainsi une autre première, celle des temps modernes ! Et assurément un symbole de l'égalité dans la pratique des sports. Elle qui a choisi la boxe par « accident », comme elle le raconte au quotidien britanique *The Guardian*. On a peine à le croire et pourtant, la jeune fille de douze ans, adepte des sports, a bien eu une révélation, quand en cherchant la salle d'aérobic pour sa mère, elle est entrée dans la salle réservée à la boxe. Même émoi pour Estelle Mossely, la française originaire de la banlieue parisienne, qui remporta l'or aux JO de 2016 à Rio contre Nicola Adams. Mais elle, son coup de foudre, elle l'a reçu en plein cœur, en découvrant, par hasard, un combat retransmis à la télévision. Comme quoi, la boxe !

Elisabeth Tible

Française | 1757 (Lyon, France)
1800 (?)

LA PREMIÈRE FEMME DE L'HISTOIRE À AVOIR EFFECTUÉ UN VOL À BORD D'UNE MONTGOLFIÈRE, EN 1784.

Imaginez, vous êtes à Lyon, quelques années avant la Révolution Française. Le 4 juin 1784 exactement. Et que voyez-vous voler dans le ciel ? *La Gustave*. Non, ce n'est pas le prénom déguisé d'une femme qui serait pourvue d'ailes. Non, ce n'est pas non plus un ange. Encore que… C'est plus simplement le nom d'une montgolfière nommée ainsi en l'honneur du roi de Suède, Gustave III, en visite dans la ville des Canuts ! À son bord, en revanche, il y a bien une femme. Elle s'appelle **Elisabeth Tible**. C'est la première aéronaute française.

Après l'envol du *Flesselle* des Frères Montgolfier, qui n'emportait que des hommes, c'est peu dire qu'Elisabeth est acclamée à grands cris. Les jours qui ont suivi l'exploit aérostatique, le comte de Laurencin, écrivait à Montgolfier :

> *« Mille personnes de son sexe ont su nous prouver que le courage n'est pas un attribut exclusif du nôtre ; mais je réponds que nulle ne l'a prouvé mieux qu'elle ; que nulle n'a mis plus de sens froid, plus de vérité dans sa détermination ; que nulle, fière d'un péril inconnu, n'a goûté plus de plaisir à le braver ».*

Il faut dire que le comte est organisateur et mécène de l'événement comme il l'avait d'ailleurs été pour le lancement du ballon *Le Flesselle*. C'est lui aussi qui a invité le roi Gustave… Ajoutons encore que, galant homme, si l'on peut le dire ainsi dans pareille occasion, le ballon ne pouvant au final n'accueillir que deux personnes, il laissa la primeur de la seconde place à dame Tible, malgré, dit-on, – ou alors serait-ce par bravoure – l'interdiction du roi Louis XVI ! Mais pourquoi elle ? Passion de l'aventure du ballon à gaz ? Mystère. L'histoire n'en souffle mot. Elle s'envole donc depuis les Brotteaux – un quartier de l'est de Lyon – devant des milliers de spectateurs, vêtue d'un costume de Minerve, une robe blanche de taffetas serrée à la taille par une ceinture de soie bleue et coiffée d'un chapeau oriental.

Portée en triomphe jusqu'à Paris, on lui remet la médaille de l'Académie royale des sciences. À elle et à son co-équipier, Fleurant, qui a par ailleurs construit le ballon.

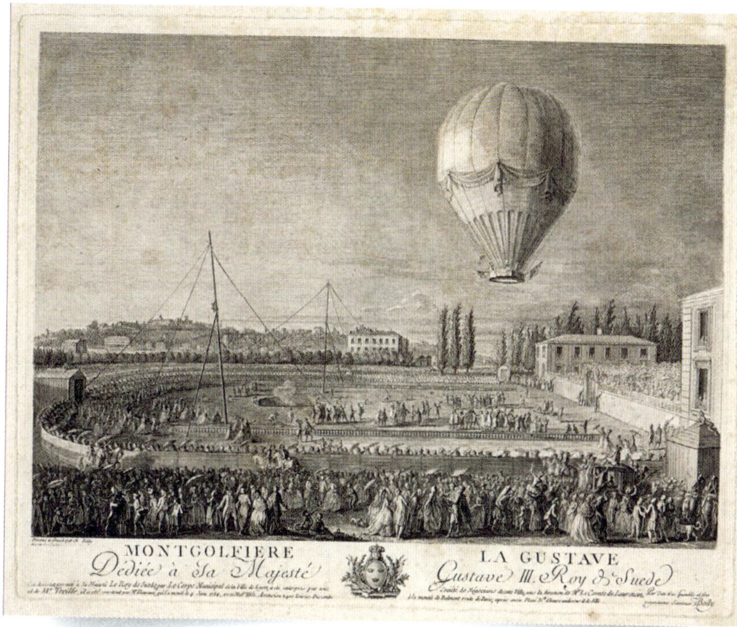

Ce que la légende raconte cependant, c'est que pendant le parcours, elle aurait chanté un air d'opéra – car la légende dit encore qu'elle fut aussi cantatrice – Vrai ou faux ? Mystère. Encore un.

Ce qui est sûr, c'est que l'exploit, relayé jusque dans la presse étrangère, a connu quelques incidents de parcours mais que sans aucun doute, ce fut une première. Du jamais vu ! L'aérostat monté jusqu'à environ 1500 mètres pour un voyage de 45 minutes et sur une distance d'environ 6 km a en effet établi un record mondial… Même si, comme chacun peut aujourd'hui le supposer, il n'existait à l'époque que peu de moyens de mesure précis. N'empêche.

Elle s'envole […] vêtue d'un costume de Minerve.

Quant à la vie d'Elisabeth Tible, on ne sait presque rien, si ce n'est qu'elle évolua dans le monde de la soie, par son père, ouvrier, et par son mari Claude Tible, industriel fabricant de bas en soie. Si son nom est resté méconnu pendant bien longtemps, il revient aujourd'hui à la une de l'actualité. Grâce à la réalisatrice-productrice allemande Annette Reeker, qui lui a consacré un film sorti en 1990, *Vénus sur un vaisseau de nuages*. Puis c'est un roman en 2019, *Balloonomania Belles* de Sharon Wright, qui évoque les premières aérostières dont Elisabeth Tible est l'une des principales héroïnes, et enfin plus récemment en 2022, elle a inspiré deux œuvres musicales et la chaîne de télévision *Arte* lui a rendu hommage dans un documentaire. Décidément, la « première femme astronaute » a le vent en poupe !

Jeanne Labrosse

Française | 1775 (Paris, France)
1847 (Paris, France)

LA PREMIÈRE À SAUTER EN PARACHUTE D'UN BALLON À HYDROGÈNE, EN 1799.

Chacun sait, plus ou moins, que les actes les plus héroïques de l'histoire de l'aviation se sont joués dans la première moitié du 20e siècle. Autant du côté européen qu'outre-Atlantique, les femmes n'ont pas été les dernières à en écrire les plus belles pages. Certaines jusqu'à surfer sur cette vague aérienne pour lancer dans le ciel leurs premières voiles… De celles-ci, on se souvient moins. Comme de **Jeanne Labrosse**, dès le 18e siècle.

Le 12 octobre 1799, la jeune parisienne de vingt-quatre ans, qui s'élance dans le vide, depuis un ballon à hydrogène réalisant un saut d'une hauteur de 900 m, mérite pourtant bien le titre de première parachutiste. Oui, vous avez bien lu : cela s'est bien passé en l'année 1799. Soit dix ans après le début de la Révolution française. Le général Bonaparte n'a pas encore fait son 18-Brumaire. Il vient juste de débarquer à Fréjus et s'apprête, à son retour triomphant d'Egypte, d'inaugurer son aventure impériale.

> Les femmes n'ont pas été les dernières à écrire les plus belles pages du parachutisme.

Mais un certain André-Jacques Garnerin ne l'a pas attendu pour faire au plus près des nuages sa propre révolution. Il y a deux ans, à la même saison d'automne, il avait réalisé à partir d'un ballon libre la première descente en parachute au-dessus du Parc Monceau, à Paris. Cela avait fait grand bruit ! Car, si le parachute est avant tout un dispositif de secours au service des aérostiers militaires embarqués dans des ballons d'observation, il va très vite devenir le clou des attractions des fêtes populaires et des futurs meetings aériens. Et les aéronautes professionnels des deux sexes d'occuper la scène médiatique telles les stars de la télé aujourd'hui.

Garnerin n'est autre alors que l'aérostier des fêtes publiques. Il lui incombe de diriger les montgolfières qu'on fait monter le plus haut possible dans le ciel de la capitale. Chez les Garnerin, la conquête des airs est une affaire de famille. À commencer par son élève, Jeanne Labrosse, bientôt son épouse. Mais tout important qu'il soit, pas facile à l'époque de s'envoyer en l'air. Surtout pour deux personnes de même sexe. Il en a fait les frais après avoir bataillé ferme pour obtenir de la police parisienne l'autorisation de

faire voler Jeanne Labrosse et Célestine Henry le 17 novembre 1798 dans la même nacelle. Aura-t-il aujourd'hui la liberté de reproduire l'aventure, pimentée, cette fois, d'un saut en parachute ?

Le ciel semble s'être alors dégagé. *Le Courrier des spectacles* du 30 septembre 1799, annonce en effet une *« expérience extraordinaire »*.

> *« Aujourd'hui, descente en parachute de la citoyenne Labrosse. Elle s'élèvera jusqu'à 1 200 mètres : de cette hauteur immense elle se séparera de son aérostat, et redescendra à terre. »*

C'est un événement. Dès le lendemain, son mentor confie à la presse :

> *« Hier, l'expérience de l'ascension à ballon perdu et de la descente en parachute de la citoyenne Labrosse, a eu un succès complet ; je n'ai jamais rien vu de si imposant. »*

Garnerin continuera sur la lancée de ses exploits jusqu'à sa mort accidentelle sur le chantier d'un nouveau prototype de ballon. Tandis que Jeanne Labrosse, bien revenue sur la terre ferme ne tarde pas à rendre sa voilure de parachutiste et s'associe avec Marie-Thérèse Figueur, plus connue sous son nom de femme-soldat, Mme Sans-Gêne, pour tenir une table d'hôte, sise rue Plumet dans le 7e arrondissement de Paris, près de la caserne de Babylone. Sur la terre comme au ciel, quel aplomb !

1804

Sophie Blanchard

(Marie-Madeleine Sophie Armand)

Française | 1778 (Yves, près de Rochefort, Charente-Maritime, France)
1819 (Paris, France)

LA PREMIÈRE À PILOTER, DÈS 1804, SON PROPRE BALLON ET À SE LANCER DANS UNE CARRIÈRE PROFESSIONNELLE D'AÉROSTIÈRE.

Avant elle, il y en eut, de belles premières, qui voyagèrent en ballon, particulièrement dans le ciel au-dessus de Paris. Non pas à proprement parler de vraies aéronautes, mais quand même. À commencer par la comtesse de Podenas, Mademoiselle Lagarde et la marquise de Montalembert. Toutes trois emmenées comme passagères, le 20 mai 1784, par le marquis de Montalembert, en ballon captif au-dessus de la capitale. Puis, bien sûr, l'exploit que réalise Elisabeth Tible (voir p. 16), le 4 juin de cette même année, lui octroie de fait la place de première dame à réaliser un vol en ballon à gaz. Au fait, quelle est la différence entre les deux, ballon captif ou à gaz ? L'un et l'autre sont gonflés par un gaz plus léger que l'air, mais le captif est retenu par un câble enroulé sur un treuil fixé au sol et l'autre totalement libre…

Cela étant, **Sophie Blanchard**, de son vrai nom Marie-Madeleine Sophie Armand, est sans conteste la première à piloter son propre ballon. À apprendre comment on fabrique, répare les enveloppes et les nacelles. Bref, disons-le, à se lancer dans une carrière professionnelle.

Il faut dire qu'elle est, en cela, encouragée par Jean-Pierre Blanchard, qu'elle épouse en 1804. Pionnier de l'aérostation, il l'initie à briller dans les airs et fera de sa femme une véritable vedette qui, non sans plaisir et talent, n'hésite pas à créer l'événement, comme on ne disait pas encore, en réalisant performances aériennes audacieuses et acrobatiques et autres vols de nuit devant des foules captivées et enthousiastes. Un beau moyen de remonter les finances de l'entreprise – qui frôle la faillite – et qu'elle fera prospérer à la mort de son mari, qui tombe de son ballon, victime d'une crise cardiaque en 1809.

On la voit souvent sur des dessins et gravures, représentée en ascension dans un ballon très décoré volant au-dessus de Milan. Ce jour-là du 15 août 1811, l'on fête le 42e anniversaire de Napoléon ! C'est que cette fille d'Icare est devenue la favorite de Napoléon Bonaparte, l'Empereur, qui, en 1804, la nommera ministre à la place d'André-Jacques Garnerin, « l'aérostier des fêtes publiques ». La légende raconte qu'elle aurait été jusqu'à étudier des plans pour mener une invasion de l'Europe en ballons…

En tous cas, une chose est sûre, c'est qu'elle est l'ordonnatrice de toutes les fêtes aériennes. Celle qui se déroule au champ-de-Mars à l'occasion du mariage de l'empereur avec Marie-Louise d'Autriche. Celle au-dessus de Paris, annonçant la naissance de leur premier fils… Et tant d'autres. Célébrissime dans toute l'Europe, Louis XVIII la nommera « Aéronaute officielle de la Restauration ». Rien que cela !

Mais quelques années plus tard, en plein triomphe, alors qu'elle lance des feux d'artifice au-dessus des jardins de Tivoli, un jardin parisien aujourd'hui disparu, dans l'actuel quartier Saint-Georges dans le 9e arrondissement, son ballon prend feu, heurte une maison de la rue de Provence et éjecte sa passagère. Le drame est alors conté par bon nombre de journalistes et reste longtemps dans les mémoires. Il sera repris notamment par Jules Verne en 1863 dans son roman *Cinq semaines en ballon*. Dans *Le Joueur,* Dostoïevski écrit :

> *« il y eut un moment d'attente (on joue à la roulette) une émotion semblable, peut-être, à celle qu'éprouva Mme Blanchard, lorsqu'à Paris elle fut précipitée de son ballon sur le sol ».*

L'on ne sait pas s'il s'agit pour le romancier russe de fustiger à la fois sa passion dévorante pour le jeu et les nations européennes qu'il n'apprécie guère. N'empêche. L'aérostière française citée dans la grande littérature russe, ça a du chien ! Comme n'en manque pas non plus sa sépulture au cimetière parisien du Père-Lachaise, représentant un ballon en flamme.

Caroline Loyo

Française | 1820 (Sarrelouis, aujourd'hui Allemagne)
1892 (Paris, France)

Emilie Loisset

Française | 1856 (Paris, France)
1882 (Cirque d'Hiver, Paris 11e, France)

ELLES FURENT LES PREMIÈRES STARS ÉCUYÈRES, AU 19e SIÈCLE.

C'est une histoire de famille circassienne. À commencer par le grand-père Jean-Baptiste, né en 1797, qui tenait déjà de son père, capitaine de dragons, ce goût du cheval. Il créa sa compagnie et devint un célèbre écuyer, attitré du roi de Néerlande, comme on disait alors des Pays-Bas. À sa suite, les enfants, y compris les filles, prirent le même chemin. Mais c'est surtout François Séraphin Loisset, l'aîné, qui perpétua la dynastie quand il épousa en 1853 la célèbre **Caroline Loyo**, rencontrée au cirque Renz de Berlin avec laquelle il fonda un cirque concurrent.

Caroline Loyo

Peu de choses nous sont parvenues de la vie de la grande Caroline – si ce n'est qu'elle est née de Nicolas Loyo et Gertrude Wilhelm. L'on sait en revanche, qu'avant son mariage et avant que le Tout-Paris de Louis-Philippe ne se bouscule au cirque olympique des Champs-Elysées dans les années 1833 à 1840, elle avait conquis le public londonien et new yorkais. L'on sait aussi qu'elle s'était admirablement formée auprès des maîtres Pellier et Baucher, dans leur école de la rue du Faubourg Saint-Martin à Paris.

Elle est certainement la première écuyère à présenter son numéro en amazone sur une piste et à dresser elle-même son cheval. La légende raconte qu'à soixante-dix ans, elle se produisait encore ! Toujours auréolée d'une renommée qui avait déferlé sur tous les continents, dans toutes les capitales d'Europe jusqu'à Saint-Pétersbourg, faisant preuve d'une adresse remarquable en équitation de haute école, registre réservé alors à la gent masculine et aux officiers des hussards. Pour s'en convaincre, il faut lire ce que Charles de Vaux, homme de lettres et journaliste sportif, rapporte dans son ouvrage *Écuyers et écuyères, histoire des cirques d'Europe (1680-1891)* :

> *« Monsieur, l'avez-vous vue l'an passé, sur le cheval [...] qu'elle a dompté ? — Hélas ! non, monsieur, l'an passé, je ne l'ai pas vue ; l'an passé, j'étais à Florence à admirer les chefs d'œuvre du palais Pitti. —Monsieur [...], lorsque Caroline monte un nouveau cheval, on ne va pas au palais Pitti : on reste au cirque ».*

Après quoi, ce fut le tour de piste de sa nièce et élève, **Emilie**. Cette dernière n'est autre que la fille de Jean-Joseph Roux, confiseur de la rue Royale à Paris et de l'écuyère Fortunée Camille Loisset, sœur de François Séraphin, la dernière des quatre enfants de Jean-Baptiste. On l'appelait **« la petite Loisset »**, en raison de sa taille et de sa timidité. Toutefois, sur son talent et son héritage familial, elle n'affichait aucune modestie. Ayant fait graver sur sa cravache une citation réinventée par elle du seigneur Enguerrand de Coucy : *« Reine ne puis, princesse ne daigne, Loisset suis »*. Elle aussi fut encensée par la presse. *Le Courrier du soir* du 27 avril 1878 relate une soirée au Cirque d'Hiver, construit en 1841 au pied des champs Elysées, où en bohémienne,

Emilie Loisset

> *« elle est une étoile nouvelle dans le firmament parisien : la diva du manège. »*

À l'image de nos stars du cinéma ou du tennis, les écuyères font à l'époque jusqu'à l'admiration de Balzac qui écrit :

> *« en la plénitude de ses moyens, l'écuyère est supérieure à toutes les gloires du chant, de la danse, de l'art dramatique... » !*

Et bien souvent, elles se marient à des aristocrates. Cela aurait dû être également le cas pour Emilie, qui se fiança avec le prince de Hatzfeld. Hélas, le matin du 15 avril 1882 quand, après avoir fait répéter son irlandais sauteur du nom de *Pour Toujours* sur la piste du Cirque d'hiver dans le 11e arrondissement de Paris, elle voulut rentrer à l'écurie. Mais la porte de fer avait été fermée. Le choc fut frontal. La fourche de sa selle d'amazone lui transperça le ventre. Elle a rejoint dans le caveau familial du cimetière de Maisons-Laffitte, cité du cheval en bordure de Seine, son grand-père, le gentilhomme du cirque.

1882

Louise Armaindo

Canadienne | 1861 (Montréal, Canada)
1900 (?)

LA PREMIÈRE CHAMPIONNE DE CYCLISME, EN 1882.

Du Canada aux États-Unis, de Montréal à Chicago, voilà la route que va prendre Louise ou Louisa Brisebois, quand elle décide d'en finir avec la vie de cirque où elle s'épuise à jouer les gros bras, avec poids et haltères. Finies les attractions avec voltiges au trapèze et autres exercices de foires. La voilà donc qui abandonne sa mère à sa carrière de saltimbanque pour tenter sa chance comme athlète. C'est qu'elle vient de rencontrer Tom Eck, qui pratique comme quelques autres, la marche d'endurance, une attraction sportive alors très à la mode et très lucrative. Il sera bientôt son entraîneur et son mari ; et elle s'appellera désormais **Louise Armaindo**.

Puis, de la marche de compétition au cyclisme et surtout au « Grand bi », il n'y a pas loin. Sur une photographie assez connue, Louise Armaindo, courtement vêtue, est appuyée sur la petite selle d'une bicyclette dont la roue avant est immense, ce qui permet de parcourir une belle distance d'un seul coup de pédale. De ces étranges vélos, on en a tous vu, mais davantage dans les cirques que sur les routes. Sur une autre photographie, on la voit déjà célèbre, arborant sur sa veste des dizaines de badges cousus à la main figurant toutes ses victoires.

> Louise Airmando règnera en maîtresse femme sur le monde du cyclisme.

À commencer par celle de 1882, quand Louise défie l'illustre Elsa Von Blumen et l'emporte. L'année suivante, elle établit un record en parcourant 1 357 kilomètres en 72 heures, soit 19 km/heure, devenant pour la presse sportive américaine *« The world-champion female cyclist of her time »*, la championne du monde de cyclisme !

Ainsi démarre une carrière sur les chapeaux de roues ! Tous les véhicules sont essayés jusqu'au tandem et quelques années plus tard, avec un certain William J. Morgan, elle bat à la fois le record de distance – 24 heures pour 402 kilomètres et celui du temps –160 kilomètres parcourus en 7 heures et 57 minutes. Dans la presse de New York et de Chicago, ses exploits sont relatés avec brio.

Dans un de ses numéros de l'année 2013, la revue d'histoire du Québec *Cap-aux-Diamants*, sous la plume de Gilles Janson, historien du sport, consacre un article autour de « l'entrée des femmes dans l'arène sportive ». On y évoque bien sûr la championne, photographie à l'appui, publiée dans *The National Police Gazette* (New York), du 10 mai 1884.

Pour l'historienne du sport Ann Hall et auteure du livre *Muscle on Wheels* (2018, McGill-Queen's University Press), consacré à Louise Armaindo et à ses rivales de l'époque, la Canadienne *« fut probablement la première athlète professionnelle »* du pays à la feuille d'érable *« et certainement l'une des premières championnes cyclistes en Amérique du Nord »*.

Jusqu'à la fin des années 1880, Louise Airmando règnera en maîtresse femme sur le monde du cyclisme. Mais elle aura sans doute fait bien des émules qui vont prendre la relève et bientôt lui ravir sa place. Quand elle quitte la compétition sportive aux alentours de l'année 1893, on ne sait déjà plus rien ni de sa vie, encore que l'on n'en avait jamais beaucoup appris auparavant. On ne sait pas plus ce qu'est devenu son entraîneur de mari. Sa triste fin hélas nous est davantage connue. Elle serait devenue serveuse dans un restaurant de Minneapolis, puis faire-valoir sur un vélo statique dans une vitrine d'un magasin d'articles de sports de Buffalo avant de devenir infirme à la suite de l'incendie de l'hôtel où elle habitait.

Pour l'historienne, nombreuses sont les femmes de cette époque qui se sont lancées dans le sport entre spectacle et attraction, afin d'être libres et gagner leur vie.

« Elles venaient de la classe ouvrière. Pour elles, c'était une voie de sortie. C'était mieux que de travailler comme domestiques ou prostituées. C'est le divertissement qui a rendu cela possible ».

Senda Berenson

Américaine | 1868 (Butrimonys, ex-empire russe, Lituanie)
1954 (Santa Barbara, Californie, États-Unis)

LA PREMIÈRE À SAISIR LA BALLE AU BOND… EN « INVENTANT » LE BASKET FÉMININ, EN 1893.

Dans la famille Berenson, il y a Bernard, le frère, historien de l'art, dont la villa I Tatti à Florence est devenue le centre de recherche de la Renaissance, de l'université de Harvard. Il y a Berry, la grand-tante, actrice et photographe qui a trouvé la mort à bord du vol de l'American Airlines après s'être écrasé contre la première tour du World Trade Center le 11 septembre 2001. Il y a encore Marisa Berenson, la sœur de la grand-tante et l'actrice inoubliable de *Barry Lyndon*.

Mais dans cette famille lituanienne aux origines juives, du nom de Valvrojenski, qui émigre aux États-Unis dans la ville de Boston en 1875, il y a aussi **Senda Berenson**. Sans doute la moins connue. Excepté pour le monde du basket-ball, qui lui doit la création de la première équipe féminine. Plus qu'une pionnière, c'est une vraie première que cette Senda Berenson. Celle qui a changé les perceptions sur le rôle des femmes dans le sport, et en particulier le sport d'équipe, et a ouvert la voie à de nombreuses femmes tentées par le basket-ball.

Celle qui a changé les perceptions sur le rôle des femmes dans le sport.

Cela se passe en 1892, il y a plus d'un siècle. Une petite révolution pour les premières heureuses bénéficiaires : les élèves du Smith College de Northampton dans le Massachusetts. À vingt-cinq ans, Senda Berenson est leur professeur d'éducation physique et sportive. Et c'est peu dire qu'elle n'a pas ménagé ses efforts pour en arriver jusque-là ni pour organiser l'année suivante, le 22 mars 1893 précisément, le premier match universitaire de basket-ball féminin.

Dans la foulée, elle écrit le *BasketBall for Women,* le premier du genre à se concentrer spécifiquement sur le basketball féminin. Elle y aborde les différents aspects du jeu, y consigne règles, conseils et stratégies afin d'améliorer leurs compétences tant individuelles que collectives.

Aujourd'hui, si le guide peut faire sourire, il fut à l'aube du 20e siècle une référence pour les joueuses et les éducateurs, surtout à une époque où le sport était un domaine encore en développement dont les femmes étaient non seulement absentes, mais tout simplement exclues.

D'autant que le basket, en particulier, venait tout juste, il y a à peine un an, de faire sa première apparition, en 1891, grâce à un certain James Naismit. Ce professeur d'éducation sportive, originaire du Canada et travaillant dans l'état du Massachusetts comme Senda Berenson, eut, en effet, l'idée de poser deux caissons vides de pêcheur sur les rampes du gymnase pour permettre à ses élèves de conserver durant l'hiver une bonne condition physique. Tout en respectant les règles de distanciation alors en vigueur dans une société américaine très puritaine.

Ce nouveau sport qui évitait ainsi les contacts physiques entre les élèves et prévenait tout risque de blessures allait donc rapidement rencontrer un vif succès et les femmes ne tardèrent guère, sous l'impulsion de Senda Berenson, à saisir la balle au bond !

Toutefois, si le basket est admis aux JO dès l'année 1936, il faudra attendre près de quarante ans, pour que sa version féminine y fasse son entrée à Montréal en 1976. Alors qu'en octobre 1938, les premiers championnats féminins d'Europe eurent lieu à Rome, avec cinq équipes présentes : la Lituanie, la Pologne la Suisse, la France, et l'Italie qui remporta la compétition.

1894

Annie Londonderry

Américaine | 1870 (Riga, Lettonie)
1947 (New York, États-Unis)

LA PREMIÈRE À RÉALISER UN TOUR DU MONDE À VÉLO, EN 1894.

En octobre 1895, le journal du *New York World* publie un incroyable récit, *« The Most Extraordinary Journey Ever Undertaken by a Woman »* (*« Le voyage le plus extraordinaire jamais réalisé par une femme »*). C'est signé : « The New Woman ». Alias **Annie Londonderry.**

Cette mère de trois enfants, dont la famille d'origine juive de Lettonie a émigré quand elle avait cinq ans à Boston, y raconte comment elle a parcouru le monde à vélo en quinze mois.

Histoire rocambolesque, à plus d'un titre. Déclenchée par un pari – de 10 000 dollars, soit une somme énorme à l'époque ! – lancé par deux hommes un peu toqués, mais assurément tout autant machistes que fortunés. Le propos dudit pari : Une femme ne peut pas faire un tour du monde en vélo en quinze mois. Qui sont ces deux hommes ? Pourquoi une période aussi précise qu'arbitraire ? Nul ne le sait. Quant à celle qui réussirait le challenge, 5 000 dollars lui seraient alloués. Annie Kopchocsky (née Cohen) a beau vendre des espaces publicitaires dans divers journaux, elle et son Max de mari, colporteur, tirent le diable par la queue. Elle a donc enfourché le vélo pour empocher le magot.

Elle a donc enfourché le vélo pour empocher le magot.

Selon une autre version, c'est elle-même qui aurait parié… Son arrière-petit-neveu, Peter Zheutlin, dans la biographie qu'il a publiée en 2007 sur son ancêtre, pense plutôt qu'elle aurait elle-même

> *« inventé cette histoire de pari pour rendre encore plus sensationnel son voyage. Elle voulait vraiment faire de ce voyage un succès financier pour améliorer la situation de sa famille ».*

Dans son récit, l'aventurière remercie notamment la Pope Manufacturing Compagny, fabricant de bicyclettes, de lui avoir prêté sa première selle. De même qu'elle avait fourni sept ans plus tôt son vélo à Thomas Stevens, le premier homme à réaliser un tour du monde. Elle évoque également la Londonderry Lithia Spring Water, une entreprise qui commercialise une eau de source et avec laquelle elle aurait signé un contrat lui rapportant 100 dollars. Le deal : prendre le nom de Annie Londonderry.

Depuis que Jules Verne a publié son *Tour du monde en quatre-vingt jours,* et qu'en 1889, la journaliste Nellie Bly l'a réalisé en solitaire en 72 jours, chacun rêve à sa manière de battre Philéas Fogg. Les entreprises savent bien utiliser ce ressort pour se faire de la publicité. L'arrière-petit-neveu confirme : *« des pharmacies, fabriques de vélos, peu importe, elle s'est littéralement parée d'annonces publicitaires ».*

De plus, le vélo commence à véhiculer les valeurs de liberté et d'émancipation féminine et bien des militantes féministes ne manquent pas d'en faire l'éloge. Pour Annie, c'est donc parti pour un tour et un sacré bon coup de bluff ou si vous préférez de marketing. Car, *« elle n'était jamais montée sur un vélo »,* précise le descendant de l'aventurière. Faut-il le croire ?

Deux certitudes cependant. Cette femme de vingt-cinq ans, à la fin du 19e siècle, est bel et bien partie en robe longue, manches bouffantes et bibi sur la tête, le 25 juin 1894, de la place du Capitole, devant les marches du Palais du gouvernement de l'État du Massachusetts, acclamée par la foule, avec pour tout viatique, une paire de vêtements et un pistolet. Et elle s'en est bien revenue le 12 septembre 1895 à Chicago, en jupe culotte, où avec deux semaines d'avance, elle a pu empocher sa récompense. Sans doute, dans le journal dans lequel elle relate son aventure, s'est-elle amusée à enjoliver le périple, le peuplant d'anecdotes croustillantes, de chasse au tigre avec la famille royale indienne, de multiples sauts en train, de plongeon dans les rivières, d'attaque de bandits et de séjours en prison au Japon ! Mais son tour du monde en vélo, quoiqu'elle ait utilisé le bateau et le train, elle l'a fait. Chapeau !

Les femmes de 1900

Jeanne Filleul Brohy | Française
1867 (Paris, France) | 1937 (Le Loroux Bottereau, France)

Pauline Whittier, dite **Polly** | Américaine
1876 (Boston, États-Unis) | 1946 (New York, États-Unis)

Myra Abigail « Daria » Pratt | Américaine
1859 (Cleveland, États-Unis) | 1938 (Cannes, France)

Yvonne Prévost | Française
1878 (Saint Enogat, France) | 1942 (Paris, France)

Hedwig Rosenbaumová | Tchèque
1864 (Royaume de Bohème) | 1939 (Prague, Tchéquie)

Marion Jones Farquhar | Américaine
1879 (Gold Hill, États-Unis) | 1965 (Los Angeles, États-Unis)

Antoinette Gillou | Française
1883 | 1949 (Paris, France)

Myra Abigail «Daria» Pratt ; Pauline Whittier dite Polly ; Yvonne Prévost

LES PREMIÈRES À PARTICIPER AUX OLYMPIADES DE L'ÈRE MODERNE, EN 1900, AU CROQUET, AU GOLF ET AU TENNIS.

Ce ne sera une découverte pour personne : la citation latine *Citius, Altius, Fortius, plus vite, plus haut, plus fort*, qui résume la devise du Mouvement Olympique et symbolise ses aspirations progressistes a longtemps fait l'impasse sur une partie de l'humanité : les femmes. Si les Jeux de Paris en 2024 affichent pour la première fois une parité exemplaire, cela n'était évidemment pas le cas lors de la première des Olympiades de l'ère moderne. Le nombre des sportives en lice correspond à un petit quart des participants. Entre le 14 mai et le 28 octobre de l'année 1900, elles seront vingt-deux. Mais attention, seuls le tennis (voir p. 34 Charlotte Cooper), le golf (voir p. 32 Margaret Abbott) et la voile (voir Hélène Barbey, p. 36) font partie du programme féminin, avec quelques autres spécialités non officielles dont quelques-unes ne manqueraient pas aujourd'hui de paraître des plus farfelues à nos yeux.

Le nombre des sportives en lice correspond à un petit quart des participants.

Le 14 mai, arrivent sur la pelouse de Madrid du Bois de Boulogne et sous un soleil écrasant, **Jeanne Filleul-Brohy** née Jeanne Marie Henriette Haentjens, sa cousine Marie Ohier et une certaine Mme Després dont les archives n'ont pas mentionné le prénom. Le trio appartient à l'équipe de France de croquet. Oui, le croquet. Vous savez, ce sport très répandu au 19e siècle en Angleterre, en Irlande et aux États-Unis, rendu célèbre par une photographie du bandit Billy the Kid, prise en 1878 dans une ferme du Nouveau Mexique !

Quant au Golf, Margaret Abbott mis à part, il est représenté par un autre trio qui concourt au sein de la Société des sports à Compiègne, dans l'Oise. À commencer par une descendante du poète John Greenleaf Whittier, Américain abolitionniste. **Pauline Whittier**, dite Polly, cosmopolite dès l'âge de dix ans, est envoyée en Europe pour ses études puis séjourne en Suisse. On est dans ce milieu ultra chic où l'on appartient au club de golf de Saint Moritz et où l'on passe l'été sur les côtes françaises. Pour la jeune Polly, c'est à Deauville, où sa sœur demeure. On peut raisonnablement penser que son beau-frère, membre russe du Comité international olympique, le prince Sergei Konstantinovich Belosselsky-Belozersky lui ouvre la porte de l'Olympiade parisienne. À leurs côtés, **Myra Abigail « Daria » Pratt**, plus connue sous le prénom de Abbie est là également avec son premier mari, Herbert Wright, qui concourt, lui, à l'épreuve avec handicap non reconnue officiellement. C'est elle, la future princesse Karageorgevich, qui terminera en troisième position. Puisque le golf menant à tout, elle épousera en grande pompe, juste avant la Première Guerre mondiale, le prince Alexis, prétendant malheureux au trône de Serbie.

Côté Tennis, si l'histoire s'enorgueillit à raison de la victoire de Charlotte Cooper, elle laisse dans l'oubli **Yvonne Prévost**, **Hedwig Rosenbaumová** et **Marion Jones Farquhar**, qui remportent respectivement l'argent et le bronze. Quant à Georgina Jones, plus artiste que sa sœur Marion, ou encore Marguerite Fourrier et **Antoinette Gillou** – dont le frère Pierre, futur président du Racing Club de France, sera à l'origine de la construction de Roland Garros – leurs noms se sont effacés des mémoires et pourtant, elles étaient là, elles aussi, sur les courts de l'Ile de Puteaux.

Margaret Abbott

Américaine | 1878 (Calcutta, Inde)
1955 (Greenwich, Connecticut, États-Unis)

LA PREMIÈRE CHAMPIONNE OLYMPIQUE, EN 1900, À NE JAMAIS AVOIR SU QU'ELLE L'ÉTAIT…

Certaines recherches universitaires valent leur pesant d'or. Telle l'enquête de Paula Welch, professeure à l'université de Floride et spécialiste des Jeux Olympiques. C'est, en effet, grâce à ses investigations que nous savons aujourd'hui et depuis les années 80 que **Margaret Abbott** fut le 4 octobre 1900 à Paris la première championne olympique américaine de l'histoire et la première à remporter le tournoi de golf féminin, aux deuxièmes Jeux Olympiques de l'ère moderne.

Inimaginable mais vrai. Evidemment, ignorer aujourd'hui que l'on est championne ou champion olympique paraît au mieux un gag… Et pourtant, c'est exactement ce qui est arrivé à Margaret Abbott, qui est morte en 1955, à l'âge de 77 ans, sans l'avoir jamais su. Croyant avoir tout juste obtenu une récompense locale.

Morte en 1955, sans jamais avoir su qu'elle était championne de golf.

Au point même qu'un de ses fils, le réalisateur et scénariste de films, Philip Dunne, ne cachait pas sa surprise en écrivant dans les colonnes du Golf Digest en 1984 :

> *« C'est pas tous les jours que l'on apprend que sa mère est championne olympique ».*

Ce que la famille savait en revanche, c'est qu'elle avait participé à Paris à un championnat et qu'elle l'avait remporté. C'est tout. À peine, savait-on qu'elle avait reçu pour sa performance un bol en porcelaine. Les premières médailles ne verront en effet le jour qu'en 1904, aux Jeux de Saint-Louis.

On se prend alors à rêver que, de cette histoire extravagante, Philip Dunne eût pu tisser la trame d'un biopic sur sa mère, si la vérité était arrivée plus tôt. On a fait des films avec moins que cela…

Aussi, voici l'histoire. Dans le milieu de la haute société de Chicago dont fait partie la famille Abbott, on adore le golf, devenu une activité sportive très fashion. La jeune Margaret rejoint donc tout naturellement le Chicago Golf Club de Wheaton dans l'Illinois. Où ses partenaires sont principalement masculins et où sa grande stature athlétique lui donne néanmoins certains atouts et lui permet de disputer quelques tournois locaux dont elle sort victorieuse. Les années '20 ne sont pas encore là, et pourtant souffle déjà un vent de liberté sur les corsets et autres carcans, qui empêcheraient les femmes, affirme-t-on, de pratiquer un sport.

Cela dit, pour l'heure, à l'aube du 20e siècle, c'est un voyage en Europe, et plus précisément à Paris, qui se profile. Mary, sa mère, éditrice, prépare un guide de voyage et ne veut absolument pas manquer l'Exposition universelle de Paris. Quant à Margaret, étudiante en arts, elle suivra à Paris les cours de Degas et de Rodin. Rien de moins.

Paris connaît alors une belle effervescence avec les deux événements qu'elle accueille en même temps – l'Exposition universelle de 1900 et les Jeux Olympiques – étalés sur une période de plusieurs mois pour coïncider avec le premier. Apprenant qu'un tournoi international féminin de golf est organisé à Paris, Margaret s'y inscrit illico avec sa mère. Le tournoi a d'ailleurs lieu précisément à Compiègne, dans le département de l'Oise, à 80 km de la capitale. Qu'à cela ne tienne ! Le golf avant tout ! La jeune fille de vingt-deux ans enregistre alors un score de 47 sur le parcours de neuf trous, devançant ses compatriotes Pauline Whittier, dite Polly, et Myra Abigail « Daria » Pratt.

Margaret Abbott est ainsi une première à plus d'un titre. Non seulement, elle fait partie du petit nombre de femmes – 22 sur 997 – inscrites aux jeux de cette IIe Olympiade, avant que ne soit officialisée la participation féminine en 1928 pour les jeux d'Amsterdam. Mais elle conservera sa place de championne olympique jusqu'au retour du golf dans le programme des JO de Rio en 2016.

Charlotte Reinagle Cooper dite Charlotte Cooper

Britannique | 1870 (Ealing, Middlesex, Royaume-Uni)
1966 (Helensburgh, Écosse)

LA PREMIÈRE FEMME À DÉCROCHER UNE MÉDAILLE D'OR AU TENNIS, AUX JO DE 1900.

Sur l'île Rothschild, qui ne s'appelait pas encore l'île de Puteaux, les dix courts en terre battue du club de la Société de sport accueillent pendant six jours les épreuves de tennis.

Nous sommes donc à Paris dans le cadre de l'Exposition universelle organisée du 14 mai au 28 octobre 1900, au bord de la Seine. Au programme, est attendue la deuxième édition des Jeux Olympiques de l'ère moderne, selon la formule du baron Pierre de Coubertin. La première édition s'étant déroulée dans le pays originel des Jeux antiques en avril 1896. Moderne, car pour la première fois, on a « accepté » que puisse concourir la gent féminine. Vingt-deux femmes pour 975 hommes.

> *The first Lady* à obtenir *The first* médaille d'or olympique.

Au tennis, six joueuses s'affrontent. Charlotte Cooper de Grande Bretagne, les Françaises Yvonne Prévost (que l'on appelle souvent à tort Hélène) et Marguerite Fourrier, Marion Jones Farquhar et Georgina Jones des États-Unis et Hedwiga Rosenbaumová, de Bohème. Au golf, elles sont dix (voir p. 32 Margaret Abbott) Les autres « élues » ne sont autorisées qu'à participer de manière limitée aux épreuves de voile, d'équitation, de pêche, d'aviron, de tir, de croquet, de ballons ou de sauvetage.

Ces Jeux ne sont donc pas si modernes que ça ! Encore moins si l'on pense qu'il s'en est fallu de peu que les femmes n'en fassent pas partie, le modernisme pour le baron se limitant à un athlétisme mâle exalté sous « l'applaudissement féminin pour récompense ». Pour le bonheur des dames sportives, un autre Pierre a pesé dans la bataille. Pierre Waldeck Rousseau, un des Présidents du Conseil les plus éminents des gouvernements de la IIIe République, impose la présence des femmes dans cette édition parisienne.

Le 11 juillet, vêtue d'une longue robe blanche serrée à la taille, Charlotte Cooper arrive déjà en terrain conquis sur le court, riche de ses trois dernières victoires au mythique tournoi britannique de Wimbledon. Son jeu énergique et percutant surprend. À commencer par ses adversaires qui servent à la cuillère (service par en dessous) quand elle, se rue vers le filet et lance la balle en hauteur. Sans doute, tient-elle cette vigueur d'un apprentissage précoce. Très tôt, ses parents l'inscrivent au club de tennis et d'archer de sa ville d'Ealing. Cette passion traversera les générations. Son fils Rex, né en 1903, sera le vice-directeur du All England Club, le célèbre club privé où a lieu le fameux grand tournoi britannique. Quant à sa fille Gwen Simmers, née deux ans après son frère, elle fut une joueuse très active dans les années 1920-1930.

Mais revenons aux Jeux de 1900 à Paris. La Britannique l'emportant contre la Française Yvonne Prévost, en simple dames, son nom restera dans l'histoire pour avoir été *The first Lady* à obtenir *The first* médaille d'or olympique au tennis. En réalité, c'était la deuxième, car elle avait déjà gagné la veille sa première récompense en double mixte avec son compatriote Reginald Doherty. Huit ans plus tard, elle conquiert un nouveau titre sur le gazon londonien. Elle a près de trente-huit ans. Cet âge canonique constitue un record, une autre première toujours d'actualité.

Hélène Barbey, comtesse de Pourtalès

Américaine et Suisse | 1868 (New York, États-Unis)
1945 (Genève, Suisse)

ELLE TIENT LA BARRE CONTRE VENTS ET MARÉES ET GAGNE L'OR À LONDRES, EN 1900.

Quand on évoque les premiers Jeux de l'ère moderne, ceux de 1900, on pense bien sûr aux femmes qui ont enfin obtenu l'autorisation d'y participer et surtout à Charlotte Cooper (voir p. 34) et Margaret Abbott (voir p. 32), les deux « dames » ayant remporté l'or au tennis et au golf. Et **Hélène Barbey, comtesse de Pourtalès** ? Il semble que l'histoire l'ait oubliée.

Pourtant, c'est bien elle, Hélène, et Herman son époux, avec qui elle partage la même fascination pour la voile, qui commence la course le 20 mai 1900 sur le plan d'eau du Cercle nautique de Paris, à Meulan. À leurs côtés, dans leur embarcation portant le n° 22, soixante-quatre bateaux de moins de dix tonneaux prennent également le départ pour une navigation de onze kilomètres. Résultat : le couple se qualifie haut la main. Puis, c'est encore eux qui s'apprêtent à régater deux jours plus tard sur leur voilier de vingt pieds, du nom de *Lerina*, avec soixante-cinq autres participants pour un circuit, cette fois-ci, de près de vingt kilomètres. Résultat : la médaille d'or !

> Elle choisira de prendre son envol en tenant bon la voile et le vent !

Hélène Barbey vient d'une famille dont la richesse est considérable. Avec la création en 1760 de la *Lorillard Tobacco Compagny,* le grand-père maternel a fondé un immense empire de tabac. Quant à son père, un Suisse originaire du canton de Vaud, il a fait fortune aux États-Unis avec la ligne ferroviaire *Buffalo, Rochester and Pittsburgh Railway*. De sa mère appartenant à la haute société newyorkaise, elle hérite aussi d'un goût très prononcé pour le sport, la voile et les chevaux. Son grand-père,

Pierre Lorillard, n'a-t-il pas remporté en 1881 le British Derby ? Côté paternel, elle gardera toujours en mémoire les essais nautiques sur le Lac Léman, où son père choisit de faire vivre sa famille plutôt que dans la mégapole américaine. Lui-même est fou de marine. Il rapportera d'ailleurs de ses voyages outre-Atlantique un vapeur nommé *Le Minnehaha*, jusqu'à Bellevue, près de Genève, où ils résident. Elle se souviendra jusqu'à ses derniers jours, que ce soit dans son domaine de Mies à mi-chemin entre Nyon et Genève ou dans son appartement parisien de l'avenue de l'Alma, de ces jours joyeux de son enfance, quand son père prenait part avec ses amis et ses proches aux courses de vitesse à bord des bateaux à vapeur sur le Lac Léman ou sur les eaux cannoises ; et où, en compagnie de la Baronne Julie de Rothschild ou de la jeune Impératrice Elisabeth d'Autriche, l'on passait ensuite d'interminables soirées à les commenter.

Sur leurs pas, mais délaissant la vapeur, elle choisira de prendre son envol en tenant bon la voile et le vent ! On ne sait pas exactement pourquoi sa victoire fut ignorée de la presse de l'époque et reste si méconnue aujourd'hui. Il est vrai que si la foule se presse au Grand Palais durant l'Exposition universelle pour admirer les trésors de l'Art nouveau, elle ne semble guère intéressée par ces Jeux sportifs, qui restent dans l'ombre. Il est également vrai, que contrairement à Charlotte Cooper qui continua une carrière en tennis jusque dans les années '50, Hélène de Pourtalès cessera la compétition dès après sa victoire.

Marie Marvingt

Française | 1875 (Aurillac, Cantal, France)
1963 (Laxon, Meurthe-et-Moselle, France)

LA PREMIÈRE FEMME À S'ÊTRE ÉLANCÉE DANS LES AIRS EN BALLON, EN 1901 ET À AVOIR COURU JUSQU'À L'ARRIVÉE LE TOUR DE FRANCE, EN 1908.

Si l'Américaine Annie Londonderry fit sensation en réussissant pour la première fois à faire le tour du monde en vélo à la fin des années 1800 (voir p. 28), une décennie à peine plus tard, de l'autre côté de l'Atlantique, dans le vieux continent, la Française **Marie Marvingt** devient la première à participer au Tour de France à vélo et à le terminer.

On est en 1908. Il est deux heures du matin quand le 13 juillet, les cyclistes s'élancent du pont de la Jatte, à environ 2 km de Paris avec 114 concurrents et une seule femme : elle.

Marie Marvingt n'en est pas à son premier exploit. Pensez donc ! On ne l'appelle pas pour rien « la fiancée du danger ». Elle s'est déjà illustrée dans bien des sports tels la course à pied, l'alpinisme et le ski, la natation et le patinage, l'escrime et le tir sportif, et bien sûr l'aviation… Dans ce domaine, son nom n'est pas inconnu. Puisqu'elle est la première femme à avoir effectué un vol en ballon captif en 1901. Bientôt, il lui sera permis de piloter des avions, quand elle aura réussi à empocher son brevet de pilote en 1910…

> On l'appelle « la fiancée du danger ».

Mais pour l'heure, elle ne résiste pas à participer à l'épreuve cycliste qui vient d'être créée et dont c'est la 6e édition. Les courses qu'elle a auparavant effectuées, telles Nancy-Bordeaux, Nancy-Milan ou Nancy-Toulouse, lui ont donné un tel surcroît d'adrénaline qu'il lui faut maintenant passer à la vitesse supérieure : s'attaquer à la Grande Boucle. Elle a trente-trois ans. Pas question d'attendre davantage.

Cette fois, l'aventurière invétérée qu'elle est depuis son plus jeune âge a fait fort. Très fort. Henri Desgrange, le directeur du Tour n'autorise pas la gente féminine à être de la partie ? Qu'à cela ne tienne. Il suffira qu'elle parte, en marge de la course officielle, en retard à chacune des étapes, juste un peu derrière le peloton. Et l'affaire sera faite et il fallait s'en douter, parfaitement relayée par la presse, qui suit avec intérêt et respect les performances de la gente dame, présente tout au long des quatorze étapes et des 4 488 kilomètres du Tour jusqu'à l'arrivée le 9 août au Parc des Princes dans le 16e arrondissement de Paris. De concert avec les trente-six rescapés de la finale, dont le vainqueur Lucien Petit-Breton. Boucler le tour est déjà réputé comme étant un exploit monumental pour un homme… Alors qu'une femme y parvienne tient du miracle. La presse étrangère s'en fait l'écho. Et le *Chicago Tribune* de la saluer comme *« la femme la plus extraordinaire depuis Jeanne d'Arc »*.

Mais d'où lui vient cette passion des sports ? De qui tient-elle cette envie de repousser toujours plus loin les limites de ce qui était considéré comme possible et convenable à l'époque pour une femme ? Pour partie, de l'Auvergne, région de caractère d'où sont originaires ses parents. Pour beaucoup de son père, Félix Marvingt qui, fou de sport, lui apprend à exercer toutes sortes de disciplines jusqu'aux arts du cirque. Sans doute aussi de la vie tout court qui lui a très tôt enseigné qu'elle n'était pas éternelle. Ses trois frères et sœurs mourront en effet en bas âge et le quatrième à l'âge de dix-neuf ans. Quant à sa mère, elle décède l'année de ses quatorze ans.

Il lui faudra donc être intrépide, dévorer la vie par tous les bouts et prendre son surnom de « Marie casse-cou » à la lettre. Y compris pendant la Première Guerre mondiale, pour braver les interdictions de participer aux combats sur terre comme dans les airs. Y compris juste avant de mourir, à 88 ans, quand elle pratiquait encore le cyclisme et s'apprêtait à passer son brevet de pilote d'hélicoptère.

Magda Syers

Britannique | 1881 (Londres, Kensington, Royaume-Uni)
1917 (Weybridge, Surrey, Royaume-Uni)

LA PREMIÈRE CHAMPIONNE OLYMPIQUE DE PATINAGE ARTISTIQUE FÉMININ DE L'HISTOIRE, EN 1908.

Sans conteste, elle a brisé la glace ! Elle, c'est Florence Madelin « Madge » Cave, plus connue sous son nom d'épouse, **Magda Syers**. Cette jeune Britannique, qui deviendra la première lady du patinage, n'aura pas manqué d'être fortement impressionnée par le style du célèbre pionnier, Jackson Haines, dont on lui avait montré tant de clichés. On la comprend. L'athlète américain porte beau selon les canons de l'époque, et surtout inventeur de la pirouette assise, il est formé aux toutes dernières techniques du ballet, mêlant avec grâce et créativité, chorégraphie, rythme et musique. Magda s'en trouve charmée immédiatement et découvre qu'elle pourrait avec le patinage sortir des corsets rigides que l'époque lui impose au sens propre comme au figuré.

Magda se fait confectionner des jupes qui lui arrivent à mi-mollet et participera à toutes les compétitions masculines.

Fille d'une fratrie de quinze enfants, elle semble être l'unique de la famille à montrer des aptitudes au sport. Remarquable cavalière et nageuse talentueuse, le patinage, à la fois discipline sportive et artistique, l'attire. Du reste, en Angleterre, la pratique est alors à la mode et hommes et femmes s'y adonnent durant les mois d'hiver. Sans hésiter, la jeune fille rejoint le très chic Prince's Skating Club de Londres, où elle ne tarde pas à rencontrer le patineur Edgar Syers, son futur mari et entraîneur. Avec une idée très claire en tête : elle fera du patinage et s'élancera sur les pistes en professionnelle !

À une condition pourtant, celle de braver les règles qui régissent les compétitions de la discipline. Vous l'avez deviné, elles ne sont, sans doute, pas ouvertes à la gent féminine. En fait, elles ne sont ni ouvertes ni fermées. Certes, aucune femme ne s'y est jamais présentée et les hommes y règnent en maîtres jusqu'alors incontestés. Toutefois, en réalité, rien dans les textes officiels ne fait référence à une quelconque interdiction à l'encontre des femmes. Aussi, elle va se servir astucieusement de ce « vide juridique ».

Magda Syers, en compagnie de son mari, participe ainsi aux championnats du monde qui accueillent donc une femme, pour la première fois de leur histoire. On est en 1902. La jeune frondeuse vient tout juste de fêter ses vingt-et-un printemps. Des photographies la montrent chapeautée, portant une longue jupe descendant jusque sur ses chevilles, un chemisier en satin aux manches bouffantes et un collier de perles. Si elle n'obtient que la deuxième place, les juges restent bouche bée devant sa technique et le vainqueur lui-même, le Suédois Ulrich Salchow, ne cache pas, dit-on, que la première place aurait dû lui être attribuée !

C'est alors qu'un règlement précise : en raison de la longueur des jupes, cachant les pieds des patineuses, les femmes ne pourront plus concourir contre les hommes. Qu'à cela ne tienne ! Magda se fait confectionner des jupes qui lui arrivent à mi-mollet et participera à toutes les compétitions masculines avant la création de la compétition mondiale féminine en 1906, où elle sera sacrée championne du monde par deux fois.

Mais dans la foulée, arrive la consécration ultime. 1908 : le patinage artistique fait son entrée dans le monde fabuleux des Olympiades. Ils se déroulent à Londres, au club de Knightsbridg, là où Magde a fait ses premiers pas. Le couple Syers décroche le bronze en couples mixtes. Elle, remporte la médaille d'or dans l'épreuve individuelle. La première fée de la glace est née.

Queenie Newall

Britannique | 1854 (Littleborough, Comté du Grand Manchester, Royaume-Uni)
1929 (Cheltenham, Comté de Gloucestershire, Royaume-Uni)

EN GAGNANT, À 54 ANS, LA MÉDAILLE D'OR AU TIR À L'ARC DES JEUX DE 1908, QUEENIE NEWALL EST DEVENUE LA CHAMPIONNE OLYMPIQUE LA PLUS ÂGÉE DE L'HISTOIRE.

Dans ce livre, on dresse beaucoup de lauriers aux benjamines des épreuves sportives. La jeunesse de certaines force l'admiration. Et la jeunesse, c'est la jeunesse, depuis toujours ! Notre 21e siècle l'a peut-être placée encore plus haut qu'elle ne l'avait jamais été durant les époques précédentes. Encore que. Mais comme Ronsard, le poète français du 16e siècle, l'a si bien écrit dans un de ses poèmes les plus connus, on ne saurait oublier qu'elle passe. Passé ce lieu commun, admettons *a contrario* que la vieillesse ne se porte pas très bien dans le domaine sportif, même si paradoxalement aujourd'hui l'espérance de vie s'allonge et que le nombre de personnes âgées, que l'on appelle pudiquement aujourd'hui les séniors, connaît une progression dans tous les pays du monde.

Aussi, on ne va pas vous cacher le plaisir facétieux qui a été le nôtre de glisser dans ces pages consacrées aux premières sportives, le portrait de celle qui a remporté, à cinquante-quatre ans, la médaille d'or au tir à l'arc, lors des Jeux Olympiques de Londres, en 1908. Une première !

Qui est donc cette première cinquantenaire ? Une Britannique, Queenie Newall, l'aînée d'une fratrie de dix enfants et d'une famille, parmi les plus anciennes d'Angleterre, distinguée par le Collège d'armes depuis le règne d'Henri IV. Quand elle quitte sa région d'origine du Lancashire pour s'installer, avec sa sœur Margaret, à Cheltenham, une petite ville plus au sud du pays, elle s'inscrit au club de tir à l'arc de la ville, au Cheltenham Archers. On ignore pourquoi à cinquante ans, elle prend cette décision. Ce que l'on sait en revanche et que l'avenir montrera, c'est qu'elle y est excellente au point qu'elle participe aux rencontres régionales, puis remporte la médaille d'or aux JO de 1908. L'on se croirait dans un conte de fées. On dit que la chance donna à la championne quelques jolis coups de pouce. Il est vrai que d'une part, la favorite, l'archère Alice Legh, avait choisi de ne pas disputer les épreuves de 1908 ; d'autre part, que les juges étaient tous britanniques…

Pour autant, s'ajoutent ensuite d'autres victoires, celles de trois championnats nationaux entre 1911 et 1914. Peu de temps avant sa mort en 1929, il semble qu'elle tire encore à l'arc. Elle n'assistera évidemment pas à la victoire de l'Américaine Doreen Wilber, quand le tir à l'arc revient en compétition aux Jeux de Munich en 1972. Nul doute qu'elle aurait été épatée de la maestria de cette dernière, entrée dans l'histoire comme la plus titrée dans la discipline. Toutefois peut-être un peu chagrinée qu'on lui ait attribué la place de première championne olympique, oubliant que ce fut la sienne.

Depuis, le tir à l'arc féminin a fait des émules. Artémis, fille de Zeus et sœur d'Apollon, célébrissime déesse grecque de la chasse, peut ranger sereinement son arc et ses flèches. À moins qu'elle ne décide de porter, pour revendiquer la place de première, quelques tirs dont le poète Hésiode disait qu'ils étaient d'une éblouissante dextérité !

Fanny Durack

Australienne | 1889 (Sydney, Australie)
1956 (Stanmore, Australie)

AUX PREMIERS JEUX OLYMPIQUES DE 1912, QUI AUTORISENT DES ÉPREUVES FÉMININES DE NATATION, ELLE REMPORTE L'OR.

Grâce au climat et à la culture, les sports de plage sont très populaires en Australie - surtout la natation, et aujourd'hui le surf et le sauvetage sportif… À l'époque de **Fanny Durack**, c'est déjà le cas. Elle n'est encore qu'une très jeune écolière – pensez ! elle a tout juste sept ans – quand elle gagne son premier titre dans l'État de la Nouvelle Galles du Sud. Ainsi commence la route vers l'or pour la jeune fille d'origine irlandaise qui trouve dans l'eau tout ce qui fera sa vie…

De titres en titres, elle ne tarde pas à s'engager vers des épreuves nationales mais les épreuves ne se jouent pas seulement dans l'eau… Elles se disputent aussi dans les règles qui ordonnent les compétitions sportives en général et la natation en particulier. On l'a oublié mais il fut un temps où les femmes ne pouvaient pas, par exemple, concourir dans des épreuves où les hommes étaient présents. Il fut une époque où il fallait, si elles le désiraient absolument, qu'elles s'arrangent pour financer elles-mêmes leur participation.

Ces obstacles ne vont guère rebuter Fanny Durack ni sa rivale Mina Wylie. Toutes deux de Sydney et membres du même club. Pas plus qu'ils ne seront un frein à l'impétuosité et l'inventivité de leur compatriote Annette Kellerman, elle aussi de Sydney !

Par chance, pour la première fois, aux Jeux Olympiques de 1912 à Stockholm, deux courses féminines sont autorisées, le 100 m et le 4x100 mètres en nage libre. Evidemment, Fanny s'y inscrit. Il s'en faut pourtant de peu pour qu'elle en soit écartée. Car une campagne de boycott fait rage. Bizarrement, elle est menée par une femme, Rose Scott, pour ne pas la nommer. Sans doute, le prétexte prête aujourd'hui à sourire… Quoique ! Mais le temps est tout à la bienséance et surtout au sexisme ! Quel est l'argument ?

« La présence des jeunes filles très athlétiques en maillot de bain n'attirerait pas les spectateurs pour l'amour du sport, mais des voyeurs » !

On s'abstiendra de commenter.

Par bonheur, le Comité olympique a décidé d'inclure une épreuve féminine de natation, malgré l'hostilité de l'instigateur des Jeux, Pierre de Coubertin, et n'en démord pas : il y aura des nageuses en Suède. Un point c'est tout ! N'empêche, faudra quand même que les candidates se débrouillent pour payer le voyage jusqu'à Stockholm et tout ce qui va avec. N'en déplaise aux empêcheurs de nager en ligne droite, la collecte mise en place fait merveille, grâce notamment aux dons de la riche épouse d'un grand entrepreneur du nom de Hugh McInstosh. Qui récidivera en février 1913 quand il s'agira de financer une course où seront pour la première fois accueillis sur les gradins des spectateurs masculins !

Mais pour l'heure, on est en juillet 1912. On s'apprête à rejoindre la capitale suédoise *via* Londres. Dès le 8, les épreuves démarrent. Avec Fanny Durack et vingt-sept nageuses représentant huit nations. C'est une première à plus d'un titre. En effet, non seulement les nageuses sont là mais la technologie – un système semi-électrique fiable au dixième de seconde près – ne permettra aucune tricherie.

Le 12 juillet, au final, Fanny Durack l'emporte « à la force de la main » : elle a parcouru le 100 mètres en 1'19"8, établissant un record mondial. Consacrée première championne olympique de natation, c'est peu dire qu'elle a ouvert la voie…

Quand elle quittera la compétition en 1921, la natation continuera de guider sa vie. Dans son quartier de Sydney, elle formera à la nage toute une nouvelle génération et ne cessera de s'opposer aux inégalités sexistes dans le sport…

Fanny Durack, sans bonnet, à gauche

1912

Harriet Quimby

Américaine | 1875 (Arcadia, Michigan, États-Unis)
1912 (Boston, États-Unis)

LA PREMIÈRE À TRAVERSER LA MANCHE EN AVION DEPUIS L'ANGLETERRE, EN 1912.

Rien vraiment ne prédestinait Harriet Quimby à devenir la première femme américaine détentrice d'un brevet de pilote en 1911, après la française Elise Deroche, qui fut la toute première au monde, un an auparavant. Qui eut pu aussi deviner qu'elle serait la première en 1912 à voler au-dessus de la Manche en avion depuis l'Angleterre. Elle-même, sans doute, n'y avait jamais songé. Car si l'exploit réalisé trois ans plus tôt par Louis Blériot fait rêver hommes et femmes confondus, la traversée aéro-maritime de la Manche reste encore un défi sportif majeur, loin d'être à la portée de tout un chacun…

Elle est encore une très jeune fille quand sa famille quitte les terres du Michigan qui l'ont vue naître et qui avaient été, en 1868, attribuées à son père pour le récompenser d'avoir servi dans l'armée de l'Union pendant la Guerre de Sécession. Le couple Quimby, éprouvé après la mort de trois de leurs enfants, ne s'en retournera pas à New York, mais s'installera en Californie avec leurs deux filles, Helen et Harriet.

Et c'est donc à San Francisco que la benjamine commence sa carrière de journaliste. Elle n'est pas à proprement parler précoce. Elle a déjà vingt-sept ans. De plus, elle écrit non pas pour les rubriques sportives des journaux de la ville mais dans les pages théâtrales. Ce qui ne l'empêche pas, comme nombre de ses contemporains, à l'aube du 20e siècle, de se passionner pour la vitesse. L'automobile bien sûr. Mais plus encore l'avion.

Emménageant à New York, l'occasion lui est donnée en 1910 de couvrir le meeting aérien de Belmont Park et de rencontrer le pilote John Moisant qui, hélas, va trouver la mort à La Nouvelle-Orléans, à bord d'un monoplan Blériot alors qu'il s'entraîne pour la Coupe Michelin. Cet accident aurait pu rendre Harriet Quimby plus que méfiante. Au contraire, la voilà qui décide de se former incognito au pilotage en compagnie de Matilde, la sœur de l'aviateur disparu. Son brevet de pilote dans la poche, elle n'a qu'une envie : voler et remporter quelques victoires. On la voit alors habillée d'une combinaison fort élégante en laine revêtue de satin violet, qui fait déjà les joies d'une marque de soda…

Mais sa grande victoire est sans conteste la traversée de la Manche depuis l'Angleterre. Le 16 avril 1912, partant à 5 h 35 du matin du terrain d'aviation de Whitfield, près de Douvres, elle se pose, une heure plus tard à peine, en 55 minutes exactement, sur la plage française d'Hardelot-Equihen, sur la côte d'Opale.

Un exploit qui passera presque inaperçu parce qu'il eut lieu au lendemain du naufrage du Titanic ! Mais quelle prouesse ! Des décennies plus tard, Amélia Earhart, qui fut en 1928 la première femme à traverser l'Atlantique, n'aura pas assez de mots pour l'exprimer :

> *« Pour traverser la Manche en 1912, sans aucun des instruments modernes, sur un avion qui était à peine plus qu'un cadre auquel on avait rajouté des ailes et un moteur, et un avion sur lequel, de surcroît, elle n'avait aucun entraînement, il fallait plus de cran et d'adresse que pour traverser l'Atlantique aujourd'hui ... »*

Sombre présage en tous cas que ce Titanic sombrant au printemps de l'année 1912. Trois mois plus tard, participant au troisième meeting annuel de l'aviation à Boston, Harriet et son passager William Willard furent éjectés de leur avion, le 1er juillet 1912.

À trente-sept ans, Harriet Quimby fut enterrée, à New York, dans la robe blanche qu'elle avait choisi de porter pour le banquet prévu en son honneur après le meeting. Certains se demandent encore ce que sont devenus sa tenue de vol violette et ses bijoux fétiches qu'elle emportait toujours en vol.

Lucienne Cayat de Castella

Française | 1892 (Saint-Benoît-sur-Seine, Aube, France)
1914 (Stockel, Belgique)

Georgina Broadwick

Américaine | 1893 (Oxford, Caroline du Nord, États-Unis)
1978 (Henderson, Caroline du Nord, États-Unis)

LES PREMIÈRES À SAUTER EN PARACHUTE D'UN AVION, EN 1913 ET 1914.

On dit que la Française qui sauta la première en parachute d'un avion, testait en réalité l'une des toiles fabriquées par son mari Georges Cayat de Castella.

Mais, si elle a bien chuté du biplan piloté par l'aviateur Pelletier et a atterri sans encombre sur la terre ferme de l'aérodrome de Nevers sous les bravos de la foule, elle aura sur tous les autres aspects trompé tout le monde. Ou plutôt « son mari » nous aura trompé encore plus qu'elle.

Car en réalité, primo, elle ne s'appelle pas **Lucienne Cayat de Castella**. Mais Lucienne, Henriette, Andrea Blaise. Deuxio, l'époux en question ne serait pas le sien. Tertio, il ne s'appelle même pas Georges mais Alphonse. Il est comédien. Sans doute en mal de notoriété, mais malin. À cette époque, l'aviation et la conquête de l'air fascinent tellement qu'elles attirent tout autant un public de sensations fortes prêt à payer pour assister à toutes sortes d'exhibitions aériennes que des escrocs de tous poils qui profitent de la manne. Comme il existe aujourd'hui en masse fraudes et arnaques dans la nébuleuse toile d'Internet et autres réseaux sociaux. Quarto, il aurait, semble-t-il, de surcroît, suggéré à Lucienne de prendre ce nom à particule pour faire augmenter l'audimat, comme l'on dirait maintenant ! Nom à particule qu'il aurait peut-être – allez savoir ! –, lui-même usé comme nom d'artiste ! Quant à savoir, mari ou pas, où et comment se sont-ils connus ? Mystère ! Quinto, toute cette histoire n'aurait eu qu'un but : redorer son blason ! Pensez, faire croire que la première femme à sauter en parachute d'un avion est la sienne ne va pas manquer de lui ouvrir les plus grandes scènes de France et de Navarre. Enfin, mieux encore, il va jusqu'à se faire passer pour l'inventeur du parachute – rien de moins ! – Et rien n'est plus faux évidemment. L'on sait que depuis les années 1780, un physicien Louis Sébastien Lenormand en a inventé le mot et que dans la décennie qui a suivi, André-Jacques Garnerin, vrai mari, lui, de Jeanne Labrosse, la première femme parachutiste, a conçu le premier dispositif composé d'une toile…

Toutefois, une chose est vraie : Lucienne a bien chuté de dessous le fuselage d'un biplan dirigé par le pilote Pelletier, le 17 mai 1914. Le journal, quotidien et feuilles d'annonces suisse, *L'impatient*, daté du 27 mai, en détaille l'exploit. Tout comme, elle s'est vraiment tuée, à l'âge de vingt-deux ans, lors d'un second saut, près de Bruxelles, le 21 juillet 1914. Son parachute ne s'est pas ouvert. Quant au reste, toutes versions confondues, tout semble relever d'une certaine fantaisie ! Ah, encore une chose : l'article du journal suisse évoque également le saut de la madame Pelletier, femme du pilote, que l'histoire aura tout bonnement oubliée.

De toute façon, la belle affaire ! L'exploit de Lucienne n'a t-il pas été devancé par celui de Georgia Thompson Broadwick, une Américaine de vingt-trois ans originaire de Caroline du Nord, qui saute en parachute le 21 juin 1913 à Los Angeles puis dans le lac Michigan, prouvant à l'armée US que les pilotes pouvaient s'échapper d'un avion ?

Lucienne Cayat devant l'avion et ci-dessous Georgina Broadwick, à l'atterrissage

Suzanne Lenglen

Française | 1899 (Paris, France)
1938 (Paris, France)

LA PREMIÈRE STAR DU TENNIS, DÈS 1914.

Au moment où Roland Garros ouvrait à nouveau ses portes au mois de mai 2021 après des mois de confinement pour raisons de pandémie de la Covid-19, l'éditrice Viviane Hamy avait eu la jolie idée de faire paraître en français le livre *Suzanne Lenglen, La Divine,* que le spécialiste italien du tennis, Gianni Clerici, avait publié en 2002. Au-delà des matchs de l'athlète commentés à la loupe, on y découvre avec délectation l'univers de ces Années folles où la championne de tennis évoluait, rapide et gracieuse, audacieuse et talentueuse, avec ses jupes courtes plissées en soie blanche et son célèbre bandeau en tulle dans les cheveux, une tenue signée du couturier Jean Patou, qui en avait fait son égérie.

On est star ou on ne l'est pas ! **Suzanne Lenglen** en était une, assurément, bien entourée d'une constellation d'autres stars. Car si, le milieu qu'elle fréquente dans son enfance à Paris et à Nice où elle passe l'hiver, avant que sa famille s'y installe à plein temps au moment de l'arrivée des Allemands, lui donne déjà à croiser des personnalités très en vue ; plus tard, dès qu'elle deviendra championne du monde à quinze ans, elle fera partie de la jet-set, comme on ne disait pas à l'époque. Ses amis auront alors pour nom Alain Gerbault, le navigateur, René Lacoste, le futur businessman au crocodile, le photographe Jacques-Henri Lartigue dont les clichés ont immortalisé la jeune fille. Que du beau monde. Sans compter le gotha des têtes couronnées. En 1926, le 17 février exactement, elles sont nombreuses à assister au match disputé au central du Carlton par La Lenglen pour la finale du pourtant modeste tournoi de Cannes : le roi Gustave V, Manuel du Portugal, Georges de Grèce, le Duc de Westminster et tant d'autres…

On est star ou on ne l'est pas !

On l'a compris, le tennis est alors un sport chic pour gens riches ! Pour autant, quand le père, Charles Servais Adolphe, pharmacien et rentier, lui offre une raquette de tennis, afin que la fillette s'entraine sur le court de la propriété de campagne de Marest-Sur-Matz dans l'Oise, et qu'il décèle en elle des qualités indéniables, la discipline sera rude. Probable que sa force de frappe et la vitesse de son jeu de jambes lui viennent de l'entraînement musclé, dirigé par le père.

Un premier laurier couronnera la jeune Suzanne en 1914 à Saint-Cloud, à l'emplacement presque exact de l'actuel Roland Garros. Elle a quinze ans. Suivront des titres et des victoires remportés par centaines et la médaille d'or olympique aux Jeux d'Anvers 1920.

Cependant, la médaille a son revers. Les gazettes qui célèbrent ses victoires guettent aussi les excentricités de la diva. Oui, elle arrive parfois sur les courts en manteau de fourrure. Oui, elle s'offre quelques gorgées de cognac pour vaincre sa fatigue et combattre ses insomnies, surtout quand, en 1926, elle devient joueuse professionnelle… Aux États-Unis ! Et alors ? Cinq ans après avoir mis un terme à sa carrière, à peine a-t-elle le temps d'ouvrir une école à Auteuil que la presse révèle en 1938 qu'elle est atteinte d'une leucémie. La maladie sera foudroyante. Elle meurt à trente-huit ans.

Aujourd'hui, un des grands courts de Roland Garros porte son nom. Il est prévu bientôt qu'un toit rétractable, conçu par l'architecte Dominique Perrault, le recouvre, complété par une toile, comme un clin d'œil au célèbre plissé de ses jupes.

1919

Gaby Morlay

Française | 1893 (Paris, France)
1964 (Nice, France)

LA PREMIÈRE À OBTENIR UNE LICENCE DE PILOTE DE DIRIGEABLE, EN 1919.

Plus connue pour être une actrice, **Gaby Morlay** – de son vrai nom Blanche Pauline Fumoleau – adore le sport. En particulier, la natation. Elle participera à la traversée de Paris à la nage en 1920, un parcours de près de douze kilomètres du pont National au viaduc d'Auteuil ! Mais elle pratique aussi le patinage, la boxe et dirige avec fougue toutes les machines qui vont vite la séduire : le scooter, l'automobile, l'avion et le dirigeable pour lequel elle obtiendra un brevet de pilotage en 1919.

Une première toute naturelle pour celle qui, sur la terre comme au ciel, n'a pas attendu les Années folles, où elle va exceller, pour se distinguer dans le non-conformisme, l'impertinence et la pétillance. Jugez plutôt. Elle n'a pas atteint ses quinze printemps quand elle s'enfuit une première fois du couvent de Lisieux où l'ont placée ses parents, puis une seconde fois pour filer dans la capitale rejoindre une amie et y apprendre la dactylo. Mais bientôt les théâtres l'attirent. Où déjà en spectatrice, elle rit aux éclats, avant de devenir actrice débutante. Et de jouer très rapidement avec les grands de l'époque, Louis Verneuil, Sacha Guitry, pour ne citer que ces deux grands noms-là. Elle tourne ensuite des courts métrages pour Max Linder et des films pour Maurice Tourneur, Marcel

L'Herbier et Henri Decoin, aux côtés de Charles Vanel, Victor Francen, Fernandel, Louis Jouvet, Robert Hossein, Jean Gabin et Danièle Delorme… Des noms en haut de l'affiche à l'époque !

Les murs des salles parisiennes de la Comédie Caumartin, du théâtre de la Renaissance et du Châtelet conservent sans doute le souvenir de son rire joyeux et espiègle. Certes, elle ne cessera pas de travailler pendant la période de l'Occupation, d'autant qu'elle vit l'amour de sa vie avec le secrétaire d'État à l'agriculture du Gouvernement de Vichy, Max Bonnafous, qu'elle finira par épouser en 1961 après la mort de sa femme. Mais le public l'aime tellement qu'elle ne sera pas inquiétée dans l' Après-Guerre.

« Il faut que je devienne pilote pour de vrai. »

Côté sport, sa truculence et son amour de la performance font tout autant recette. Irrésistible, quand elle raconte dans la Gazette de *l'Aérophile* de juin 1920 comment elle s'est passionnée pour les dirigeables et comment elle a passé son épreuve de brevet de pilote dans un zodiac de la Compagnie Générale transaérienne. Elle vient alors de participer aussi à la traversée de Paris à la nage ! Un vrai casse-cou, cette Gaby ! Donnons-lui la parole :

> *« On me fait monter dans la nacelle ; je ne suis pas du tout à mon aise, je dissimule autant que je peux ma peur, car j'ai peur, pour ne donner prise en rien à l'ironie de ces Messieurs. C'est déjà risible pour eux de voir un petit bout de femme s'occuper d'une chose aussi robuste et aussi mâle. J'affecte une pose nonchalante, le coude appuyé au bastingage, l'air calme et satisfait d'une femme qui n'aurait fait que cela toute sa vie. »*

Mais c'est décidé, elle ne va pas lâcher :

> *« Ça a trop bien marché pour que je ne continue pas. Il faut que je devienne pilote pour de vrai. »*

Mais attention, ce n'est pas du chiqué :

> *« Et ça ne consiste pas à mettre sur ses cartes de visite : "pilote de dirigeable..." C'est du travail et de la persévérance, c'est se lever tous les matins à 6 heures. »*

Elle ne craint pas non plus d'affirmer que :

> *« L'impression la plus nette qu'elle retire, c'est la fierté. Je ne sais pas pourquoi je ferais de la fausse modestie et ne l'avouerais pas. J'aime faire les choses que tout le monde ne peut pas faire ; et c'en est une et une très belle. J'ai les plus grands projets. Je voudrais franchir successivement les Alpes, les Pyrénées, les Vosges...»*

Quelle verve !

1920

Marie Houdré

Française | 1883 (Orléans, Loiret, France)
1982 (La Neuville-Chant-d'Oisel, Seine Maritime, France)

LA PREMIÈRE FEMME CONNUE À AVOIR INTRODUIT LE RUGBY FÉMININ, DÈS LES ANNÉES '20.

Allez savoir pourquoi cette jeune femme se prend d'une passion pour le sport. Certaines mauvaises langues auraient pu arguer que, native d'Orléans, elle aurait entendu des voix… Il n'en est rien, évidemment. Plus prosaïquement, son père Jean-Baptiste, homme de grande culture, qui lui sert de précepteur, lui a transmis le goût de savoir, d'apprendre et de comprendre. Mais de là à faire du sport son cheval de bataille et du ballon ovale, sa discipline préférée, il y a loin.

C'est que la doctoresse qu'elle est devenue en 1919 s'intéresse à la santé des femmes et les encourage, contrairement à la *vox populi* et médicale, à les pratiquer tous, à leur convenance, la natation, le basket, l'aviron, le hockey, etc. Ce sont d'ailleurs autant de préceptes pour lesquels, en tant que membre du Parti socialiste et proche

Marie Houdré figure tout à gauche

des milieux coopératifs, elle milite activement. Il ne fait aucun doute que celle qui fut d'abord institutrice dans une école maternelle, exerça quelque temps dans un collège de filles à Toul, s'inscrira ensuite en première année de médecine jusqu'à soutenir en 1914 sa thèse avant de devenir assistante du professeur Broca à l'hôpital des Enfants malades à Paris et de conduire sur le front pendant la Grande Guerre les opérations médicales, n'est pas de celles qui bottent en touche. Le sport, c'est bien pour les femmes comme pour les hommes. Un point c'est tout. Parole de femme et de médecin.

Le coup d'envoi de cette partie de rugby versus Marie Houdré [...] est donné en mars 1922.

Aussi, de la commission médicale de la Fédération des sociétés féminines sportives de France, structure dirigée par Alice Milliat (voir p. 60,) au club du Fémina Sport, dont elle devient bientôt la présidente, elle en fera son credo. Mais *quid* du rugby ? Oui, en effet, elle songe depuis quelque temps à en modifier les règles afin qu'elles puissent mieux s'adapter à une pratique féminine. Le but étant bien sûr de gommer les difficultés que certaines femmes pourraient appréhender. Dans ce sens, la surface du terrain et le nombre de joueuses sont réduits tandis que sont interdits le « dribbling » et le plaquage aux jambes.

Aidée dans cette tâche par André Theuriet, ancien capitaine du Sporting Club Universitaire et membre éminent de l'équipe de France, le coup d'envoi de cette partie de rugby versus **Marie Houdré**, tout à la fois capitaine et entraîneuse, est donné en mars 1922 au Stade Élisabeth, près de la Porte d'Orléans, dans le 14e arrondissement de Paris. Passons sur les critiques, les hauts cris des journalistes et le nom de ce nouveau jeu, la Barette, qui peut aujourd'hui faire sourire. Le fait est que le succès n'est pas au rendez-vous. Après la formation d'équipes à Lille, Bordeaux et Toulouse, pour ne nommer que ces villes-là, et la tenue d'un championnat national, le jeu disparaît progressivement pour ne revenir dans la forme qu'on lui connaît aujourd'hui que dans les années '60. Il n'en reste pas moins qu'on doit au docteur Marie Houdré d'avoir introduit pour la première fois, à partir de 1920, la pratique du rugby au féminin.

Depuis 2019, son nom figure en première place sur ce que la Fédération française de rugby (FFR) appelle son « mur des légendes ». Pour Serge Simon, son vice-président, et président jusqu'en juin 2023 de la commission du rugby féminin de World Rugby),

> *« Marie Houdré incarne parfaitement l'image de toutes ces femmes qui se sont battues dans l'ombre pour essayer de conquérir un petit bout de territoire ».*

Ailleurs, l'histoire sportive évoque également la formation d'une équipe féminine néo-zélandaise et des tentatives au nord de l'Angleterre et en Écosse, aux environs de la fin du 19e siècle sans que nous puissions nous appuyer sur des documents fiables nous renseignant sur l'identité de ces femmes composant ces équipes.

Adrienne Bolland

Française | 1895 (Arcueil, France)
1975 (Paris, France)

LA PREMIÈRE À TRAVERSER LA MANCHE EN SOLITAIRE DEPUIS LA FRANCE ET À VOLER AU-DESSUS DE LA CORDILLÈRE DES ANDES, EN 1921.

Non, ce n'est pas un poisson d'avril ! Et pourtant, c'est bien le 1er avril 1921 qu'**Adrienne Bolland** traverse les Andes à bord d'un avion G3 des frères Caudron. Un exploit extraordinaire que tout le monde, avant son accomplissement, voue à l'échec. Qui sait ce qu'en a d'ailleurs pensé l'aviateur argentin Luis Cenobio Candelaria, qui l'avait précédée trois ans auparavant ? Depuis sa victorieuse traversée à bord de son avion *Parasol*, la liste des macchabées dans la Cordillère s'allonge singulièrement.

Du reste, si René Caudron qui avait engagée Adrienne Bolland, sitôt son brevet de pilote en poche, comme convoyeur d'avion, accepte qu'elle parte en Amérique du Sud, c'est surtout pour la voir disparaître un temps de son champ de vision… Car il en a assez de ses excentricités. Aussi, s'il est d'accord pour qu'elle fasse une petite virée au-dessus de la Pampa – après tout, quelle belle publicité pour ses coucous – il ne sait absolument rien de son projet. Le sait-elle, elle-même ? Rien n'est moins sûr. Mais Adrienne Bolland est casse-cou en diable et adore se donner des défis. Rien ne l'excite davantage que les conseils de prudence… Donc, à peine débarquée du bateau qui la conduit sur la terre argentine, son petit G3 dans les cales, elle s'y est décidée. Elle ira ! Caudron refuse de lui envoyer un avion plus puissant ! Tant pis ! Elle ira deux fois plutôt qu'une. Enfin deux fois, c'est beaucoup dire, car personne ne parie sur sa réussite. On n'ose parier sur le pire mais tout le monde y pense.

Il faut ajouter que tout concourt à entonner ce chant funèbre. En premier lieu, la voie choisie se trouve être réputée la plus dangereuse. Deuxio : évidemment, elle ne connaît pas la route qui doit la conduire à Santiago. Mieux encore, elle n'a jamais survolé de montagnes. Et enfin, pour couronner le tout, il semble bien que son mécanicien ait oublié d'installer une nouvelle magnéto d'allumage…

Pourtant, le miracle a lieu. La voilà, sans carte ni instrument de navigation qui se pose sur la piste de l'école militaire d'aviation de Santiago du Chili, après 4 heures et 15 minutes de vol. Elle sera donc la première à passer la Cordillère des Andes, après avoir été la première femme pilote à traverser la Manche en solitaire depuis la France, le 25 août 1921 – Harriett Quimby l'avait traversée depuis l'Angleterre en 1912.

Acclamée sur la piste, elle ne se répandra pas en paroles sur ce miracle qu'elle doit, dira-t-elle, vingt-cinq ans plus tard, à une médium venue la prévenir un mois avant son envol :

> *« À un moment, au fond de la vallée, vous verrez un lac, il ne faut surtout pas tourner à droite. C'est à gauche qu'il faut aller... »*

Il y a des vies comme ça, placée sous le sceau de l'aventure et de l'extraordinaire. Tiendrait-elle de son père ? Ce publiciste belge qui s'est enfui de France pour échapper à un scandale politico-financier et qui, passionné par la géographie et l'exploration, deviendra auteur de guides touristiques notamment du Touring Club et des futures éditions Hachette, avant de mourir brutalement.

Toujours partante pour toutes les aventures, Adrienne Bolland sera une marraine en or pour de nombreuses apprenties pilotes, telles Maryse Hilsz, Hélène Boucher et Maryse Bastié et une résistante engagée, lors de l'Occupation allemande, quand elle sera chargée de repérer des terrains d'atterrissage pour les parachutistes clandestins.

Irène Popard

Française | 1894 (Paris, France)
1950 (Paris, France)

LA PREMIÈRE À INVENTER UNE MÉTHODE DE GYMNASTIQUE CORPORELLE, EN 1921.

Une fois n'est pas coutume dans ce livre, il ne sera pas question ici d'exploit sportif ni de médaille remportée mais d'invention. Celle qu'**Irène Popard**, danseuse et chorégraphe, a apporté à l'expression corporelle : une méthode de « gymnastique harmonique et rythmique » à partir de laquelle elle va créer sa propre école.

Auparavant, elle enseignera dans de nombreuses classes notamment à l'École française d'assouplissement et d'harmonie des mouvements de la rue de Naples, dans le 8e arrondissement. Ses méthodes dispensées dans ses cours lui vaudront déjà de remporter une récompense lors des Meetings de sport féminin créés par Alice Milliat, l'une des militantes françaises les plus actives en faveur de la reconnaissance du sport féminin (voir p. 60).

Mais pourquoi la danse et la gymnastique lorsqu'on a dirigé ses pas vers la couture ? Les rencontres nous détournent parfois, on le sait, de nos trajectoires dessinées. Car rien ne prédestine la jeune Irène vers une discipline sportive ni artistique. Son père, Antoine, est employé à la Compagnie du Gaz de Paris. Jeanne, sa mère, infirmière hospitalière, verrait bien sa fille embrasser une carrière paramédicale, puis finalement lui trouve une place dans une maison de couture. Dont la patronne a la bonne idée de l'emmener à Boston où, pense-t-elle, la petite française de dix-sept ans saura séduire les clientes américaines. Qu'en sera-t-il ? Qui le sait ? Ce que l'on sait, en revanche, c'est qu'Irène Popard découvre à Boston les spectacles et la danse et Isadora Duncan. Adieu donc la couture !

Les cours de Steele Mackaye lui ouvrent des perspectives nouvelles. L'acteur et producteur de théâtre très en vue à l'époque a eu pour professeur un certain François Delsarte, dont le nom, s'il ne dit pas grand chose aux néophytes, est non seulement un oncle du compositeur Georges Bizet et un ami de Camille Saint-Saëns, mais est aussi alors considéré comme un autre éminent spécialiste de l'art de la parole, du chant et du geste, chantre s'il en est de l'importance de l'expression corporelle. L'approche d'une gymnastique holistique qu'Irène Popard apprivoise auprès de son professeur lui font entrevoir qu'elle pourrait elle aussi conquérir cet espace de liberté si propice à la création.

> L'approche d'une gymnastique holistique [...] lui fait entrevoir qu'elle pourrait elle aussi conquérir cet espace de liberté si propice à la création.

Aussi, de retour en France, change-t-elle de voie pour prendre celle de la danse et de l'étude des mouvements, encouragée par l'inventeur prolifique et touche-à-tout d'origine hongroise, Georges Demneÿ, qui s'intéresse tout autant à la photographie, la chronophotographie, au cinéma qu'à la gymnastique. Dans ce dernier domaine, il a particulièrement innové en créant dès 1903 le cours supérieur d'éducation physique de Paris. Irène Popard est enthousiaste. Elle le sera encore davantage quand elle se formera à la méthode rythmique du musicien iconoclaste suisse, Emile Jaques Dalcroze, fondée sur la musicalité du mouvement et de l'improvisation.

Voilà comment on devient, en cette matière nouvellement universitaire, première femme diplômée de la Sorbonne. Professeure en éducation physique d'un genre nouveau et surtout dans sa propre école. Là, son enseignement fait vite des adeptes dans le monde entier. Sa méthode, dans le sillage d'Isadora Duncan ? Se débarrasser au propre comme au figuré du corset qui emprisonne le corps des femmes de son époque.

Alice Milliat

Française | 1884 (Nantes, France)
1957 (Lyon, France)

LA PREMIÈRE À ORGANISER, EN 1922, LA TENUE DE JEUX MONDIAUX FÉMININS, L'ÉQUIVALENT DES JEUX OLYMPIQUES.

Son entrée dans la postérité, **Alice Milliat** la doit avant tout à son action de pionnière. Elle n'est pas une sportive née, mais le sport, quand il rentre dans sa vie, ne la quittera pas. Elle n'aura de cesse de s'engager pour l'athlétisme féminin en particulier, créer des compétitions internationales pour les femmes, permettre qu'elles puissent à l'égal des hommes s'affronter au niveau mondial dans les disciplines qu'elles ont choisi de pratiquer… Bref, elle mettra tout en œuvre pour que dans le sport, le droit des femmes soit respecté et leur place égalitairement accordée. On en oublierait presque qu'elle s'est distinguée, elle aussi, en athlétisme et en aviron. Tant elle est militante avant tout.

Du reste, elle finit par devenir présidente de toutes les organisations où elle fait ses débuts. C'est le cas du Fémina Club, une association du 14e arrondissement de Paris, où elle commence à s'entraîner, et de la Fédération des sociétés féminines sportives de France. Là, on organise dès 1919 les premiers championnats de France de football, et à leur suite, ceux de basket-ball, cross, natation ou hockey. L'année suivante est lancée la première équipe de France féminine du ballon rond. Monsieur Pierre de Coubertin en aura donc pour son refus ! Il vient en effet de repousser la demande d'Alice Milliat d'ouvrir au sexe dit faible les compétitions d'athlétisme aux prochains Jeux Olympiques. Eh bien ! Il verra de quoi elles sont capables. Surtout quand elles choisissent pour les représenter une femme de la stature d'Alice.

À un meeting d'éducation physique, qui aura lieu à Monaco en mars 1921 – avec des délégations de France, Grande-Bretagne, Italie, Norvège et Suède – succédera la tenue d'Olympiades puis la création d'une Fédération féminine sportive dont le siège s'établit commodément chez elle, au 3 rue de Varenne dans le 7e arrondissement de la capitale. Quoi de mieux en effet que de travailler chez elle pour imaginer sans relâche la création d'événements, structures, commissions et autres associations dont le but converge vers le seul objectif : que le sport ouvre grandes les portes de ses terrains, stades et compétitions aux femmes, sans discrimination. En attendant, restant bien souvent closes, on invente.

Les Jeux Olympiques féminins n'auront pas lieu – c'était pourtant une jolie réponse de la bergère au berger. Qu'à cela ne tienne, on les appellera les Jeux Mondiaux, et ils se dérouleront le 30 août 1922 au stade Pershing à Paris dans le bois de Vincennes. Cinq grandes nations – France, USA, Grande-Bretagne, Suisse et Tchécoslovaquie – et 77 athlètes s'affronteront et distingueront notamment la française Lucie Bréard pour sa course aux 1000 m. Entre 1926 et 1934, lors des prochaines compétitions à Göteborg, Prague et Londres, les chiffres de participation ne cesseront d'augmenter. En Alice Milliat, le sport avait donc trouvé son ambassadrice idéale. Pourtant, la maladie, des controverses concernant sa stratégie et des difficultés financières auront raison de son engagement.

> […] Le sport avait donc trouvé son ambassadrice idéale.

Près de soixante ans après sa mort, la création en 2016 d'une fondation portant son nom, à l'occasion du lancement de l'événement du « Onze Tricolore, la France au rendez-vous » et en présence du Président français, François Hollande, lui rend un très bel hommage. D'autant qu'elle est reconnue d'utilité publique. Toutefois, qui sait, si elle s'en serait réjouie, en constatant que le chemin n'était donc pas encore parvenu à son terme, qu'on avait encore besoin de militer pour la mixité et l'égalité dans le sport …

1924

Alfonsina Strada

Italienne | 1891 (Castelfranco Emilia, Italie)
1959 (Milan, Italie)

LA PREMIÈRE, EN 1924, À AVOIR PARTICIPÉ AU GIRO D'ITALIE, LA DEUXIÈME COMPÉTITION D'IMPORTANCE APRÈS LE TOUR DE FRANCE.

Dans l'histoire du cyclisme, c'est la première fois qu'une femme court aux côtés des hommes dans un grand tour. La participation d'**Alfonsina Strada** au Giro d'Italie de 1924 attire sur elle une grande ferveur médiatique. Elle ne réussira pas à terminer la course mais son exploit a ouvert la voie…

Tout aura été raconté sur cette jeune fille italienne, née dans la région d'Emilia-Romagna dans un petit village non loin de Modène… Tant il est vrai que le public n'est jamais rassasié de belles histoires, où la bravoure et les victoires le disputent aux peines et aux défaites. Son père aurait-il vraiment échangé quelques-unes de ses poules contre le vélo du médecin du village ? Sa passion du vélo aurait-elle commencé là, dès l'enfance, quand elle n'aura de cesse de se mettre en selle et d'avaler à cœur joie les kilomètres à travers la campagne de l'Italie nord-orientale ?

Elle n'a que dix ans en 1900, et n'a sans doute jamais entendu parler d'Annie Londonderry (voir p. 28), qui est partie de Boston faire un tour du monde en vélo en 1894. Ignorante pareillement de l'existence des militantes féminines qui, à l'instar de Susan B. Anthony, ne tarissent pas d'éloge à propos de la bicyclette.

> *« Qui aurait fait davantage pour l'émancipation des femmes que n'importe quelle autre chose au monde ».*

Plus simplement, la bicyclette est un investissement pour la famille Morini. Elle permet à son père de se déplacer plus facilement de village en village pour aller travailler ; et surtout, Alfonsina adore pédaler et elle y excelle.

On dit qu'au village, on l'appelle déjà « la Diablesse en jupons ». On se moque et on jase, c'est sûr. Mais si elle ramenait quelques trophées comme des cochons par exemple, lors des diverses courses locales, ses parents n'y verraient peut-être aucun inconvénient. On dit encore que la fédération italienne l'ayant invitée à une course d'exhibition (sic!) en Russie, elle aurait pédalé devant le tsar. Vrai et faux.

Depuis qu'elle s'est installée à Turin, tout s'accélère pour celle qu'on appellera aussi « l'Amazone en deux roues ». En ville, une fille à vélo, c'est plus facile. En 1907, elle bat la célèbre Giuseppina Carignano et remporte le titre de meilleure cycliste italienne. C'est donc, en effet, dans la foulée, qu'elle prend part avec le cycliste Carlo Messori au Grand Prix de Saint-Pétersbourg en Russie et reçoit une médaille des mains de Nicolas II. La voilà lancée.

À vingt ans, le record de la rapidité féminine, c'est encore elle qui l'empoche, à Moncalieri en 1911, dépassant le record établi huit ans plus tôt par la Française Louise Roger. Quelques années plus tard, Luigi Strada, qu'elle épousera, ne sera certes pas le mari que ses parents espéraient peut-être pour leur fille. Mais il ne fera rien pour l'éloigner de sa passion encore moins la lui interdire. Au contraire. Il deviendra son entraîneur pour le Giro d'Italie de 1924, bien sûr, et pour bien d'autres courses. Strada, voilà bien un nom fait pour elle ! Ensemble, ils ouvriront à Milan un magasin de vente et de réparations de cycles, via Varesina, dont elle s'occupera jusqu'à sa mort, à l'âge de 68 ans. Ce sera dans la capitale de Lombardie, une véritable institution pour les amoureux de la « Petite Reine ». Et à l'époque, ils sont nombreux : plus de cinq millions de bicyclettes circulent alors en Italie !

Les filles de l'eau

1924

Lucy Morton | Britannique
1898 (New Tatton, comté de Cheshire, Royaume-Uni)
1980 (Blackpol, Lancashire, Royaume-Uni)

Sybil Bauer | Américaine
1903 (Chicago, Illinois, États-Unis)
1927 (Chicago, Illinois, États-Unis)

Martha Norelius | Américaine
1909 (Stockholm, Suède)
1955 (Saint-Louis, Missouri, États-Unis)

LES PREMIÈRES À REMPORTER L'OR EN NATATION AUX JO DE 1924.

Sybil Bauer

Malgré quelques accès de puritanisme, la natation féminine bénéficie d'un regard favorable de la société, y compris des instances sportives à domination masculine. Aussi, sous le poids de la Fédération internationale de natation, fondée en 1908, où les Britanniques sont majoritaires, la natation entre dès 1912 dans le programme olympique, avant que les Jeux ne soient totalement ouverts aux femmes en 1928. L'intéressant article de Thierry Terret, historien, spécialiste du sport, nous le rappelle dans un texte de recherches paru en 2010 *« La natation est le sport féminin par excellence »* dans le cadre d'un numéro sur le thème : « Les femmes, supports de la tradition ou actrices de l'innovation ».

« La natation est le sport féminin par excellence ».

C'est tant mieux pour **Lucy Morton, Sybil Bauer et Martha Norelius**. La vie de la première est un petit conte de fées. Aux Jeux de Paris en 1924, Irène Gilbert, que l'on attendait sur le podium, est souffrante, et c'est, à la surprise générale, sa jeune compatriote Lucy Morton qui triomphe. Sacrée championne sur 200 m brasse, elle devient la première femme à remporter l'or olympique dans cette discipline. Tout de même, sa victoire est plus que méritée et nul doute que chacun, dans la famille, a dû se féliciter du choix du père, Alfred, de quitter la campagne du Cheshire, où il était domestique

Lucy Morton

et palefrenier, pour s'installer dans la petite ville de Blackpool. Là où la petite Lucy a pu rejoindre le club de natation et réalisera entre ses quinze et dix-huit ans ses premiers exploits. Hélas, impossible de participer aux Jeux d'Anvers en 1920, dans lesquels toutes les disciplines féminines ne sont pas encore toutes permises. Patience. En 1924, l'équipe britannique l'admet dans les essais pour les Jeux de Paris et le conseil municipal de sa ville d'ouvrir pour la future championne les thermes de Cocker Street, normalement fermés à cette période de l'année ! Plus encore, l'on aménage son travail à la Poste afin qu'elle puisse s'entraîner tous les jours. Se retirant après la compétition, elle soutiendra jusqu'à sa mort, à 72 ans, tous les événements de natation.

Martha Norelius

Hélas, Sybil Bauer n'aura pas cette longue trajectoire. À peine a-t-elle le temps de savourer sa victoire à l'épreuve du 100 m dos dans ces mêmes Jeux de Paris et préparer son mariage avec Edward Sullivan, journaliste sportif au *New York Evening Graphic*, qu'elle va découvrir qu'elle est atteinte d'un cancer dont elle succombera à l'âge de vingt-trois ans, le 31 janvier 1927. Son fiancé l'accompagnera jusqu'à sa dernière demeure, ornée de bouquets de fleurs envoyés du monde entier y compris de Gertrude Éderlé, qui vient de traverser la Manche. Seront aussi là quelques-uns de ses amis nageurs dont le célèbre Américain multimédaillé d'origine hongroise, Johnny Weissmuller, celui qui incarna dans les années '40 le personnage de Tarzan.

Quant à Martha Norelius, elle a de qui tenir. Charles, son père, est un célèbre nageur quand il est recruté comme entraîneur par l'équipe de natation américaine. On fait donc cap vers la Floride, où la petite Martha fait la connaissance des plus grands ténors de l'eau. Elle sera surtout celle qui deviendra, à l'âge de quinze ans, championne du 400 m nage libre aux Jeux de Paris en 1924. Ovationnée comme il se doit dans le stade aquatique des Tourelles, près de la Porte des Lilas dans le 20e arrondissement de Paris, construit pour l'occasion et devenu aujourd'hui la piscine Georges Vallerey. L'établissement aux anneaux olympiques apposés sur sa façade, rénové par l'architecte Roger Taillibert dans les années '80, ouvrira ses portes cent ans après, doté d'une nouvelle charpente et d'un toit flambant neuf. Le tout avec 90 % de matériaux recyclables et des bois issus des forêts écocertifiées du Jura et des Vosges. Rêvons qu'en 2024, l'aura de ces trois femmes y voguera à nouveau...

Ellen Osiier-Ottillia

Danoise | 1890 (Hjørring, Danemark)
1962 (Copenhague, Danemark)

LA PREMIÈRE CHAMPIONNE OLYMPIQUE D'ESCRIME AU FLEURET, EN 1924.

L'escrime est présente aux Jeux Olympiques dès 1896. En tous cas pour le fleuret et le sabre. L'épreuve de l'épée ne sera introduite qu'en 1900. Mais les sports de combats féminins ne commencent, eux, qu'au début du 20e siècle. On décide en 1907 de créer à Londres le premier championnat du monde de fleuret. Puis, les Jeux de Paris en 1924 accueillent vingt-cinq participantes.

Paris, 1924. C'est la 7e édition des Jeux modernes. La première édition de ceux d'été. Le grand organisateur de ces Olympiades, Pierre de Coubertin, est sur le départ. Aussi, on aurait envie de dire aujourd'hui qu'une femme remportant l'or cette année-là, précisément dans cette discipline-là, c'est en quelque sorte un bon coup d'épée donné à la discrimination offensive et ouverte que le baron avait l'habitude de pratiquer envers les femmes.

Décidemment, ces JO ouvrent la porte à une nouvelle ère. Pour le fleuret. Parce qu'à l'épée et au sabre, il faudra attendre respectivement les années 1996 et 2004.

Contrairement à la France, le Danemark n'est pas une nation traditionnellement forte en matière d'escrime. Pourtant il semble bien que la discipline, malgré sa connotation guerrière et son héritage masculin, se développe dans certains pays tels l'Angleterre, le Danemark et les Pays-Bas, justement comme un acte de résistance à la domination masculine. Le Danemark n'a t-il pas organisé entre 1915 et 1918 des championnats nationaux ? Aussi, quand la discipline fait son entrée olympique en 1924 à Paris, trois escrimeuses danoises forment la pool finale : **Ellen Osiier**, Grete Heckscher et Yutta Barding.

Ellen s'est formée auprès d'un maître d'armes français, Léonce Mahaut, qui avait épousé en 1887 une Danoise, Oda Johanne Petra Rasmussen, escrimeuse elle aussi.

Les épreuves ont lieu au Vélodrome d'Hiver. Ellen Osiier remporte 16 assauts en 5 touches gagnantes, en donnent 80 et n'en reçoit que 34. Un beau combat. Dans son compte rendu, le quotidien sportif *L'Auto,* l'ancêtre de notre actuel journal *L'Équipe*, n'est pas avare de compliments à l'égard de la fleurettiste danoise,

« vive et prompte, ayant une touche bien à elle, toute en élégance et avec une technique fine et précise ».

Pourtant, elle ne participera pas aux Jeux de 1928 qui auront lieu à Amsterdam. Pas davantage à ceux de Berlin en 1936. Du reste, si l'idée l'avait effleurée et si elle avait continué à s'entraîner pour gagner une autre récompense olympique, elle les aurait boycottés. Tout comme son mari Ivan Joseph Martin Osiier, pratiquant lui aussi l'escrime et maîtrisant les trois armes, qui dirigera plus tard la fédération danoise d'escrime.

Sans doute, avait-elle déjà décidé de s'en tenir à l'or qu'elle avait gagné à Paris et de se consacrer à une carrière d'entraînement. Sans doute, avait-elle peut-être décidé également de laisser sa place à la Hongroise Ilona Elek (1907-1988), qui sera couronnée à Berlin et dans la capitale britannique en 1948.

Ellen Osiier, à droite

Gertrude Éderlé

Américaine | 1905 (New York, États-Unis)
2003 (Wyckoff, New Jersey, États-Unis)

LA PREMIÈRE À RÉUSSIR LA TRAVERSÉE DE LA MANCHE, EN 1926.

A peine est-elle sortie triple médaillée aux Jeux Olympiques qui se tiennent à Paris en 1924, que la nageuse américaine d'origine allemande, **Gertrude Éderlé**, se met dans la tête qu'elle ira encore plus loin. Son idée : traverser la Manche. Qui peut croire à une chose pareille ? La jeune Australienne Annette Kellermann avait doublement échoué dans le sens île-continent en 1905 et 1908. Du reste, voyez, sa folle idée fait plouf dès qu'elle s'y essaie l'année suivante. Qu'à cela ne tienne ! Elle ne va pas le moins du monde abdiquer. Echouer une première fois, la belle affaire. L'argentin Sébastien Tiraboschi s'y était bien pris à deux fois avant de réussir à la troisième tentative, le 12 août 1923. D'accord, il avait battu le record de Matthew Webb, l'homme qui avait pour la première fois réussi la traversée du Channel à la nage, en 1875. Mais, elle, ne se promet-elle pas d'aller encore plus vite que l'Argentin ?

Elle en rêve. N'empêche, elle se pose des questions et épluche attentivement, et de tous les points de vue, les raisons de son échec de 1925, car elle s'était pourtant extraordinairement entourée des meilleurs concours. Cette fois, le parcours est étudié de plus près encore, presque kilomètre par kilomètre, et les écueils scrutés et analysés à la loupe. Là, elle étoffe encore son staff et s'offre les conseils de Thomas William Burgess. Une pointure, le deuxième qui avait vaincu cette épreuve, en 1911.

Le vendredi 6 août 1926. C'est le grand jour. Enfin presque. Car il n'est que cinq heures du matin au départ du Cap Gris Nez, dans le département français du Nord-Pas-de-Calais. La météo semble plutôt favorable. Gertrude Éderlé s'enduit le corps d'huile d'olive puis de trois couches de graisse, un savant mélange fait de lanoline et de vaseline. Il s'agit de bien résister au froid et protéger la peau du sel marin. La dernière couche, c'est en dehors du garage de l'hôtel où elle a passé la nuit, que Burgess la lui applique devant la foule venue assister à l'événement.

Top départ à sept heures et cinq minutes. La météo s'est trompée. Les vagues et la pluie n'étaient pas invitées à la course. Mais elles se sont installées en maîtresse de maison. Les premières atteignent parfois près de deux mètres. La seconde fait reculer les nageurs supporters, obligés de regagner leurs bateaux. La tempête qui fait rage repousse la nageuse vers le large. Tandis que sur le bateau, qui suit la nageuse,

l'équipe est malade. Y compris le chien Bob et les amis, notamment le champion égyptien Ishak Helmy et la nageuse française Jane Sion. Seules résistent Gertrude Éderlé et sa sœur Margaret Duetchel qui continue à chanter des chansons pour la soutenir. L'entend-elle ? Sûrement pas. Mais son chant est aussi une prière…

Il est vingt et une heures, quand Kingsdown, près de Deal dans le Kent, au nord de Douvres, se présente face à elle. Dans une demi-heure, elle mettra pied à terre. Elle y est arrivée ! En 14 heures et 32 minutes, battant le record de l'Argentin.

Tout un dispositif radio en temps réel accompagne cet exploit, avec Marconi et Gaumont en tête. Une première ! Deux jours plus tard, Manhattan l'acclame. Le maire de New York et le président des États-Unis Calvin Coolidge la fêtent. Trudy, comme ses amis l'appellent, fille d'un prospère boucher allemand, émigré aux États-Unis au début du 20e siècle, n'était sans doute pas faite pour vivre cette gloire. Cependant, c'est sûr, préparée dès son plus jeune âge au sein de la prestigieuse Women's Swimming Association de New York, elle était taillée pour ça : nager.

Lina Radke

Allemande | 1903 - 1983 (Karlsruhe, Allemagne)

LA DIFFICILE MARCHE DE L'ÉGALITÉ, EN 1928.

Y' a pas à dire, Karoline Batschauer Radke, dite **Lina Radke** est née pour courir et gagner. Née dans une fratrie où l'on pratique assidument les sports – son frère Emil est aussi un athlète – elle est déjà la meilleure en Allemagne pour les courses de demi-fond quand arrivent les Jeux Olympiques d'Amsterdam en 1928. Une grande année pour le sport ! Pour la première fois, et contre l'avis du baron Pierre de Coubertin, fondateur et président du Comité international olympique (CIO), les femmes sont autorisées à participer aux compétitions d'athlétisme, saut en hauteur, lancer du disque, 10 m course, relais sprint et 800 m. Ce n'est pas rien.

Si l'on a, en plus, en mémoire, que l'année 1928 signe également le retour de la délégation allemande, exclue des Olympiades depuis la Première Guerre mondiale, on mesure combien fut grande l'espérance.

Enfin, cette année-là, on l'a sans doute oublié, on inaugure aussi l'allumage de la flamme. Elle s'élance le 28 juillet dans le chaudron placé au sommet d'une des tours de l'Olympisch Stadion (qui soit dit en passant a valu au célèbre architecte néerlandais, Jan Wils, une médaille d'or dans la catégorie « design architecturel »). Signe prémonitoire ou non, tout semble donc en place pour mettre en lumière cette jeune femme qui se fait appeler par la presse « Frau Radke », depuis son mariage en 1927 avec Georg Radke. C'est d'ailleurs son tailleur de mari qui travaille dans la ville de Breslau[1], et officie en même temps comme entraîneur d'athlétisme à Baden-Baden, qui prépare Lina pour les Jeux d'Amsterdam.

À vingt-cinq ans, cheveux courts au vent, en short et chaussée de baskets conçues spécialement pour elle par Adi Assler, qui fondera vingt ans plus tard la célèbre firme Adidas, le palmarès est sans appel. Lina Radke dépasse par un long sprint final la Japonaise Kinuye Hitomi et la Suédoise Inga Gentzel. Son record du monde de 2'16"8 la place comme la première médaillée aux 800 m. Elle y restera jusqu'en 1960.

1. Ville de Silésie, autrefois allemande, devenue polonaise depuis la Seconde Guerre mondiale sous le nom de Wroclaw.

Une longévité que l'on doit à la décision du CIO, sitôt après la victoire de Lina Radke, d'interdire aux femmes les courses supérieures à 200 m. Est-ce donc le baron de Coubertin qui l'emporte alors avec son idée que la participation des femmes aux Jeux est un « *affront majeur à la grandeur et à la pureté originelle de cette compétition* » (sic !) ?

Mais il n'est pas le seul à pourfendre l'excellence de l'athlète allemande. La presse n'y va pas non plus par le dos de la cuillère, moquant sa carrure peu féminine, sa façon de courir comme un lièvre – elle aurait tant manqué de grâce en franchissant la ligne d'arrivée (sic !), se lamente-t-on – et médisant sur l'état physique de ses concurrentes.

[...] en short et chaussée de baskets conçues spécialement pour elle par Adi Assler.

Des décennies plus tard, Anita DeFrantz (voir p. 170), vice-présidente du CIO, dit bien autre chose[2] :

> *« Les administrateurs, les membres du CIO et les médias avaient apparemment décidé une fois pour toutes que les femmes étaient trop fragiles pour courir une distance aussi longue. C'est ce qui explique que les comptes rendus des Jeux de 1928 aient non seulement dénaturé les résultats de cette course, mais que certains ont été jusqu'à en falsifier le déroulement réel à seule fin de justifier le point de vue des opposants ».*

Falsifier ? Elle poursuit, citant John Tunis, journaliste sportif réputé à l'époque, qui donne une version bien à lui du déroulement de l'épreuve :

> *« Sous nos yeux, sur la piste cendrée, se trouvaient onze pauvres femmes ; cinq ont abandonné avant la fin de la course, et cinq se sont effondrées sur la ligne d'arrivée ».*

Précision de la vice-présidente du CIO :

> *« Manque de chance, l'invention de la caméra et du film datait d'avant 1928. Les photos et les films, de même que les archives des Jeux Olympiques, montrent clairement que neuf femmes seulement ont participé à la course, pas onze. Par ailleurs, les neuf athlètes ont toutes terminé la course ».*

Il est évident, en revanche, que devant la défaite masculine de l'athlète favori Otto Peltzer, le record mondial de Lina Radke passait mal. N'empêche ! Avec sa victoire ainsi que celle du 100 m féminin de la toute jeune américaine Betty Robinson, les JO néerlandais de 1928 étrennent bien la longue marche de l'égalité dans le mouvement olympique.

2. *Revue Olympique*, juillet 1997

1928 ET 1932

Amelia Earhart

Américaine | 1897 (Atchison, Kansas, États-Unis)
1937 (Atchison, Kansas, États-Unis)

LA PREMIÈRE À TRAVERSER EN AVION L'ATLANTIQUE NORD, EN 1928, ET EN SOLITAIRE, EN 1932.

Décidément les Américains ne font pas les choses à moitié. Ils ont consacré pas moins d'une dizaine de films à leur Lady Lindy. C'est ainsi que les Américains ont appelé **Amelia Earhart**. Un clin d'œil au vainqueur de l'Atlantique nord, Charles Lindbergh, parce que, disait-on, Amélia lui ressemblait.

Il faut dire que l'aviatrice native du Comté d'Atchison dans le Kansas est une de leurs magnifiques pionnières. La première femme à traverser l'Atlantique nord en 1928, à l'avoir traversé à nouveau, mais en solitaire en 1932. Et avoir tenté de faire le tour du monde en 1937… Si cela reste un exploit aujourd'hui, ce n'est alors pas une mince affaire. Le premier tour du monde aérien entrepris par quatre pilotes de l'Air Service ne date que de 1924 !

Une dizaine de films l'auront donc incarnée. Dont deux avec des stars, Diane Keaton dans le rôle d'Amélia et Richard Gere dans le rôle du mari. Ce n'est pas tout. Pas moins d'une trentaine de séries et documentaires télévisés, livres, bandes dessinées et mangas lui font honneur. Son nom apparaît également dans plus d'une dizaine de chansons… Réécoutez la chanteuse canadienne Joni Mitchell ou la chanson *Dinner With Gershwin* de Donna Summer !

Bien sûr, dans l'Hexagone nous n'avons pas notre pareille pour baptiser depuis quelques années nos rues, collèges, lycées et établissements scolaires du nom de nos héroïnes. Mais de l'autre côté de l'Atlantique, ils font fort. Un petit satellite naturel de Saturne, une couronne de la planète Vénus et un astéroïde portent son nom ; et depuis 1938, une bourse récompense chaque année trente femmes de tous pays, doctorantes dans l'aérospatiale. Les dernières lauréates sont à découvrir sur le site de l'organisation ▶. Quant à la firme Lego, elle n'a pas hésité à fêter la Journée internationale de la Femme en 2020 en sortant de ses usines quelque 203 pièces à assembler qui forment le monoplan rouge de la célèbre pilote, celui avec lequel elle survola l'Atlantique en 1932.

Ce n'est évidemment pas l'avion bimoteur argent et orange du funeste tour du monde. Le Lockheed L-10 Electra à bord duquel Amélia déjà populaire et célèbre dans le monde entier, décolle le 21 mai 1937 d'Oakland, en Californie, avec son navigateur Fred Noonan…

Quarante jours, 35 000 km et plus de vingt escales plus tard, ils sont sur la côte de Papouasie-Nouvelle-Guinée, à Lae. Le matin du 2 juillet, c'est le départ pour la partie du voyage la plus redoutée : le tronçon qui les mènera à leur prochain point de ravitaillement en carburant. Une étendue de sable, un atoll du Pacifique. Une île inhabitée : Howland. Où l'on a aménagé une piste pour les accueillir. En attendant, plus de 4 000 km d'océan. À l'approche, elle entre en contact radio avec l'*Itasca*, un bateau des garde-côtes américains qui doit les guider. Un premier message. Puis un second :

« Nous devrions être au-dessus de vous, mais nous ne vous voyons pas. Le carburant commence à baisser ».

Au-dessus du Pacifique, ils disparaissent à tout jamais. Jusqu'à aujourd'hui. Malgré des recherches et expéditions intensives dont celle en 2019 de Robert Ballard, le découvreur de l'épave du Titanic, le mystère demeure.

Avec son lot de questions autour des facéties du destin. Car enfin, si la Lindberghmania n'avait pas décidé l'éditeur George Putnam, soit dit en passant le futur mari d'Amélia, de reproduire le succès du récit de l'aviateur, après son vol New York-Paris… Et s'il n'avait pas demandé à l'aviatrice :

« Aimeriez-vous être la première femme à traverser l'Atlantique en avion ? »

Une chose, en tous cas, semble être certaine : avoir été considérée dans cette aventure comme faire-valoir, tout juste un « sac à patate », comme elle le dira elle-même, lui aura donné des ailes ! Trop sans doute.

1928

Elisabeth Robinson

Américaine | 1911 (Riverdale, Illinois, États-Unis)
1999 (Denver, Colorado, États-Unis)

LA PREMIÈRE CHAMPIONNE OLYMPIQUE DU 100 MÈTRES, EN 1928.

On le sait, et les portraits de ce livre en sont un bon exemple : la réalité dépasse (souvent) la fiction. La vie d'**Elisabeth Robinson** vérifie l'adage. Prenons l'histoire par le commencement. Un soir, après les cours à la Thornton Thownship High School d'Harvey dans la banlieue de Chicago, la jeune fille se précipite à la vitesse d'un éclair jusqu'à la gare pour attraper son train. On imagine la scène : personne ne peut croire qu'elle va réussir. On entend sans peine ses camarades de classe lui crier : *« Eh Betty, cours pas comme ça, tu prendras l'autre train… »* Seul un homme déjà assis dans un des compartiments assiste médusé à son sprint. Il le sera davantage quand il verra Betty s'asseoir près de lui.

Cet homme, c'est M. Charles Price, le professeur de sciences de Betty. Jusque-là, rien de bien particulier. Sauf que ledit professeur est un ancien athlète et entraîne l'équipe de l'école. D'accord, elle sait, elle aussi, qu'elle est rapide. Mais après ? Est-ce que les femmes courent ? Généralement pas. Mais elle, c'est particulier. Le lendemain, il la fait entrer dans l'équipe de garçons de l'école.

> La jeune fille se précipite à la vitesse d'un éclair à la gare pour attraper son train.

Six mois après le sprint de la gare d'Harvey. Amsterdam, Août 1928. On inaugure la reprise du rituel de la flamme. Mais surtout les premières épreuves d'athlétisme féminin. Betty est la seule américaine à se qualifier pour la finale du 100 m. L'enjeu est de taille. Celle qui gagnera entrera à jamais dans l'histoire.

Encore une fois, on imagine le plan et l'hyper concentration. La jeune fille de dix-sept ans a tout prévu. Pas tant que cela. Pas du tout, même. Peu avant la course, elle s'aperçoit en effet avec effarement qu'elle a apporté deux chaussures du même pied ! On se précipite pour aller lui chercher les bonnes. Mais comme ce n'est pas elle qui y court, on est pris par l'angoisse et le doute. Pourra-t-elle seulement participer à l'épreuve ? On sent le pouls battre la chamade. Enfin, les chaussures arrivent à temps et Elisabeth Robinson remporte la course du 100 m en battant le record du monde en 12"2. L'or est à ses pieds. Elle n'en reste pas là. Elle glane comme de rien la médaille d'argent dans le relais 4x100 mètres féminin. La route est toute tracée pour les jeux de 1932.

Pourtant, Betty ne sera pas au rendez-vous à Los Angeles. Cette fois-ci, les chaussures n'y sont pour rien. C'est qu'il faisait si beau ce 28 juin ! Après les dures heures d'entraînement, l'été l'invitait à prendre un peu de hauteur. Alors, quoi de mieux qu'un petit tour en avion avec son cousin pilote. Le vol non plus n'aura pas lieu. L'avion s'écrase. À la morgue, on s'aperçoit qu'ils vivent. C'est un miracle. Transportée, dans le coma, à l'hôpital d'Oak Forest près de Chicago, Betty restera entre la vie et la mort pendant sept mois. Suivront deux années de rééducation. Mais pour Betty, courir, il n'en sera plus question. Tel est le verdict des médecins. La décision de Betty est tout autre. Soit, elle doit renoncer au 100 mètres puisqu'elle ne peut plus mettre les genoux à terre mais il lui reste le relais où elle peut partir debout !

La force de Betty Robinson semble invincible, toute tournée vers 1936, les jeux de Berlin. Seulement invincible est aussi le destin. Qualifiée, on lui impose de financer son voyage alors que la fédération américaine supporte tous les frais de l'équipe masculine. Certes, la grande Dépression qui déferle sur le monde est sans merci. Tant pis, elle vendra tout ce qu'elle peut vendre y compris ses Trophées et ne lésinera, dans son travail de secrétariat, sur aucune heure supplémentaire. Y arrivera-t-elle ?

À l'Olympiastadion de Berlin en 1936, en finale du 4x100 mètres féminin, elle est là. Au dernier virage, elle est championne du monde, une seconde fois. Elle savoure sa victoire juste avant de prendre sa retraite sportive à 24 ans.

Soixante ans plus tard, en 1996, on n'a aucune peine à imaginer son émotion quand elle porte, à 85 ans, la flamme olympique pour les Jeux d'Atlanta.

Stella Walsh

Américaine | 1911 (Wierzchownia, Pologne)
1980 (Cleveland, Ohio, États-Unis)

LA PREMIÈRE ATHLÈTE À PASSER SOUS LES 12 SECONDES AU 100 MÈTRES LORS DES JEUX DE LOS ANGELES DE 1932 SERA AUSSI LA PREMIÈRE CHAMPIONNE QUE L'ON DÉCOUVRIRA ÊTRE HYPERANDROGYNE, À SA MORT, EN 1980.

L'histoire de l'athlétisme a connu quelques rares cas de « championnes » qui étaient soit des hommes, soit les victimes d'anomalies génétiques qui ne permettaient pas une définition très claire de leur identité sexuelle.

Le cas le plus connu est probablement celui de **Stella Walsh**. On découvrit en 1980, soit près de cinquante ans plus tard, que la sprinteuse véloce, qui réalisa une performance extraordinaire au 100 m et surprit les spectateurs du Los Angeles Memorial Coliseum en 1932 en remportant la médaille d'or avec un nouveau record mondial de 11"9, était un homme. Ou plutôt qu'elle « souffrait » d'une anomalie chromosomique, possédant à la fois des cellules corporelles et des caractéristiques sexuelles masculines et féminines. On le découvrit après sa mort tragique sur le parking d'un supermarché de Cleveland, où eut lieu, le 4 décembre 1980, un braquage à main armée.

D'aucuns se sont alors amusés à se souvenir de sa défaite aux JO de Berlin en 1936, quand, ironie de l'histoire, sa rivale, l'américaine Helen Stephens, devenue championne, fut contrainte de produire un certificat de féminité, un journaliste polonais l'ayant accusée d'être un homme !

Beaucoup d'autres ont été amenés à croire que Stella Walsh avait, pendant toutes ces années, caché l'anomalie que la nature lui avait donnée et qu'elle avait donc triché. Cependant, contrairement à d'autres championnes, victimes également d'anomalies chromosomiques, le Comité international olympique ne lui retirera pas son or de manière posthume.

Triste histoire en vérité que celle de Stella Walsh, qui aura pourtant vécu toute sa vie comme une femme, malgré un physique en effet très masculin. Toutefois, si elle n'eut pas publiquement de son vivant à affronter les mystères de son identité sexuelle, elle dut en revanche faire face à quelques controverses sur son identité nationale.

Car si elle voit le jour en Pologne sous le nom de Stanisława Walasiewicz, c'est sous celui de Stella Walsh, plus commode pour se fondre dans son nouveau pays, qu'elle fera ses premiers pas à l'âge de trois ans sur le sol américain. À Cleveland, précisément, où son père a trouvé du travail dans une aciérie américaine et a émigré avec toute sa famille.

Très jeune, elle s'intéresse à l'athlétisme. Fascinée par son aînée de onze ans et sa compatriote, Halina Konopacka, qui est devenue première championne olympique pour la Pologne, après avoir remporté l'or au lancer du disque aux JO tenus à Amsterdam en 1928. Pour Stella, le rêve semble donc possible. Elle pourrait, elle aussi… Sans aucun doute. Mais pas sous bannière américaine. Car n'ayant pas eu l'autorisation de participer aux Jeux d'Amsterdam de 1928 – l'âge légal de naturalisation est fixé outre-Atlantique à 21 ans – impatiente, elle se tourne alors vers son pays d'origine pour y jouer les titres sur 60, 100, 200 et 400 m ainsi qu'au saut en longueur.

Ainsi, en 1932, au moment des JO de Los Angeles, elle part pour conquérir l'or sous les couleurs de la Pologne. On raconte que les États-Unis lui auraient proposé la naturalisation quelques jours auparavant et qu'elle aurait refusé… La nation américaine lui en tiendra rigueur.

Elle n'obtiendra en effet la nationalité américaine qu'en 1947, quand elle épousera le boxeur Neil Olson. Quoiqu'il en soit, les deux pays reconnaissants l'ont intronisée tous les deux au Temple de la renommée de l'athlétisme à New York, les États-Unis en 1975 et la Pologne en 1998.

Yasmine Moulay Brahim

Française | 1913 (Saint-Etienne, La Loire, France)
1997 (Paris, France)

LA PREMIÈRE CHAMPIONNE DU MONDE DE BILLARD, EN 1932.

Années 1900. Le billard semble une discipline sportive toute nouvelle – celle que l'on joue avec trois boules d'ivoire que l'on fait rouler à l'aide d'une queue sur une table de bois recouverte d'un tapis vert – même si, au tout début et durant des siècles, il se pratiquait à même le sol.

L'invention de la table, on la devrait au roi français Louis XI, qui souffrant du dos, en avait commandé une au maître ébéniste Henri de Vigne. Nous sommes en 1469. Jusqu'au 17e siècle, le billard sera Le jeu à la mode. Tout le monde le pratique, nobles, bourgeois, gamins et domestiques. Richelieu, le Cardinal, l'adore tellement qu'il crée la première Académie à Paris, rue Vieille-du-Temple. Réservée aux nobles, il est attendu d'eux l'excellence. Pensez, le succès à l'examen final ouvre les portes de la Compagnie des Mousquetaires du Roi.

Imaginez : une princesse arrivant sur une scène où ne s'exercent que des hommes.

Quant au célèbre tapis vert, il nous viendrait d'un certain Henri Simonis, tisserand de son métier dans la ville de Verviers en Belgique, qui va bientôt fonder la plus célèbre fabrique de draps de jeu de billard du monde.

L'histoire du billard, que l'on ne vous contera pas ici dans sa totalité – il en faudrait un livre tout entier – est un merveilleux roman, tout comme celle de la première championne du monde de la discipline en 1932 qui, elle, confère au conte de fées. Imaginez : une princesse arrivant sur une scène où ne s'exercent que des hommes. La jeune fille, à peine dix-huit ans, fait penser aux images de légende des contes orientaux. **Cherifa Yasmine** est la fille du prince d'Ouezzan, Moulay Brahim ben Moulay Tayeb ben Abdel Djellil, également chef religieux vénéré, descendant direct du prophète Mahomet, et de son épouse française, Rose Beuque. La naissance à Saint-Etienne de la future championne de billard est fortuite, si l'on peut le dire ainsi, son père s'étant déplacé dans le département de la Loire, dans la région de l'Auvergne, dans le seul but de visiter la remarquable manufacture d'armes. Il y rencontra Rose, fille d'un notable de la ville et ...

S'ensuit une vie de princesse, même si le mariage est rapidement dissous, où tout n'est que luxe, soirées, fêtes et parties de billard, loin des tumultes qui commencent à secouer le monde. La jeune Yasmine participe à toutes les compétitions. Elle ne manquerait pour rien au monde la première finale féminine de l'histoire. Le 19 juin 1932, elle se joue à Paris, au Billard Palace, au N° 3 du boulevard des Capucines, où l'on peut aujourd'hui s'asseoir au Café Starbucks. Après un suspens haletant, relaté par le journaliste Roger Féral du journal *Paris-Midi*, la princesse l'emporte contre ses deux adversaires, une certaine Mme Sublet et une Mlle Quinfe.

L'arrivée du chancelier Hitler au pouvoir et les secousses qu'il va perpétrer en Europe, n'ébranlent guère la vie dorée de l'héritière. Admirée du Tout-Paris et gagnant tous les championnats jusqu'au dernier qui a lieu à Nice en 1938, on dit que pour elle, le compositeur français Vincent Scotto écrira deux chansons popularisées par le chanteur corse Tino Rossi, dont le célèbre *« Le plus beau tango du monde »* (paroles de René Sarvil).

Pour en savoir davantage sur cette princesse et sur sa vie dans l'Après-Guerre et au-delà, quand elle délaissera les salles de billard où ne résonneront plus l'ivoire, ouvrez le livre écrit par un couple passionné du tapis vert, Catherine et François Schunck, paru en 2021 aux éditions Secrets de pays, *« Yasmine Moulay Brahim, Princesse d'Ouezzan : Une femme libre »*.

Maryse Hilsz

Française | 1901 (Paris, France)
1946 (Moulin-des-Ponts, Ain, France)

LA PREMIÈRE AVIATRICE À AVOIR REMPORTÉ PLUSIEURS RECORDS D'ALTITUDE, ENTRE 1932 ET 1936.

Comment une jeune fille modeste – son père est tonnelier et sa mère lingère – devient-elle la plus originale des aviatrices de son temps ? Comment, à peine sortie de l'école communale, va t-elle quitter l'atelier de modiste de la région parisienne, pour se lancer dans le parachutisme, financer une formation de pilote et s'acheter un premier avion ?

Le rêve est son plus cher allié. Et dieu seul sait combien elle rêve. De ses héros, bien sûr. De leurs exploits. De leurs destins hors du commun. Ces as des as de la Première Guerre tels Navarre, Guynemer, Nungesser et Coli sont des conquérants du ciel, mais aussi des soldats. Tous disparus très tôt. A-t-elle récité à l'école quelques poèmes du recueil *Le Cantique de l'aile* qu'Edmond Rostand avait écrit en l'honneur de Guynemer :

Gloire à celui qui part
Et puis que plus jamais on ne voit reparaître !
Nul ne l'a rapporté
Nul ne l'a vu descendre...
Ah ! c'est qu'il est, peut-être
Monté, monté, monté !

Quant aux aviatrices, elle ne sait pas encore que certaines deviendront ses compagnes de l'air, ses amies, comme Maryse Bastié, Lucienne Saby, Adrienne Bolland…

Le destin se cache parfois dans les petites choses. Ses parents, qui ont quitté l'Alsace pour rester Français, se sont établis près de Paris. À Levallois-Perret, alors la « capitale » de l'industrie aéronautique française. De son atelier de modiste aux usines aéronautiques Couzinet et Clément Bayard, il n'y a qu'un pas. Avec l'odeur de l'huile. Le bruit des moteurs et des discussions entre ouvriers. Quand elle se lie d'amitié avec eux, elle se prend à admirer les exercices de vitesse et de voltige. Premiers émois. Premiers frissons.

Aussi, un jour, après un baptême de l'air, ni une ni deux, elle s'inscrit à un concours de saut en parachute. Mais c'est quoi cette frêle jeune fille de vingt-trois ans, élégante avec sa robe pied de poule à col blanc, qui prétend sauter, s'arquebouter et se poser en roulé-boulé ? Toute sa vie, elle aura deux passions : l'aviation et les beaux habits. À la surprise générale, elle gagne et devient une pro des sauts acrobatiques d'exhibition. À plusieurs centaines de francs le saut, elle peut s'offrir des cours de pilotage. Son brevet en poche en 1929, elle s'achète son premier coucou, un biplan. Elle sera aviatrice.

Novembre 1931. À elle, un Paris-Saigon, seule et sans mécanicien. Avec un avion qui capote à Constantinople et un retour forcé en bateau. Près de trois mois truffés de péripéties ! Dès l'enfance, elle a toujours été casse-cou ! ça passionne le public. Elle enchaîne, avec un pilote cette fois, pour une traversée prévue pour sept jours entre Le Bourget – Madagascar *via* le Sahara. Elle durera plus d'un mois. Au retour, ils échouent sur une île presque déserte du Mozambique… Nourris par des pêcheurs de tortues et de conserves périmées. Sauvés par un navire de la marine nationale, ils redécollent et atterrissent sains et saufs au Bourget le 7 mai 1932. À peine revenue de bien d'autres mésaventures, un premier record féminin d'altitude tombe dans son escarcelle – 9791 m – elle est alors bizarrement emmitouflée, entre cuir doublé de fourrure, papier journal et pyjamas de soie. Afin de résister à moins cinquante degrés sans entraver la circulation du sang ! La performance lui vaut la Légion d'honneur. Waouh, dirait-elle aujourd'hui ! Vient un deuxième record – 11 265 m. Et encore un autre, en juin 1936 – 14310 m.

Mais c'est quoi cette frêle jeune fille de 23 ans, élégante avec sa robe pied de poule à col blanc, qui prétend sauter, s'arquebouter et se poser en roulé-boulé ?

Puis, dans les années de l'Occupation et de la Résistance, elle s'engage en 1944 dans l'armée de l'Air. Lors d'un vol de service entre Villacoublay et Marseille-Marignane, le 30 janvier 1946, le froid et le givre auront raison du bimoteur qui s'écrase dans la région de Bourg-en-Bresse. Elle y rejoint dans la mort, qu'elle a tant frôlée, le pilote d'essai, André Salel, disparu dix ans plus tôt. L'amour de sa vie. Ils ne s'étaient jamais mariés pour garder leur vie d'aventure et leur liberté.

Hélène Boucher

Française | 1908 (Paris, France)
1934 (Guyancourt, Yvelines, France)

LA PREMIÈRE PILOTE CHAMPIONNE DU MONDE DE VITESSE, EN 1934.

La vie d'**Hélène Boucher** est courte. Une page, pourtant, ne réussira pas à en faire le tour. Elle aurait pu suivre les traces de son père, architecte de renom à qui l'on doit quelques immeubles parisiens de style Art nouveau. Elle aurait pu embrasser la carrière d'artiste, s'inspirant du père de sa meilleure amie Dolly Van Dongen, dont elle fit la connaissance au collège Sévigné à Paris et dont jamais elle ne se sépara.

Mais la jeune Hélène Boucher aime la mécanique, la moto et l'automobile, entrainée par son frère aîné, qui l'emmène dans ses virées autour de la maison familiale de Boigneville dans le département d'Eure-et-Loir. S'il l'incite à passer son permis de conduire, dès l'âge de seize ans, il semble que ce soit aussi par lui qu'elle fait la connaissance de Jean Hubert. Dont elle est sans nul doute admirative. Ce pilote ingénieur a remporté le record du monde de vitesse – 448 Km/h – en 1924, et a conçu *l'Oiseau Canari*, cet avion jaune vif qui réalisera la première traversée de l'Atlantique Nord. Mais hélas sans lui, victime en 1927 d'un accident de la route.

Elle, qui avait longtemps cherché de quel côté diriger ses pas, a trouvé son chemin. Le drame lui aura indiqué la direction : elle sera aviatrice. Comme quoi, les amitiés et les rencontres font une vie.

« Elle a trouvé son chemin, elle sera aviatrice. »

Tout va alors très vite. Sitôt après son baptême de l'air qu'elle passe le 4 juillet 1930 à Orly, la jeune fille de vingt-deux ans rejoint l'école de pilotage d'Henri Liaudet, ancien pilote de guerre, instructeur à l'aéroclub des Landes de Mont-de-Marsan, que vient de fonder l'industriel Henri Farbos. Les brevets de pilote se succèdent. Pour autant, ils n'ouvrent à aucun débouché. Seuls les hommes sont engagés sur les lignes aériennes. La perspective d'être hôtesse de l'air lui fait horreur.

La voilà donc, dès l'été 1932, sur le rallye aérien Caen-Deauville. Stoppée par une panne, elle évite le crash de justesse. L'appareil reste perché dans les branches d'un arbre. On n'a pas peur pour si peu ! Après quoi, elle enchaîne les exploits. Le raid Paris-Saïgon n'ira pas plus loin que Bagdad. Qu'importe ! À la course des

12 heures d'Angers, avec un avion Maubussin-Zodiac, elle bat le record du monde d'altitude féminin en avion léger deuxième catégorie, qui grimpe quand même à 5 900 m. Même succès au meeting aérien à Villacoublay. On vient de loin pour s'offrir le frisson devant ses audacieuses voltiges, boucles, loopings et autres piqués. Hélène devient une star adulée. Au point que le patron des établissements Caudron-Renault l'engage pour tester la performance de ses avions. *Ne m'appelez plus Léno* (le surnom de son enfance), *mais Mademoisellle Hélène Boucher,* demande-t-elle aux amis, mi-figue mi-raisin mais déterminée ! On lui doit bien ça. Tenez, en août 1934, ne nous régale-t-elle pas de trois records. Championne du monde de vitesse toutes catégories sur 100 km à 412 km/h. Pareillement sur 1 000 km, avec une moyenne de 409 km/h et record du monde féminin à 445 km/h. La presse applaudit « cette merveilleuse » première pilote, qui

> *« bat des records de vitesse avec une crânerie qui force l'admiration »,*

comme l'écrira le journaliste Pierre Lehman dans l'hebdomadaire sportif *Match L'Intra.*

Puis, quelques mois plus tard, dans l'après-midi du 30 novembre 1934, au cours d'un vol d'entraînement à bord de son « Rafale », celle, qui disait :

> *« Voler est la seule chose qui me donne l'impression d'être vivante »,*

s'écrase à l'orée du bois près de Guyancourt. Elle n'a que vingt-six ans.

Voler… il semble que jusque dans le cimetière de Yermenonville, où elle repose, elle n'en finit pas de prendre son envol. Grâce à l'imposant monument funéraire que son architecte de père a édifié en hommage à sa fille : un buste de bronze encadré par des ailes immenses.

Sonja Henie

Norvégienne | 1912 (Christiania, Norvège)
1969 (vol Paris-Oslo)

LA PREMIÈRE À RÉUSSIR, ENTRE 1928 ET 1936, UN TRIPLÉ DE MÉDAILLES D'OR EN PATINAGE ARTISTIQUE, ENCORE JAMAIS ÉGALÉ.

Quelle chance d'avoir un père attentif, champion du monde de cyclisme sur piste, en 1894. Quand il s'aperçoit avec quel sens artistique, sa fille évolue sur la piste d'une patinoire, il l'inscrit très vite dans une école de danse classique à Londres.

Bien joué. À la tête de la « petite entreprise » florissante que va bientôt représenter sa fille, il jouera le rôle d'un indéfectible coach et agent. Les récompenses tombent rapidement. La première au championnat de Norvège – la petite a dix ans – est suivie de dix titres récoltés en championnat du monde et de trois médailles d'or aux Jeux Olympiques.

« La Pavlova de la glace », s'exclame déjà, en 1931, un journaliste de l'*Intransigeant*. C'est qu'elle n'est pas seulement une enfant prodige. Avec elle, une révolution du patinage s'amorce, envoyant aux oubliettes son habituel carcan compassé et bourgeois. Au gré des chorégraphies qu'elle crée – déjà, quelle nouveauté ! – elle virevolte au-dessus de la glace en jupettes courtes blanches comme ses bottines. Cette image fait le délice des rubriques de la presse sportive.

Avec elle, une révolution du patinage s'amorce...

Une autre photographie la représente au moment des Jeux d'hiver en 1936, visage rond, presque poupin, souriante et élégante, vêtue d'un manteau de fourrure mouchetée genre panthère, cheveux coiffés d'un petit chapeau en triangle, et en arrière-plan, les cinq cercles symbolisant les Olympiades.

L'année précédente, dans l'hebdomadaire français d'actualités, *Le Monde Illustré* du 2 février 1935, le journaliste P. de Saint-André écrivait, dithyrambique :

> *« C'est un phénomène, comme l'était Suzanne Lenglen sur un court de tennis. Elle a son génie. Dans le sport où elle est passée reine, ce qui plait à la foule, c'est la grâce, la souplesse (...) ».*

C'est hélas avec la même souplesse et une même grâce artistique que, de la plus haute marche du podium du stade bavarois de Garmich Partenkirchen, la patineuse fera le salut nazi, devant une foule enthousiaste et un parterre de dignitaires du IIIe Reich. Après son accession au pouvoir en 1933, le chancelier Hitler et le parti nazi entendent donner à voir au monde les Jeux d'hiver « les plus grandioses de l'histoire » et s'en servir comme étendard de propagande pour démontrer la supériorité de la race aryenne. Des mouvements de protestation qui se développent en Europe et aux États-Unis ont eu beau appeler au boycott et dénoncer la répression et les mesures antisémites mises en place par les nazis, durant cet hiver-là aura bien lieu une sorte de répétition générale du faste des Jeux d'été de Berlin.

Ce geste immortalisé par un autre cliché lui sera fortement reproché, tout autant que la main qu'elle tend au chancelier allemand. À commencer par son pays. Ce dont on peut se réjouir aujourd'hui, étant donné qu'à l'époque, comme le souligne l'étude en ligne de la revue universitaire internationale *Belphégor*,

> *« le racisme et le sexisme imprègnent la plupart des discours de presse ».*

Une deuxième carrière l'attend pourtant aussi flamboyante que la première, cette fois en Amérique, dans le spectacle et le cinéma, qui fera d'elle une milliardaire et plus tard une mécène des jeunes artistes pour lesquels elle crée un centre d'art, aujourd'hui un musée. Avant de périr lors du crash d'un avion-ambulance qui la transportait de Paris à Oslo. Elle souffrait d'une leucémie.

Marjorie Gestring

Américaine | 1922 (Los Angeles, Californie, États-Unis)
1992 (Hillsborough, Californie, États-Unis)

LA PLUS JEUNE CHAMPIONNE OLYMPIQUE FÉMININE DE L'HISTOIRE DES JEUX, EN 1936.

Il y a au cinéma les enfants stars. Il y a aussi dans le sport les enfants champions. **Marjorie Gestring** est un de ceux-là. Plus encore. Elle est la plus jeune médaillée or de l'histoire, jusqu'à aujourd'hui, ayant remporté l'épreuve du plongeon à 3 mètres aux Jeux de Berlin en 1936, quand elle n'avait que treize ans et huit mois.

Il faut dire qu'elle s'entraîne dés l'enfance et qu'elle fait son éducation à la prestigieuse Université Aubrun d'Alabama, où l'on trouve les meilleures équipes de natation, même encore aujourd'hui. Cela étant, les jeux de 1936 ont, outre quelques autres particularités moins sympathiques, celle de battre les records de jeunesse. La Danoise Inge Sorensen ne fête-elle pas ses douze ans – mais elle ne remporte « que » le bronze dans le 200 m brasse – et le barreur nantais Noël Vandernote, ses douze ans et demi ?

N'empêche, après Marjorie Gestring, même les très jeunes ne le seront pas plus qu'elle. Vous voulez la preuve ? Allez, amusons-nous un peu à calculer le nombre des années et le compte des mois de ces sportives à peine sorties de l'enfance. Pour corser le jeu, nous ne choisirons pas un classement par la précocité mais opterons plutôt de l'ordonner par date d'obtention du titre. Donc, après Marjorie, il y aura bien sûr, en 1976, Nadia Comăneci (voir p. 140), qui a marqué l'histoire de la gymnastique en devenant la première à décrocher la note parfaite, à Montréal. À ce moment-là, la Roumaine va sur ses quinze printemps mais son état civil n'affiche encore que quatorze années et huit mois. Il y aura aussi Fu Mingxia, au plongeon comme Marjorie. Pour un peu, la détentrice du titre de la plus jeune médaillée d'or dans une épreuve individuelle aux Jeux Olympiques aurait pu se voir rattraper par la prodige Chinoise en 1992. Mais d'une, Marjorie Gestring mourrait quelques mois auparavant. De deux, la Chinoise a alors treize ans et onze mois quand elle remporte l'or à Barcelone. Et de trois, les dés ne sont-ils pas un peu pipés puisqu'elle était déjà devenue en 1991, l'année d'avant les Jeux de Barcelone, la plus jeune championne du monde de plongeon à 10 m, à douze ans !

Est-ce que vous arrivez à bien suivre jusque-là les méandres du compteur des années ? Nous n'oublierons pas évidemment notre jeunesse tout récemment intronisée en 2020 dans ce palmarès : la japonaise Momiji Nishiya (voir p. 198), championne olympique en skateboard, dans l'épreuve de street. Elle avait treize ans et 330 jours. Et enfin, parce que nous tenons à être exhaustif dans cette liste des super juniors, et bien que nous sommes ici dans un livre donnant la primeur aux Premières femmes, nous souhaitons accueillir dans cette page un petit homme qui, aujourd'hui s'il a soufflé ses 77 bougies, n'avait que treize ans et 283 jours au moment où, dans la discipline de l'aviron, il gagnait aux jeux de Rome en 1960. C'était l'allemand Klaus Zerta. Et alors, on oublierait un morceau d'Histoire ? celle des Jeux d'Athènes en 1896. Quand, à peine âgé de onze ans, dans l'équipe des barres parallèles, un autre petit homme Dimítrios Loúndras, remportait une médaille de bronze.

Mais retournons à nos jeux de 1936 quand cette jeune plongeuse américaine se hisse sur la première place du podium. Si l'Histoire avec un grand H a retenu l'exploit, elle l'aura néanmoins un peu terni parce que nous sommes en 1936, à Berlin. Que ces jeux tristement célèbres sont marqués par l'empreinte du nazisme et se déroulent sous les yeux d'Adolf Hitler. Aussi, avec les sinistres images du drapeau nazi flottant près du drapeau olympique, l'héritage en tant que jeune prodige en perd un peu d'éclat. Au point même que nous avons occulté, et ce malgré tous les clichés qui ont fixé ces instants-là, que furent alors également offerts aux vainqueurs une couronne de feuilles de chênes ainsi qu'un jeune plant…

1936

Maryse Bastié

Française | 1898 (Limoges, Limousin, France)
1952 (Bron, Rhône, France)

LA PREMIÈRE, APRÈS UNE SÉRIE D'AUTRES RECORDS DU MONDE, À RÉALISER, EN 1936, LA TRAVERSÉE DE L'ATLANTIQUE SUD.

Dimanche 6 juillet 1952. Le meeting annuel de l'aéroport de Bron bat son plein. Des milliers de personnes sont venues applaudir les stars de l'aviation et assister aux prouesses du prototype présenté en exclusivité. Un bimoteur destiné au transport de parachutistes. Un avion flambant neuf ayant pour nom le *Noratlas*. Ses atouts ? Une fulgurante puissance ascensionnelle et la faculté inédite de pouvoir se passer de l'un de ses moteurs. Le secrétaire d'État à l'Air, Pierre Montel, a fait le déplacement. Tout est en place pour le diner officiel qui suivra.

Sur la piste : le commandant Georges Penninckx, le mécanicien Albert Tisseur, le radio Etienne Gries, trois techniciens de la firme produisant ledit prototype, des pilotes au nombre desquels la célèbre **Maryse Bastié**. Quand elle arrive, une magnifique ovation l'accueille. C'est qu'elle est populaire. Nul n'a oublié ses records du monde. C'était pourtant, il y a au moins vingt ans. Exactement en 1929 et 1931 pour les premiers. Quand aux commandes de son avion, elle vole vingt-six heures quarante-huit minutes puis trente-sept heures cinquante-cinq. Quand, sur un vol Paris-Moscou, elle bat encore celui de la distance, à bord d'un monoplace. Trente heures trente au compteur ! Quand elle remporte tous les lauriers sur son passage, avec courage. Y compris, la traversée en solitaire de l'Atlantique sud, de Dakar à Natal, au Brésil, qu'elle réalise le 30 décembre 1936. Un record qu'elle ravit à la Nouvelle-Zélandaise Joan Batten… À peine un mois avant elle, son ami, Mermoz, lui, n'en est jamais revenu…

Pense-t-elle encore à Jean, ce 6 juillet 1952 ? Comment en serait-il autrement, malgré les années ? Aujourd'hui, après les guerres, la Résistance et les honneurs, elle semble un peu plus sereine. Enfin ! On lui a confié la direction des relations sociales au centre d'essais de Brétigny, près de Paris, et si, à plus de cinquante ans, elle ne pilote plus, elle aime accompagner en vol la nouvelle génération. De la piste, elle salue le public d'un geste de la main et d'un joli sourire. Maryse Bastié a toujours ses dents du bonheur. Ce qu'on a pu le lui dire ! Le bonheur… Et Pourtant !

Car si, à l'instar de ses compatriotes aviatrices, Adrienne Bolland et Hélène Boucher – avec qui elle partageait la passion de voler et l'engagement en faveur du droit de vote des femmes – elle a fait le plein des moqueries et des vexations avant de gagner le respect des hommes et la notoriété, il lui semble bien, même aujourd'hui, qu'elle a souffert davantage de ces humiliations. Désargentée, il lui a fallu plus souvent que ces consœurs pilotes affronter les hommes d'affaires près de qui elle cherchait des soutiens financiers et qui, le plus souvent, les lui refusaient.

Si au moins, ils avaient pu comprendre quelle avait été la route qui l'avait néanmoins menée jusqu'à ce palmarès, qu'elle-même, sans doute, n'imaginait pas… Car en effet, le destin, qui transforme Marie-Louise Bombec, la petite ouvrière en chaussures, piqueuse sur cuir, qu'elle était à Limoges en grande dame de l'aviation, ne s'est pas réalisé sans drames. Elle perd son père à l'âge de dix ans, son frère ainsi qu'un fils, Germain, emporté par la typhoïde, qu'elle avait eu avec un artiste peintre dont elle divorcera. Elle perd son second mari en 1926, dans un accident aérien, Louis Bastié, le lieutenant pilote, dont elle avait été la filleule de guerre, pendant la Première, et qui lui avait insufflé la passion de l'aviation. Puis… elle perd son mentor, son Archange, son héros, ce Mermoz qui l'avait pris sous sa protection, et qu'elle a tant aimé…

Tout est prêt pour le départ. À son bord, sept personnes. L'équipage et une passagère : elle, Maryse Bastié. Le bimoteur décolle. Il s'élance avec puissance. Le public retient son souffle. Soudain, l'avion part en piqué. Quelques secondes plus tard, il s'écrase dans un champ et prend feu. Le dîner officiel prévu pour le soir n'aura pas lieu.

Les femmes en canoë et kayak

Maggie Kalka | Finlandaise - 1912 - 1996 (Helsinki, Finlande)

Marta Pavlisova | Tchèque - 1914 - 1953 (Prague, Tchéquie)

Jessica Fox | Australienne - 1994 (Marseille, France)

Nouria Newman | Française - 1991 (Chambéry, Savoie, France)

LES UNES SONT LES PREMIÈRES MÉDAILLÉES D'OR AU CHAMPIONNAT DU MONDE, EN 1938. LA FRANÇAISE EST LA PREMIÈRE À DESCENDRE LE GRAND CANYON DE LA STIKINE, AU CANADA, EN 2014, ET L'AUSTRALIENNE REMPORTE LES JEUX OLYMPIQUES, EN 2022.

Si l'on parle plus souvent de kayak que de « canoë-kayak » quand on évoque les compétitions féminines, c'est parce qu'au moins jusqu'en 2021, les Jeux Olympiques réservaient le canoë aux hommes tandis que, seul, le kayak ouvrait à un titre olympique pour les femmes. Peut-être n'est-il pas inutile d'ajouter pour les néophytes que le canoë se pratique à genoux et avec une seule pagaie. Au kayak, en revanche, on dispose de deux pagaies et l'on est assis.

C'est fou ce que l'on s'est occupé jusque dans la sphère sportive, on l'a vu, de la santé des femmes ! Elles pourraient en être émues, pensent certains… C'est fou aussi comme on a beaucoup décidé en leur nom, oubliant que la liberté est l'un des biens les plus précieux, tout autant pour elles… Car vous l'avez compris, la position à genoux dans un canoë comportait un risque pour leur féminité. Leur restait donc le Kayak !

Maggie Kalka

Pour autant, à considérer les photographies, que beaucoup d'entre nous retrouvent dans les archives familiales, il semble que cette pratique sportive, fut-elle de loisir, occupa longtemps la gent féminine. Les peintres de la fin du 19e siècle en sont les autres témoins. On évoque souvent *Le Saut du barrage* peint en 1895 par Ferdinand Guedry ; n'oublions pas Renoir avec sa *jeune fille dans un bateau,* Diego Rivera, Harrison Fisher et John LaFarge, pour ne citer que ces artistes.

Aussi, les femmes n'ont raté aucune occasion de se distinguer en Kayak ! Dès 1938, admises aux premiers championnats du monde de course en ligne qui ont lieu à Vaxholm, en Suède, elles sont trois à se faire une première place. Pour le 1600 m, une Finlandaise, **Maggie Kalka** dont hélas, on sait trop peu de choses. Sinon rien. Pourtant une très belle photographie l'immortalise, radieuse dans un canoë, toute de blanc vêtue. Au 2600 m, deux sœurs tchèques, Marie Zvolankova et **Marta Pavlisova**. La seconde récidive sous son nom d'épouse, Kohoutova, en remportant le 2500 m aux Championnats mondiaux, qui ont lieu en 1949 dans la capitale britannique. Certains spécialistes à Prague aiment souligner que Marta était née pour gagner sur l'eau – pas seulement parce qu'à seize ans, elle remporte une course de natation – mais qu'elle est certainement une fille de la rivière Vltava qui traverse la belle ville de Prague, dont l'eau écumeuse arrivait jusqu'à l'église du quartier Smichov, où elle a été baptisée.

Marta Pavlisova

Plus près de nous, dans la nouvelle discipline de canoë slalom entrée au programme des Jeux de Tokyo en 2021, l'Australienne, native de Marseille, **Jessica Fox**, se hisse dans l'histoire comme étant la première médaille d'or olympique. Elle a de qui tenir. Ses deux parents étant des athlètes de haut niveau. Sa mère, la Française Myriam Jérusalmi l'a portée sur l'eau dès la prime enfance. Dirigeant depuis les années 2000 l'équipe d'Australie, elle y entraîne sa fille, qui a intégré son groupe. Quant à son père, Richard Fox, c'est un « kayakiste » britannique au moins cinq fois champion du monde.

Jessica Fox

Il est vrai que l'entourage familial compte souvent pour beaucoup dans la pratique sportive. **Nouria Newman** se souvient de sa fascination de petite fille devant les courses que disputaient les amis de son père, qui tient une affaire de bouées gonflables sur l'Isère. Au point qu'elle insiste auprès de ses parents pour s'inscrire à l'âge de huit ans au club de kayak de son village. Elle qui vivait au cœur des Alpes a donc préféré l'eau des rivières. Aujourd'hui, après avoir été sacrée trois fois championne du monde et avoir abandonné les compétitions officielles, elle s'offre le plein d'émotions extrêmes. Avec succès : elle est la première en 2014 à descendre le Grand Canyon de la Stikine, au Canada, au nord de la Colombie britannique.

Nouria Newman

Micheline Ostermeyer

Française | 1922 (Rang-du-Fliers, Nord-Pas-de-Calais, France)
2002 (Bois-Guillaume, Normandie, France)

DE L'OR AU POIDS, AU DISQUE, AU SAUT EN HAUTEUR… ET AU PIANO.

Serait-ce encore possible aujourd'hui ? Probablement, non. Aussi, est-il savoureux d'évoquer dans ce livre **Micheline Ostermeyer**, virtuose de piano et championne olympique.

Son palmarès est édifiant. Juillet 1946, premier prix du Conservatoire national de Paris. Le mois suivant, médaille d'argent du lancer au poids au championnat d'Europe. 1948, triple récompense dans la capitale londonienne, lors de la 14e Olympiade – lancer au poids, au disque et au saut en hauteur. Certains diront qu'elle a bénéficié de l'absence des athlètes russes. Qu'importe ! D'autres que c'était le temps béni. Ils auront sûrement raison. En tous cas, dans la mémoire sportive, il n'existe certainement pas une autre sportive qu'elle ayant célébré sa victoire en offrant un récital de piano au Royal Albert Hall, dans la cité de Westminster, au centre de Londres. Cela vous peint résolument une époque d'un autre temps, sans parler de la performance, qui l'est tout autant.

> Au programme, Beethoven et au clavier une jeune fille de 26 ans.

À prouesse prodigieuse, idée lumineuse. Dans les premières heures de la paix, mettre du baume sur les plaies d'une ville meurtrie par la guerre avec, au programme Beethoven et au clavier une jeune fille de vingt-six ans, qui vient de monter sur la plus haute marche du podium du Stade de Wembley, n'est-ce pas là renvoyer dans les ténèbres les fascistes de tous les pays ?

Mais d'où lui vient ce double amour de la musique et du sport ? Dans la lignée maternelle l'arrière-grand-père, Alexandre-Paul Laroche, professeur de piano, a donné naissance à un grand-père, Lucien Laroche. Créateur du Conservatoire de musique de Vannes, il a été formé à la composition par Camille Saint-Saëns, en compagnie de Gabriel Fauré, au sein de l'école parisienne Niedermeyer (disparue en 1912). La mère de Micheline, Odette, elle-même, brillante élève du Conservatoire fera asseoir très tôt sa fille devant le clavier de son Steinway. Si bien qu'à treize ans, Micheline lève l'ancre à Tunis où sa famille habite. Direction Paris et son Conservatoire.

Mais attention, si l'excellence est attendue au piano, le grand-père voue également une grande passion à la pratique sportive. Ne préside-t-il pas la société de Régates de Vannes et n'est-il pas l'administrateur de la Compagnie vannetaise de navigation qu'il a d'ailleurs fondée. La future virtuose n'oubliera jamais les étés dans la maison de l'Île aux Moines où l'on organisait des journées toniques et joyeuses entre piano, tennis et balade en voilier. Le père de Micheline, d'origine alsacienne, Henri Ostermeyer, fervent adepte de la gymnastique, approuve.

Cela dit, c'est étrangement la guerre qui, la contraignant à abandonner pour un temps ses classes musicales pour rejoindre ses parents de l'autre côté de la Méditerranée, la conduira vers cette incroyable carrière sportive. La petite camarade, qui lui propose de l'accompagner dans son club de basket, ne se doute pas qu'elle va changer la vie de Micheline. L'adolescente est si douée que ses professeurs l'entraînent pour les championnats de Tunisie. Désormais, son emploi du temps sera rythmé comme du papier à musique : le matin, sport ; l'après-midi, cinq heures de piano. Le tout ponctué de concerts, concours de piano et compétitions.

Douée, elle l'est assurément. D'abord pour réussir au lancer de disque qu'elle n'a commencé à pratiquer qu'à peine trois semaines avant les épreuves de 1948. Et pour intégrer le tout nouveau Institut national des sports (l'Insep aujourd'hui), qui ne compte alors aucune femme dans ses membres, où l'on ira même jusqu'à installer son piano…

Mais aura-t-elle l'énergie et la santé, elle qui, mal nourrie ces dernières années, a cumulé avec intensité autant d'activités ? Elle a tort de s'en inquiéter. Elle dira plus tard, dans un entretien qu'elle a accordé au journaliste du quotidien *Le Monde,* Pierre Rubenach, que toute sa vie fut guidée par la devise de son père : *Age quod agis.* Fais bien ce que tu fais.

Lis Hartel

Danoise | 1921 (Hellerup, Danemark)
2009 (Copenhague, Danemark)

LA PREMIÈRE FEMME CAVALIÈRE (ET HANDICAPÉE) MÉDAILLÉE OLYMPIQUE EN ÉQUITATION, EN 1952.

Dresseuse émérite, elle reste dans le monde équestre une légende. Celle qui, à cheval et en béquilles, continua coûte que coûte à courir et à gagner malgré une poliomyélite. Au Danemark comme presque partout ailleurs, et surtout à cette époque, l'équitation de haut niveau est une affaire d'hommes. Mais voilà, **Lis Hartel** est la fille d'une institutrice dans une école pas comme les autres, l'école d'équitation de Copenhague. Là, elle apprend tout, d'abord sous la conduite de sa mère : les sauts d'obstacles, les balades en selle, le dressage, etc. Mais de là à sauter le pas jusqu'à la compétition ! Eh bien, c'est tout vu, et elle y va au galop ! L'entraîneur et ex-cavalier professionnel, un certain Gunnar Andersen, la mènera aux premières médailles des championnats nationaux de dressage des années 1943 et 1944.

Puis soudain, sitôt après cette deuxième victoire, tout bascule. Enceinte de son second enfant en 1944, un étrange mal semble la paralyser. C'est la poliomyélite. Par bonheur, l'enfant naît en bonne santé. Seulement, pour la mère, un cauchemar se dessine. Pourra-t-elle seulement marcher ? Les pronostics peu optimistes des médecins permettent d'en douter. Quand elle finira, après des années d'hospitalisation et de rééducation, à marcher à nouveau, ce sera avec deux cannes. Le verdict est cruel : elle reste partiellement infirme avec des jambes paralysées à partir des genoux.

Difficile de savoir quelle force anime alors la jeune femme, qui décide de remonter à cheval, reprendre sa carrière, tenir bon malgré les chutes et les difficiles exercices inédits qu'elle doit inventer et adapter à sa nouvelle situation, tant pour elle que pour son cheval. L'envie de gagner, sans doute. Sportivement. Mais également sur la vie et ses adversités. À peine trois ans plus tard, lors des championnats scandinaves, elle se place en deuxième place et n'en finira pas de marquer à chaque fois des points supplémentaires jusqu'à disputer la compétition de dressage en 1952 aux Jeux Olympiques d'Helsinki. Toujours à la deuxième place, elle tient néanmoins le rôle vedette parce que d'une part, c'est la première fois qu'une femme participe à cette épreuve jusqu'ici réservée aux hommes en général et aux officiers en particulier mais aussi parce que son courage force l'admiration, et quand elle monte sur le podium, aidée par le vainqueur de la compétition, elle emporte à défaut de l'or les ovations de la foule.

Rien ne l'arrêtera plus. De victoire en victoire, elle finit par décrocher sa deuxième entrée aux jeux équestres de la 16e Olympiade de Stockholm, en Suède. Elle y gagnera une seconde fois la médaille d'argent avant de quitter définitivement la selle. Le journal *Le Monde* daté du 7 juin 1956, sous la signature d'Eva Freden, relate longuement l'événement auquel assiste le roi Gustav VI, Adolf de Suède, et à ses côtés la reine Elizabeth d'Angleterre :

> *« Parmi les « vedettes » du dressage, le Danois Lis Hartel, le Suisse Henri Chammartin et le Français André Jouseaume viennent en tête dans les pronostics suédois de victoires olympiques ».*

Erreur typographique, ignorance de la journaliste ou erreur dans la transmission de l'information ? Toujours est-il que dans le quotidien aujourd'hui de référence, on a confondu la jeune championne cavalière Lis Hartel et un probable jeune écuyer !

À noter qu'en cette année 1956, trois Allemandes décrochent l'argent en épreuve de dressage par équipe : Hannelore Weygand, Anneliese Küppers et Liselott Linselhoff. À cette dernière reviendra l'or aux JO de Munich en 1972. Première à remporter ce titre. À noter encore qu'elle est la mère de la cavalière Ann-Kathrin Linselhoff, qui a fait partie de l'équipe ouest-allemande en dressage, médaillée d'or aux Jeux de 1988, à Séoul.

Son courage force l'admiration, et quand elle monte sur le podium [...] elle emporte à défaut de l'or les ovations de la foule.

Mildred Jessie Robinson dite Millie Robinson

Britannique | 1924 (Douglas, Ile de Man)
1994 (Douglas, Ile de Man)

LA PREMIÈRE À REMPORTER LE PREMIER TOUR DE FRANCE FÉMININ DE L'HISTOIRE DU CYCLISME, EN 1955.

Si vous ne vous souvenez pas de François Garin, le gagnant du premier Tour de France en 1903, vous ne vous souviendrez sûrement pas davantage de celle qui a été victorieuse du tout premier Tour de France féminin en 1955. Si tant est que vous sachiez qu'il a existé une édition féminine de la fameuse course – jusqu'alors exclusivement masculine, cela s'entend. Vous ne saurez sans doute pas non plus que c'est un journaliste et organisateur de courses cyclistes qui en eut l'idée dans les années cinquante, après avoir imaginé le Circuit de France pendant la Guerre. Jean Leulliot aura-t-il voulu se faire pardonner ses amitiés collaborationnistes durant la période de l'Occupation ? Ou la passion de la « Petite Reine » l'aura-t-elle alors emporté sur tous les préjugés ? Allez savoir ?

En tous cas, dans cette édition internationale au féminin qui comportait cinq étapes avec 41 femmes au départ, c'est **Mildred Jessie Robinson**, alias Millie Robinson, originaire de l'île de Man, qui l'a emporté, devant une de ses compatriotes, June Thackerey et la championne française Marie-Jeanne Donabédian, respectivement deuxième et troisième.

> Remercions l'obstination de quelques femmes « militantes » et cyclistes ... et l'engagement de quelques hommes.

Millie Robinson est donc un nom qu'il faut absolument retenir. Non seulement parce que c'est une Première ! Mais aussi parce ce Tour n'aura vécu qu'une seule édition et ne verra à nouveau le jour qu'en 1984, grâce au journaliste sportif Félix Lévitan. Pour s'arrêter une nouvelle fois et ne reprendre réellement qu'en 2022 ! Remercions l'obstination de quelques femmes « militantes » et cyclistes dont Marie Françoise Potereau, Emma Pooley, Marianne Voos, Claire Floret de l'association *Donnons des Elles au vélo* et Marion Clignet, pour ne citer qu'elles. Et bien sûr la légendaire Jeannie Longo ! Saluons également l'engagement de quelques hommes à leurs côtés notamment Pierre Boué-Mérac, Patrice Boué et Bruno Armirail...

Mais retournons à Millie Robinson. Comment diable est-elle arrivée à prendre le départ du premier Tour de France en septembre 1955 ? De l'Irlande où elle nait et de l'Ile de Man où sa famille s'installe dans les années '30, elle n'aura bientôt, devenue adulte, qu'un désir : rejoindre aussi souvent que possible l'Angleterre pour assouvir sa passion du cyclisme et participer à toutes les épreuves locales. Elle y consacre toute son énergie, son temps et son argent, celui qu'elle gagne grâce à son emploi dans la Women's land Army, l'Armée de terre britannique. Ce n'est bientôt pas assez. Elle s'installe à Leeds où un de ses six frères possède une entreprise de transports et l'emploie, ce qui lui permet de subvenir à ses besoins, et aux coûts des entraînements et des courses. Ses premiers succès du contre-la-montre et du départ groupé la consacrent meilleure cycliste britannique et lui ouvrent la voie des plus belles compétitions et récompenses internationales. Trois records du monde sur piste en Italie dont celui de l'heure en 1958 et bien sûr ce Tour de France féminin historique, aujourd'hui très oublié. Mais l'on ne saurait trop vous conseiller de consulter le site de l'Ina pour savourer la chronique du speaker, qui ironise sur le double sens de « conquête » et de « coureuse », au point de préciser que c'est le terme de coursières qui a été choisi !

Millie Robinson en 3e position, sur la gauche

Betty Cuthbert

Australienne | 1938 (Ermington - Sydney, Australie)
2017 (Mandurah, Australie)

PREMIÈRE SPRINTEUSE À REMPORTER L'OR SUR LES TROIS ÉPREUVES DE VITESSE, EN 1956.

On l'appelait Betty, plus rarement **Elisabeth Cuthbert.** Ou la Golden Girl de l'Australie. Ou encore la légendaire sprinteuse de tous les temps. Il faut dire qu'avec ses quatre titres olympiques, elle impressionne les Aussies – entendez par-là ses compatriotes – mais au-delà, le monde entier.

C'est que la jeune fille de Sydney, participant aux Jeux Olympiques de Melbourne en 1956, commence assurément très fort. Elle n'a que dix-huit ans, et déjà elle remporte la médaille d'or dans l'épreuve du 100 mètres. Mais elle ne s'en contente pas. Elle rafle aussi la médaille d'or du 200 m ainsi qu'une troisième dans le relais du 400 mètres.

Elle n'a que dix-huit ans, et déjà elle remporte la médaille d'or dans l'épreuve du 100 mètres.

Le sprint, elle semble bien l'avoir eu dans la peau en naissant. En tous cas, au moins depuis ses huit ans, quand elle découvre l'athlétisme au *Western Suburbs Athletic Club*. Dès lors, elle ne cessera pas de s'entraîner, y compris quand, à l'âge de seize ans, elle quitte l'école pour aider ses parents dans leur activité, restant dans l'ombre de la championne de son club, Marlene Matthews.

Loin d'elle l'idée qu'elle pourrait participer aux JO de Melbourne. Pas un seul instant, elle n'y pense. Se sentant juste heureuse d'avoir pu acheter des billets pour assister aux compétitions, elle rêve déjà de pouvoir applaudir avec ferveur les exploits de ses consœurs. Or, quelques semaines avant l'ouverture, la voilà qui bat le record du monde du 200 mètres et là voilà qui devient favorite. C'est son premier exploit.

La suite tient du miracle. Ou plutôt d'un talent insolent et d'une farouche détermination. Le résultat dépasse ses espérances. Elle gagne trois médailles d'or dans les disciplines reines de l'athlétisme : le 100 mètres (11"4), le 200 mètres (23"4) et le 4x100 mètres (44"5, un record du monde). Devenant ainsi la première athlète de l'histoire, hommes et femmes confondus, à remporter l'or olympique sur les trois épreuves de vitesse individuelles. Melbourne en fait son héroïne.

Ensuite, si lors de l'Olympiade suivante à Rome, une blessure l'empêche de gagner, elle reçoit en 1964 une dernière récompense dorée à Tokyo pour le 400 mètres et accumule alors records du monde sur records de monde. Jusqu'en 1979. L'année fatidique où elle apprend qu'elle est atteinte d'une sclérose en plaques. Ce sera alors sur un fauteuil roulant, et entourée d'un groupe de femmes australiennes, que Betty portera, lors de la cérémonie d'ouverture, la torche olympique des Jeux de Sydney de l'an 2000.

Pendant près de quarante ans, elle engagera un rude combat contre la perte progressive de sa motricité et contre la douleur physique, qu'elle finit par perdre en 2017. Mais la femme considérée comme la plus rapide du monde, qui se donnait sans compter à sa passion sportive, aura également tout donné sur le front du combat contre la maladie, non seulement pour elle-même mais aussi pour toutes celles et tous ceux qui en souffraient durement comme elle, se servant sans compter de sa notoriété pour faire connaître au grand public cette pathologie si invalidante, aider les malades et récolter des dons pour faire avancer la recherche.

Giuliana Minuzzo-Chenal

Italienne | 1931 (Vallonara di Marostica, province de Vincenza, Italie)
2020 (Aoste, Italie)

LA PREMIÈRE ATHLÈTE FÉMININE À PRONONCER LE SERMENT OLYMPIQUE, EN 1956.

En 1920, les Jeux d'Anvers en Belgique inaugurent à la fois le drapeau et le serment olympiques. L'escrimeur belge Victor Boin le prononce : *« Nous jurons que nous nous présentons aux Jeux Olympiques en concurrents loyaux, respectueux des règlements qui les régissent et désireux d'y participer dans un esprit chevaleresque, pour l'honneur de nos pays et pour la gloire du sport »*. Ainsi, les cérémonies antiques reprennent place et vigueur. Le serment fait maintenant partie du protocole de la cérémonie d'ouverture de tous les Jeux, et comme en 1920, il est confié à un athlète du pays hôte, qui s'exprime au nom de tous les athlètes participant aux compétitions. C'est le même que prononcera la skieuse alpine italienne Giuliana Minuzzo, il y a maintenant près de soixante-dix ans, à l'occasion des Jeux de Cortina d'Ampezzo, en Italie. Une première dans l'histoire des Jeux !

Giuliana Minuzzo figurait « parmi les plus grandes championnes de ski alpin de l'après-guerre ». En ces termes, s'exprimait la Fédération italienne quand elle a tiré sa révérence en novembre 2020. Il est vrai que son nom est incontestablement inscrit dans le bronze. Grâce à sa descente en 1952 aux Jeux d'hiver d'Oslo, elle fut en effet la première Italienne à décrocher une médaille olympique qu'elle obtint à nouveau huit ans plus tard, en slalom géant, lors des Jeux de Squaw Valley aux États-Unis. Mais dans l'histoire, son nom aura surtout été gravé à jamais, entre les deux médailles de bronze, pour être la première voix féminine à lire le serment olympique à l'ouverture des Jeux.

Province de Belluno, en Vénitie, à environ 150 kilomètres de la Sérénissime. La station de ski des Dolomites accueille enfin les Jeux Olympiques de l'année 1956. C'est une autre première, longtemps attendue, et devant laquelle le comte Alberto Bonacossa, skieur, patineur artistique et membre du CIO, n'aurait pas caché sa joie. Lui qui avait milité dès 1925 pour la candidature de la ville. Une première fois acceptée pour les Jeux de 1944 qui furent annulés à cause de la Seconde Guerre mondiale.

Une deuxième fois battue en 1952 par la capitale norvégienne, et enfin décidée en 1949 pour les Jeux de 1956. Hélas, le comte ne les verra pas puisqu'il meurt trois années auparavant.

Dommage, car il aurait pu de surcroît applaudir à cette autre première de taille. Devant un paysage de neige et un rideau de drapeaux, une jeune fille de vingt-cinq ans, vêtue d'un manteau bleu outremer et un bonnet de même couleur, se tient droite dans la tribune. Sa voix s'élève ferme, théâtrale et néanmoins sans effet de scène :

> *« Noi giuriamo di partecipare ai Giochi Olimpici come concorrenti leali, rispettosi dei regolamenti che li governano e desiderosi di gareggiare con spirito cavalleresco, per l'onore dei nostri paesi e la gloria dello sport. »*

Retransmis en Eurovision, et c'est encore une première, le choix d'une sportive sonne évidemment de façon solennelle d'autant plus que les femmes ne représentent alors que 17 % des athlètes.

Depuis lors, sept femmes lui succèderont pour ouvrir par le serment olympique les trente-quatre éditions des Jeux qui suivront celle de Cortina d'Ampezzo.

Après s'être retirée de la compétition, Giuliana Minuzzo reviendra cinquante ans après au devant de la scène pour participer à nouveau au rituel lors de la cérémonie d'ouverture des Jeux d'hiver de Turin. Elle y tenait le drapeau tandis que le skieur alpin Giorgio Rocca récitait le serment.

1956

Althea Gibson

Américaine | 1927 (Silver, Caroline du Sud, États-Unis)
2003 (East Orange, New Jersey, États-Unis)

LA PREMIÈRE JOUEUSE DE TENNIS NOIRE À REMPORTER UN TITRE DU GRAND CHELEM AU ROLAND GARROS DE 1956.

Années 50 aux États-Unis. La lutte contre la ségrégation raciale fait des ravages. Le 1er décembre 1955, dans un autobus de la ville de Montgomery en Alabama une couturière afro-américaine refuse de céder son siège. Martin Luther King lance alors une campagne de protestation. Le 13 novembre 1956, la Cour suprême des États-Unis déclare inconstitutionnelle la ségrégation dans les bus.

Six mois auparavant, une jeune femme d'à peine trente ans devient la première athlète noire à triompher dans un tournoi du grand Chelem, à Roland Garros, l'un des stades les plus mythiques de la planète tennis.

« Plus de classe, plus de variété, plus de moyens physiques »,

écrivait simplement le journaliste Denis Lalanne dans le quotidien sportif français *L'Équipe*. Le 26 mai 1956 est un jour de victoire pour **Althea Gibson** et pour les droits civiques.

Elle ne se souvient sans doute pas de ses premières années dans l'exploitation de coton de Caroline du Sud où travaillent ses parents comme métayers. Mais elle s'est toujours rappelée comment elle avait appris à tenir une raquette dans les

rues de Harlem, quand ses parents ont rejoint la ville au moment de la Dépression. La vie y est pauvre et rude, surtout sous les coups de son père. Mais dans les rues, on joue alors au paddle-tennis et elle y excelle tellement qu'à douze ans, la voilà championne de New York. Une collecte auprès des voisins lui permet ensuite l'entrée au Cosmopolitan Club de Sugar Hill, où des leçons de tennis sont données aux Afro-Américains. Cela tombe bien. Elle préfère le basketball. Mais allez, va pour le tennis. Les succès s'enchaînent. Elle est toujours la première noire. Elle va s'y faire. Les batailles sont parfois rudes. Exaspérée des refus du National Championships – l'ancêtre de l'US Open – de l'inscrire, l'ancienne championne Alice Marble volera à son secours en publiant une lettre ouverte qui va faire basculer les autorités.

Après son sacre à Roland-Garros en 1956, elle remporte Wimbledon l'année suivante. À son retour, le 11 juillet 1957, New York l'accueillit comme une star. Pensez un peu, la Reine Elisabeth en personne lui a remis son trophée londonien.

> *« Serrer la main de la reine d'Angleterre, c'est très éloigné de devoir s'asseoir dans la section du bus réservée aux gens de couleur »,*

lâchera-telle. Avant de faire bientôt la une du Times. Quarante ans plus tard, en 1996, le champion afro-américain Malivai Washington, finaliste à Wimbledon, dira :

> *« Chaque sport a ses pionniers, que l'on regarde en se disant : sans cette personne, je ne serais pas là où je suis aujourd'hui. Tout le monde a dit ça au sujet d'Arthur Ashe, mais plus de dix ans avant que Ashe ne gagne ses tournois du Grand Chelem, Gibson les avait déjà gagnés – la première Afro-Américaine à le faire. Mais à son époque, le tennis n'était pas aussi médiatisé qu'aujourd'hui. C'est pourquoi beaucoup de jeunes ne savent pas grand-chose d'Althea Gibson, qui a brisé les barrières à une époque où le sport se limitait encore beaucoup aux country-clubs. ».*

Depuis 2019, l'US Open a eu la géniale idée d'inaugurer une statue à son effigie au Centre national de tennis Billie-Jean-King, devant le stade Arthur-Ashe, dans le quartier du Queens à New-York. C'est peu mais c'est déjà ça. Althea Gibson aura-t-elle mis fin à sa carrière trop tôt ? Mais après 1958 et 56 tournois nationaux et internationaux, elle ne parvenait pas à joindre les deux bouts… Tour à tour chanteuse, reprenant des standards populaires, et commentatrice sportive, Althea Gibson n'en fera pas moins la promotion du tennis dans les quartiers défavorisés et guidera la future Zina Garrison. Hélas, la première star noire du tennis aura vécu les dix dernières années des subsides de la sécurité sociale et des dons des joueurs de tennis et de certains admirateurs.

1958

Maria Teresa de Filipis

Italienne | 1926 (Naples, Italie)
2018 (Scanzorociate, Italie)

LA PREMIÈRE « AMAZONE AU VOLANT », CHAMPIONNE D'UN GRAND PRIX DE FORMULE 1, EN 1958.

De la botte italienne à la Belgique, la route est longue mais libre pour la jeune napolitaine qui prend le départ, le 15 juin 1958, du championnat du monde de Formule 1.

Elle vient de participer pour la première fois à une autre course de F1, le Grand Prix de Syracuse, en Sicile. Certes, il s'agit d'une épreuve hors-championnat mais elle s'est classée quand même cinquième, la meilleure performance réalisée par une femme dans la catégorie reine. Alors, sur le circuit belge de Spa-Francorchamp, ce 15 juin 1958, elle se sent pousser des ailes.

« J'étais soit courageuse, soit imprudente, soit téméraire ; appelez ça comme vous voulez, j'aimais juste aller à toute vitesse. »

Placée à la dix-neuvième place, elle termine la course en 10e position. À trente-et-un ans, elle est donc la première femme championne d'un Grand Prix de F1. Au volant de sa lourde Mazerati 250 F, « il pilotino », comme on appelle **Maria Teresa De Filippis** sur les circuits – parce qu'elle est de petite taille – n'a pas peur. « *J'étais soit courageuse, soit imprudente, soit téméraire ; appelez ça comme vous voulez, j'aimais juste aller à toute vitesse* » racontera-t-elle plus tard dans sa biographie parue en 2005[1].

Elle aurait pu tout aussi bien dire : enfin, me voilà championne ! Car cela fait des années que l'intrépide jeune fille s'entraîne.

1. *La Signorina F1* d'Agostini Cesare, éd. Silea Grafiche, 2005

Elle ne cache donc pas sa joie d'entrer en quelque sorte dans la légende ! Excusez du peu ! Car après elle, il faudra attendre trente ans pour qu'une autre femme, sa compatriote Lella Lombardi, gagne un autre Grand Prix, en 1975.

Alors, sans doute, à ce moment-là, s'est-elle souvenue de ses premières courses. Celle de 1948, au cœur de ses terres natales, où elle courait pour une épreuve de 10 km qui se disputait entre Salerne et Cava De Tirreni. Ce jour-là, comment l'oublier, elle sort de sa Fiat 500 Topolino, sous les yeux médusés de ses concurrents, à commencer par ses deux frères aînés Antonio et Giuseppe. Car elle arrive à la 2e place, avant eux. La Topolino de ses premières victoires restera à jamais dans sa mémoire et le fait d'avoir fait un pied de nez à ses frères, qui ne la croyait pas capable de conduire aussi vite qu'un homme, la fera longtemps sourire. Cela étant, cette petite dernière d'une famille aristocrate de cinq enfants a toujours été considérée par son père, le comte Franz De Filippis comme l'égale de ses frères, et c'est sans doute ces derniers, un peu casse-cou, qui l'ont, en réalité, guidée vers le sport automobile, lui faisant abandonner l'ambition de faire carrière dans l'équitation.

Du reste, en Italie, elle ne semble jamais avoir rencontré de difficultés. Au contraire. Les pilotes sont souvent ses copains comme Stirling Moss, Luigi Musso ou Fangio qu'elle appelle son grand frère. C'est en France qu'elle connaîtra sa seule brimade, quand elle veut concourir pour le Grand Prix, qui a lieu à Reims, le 6 juillet 1958. Son directeur n'y consentira pas, invoquant le décès, la veille, de la française Annie Bousquet aux *12 heures de Reims*. Il commentera néanmoins que *« le seul casque qu'une femme devrait porter est celui du coiffeur »*.

Évidemment, la napolitaine n'en a cure, essayant toujours de se qualifier pour le Grand Prix de Monaco. Toutefois, en 1959, meurtrie par la mort de ses amis Luigi Musso et Jean-Marie Behra sur la piste, elle décidera désormais de se consacrer à une autre passion, celle qui la liera pendant plus d'un demi-siècle, à l'homme de sa vie, Theodor Huschek, un ingénieur chimiste et industriel autrichien.

Elsy Jacobs

Luxembourgeoise | 1933 (Garnich, Luxembourg)
1998 (Guémené-sur-Scorff, Morbihan, France)

LA PREMIÈRE À REMPORTER LE CHAMPIONNAT DU MONDE FÉMININ DE CYCLISME SUR ROUTE QUI VIENT D'ÊTRE CRÉÉ, EN 1958.

Si la première édition du Tour de France féminin est organisée en 1955 sous l'impulsion de Jean Leulliot, journaliste et organisateur de courses (voir Millie Robinson p. 96), le premier championnat du monde de cyclisme féminin sur route, créé par l'Union cycliste internationale (UCI), se dispute à Reims le 30 août 1958.

Une jeune Luxembourgeoise de vingt-cinq ans emporte la course. Elle s'appelle **Elsy Jacobs**. Elle y a mis toute son énergie comme elle mettra à l'avenir toute sa vie et ses économies à satisfaire sa passion du vélo, jusqu'à changer de nationalité. Parce que la France lui semble être par excellence la terre de la « Petite Reine ». Et faut-il le préciser, parce que dans le Grand Duché, si le vélo est à la mode, on n'apprécie guère de voir des femmes concourir à des épreuves officielles. Du reste, un an à peine après sa victoire, elle s'installera à Paris pour vivre au plus près des courses organisées dans la région et n'en manquer aucune. En 1975, elle demandera la naturalisation française. Puis, au moment de sa retraite, quand il s'agira pour elle de guider la nouvelle génération, elle s'établira en Bretagne, précisément à Loudéac. Il faut dire que cette petite localité des Côtes d'Armor a plus d'un tour de guidon d'avance, ayant créé son vélo-club dès les années 1938.

Mais rétropédalons pour revenir à la fin des années '50. La famille Jacobs a beau compter trois garçons, eux-mêmes cyclistes, dont un a d'ailleurs participé au Tour de France en 1956, on ne s'attend guère à la victoire de la jeune cadette. Pas davantage à celle du 9 novembre, où sur sa lancée, elle établit sur la piste du vélodrome Vigorello à Milan, un nouveau record du monde. Dépassant celui des 39,718 kilomètres par heure réalisé par l'Anglaise Millie Robinson, la luxembourgeoise arrivera à parcourir 41,347 kilomètres dans le même temps. Ce record tiendra quatorze belles années avant de finir par tomber pour cent petits mètres en 1972.

Certes, au village de Garnich, on sait qu'il ne faut pas en conter à la fille du cultivateur Jacobs. On l'a vu déjà à l'œuvre. Lorsqu'à la ferme familiale, elle se lançait déjà des défis, par exemple comment récolter le plus de kilos de pommes de terre en une seule journée. Quand, avant de s'engager à fond dans le vélo, laissant la primeur à ses frères, elle travaillait aux champs le matin, préparait le repas du midi, empruntait un vélo pour s'exercer sur une centaine de kilomètres, revenait à la ferme dans l'après-midi et accélérait chaque jour le tempo.

Derrière son visage de poupon et sous ses boucles blondes se cache un sacré tempérament, qui fera frémir bon nombre d'organisateurs de courses. Ce championnat, elle veut le gagner. Elle s'y est donc préparée avec méthode et détermination sous la direction de Raymond Louviot, ex-champion de France en 1934, même si elle le sait, elle part sur le circuit automobile de Gueux avec de très bons atouts, en particulier grâce aux nombreuses victoires qu'elle a déjà remportées et dotée enfin d'une licence officielle, que lui a attribuée le club français du CSM de Puteaux.

Après sa victoire, elle enchaînera avec boulimie toutes les courses possibles, en route, en piste et en cyclo-cross. La petite fermière est désormais une gagneuse aux cachets exorbitants. Seulement voilà, la Fédération du Luxembourg refusera de la laisser participer aux championnats du monde de Montréal. On comprend mieux pourquoi elle quitte alors son Duché pour la France. Aujourd'hui, son pays lui rend hommage avec une course et une randonnée qui portent son nom. Nul doute qu'elle aurait apprécié que les temps changent plus vite.

Elsy Jacobs en tête du peloton, la 3e en partant de la gauche

Rena Glickman Kanokogi

Américaine | 1935 (Brooklyn, New York, États-Unis)
2009 (New-York, Brooklyn, États-Unis)

LA PREMIÈRE CEINTURE NOIRE FÉMININE DU SEPTIÈME DEGRÉ, EN 1959.

Elle s'était fait couper les cheveux… Non pour être à la mode des garçonnes, comme dit la chanson française des années '20, mais pour se faire passer pour un homme et participer à la sélection pour le championnat de judoka de New York, en 1959. Les copains de son club, eux, sont sélectionnés et pas elle, quelle injustice ! D'autant qu'en peu de temps, la novice en arts martiaux s'est montrée particulièrement douée.

Rena Glickman a alors vingt-quatre ans. Déjà mariée avec un enfant et prête à tout pour parvenir à disputer cette compétition, elle fera mieux encore. Car adopter une coupe ultra-courte ne suffit pas. Encore faut-il qu'elle parvienne à se faire une silhouette *ad-hoc,* la plus masculine que possible. Pour cela, elle peut compter sur sa carrure athlétique, elle qui a fait les quatre cents coups à la tête d'une bande de délinquants dans les rues de Brooklyn et s'est exercée aux altères qu'elle empruntait à son frère pour se muscler. Elle qui s'entraîne maintenant depuis quatre ou cinq ans et que ses camarades surnomment « Rusty », du nom d'un chien qui ne s'en laisse pas compter pour défendre son territoire.

> Rena est au tapis, contrainte d'abandonner sa victoire sur l'autel de la discrimination.

Mais il y a ces seins que l'on ne saurait ne pas voir… Aussi bande-t-elle très soigneusement sa poitrine et se présente-elle je jour J, sa féminité domptée et cachée sous son kimono. La chance l'accompagne dans sa résolution puisqu'elle sera appelée à remplacer un judoka de son équipe. On imagine qu'une certaine appréhension envahit son équipe. Mais elle, sur le tatami, demeure stoïque. Follement heureuse d'être enfin là ! Sa victoire lui vaut une médaille d'or et son équipe remportant le championnat se prépare déjà à fêter la victoire. Seulement voilà, quelques juges plus rusés que les autres, l'interrogent, et à son tour, questionnent l'organisateur du tournoi. Rena est au tapis, contrainte d'abandonner sa victoire sur l'autel de la discrimination afin de ne pas risquer que son équipe soit tout bonnement éliminée.

Près d'un demi-siècle après, la récompense dont elle avait été privée lui est rendue en 2008 avec les hommages. C'est qu'entre-temps, elle a émigré au Japon pour rejoindre à Tokyo l'illustre centre international de judo, le Kodokan, créé en 1882 par un maître dans la discipline, plus en avance que les États-Unis sur le droit des femmes. Ici, dès 1893, Jigoro Kano leur a enseigné l'art du judo. C'est dire. Certes, les équipes ne sont pas mixtes. Toutefois, l'adresse exceptionnelle de Rena, qui n'est pas encore Madame Kanokogi – le nom de son second mari – va bientôt lui permettre de s'entraîner avec les hommes. Elle-même n'en revient pas du chemin parcouru et n'aura de cesse, à son retour outre-Atlantique, de mener avec autant de ténacité le combat pour l'égalité dans le sport. Après avoir organisé avec ses propres deniers la tenue des premiers championnats féminins au Madison Square Garden's en 1980, elle prend la tête de l'équipe nationale féminine américaine, entraînant de futures grandes. Reste à intégrer la discipline féminine aux Jeux Olympiques. Mission réussie en 1988 aux JO de Séoul. `

La première femme à devenir ceinture noire (7e Dan) est décorée, en même temps qu'elle reçoit la reconnaissance du YMCA de l'Etat de New York, de l'Ordre du Soleil Levant, la plus haute distinction japonaise. La consécration ! Avant de perdre l'ultime combat contre la maladie, une année plus tard.

1960

Maria Scutti

Italienne | 1928 (Altino, Abruzzes, Italie)
2005 (?)

LA PREMIÈRE ATHLÈTE REMPORTANT DIX MÉDAILLES D'OR À LA PREMIÈRE ÉDITION DES JEUX PARALYMPIQUES À ROME, EN 1960.

Rome, le 18 septembre 1960. La cité éternelle vient à peine de prendre quelques jours de repos après la clôture des Jeux Olympiques d'été qu'à nouveau, la voilà en ébullition. Rome est décidément encore plus qu'aujourd'hui cette ville palimpseste qui écrit tant d'histoires imbriquées. En tous cas, cette année-là, elle ouvre une nouvelle page d'histoire, celle de la modernité. Avec ses effets d'ombre et de lumière. Pour la première fois, les JO ont été retransmis à la télévision dans le monde entier et les médailles passées au cou des vainqueurs. Pour la première fois, sportifs et publics venus de tous pays et continents peuvent atterrir dans le tout flambant neuf aéroport international de Fiumicino.

Mais en cet été 1960, il se déroule dans la capitale italienne, un autre événement considérable : les 9e Jeux Internationaux de Stoke Mandeville, vont avoir lieu. Ils deviendront les Jeux paralympiques. Modelés sur les Olympiques, ils sont organisés par Ludwig Guttman – considéré aujourd'hui comme le fondateur du mouvement paralympique – et son confrère italien le docteur Antonia Maglio. Plus de 5 000 personnes sont attendues à la cérémonie d'ouverture au stade Acetosa. Venus de vingt-trois pays, 400 athlètes en fauteuil roulant vont se disputer les médailles dans huit disciplines.

Parmi eux, **Maria Scutti**. Cette italienne native de la région des Abbruzes n'a pas trente ans quand, en 1957, mariée et mère de deux enfants, elle perd tragiquement l'usage de ses jambes des suites d'un accident de la route, alors qu'elle conduisait un moto-van. A-t-elle eu connaissance des expériences du Docteur Ludwig Guttman ? L'histoire ne le rapporte pas. C'est pourtant lors d'un séjour au centre de rééducation pour paraplégiques d'Ostie, près de Rome, qu'elle se prend de passion pour le sport.

La suite est édifiante : à trente-deux ans, Scutti participe aux Jeux de Rome dans onze épreuves d'athlétisme : lancer de massue, lancer de poids, javelot, épreuves de natation, d'escrime et de tennis de table. Résultats : quinze médailles dont dix en or. Célébrée comme l'athlète qui a obtenu le plus grand nombre de médailles en une seule édition des Jeux paralympiques, elle ne se fera plus appeler autrement que sous le nom de « Donna d'oro » (« femme d'or »).

Bien malin celle ou celui qui aurait pu lui prédire qu'elle passerait la plus grande partie de sa vie sur un fauteuil roulant, auréolée de la gloire de ses performances sportives. Peu après les jeux romains, mettant un terme à sa carrière, elle laisse à l'Italie vingt-deux médailles d'or.

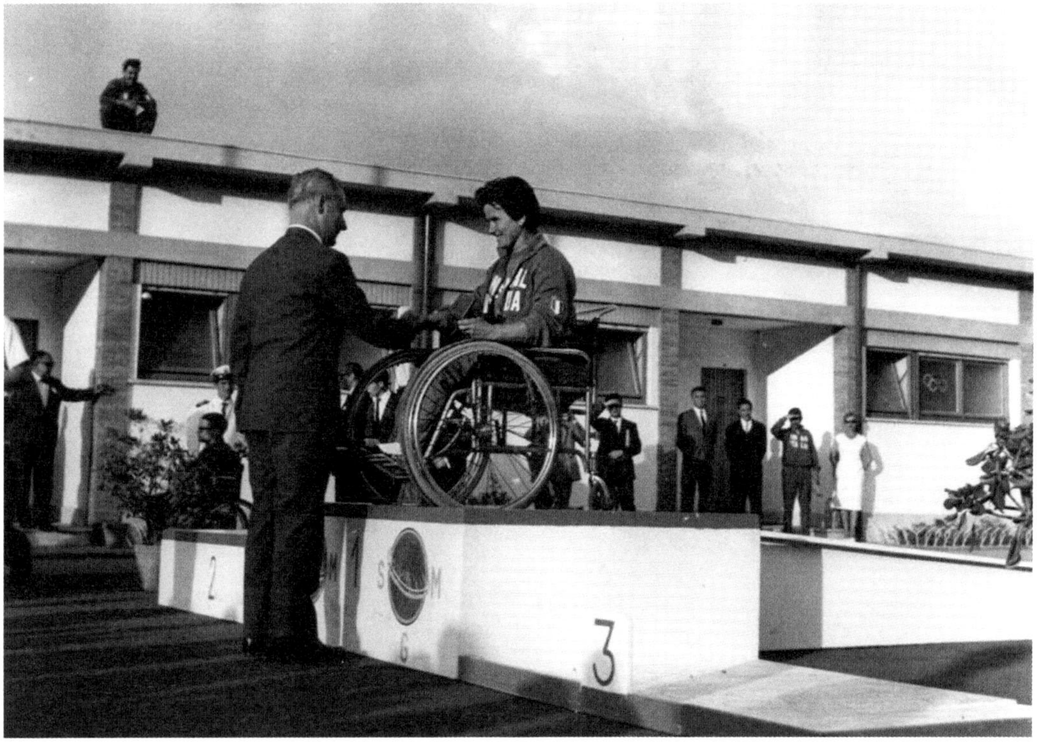

On imagine alors la satisfaction du médecin neurologue Ludwig Guttmann, qui eut cette idée folle et formidable de créer, il y a plus de 70 ans, les Jeux Internationaux de Stoke Mandeville. Du nom d'un hôpital militaire situé dans le comté de Buckinghamshire, à environ soixante kilomètres au nord de Londres. Là, où il avait créé un centre de rééducation. Une unité regroupant essentiellement des blessés médullaires, entendez par là, des militaires britanniques souffrant de lésions de la moelle épinière, presque tous vétérans de la Seconde Guerre mondiale et en particulier des pilotes de la Royal Air Force, et tous en fauteuil roulant. L'idée maitresse du docteur Guttman, devenu Sir anglais, était que la pratique sportive pourrait être un moyen d'accélérer le rétablissement de ses patients paraplégiques, en leur redonnant confiance et autonomie.

Aux JO de 2024, Paris les accueille pour la première fois de son histoire, avec 4400 athlètes en lice dans 549 épreuves. Une occasion en or de réserver une ovation au Dr Guttman et Maria Scutti.

Wilma Rudolph

Américaine | 1940 (Bethlehem, Tennnesse, États-Unis)

DE LA PARALYSIE AUX JEUX OLYMPIQUES DE ROME, ELLE EST LA PREMIÈRE ATHLÈTE AFRO-AMÉRICAINE À DÉCROCHER TROIS MÉDAILLES D'OR, EN 1960.

À Rome, la température ne fera qu'augmenter au sens propre comme au figuré, quand le 2 septembre 1960, une jeune athlète américaine, **Wilma Rudolph**, décroche sa première médaille dorée, en battant le record du monde au 100 mètres en 11"3 devant l'Anglaise Hyman, l'Italienne Leone, la Soviétique Itkina et notre sprinteuse française Cathy Capdevielle. Malgré une entorse lors de l'entraînement, la veille de la demi-finale. Les jours suivants, elle empoche deux autres trophées. C'est la première femme à réaliser un triplé en or aux Jeux Olympiques. Certes, cette année, la nageuse américaine Chris von Saltza réussit le même exploit. Mais cette dernière est blanche. Wilma est afro-américaine.

La presse s'enflamme et la surnomme « la Gazelle noire ». Le discours de Martin Luther King et l'action des Blacks Panthers sont encore loin. Aussi, avec sa victoire, s'ouvre l'aube d'une révolution… D'autant que le monde entier a les yeux rivés sur sa consécration olympique. Souvenons-nous, l'édition romaine est retransmise pour la première fois en direct à la télévision !

La presse s'enflamme et la surnomme «la Gazelle noire ».

Alors, pensez un peu, le séisme ! Une jeune fille de vingt ans à peine ! 20e enfant d'une famille qui en compte vingt-deux, d'un père porteur de valises et d'une mère domestique. Une noire du ghetto de Bethlehem de Clarksville au nord du Tennessee, un ancien état ségrégationniste et berceau du Ku Klux Klan. Sa ville veut l'accueillir en star. Le Gouverneur ne permet pas que se mélangent les populations blanche et noire. Mais Wilma insiste : cette fête du retour sera ouverte à tous sans aucune discrimination. Quelques mois plus tard, en avril 1961, elle sera reçue avec sa famille dans le bureau ovale du Président Kennedy, fraîchement élu.

Les émissions télévisées se disputent la vedette, la presse se délectant des destinées pavées d'obstacles et d'épreuves. Car, si sa victoire est remarquable, le chemin qui l'a conduit jusque-là force l'admiration.

Tout commence en effet, dès la naissance. Très mal. Enfant prématurée, elle attrape à l'âge de quatre ans la scarlatine. Après une double pneumonie, on découvre qu'elle est atteinte d'une poliomyélite. Le verdict médical est sans appel : la petite ne pourra plus jamais marcher. L'hôpital de sa ville est réservé aux blancs, elle doit se rendre au Mehary medical college de Nashville à 80 km de chez elle. Ici, on accepte de soigner les Noirs. Puis, aidée de sa mère qui lui promet qu'elle remarchera un jour, chaque jour, elle fait bouger ses jambes, se tient debout et met un pied après l'autre, malgré l'attelle et le corset qui la serrent. À onze ans, le miracle se produit : elle marche à nouveau ! Et se lance éperdument dans le sport. Au basket tout d'abord. Rapide comme l'éclair, on l'appelle le skeeter – le moustique. Sa vélocité remarquée par Ed Temple, le renommé coach des sportifs afro américains, elle court, court tous les jours avec un sens de la détermination qu'elle n'abandonnera jamais, comme elle le dit dans son autobiographie, et gagne le bronze au relais 4x100 mètres des Jeux de Melbourne, en 1956. Une revanche sur son corps et sur ses blessures d'une enfance marquée néanmoins pour toujours par la discrimination.

Très peu de temps après sa victoire, elle abandonnera le sport, après un diplôme universitaire des sciences de l'éducation – à l'époque, l'athlétisme n'est pas un sport professionnel, et il lui faut gagner sa vie ailleurs que sur les pistes. Elle se mariera, aura quatre enfants, divorcera. La vie, quoi ! Une vie qui s'obstine quand même à lui faire du mal. En 1967, un accident de la circulation atteint gravement sa colonne vertébrale. Elle donnera des conférences, représentera son pays à l'international et notamment auprès des pays de l'Ouest africain, dirigera la fondation qui porte son nom en faveur des enfants défavorisés. Avant de succomber à une tumeur au cerveau qui l'emporte en quatre mois au paradis des athlètes, à l'âge de cinquante-quatre ans.

Margareth Smith Court

Australienne | 1942 (Albury, Nouvelle-Galles du Sud, Australie)

LA PLUS TITRÉE DU TENNIS MONDIAL, ELLE EST LA PREMIÈRE JOUEUSE DE TENNIS AYANT RÉUSSI LE GRAND CHELEM, ENTRE 1960 ET 1973.

« La carrière de Court s'est déroulée à la fois chez les amateurs et chez les professionnels, avec un palmarès de 1180 victoires pour 107 défaites, le plus important de l'histoire, ce qui équivaut à un taux de victoire remarquable de 92 % ».

Le tennis hall of fame, le musée sportif situé à Newport dans l'État de Rhode Island aux États-Unis, dont elle est membre depuis 1979, résume ainsi le parcours de Margaret Smith Court, qui jusqu'à ce jour, près d'à peine plus de cinquante ans après son dernier titre remporté à l'US Open en 1973, n'a jamais été égalé. Même si, vainqueur de l'US Open, le Serbe Novak Djokovic a rejoint en septembre 2023 l'Australienne, star des années 1960-1970, lauréate de vingt-quatre titres du Grand Chelem[1]. Même si depuis le début de l'Opens US en 1970, l'unique à avoir réussi à la surpasser fut Stefanie Graf, qui s'est inscrite en 1998 comme la troisième femme à remporter les quatre tournois majeurs.

Ces vingt-quatre titres du Grand Chelem laissent rêveurs – onze Opens d'Australie, cinq Roland-Garros, trois Wimbledon et cinq US Open, tous remportés entre 1960 et 1973, à cheval entre la fin de l'époque amateur et le début de l'ère Open. À ce score s'ajoutent pas moins de vingt-et-un titres majeurs en double mixte et dix-neuf autres en double dames, portant son total à soixante-quatre titres majeurs.

1. Remporter la même année les quatre tournois du circuit international : Open Australie, Roland Garros, Wimbledon, Us Open.

Il faut dire qu'elle a commencé à jouer au tennis à l'âge de huit ans à l'Albury Tennis Club, dans les années '50. S'entraîne toute son adolescence à Melbourne, remporte le championnat international senior d'Australie en 1960 et les années suivantes part en tournée avec l'équipe australienne, remporte les titres de championne de France, d'Italie et d'Amérique et devient la première tête de série à Wimbledon. Aussi, même avec son deuxième nom, celui de son mari, sonnant comme une confirmation d'une vie prédestinée au tennis, cette femme est un prodige. À l'aise dans toutes les conditions, en fond de court comme à la volée.

Elle multiplie [...] les altercations [...] sur la question de l'égalité dans le sport entre les femmes et les hommes.

Pourtant Margaret Smith Court, depuis sa retraite sportive en 1976, semble vouloir être en rivalité sinon en affrontement autant sur les courts que dans la vie, avec Billie Jean King notamment, mais en réalité avec beaucoup d'autres femmes du tennis. Elle multiplie en effet sur la scène sportive et sociale les altercations notamment sur la question de l'égalité dans le sport entre les femmes et les hommes et n'hésite pas à défendre des positions peu humanistes et très controversées sur l'homosexualité et l'apartheid. Au point qu'elles ont suscité de vives réactions de Billie Jean King, sa rivale depuis ses débuts, Martina Navratilova, John Mac Enroe et d'Andy Murray.

Avec un si beau parcours, on se demande bien en effet pour quelles raisons, Margaret Court s'est laissé aller à proférer des propos d'un pareil ostracisme et des discours homophobes d'une telle violence en 2017, en n'hésitant pas à en appeler au châtiment divin et à quelques autres horribles condamnations :

> *« Il y a énormément de joueuses professionnelles lesbiennes. Quand je jouais, il y en avait déjà mais maintenant elles sont partout. »*

Difficile de croire que ces sorties répétées puissent être le fait d'une star de tennis convertie à la foi pentecôtiste dans les années 1970, ordonnée pasteur en 1991 et dirigeant depuis lors une congrégation à Perth, sur la côte Ouest du pays.

On aurait attendu mieux d'une dame qui a obtenu tant de la vie et du sport. À commencer par les encouragements d'une famille dont les parents étaient sportifs.

1962

Beryl Swain

Britannique | 1936 (Wallthamstow, Grand Londres, Royaume-Uni)
2007 (Epping, Essex, Royaume-Uni)

LA PREMIÈRE FEMME À PARTICIPER À LA CÉLÈBRE COURSE DE MOTO DE L'ÎLE DE MAN, EN 1962.

Les actualités de la British Pathé du 18 juin 1962 consacre près de deux minutes à une certaine **Beryl Swain**, une femme au foyer, qui a la particularité de s'adonner à un passe-temps tout à fait inhabituel pour une femme : elle participe à des courses de moto. L'on vous conseille vivement de visionner la vidéo ▶ que la firme cinématographique a bien voulu publier.

Elle vaut son pesant d'or. *« Certaines femmes refusent d'être esclaves de la routine »*. Ainsi, commence le speaker pour planter son sujet. Puis, on voit la jeune femme faire ses courses, s'arrêter avec gourmandise devant la vitrine d'une boulangerie d'une des rues de sa ville, Walthamstow, qui fait partie maintenant du Grand Londres, et repartir avec une amie et rire à pleines dents, joli rouge aux lèvres, chevelure blonde au vent et ample manteau de fourrure au large col qui cache une robe à petits carreaux de vichy noirs et blancs. La caméra la suit alors jusqu'à l'arrière d'un camion, où tout un groupe s'occupe à faire briller quelques bolides. Celui qu'enfourche la jolie blonde, maintenant casquée, porte le numéro 197, et s'élance au départ d'une course sous les yeux attentifs de son mari.

Pas du tout le genre de femmes qu'on appelait alors souvent du sobriquet de « Gird girls », celles qui, au départ des courses, tenaient le parapluie au-dessus de la tête des pilotes afin de les protéger de la pluie ou du soleil. Pourtant on ne sait pas vraiment ce qui a décidé la jeune fille née Beryl J. Tolman à prendre cette direction, elle qui avait commencé sa vie professionnelle en travaillant comme secrétaire. On suppose que son mariage d'amour en 1958 avec Mister Eddie Swain y est pour beaucoup, *of course*. Passionné de moto, il dirige son propre atelier de réparation de voitures et motos, le garage Connaught Sport, situé dans le quartier londonien de Stoke Newington. Lui a déjà couru et épaulé plusieurs autres pilotes dans des épreuves nationales. On imagine donc la désormais Madame Swain y prendre goût à son tour.

C'est ainsi qu'à vingt-deux ans, son nom entre à jamais dans l'histoire, pour avoir fait partie de cette petite quinzaine de femmes qui, depuis la création des championnats du monde de moto, en 1949, concourent à l'égal de leurs homologues masculins sur les pistes et rallyes.

Plus encore : En 1962, le jour de la course du TT de l'Ile de Man – la Tourist Trophy – l'une des courses les plus célèbres et les plus périlleuses au monde, elle est la première à s'y engager. Du bout des lèvres, on n'ose pas dire que par bonheur, elle ne se place pas en pole position. Il n'aurait manqué plus que ça !

Déjà, arrivée en 22e position, laissant derrière trois hommes, vous n'imaginez pas le tollé ! On lui supprime illico sa licence et on interdit aux coureuses d'y participer jusqu'en 1978. À cette date, on verra Hilary Musson sur la grille de départ de l'Ile de man.

1965

Debbie Brill

Canadienne | 1953 (Mission, Colombie Britannique, Canada)

LA PREMIÈRE ATHLÈTE À GRAVER SON NOM DANS L'HISTOIRE DU SAUT EN HAUTEUR, GRÂCE À SON « BRILL-BEND », UN SAUT QU'ELLE A ÉLABORÉ, EN 1965.

Certains athlètes sont si performants qu'ils réussissent non seulement à changer la donne dans la pratique de leur discipline mais qu'ils donnent aussi leur nom à certains gestes techniques aujourd'hui historiques.

Il y eut ainsi le « Flosbury-Flop » du nom de l'athlète Dick Flosbury, disparu le 12 mars 2013, qui avait fait sensation dans les épreuves du saut en hauteur chez les hommes, lors des Jeux Olympiques de 1968 à Mexico. Il y eut aussi le « Brill-bend », une technique de saut renversé unique à l'époque, du nom de la canadienne **Debbie Brill,** qui l'a inventée. Mais c'est quoi exactement le « Brill-Bend » ? C'est le passage de la barre de saut en hauteur sur le dos.

[...] ce saut spectaculaire qui porte son nom.

Cependant, quand vous cherchez à en savoir davantage, il est bien plus souvent question du premier que de la seconde. Or, devançant le premier, c'est pourtant bien la seconde qui a initié, en 1965, ce saut en franchissement dorsal, technique que le premier, pas vraiment premier donc, a par la suite perfectionné à sa manière.

Du reste, pour être encore plus précis, ce serait en réalité Bruno Quande, alors étudiant dans le Montana qui les aurait tous deux devancé, l'utilisant en 1963, lors d'un meeting universitaire. Information sans aucun doute ignorée des deux « premiers ». Quoiqu'il en soit, force est de constater qu'en sport, où pourtant, chaque quart de seconde a son importance, on n'est pas si bon que ça en calcul…

Toujours est-il que Debbie Brill, est une première à plus d'un titre. D'abord avec ce saut spectaculaire qui porte son nom. Ensuite avec sa prouesse du saut de six pieds en hauteur (1m 80), qu'elle a franchi dès 1969. Elle a alors seize ans seulement.

Il faut dire que le saut en hauteur, c'est son jeu de bac à sable pour ainsi dire. Son école primaire à Aldergrove en Colombie Britannique, l'ayant initiée très tôt, lui a permis de participer à de nombreuses compétitions, qui l'ont hissée rapidement jusqu'au niveau international.

Tout au long de sa carrière, elle aura remporté plus de 65 compétitions nationales et internationales et établi le record du monde en salle, en 1982, avec un saut de 1,99 m. Toutefois, il lui a manqué l'or olympique. Elle aurait pu l'obtenir car elle était la première sauteuse en hauteur au monde en 1980… Hélas, la vie en a décidé autrement. La vie ou plutôt la géopolitique. Après la tuerie de Munich en 1972 et la décision des pays africains de boycotter les Jeux de Montréal en 1976, qui ne visait d'ailleurs nullement le pays d'accueil, une nouvelle controverse secoue au tout début de l'année '80 le mouvement olympique. Le Président américain, Jimmy Carter, demande au Comité de son pays de ne pas envoyer d'athlètes aux Jeux d'été de Moscou afin de protester contre l'intervention militaire de l'URSS en Afghanistan. Dans la foulée, le 26 janvier, le Premier ministre canadien de l'époque, Joe Clark, annonce que, à l'instar des États-Unis, le Canada pourrait boycotter les Jeux Olympiques si les Soviétiques n'ont pas quitté l'Afghanistan d'ici le 20 février 1980… Pour Debbie Brill, les jeux sont faits : ils auront lieu sans elle…

1966

Roberta Louise Gibb

Américaine | 1942 (Cambridge, Massachusetts, États-Unis)

LA PREMIÈRE À COURIR « INCOGNITO » LE MARATHON DE BOSTON, EN 1966.

Longtemps, l'histoire l'a oubliée. La médiatisation de l'aventure de Kathrine Switzer (voir p.116) a longtemps occulté la sienne. Pourtant, ce fut bien, **Roberta Louise Gibb**, surnommée Bobbi, la première femme à courir pour la première fois l'intégralité du marathon de Boston. Elle est, du reste, considérée comme telle par la Boston Athletic Association. C'était en 1966.

Elle est aussi la première à être sanctionnée. À trois reprises, de 1966 à 1968. Car elle n'a pas eu peur de récidiver malgré l'interdiction faite aux femmes d'y participer. Il semble d'ailleurs assez probable qu'elle ait fortement inspiré Kathrine Switzer, participante du marathon en 1967, qui avait évidemment eu connaissance de la première expérience de Gibb dans la course de la capitale de l'Etat du Massachusetts.

Gibb n'a alors pas de dossard, pas d'ami ni entraîneur pour la soutenir et la protéger. Et pour couronner le tout, n'a risqué aucunement de se faire recaler en ne s'inscrivant pas à la course. Seul un long polo à capuche, cachant sa belle chevelure blonde et son joli visage, et des chaussures un peu trop grandes permettent de faire diversion quant à son sexe.

> Elle est aussi la première à être sanctionnée, à trois reprises, de 1966 à 1968.

Sa décision de participer à la course de Boston le 19 avril 1966 est tout à la fois un acte de défi, de courage et de passion. Car celle qu'elle éprouve pour la course à pied lui vient de son plus jeune âge, encouragée par sa famille attentive et aimante. Près de la maison familiale de Winchester, dans le comté de Middlesex dans l'État du Massachusetts, près de la réserve naturelle de Middlesex Fells, courir dans les bois est son plaisir, le plus souvent avec les chiens, car c'est plus convenable pour une fille, lui dit-on. Elle se souviendra toujours de sa difficulté à se calquer sur ce qu'une femme est censée être et faire.

Elle a eu beau étudier la science et l'art, sa seconde passion, à l'université Tufts et à la School of the Museum of Fine Arts de Boston, elle garde un si beau souvenir du marathon de 1964, qu'elle se demande si elle ne pourrait pas, elle aussi… Et puis, elle est bien entourée. Son mari est un coureur de demi-fond. Aussi, elle se dit « Chiche » et s'entraîne pendant deux années au terme desquelles son inscription est évidemment refusée. À elle aussi, un tel refus, une telle interdiction aux motifs médicaux, absurdes et invraisemblables, lui donne plutôt des ailes. Près du point de départ, se trouvent des buissons. Idéal pour se cacher et se faufiler, ni vue ni connue, dès le signal de la course.

En plein milieu du peloton, elle laisse peut-être tomber sa capuche mais peu importe. Les concurrents n'ont pas été dupes bien longtemps et loin de se scandaliser d'une présence féminine parmi eux, ils ne cachent pas leur admiration et font preuve de mille astuces pour la protéger et la cacher des regards de la foule et des organisateurs tout le long du parcours.

La voici ainsi à vingt-trois ans, franchissant la ligne d'arrivée sous une salve d'applaudissements et saluée par le maire de la ville John Volpe, qui vient la féliciter. Ce qui n'empêchera nullement l'organisation de la disqualifier.

Interrogée en 2018 par une journaliste du magazine *Trail Runner,* la coureuse de soixante-quinze ans dit courir encore une heure ou deux, le long d'une route qui mène à la plage près de sa maison. Born to run !

Erika Schinegger

Autrichienne | 1948 (Agsford, Autriche)

LA PREMIÈRE CHAMPIONNE QUI DÉCOUVRIT, EN 1967, À L'ÂGE DE 19 ANS, QU'ELLE ÉTAIT UN HOMME.

Le film Erik–Erika du réalisateur autrichien Reinhold Bilgeri n'a pas, à sa sortie en 2018, défrayé la chronique comme ce fut le cas pour l'histoire qu'il raconte. Le parcours de **Erika Schinegger,** la première championne à apprendre de son vivant, qu'elle est un homme, à une époque où le dictionnaire ignore le mot « intersexe » tout comme celui de « transgenre ». Au moins, se dit-on, l'hyperandrogynie de la sprinteuse Stella Walsh (voir p. 76) ne fut découverte qu'à sa mort accidentelle en 1980.

Zoom arrière sur la fin des années '60. À dix-neuf ans, Erika a toutes les raisons de faire la fierté de son pays, l'Autriche. Douée, elle l'est tellement que souvent ses résultats sont meilleurs que les hommes. En 1966, au championnat du monde de descente féminin, qui a lieu à Portillo au Chili, le monde entier n'a d'yeux que pour elle. Sa victoire aux Jeux Olympiques de Grenoble de 1968 ne fait donc aucun doute. Elle sera championne de ski alpin.

C'est sans compter sur la révélation stupéfiante, qui va bouleverser le cours de sa vie et aura pour conséquences sa disqualification, une accusation de fraude et un scandale pour son entourage.

Durant l'hiver 1967, le Comité international olympique fait pratiquer des tests de féminité afin de déceler d'éventuelles tricheries en vue des prochains JO de Grenoble, en février 1968. La présumée gagnante en ski alpin n'y échappe pas. Mais quand le test de Barr, réalisé à base de salive, fait apparaître le chromosome Y, sa vie bascule. Erika apprend à dix-neuf ans qu'elle est un homme.

Pourtant, l'Autrichienne, déclarée fille à sa naissance dans ce petit village d'Agsdorf, a été élevée comme une fille. Toutefois, le verdict, si incroyable soit-il, semble sans appel. Erika Schinegger souffre de pseudo-hermaphrodisme masculin et possède des testicules intra-abdominaux comme le révèleront des examens complémentaires.

On imagine sa stupeur et son humiliation de devoir ainsi dévoiler son intimité devant le monde entier. D'apprendre que ses organes mâles se sont développés à l'intérieur de son corps à son insu, sans jamais avoir été identifiés durant toutes ces années, constitue déjà en soi une épreuve. Mais que cette découverte fasse la une des journaux et déclenche un scandale, la mettant au pilori quand s'ouvrait à elle un avenir olympique radieux, pèse en quelque sorte le poids d'une double peine. La joie de ses succès sportifs cède alors la place au chagrin. À une descente vertigineuse, bien loin des pistes poudreuses.

Mais elle aura décidé de la manière d'affronter l'ultime épreuve. En plein jour. Refusant d'obéir à la Fédération de ski autrichienne qui lui demandait de signer un document selon lequel elle quittait de son plein gré l'équipe nationale *« pour des raisons personnelles »* et de garder le silence sur les résultats des examens qu'elle avait dû subir, elle entreprit de tout dire, au cours d'une conférence de presse. Elle prit ensuite la décision la plus importante et la plus angoissante de sa vie : la fin de sa vie de femme et son ultime transition vers la virilité, qu'elle dut assumer seule et meurtrie.

En 1988, la médaille fut réattribuée à Marielle Goitschel, qui avait fini deuxième à l'épreuve de descente de 1966. La reconnaissance officielle par la Fédération internationale du ski vint plus tard, en 1996, avec une déclaration émouvante faite par la française aux journalistes du quotidien belge *Le Soir* :

« Je veux avoir une pensée pour Erik qui a beaucoup souffert ».

Hélas, aujourd'hui encore, le monde du sport demeure obstinément binaire avec deux catégories – homme et femme – comme l'a montré en 2019 la douloureuse expérience de l'athlète sud-africaine Caster Semenya, alors qu'existent pourtant de multiples combinaisons chromosomiques.

Kathrine Switzer

Américaine | 1947 (Amberg, Allemagne)

LA PREMIÈRE À COURIR OFFICIELLEMENT LE MARATHON DE BOSTON, EN 1967.

Il y a plus de cinquante ans, une jeune américaine de vingt ans est vivement rudoyée dans les rues de Boston parce qu'elle participe au marathon de la ville du Massachusetts. Un des plus anciens. Il date de 1897 et son parcours vallonné est considéré comme impitoyable.

Elle s'appelle **Kathrine Switzer**, fait des études de journalisme, adore courir – d'ailleurs, elle s'entraîne au club de l'université de Syracuse dans l'État de New York – a toutes les chances d'aller jusqu'au bout et est accompagnée de son fiancé, Tom Miller, un sportif qui se prépare aux Jeux de Mexico en lancer de marteau. Heureusement ! Car il aura pu ainsi lui venir en aide. C'est la première femme à prendre part à la course de façon officielle, contre l'avis même de son entraîneur.

Officiellement ? Oui, car elle est bel et bien inscrite sous le nom de « K. V. Switzer ». Le patronyme, vous l'avez compris, ne laisse donc pas apparaître qu'elle est une femme. Astucieuse Kathrine ! Mais voilà, quand les organisateurs s'en aperçoivent au 6e kilomètre – c'est la bagarre.

Elle s'affiche maquillée et en cheveux libres retenus simplement par un bandeau.

Retour sur ce 19 avril 1967. Ils sont 741 participants qui attendent le signal du départ sous une pluie neigeuse, dont K.V. Switzer, son entraîneur, un membre de l'équipe et Tom Miller, son fiancé. Elle porte le dossard 261 et contrairement à Roberta Gibb (voir p. 120), une année auparavant, qui s'était infiltrée illégalement dans la fameuse course, elle n'est pas déguisée. Elle s'affiche maquillée et en cheveux libres retenus simplement par un bandeau. Tout va bien jusqu'au moment où photographes et journalistes la repèrent de la plate-forme de leur véhicule. Le sang du directeur du marathon, Jock Semple, ne fait qu'un tour. Il n'est pas dit qu'il sera encore humilié comme il l'a été, l'année dernière, avec la Gibb, et cette fois doublement ! – « Sors de ma course et donne-moi ton numéro ! (*Get the hell out of my race and give me those numbers!*) », hurle-t-il, s'approchant de la marathonienne et tentant de lui arracher son dossard.

Tom Miller finit par s'en mêler et d'un coup d'épaule l'envoie sur le bas-côté de la route. La scène fait le tour du monde.

Devant une telle violence, faut-il obtempérer ? Ou continuer coûte que coûte ? La jeune fille décide de poursuivre, réalisant rapidement que, si elle abandonne, ce serait la preuve que les femmes en sont incapables. Pire, cela accréditerait les affirmations – à peine croyables aujourd'hui, et soutenues par les médecins, dont une certaine Gertrud Pfister – arguant que la pratique des sports d'endurance pour une femme peut provoquer toutes sortes de maux : une pilosité sur les seins, des œdèmes sur les jambes jusqu'à la chute de l'utérus voire la perte de celui-ci.

Disqualifiée, celle qui ne se vit pas encore comme une activiste est en train de le devenir. Tout en s'affirmant comme une coureuse professionnelle. En 1974, elle gagne le marathon de New York. L'année suivante, termine deuxième à celui de Boston. À trente ans, elle se retire avec une belle idée : proposer à une marque de cosmétiques – Avon – d'organiser des internationaux féminins. Les premiers auront lieu à Atlanta, Waldneil en Allemagne, Tokyo et Londres en 1981, où elle réussit à faire fermer les rues de la capitale londonienne pour l'occasion. En tout, quatre cents courses dans vingt-cinq pays et plus d'un million de coureuses.

Sa dernière bataille : militer pour une épreuve féminine auprès du Comité olympique. Dont acte ! Aussi, le 5 août 1984, quand cinquante participantes s'élancent à l'assaut des 42,195 kilomètres, quand quarante-quatre d'entre elles le parcourt jusqu'à la fin, et quand l'athlète américaine Joan Benoit remporte l'or (voir p. 152), Kathrine Switzer s'est sûrement dit qu'elle avait eu bien raison de tenir bon.

1968

Norma Enriqueta Basilio de Sotelo

Mexicaine | 1948 (Mexicali, Mexique)
2019 (Mexico, Mexique)

LA PREMIÈRE FEMME À QUI FUT ACCORDÉ LE PRIVILÈGE D'ALLUMER LA FLAMME OLYMPIQUE, EN 1968.

C'est un symbole fort dans la cérémonie des Jeux que celui d'allumer la flamme olympique. Le nom du porteur n'est jamais évidemment choisi au hasard. Non seulement parce que cet instant marque leur ouverture officielle devant des millions de spectateurs et de téléspectateurs. Mais aussi parce que ce choix permet au pays organisateur d'adresser un message au monde entier.

Le cérémonial des feux n'est pas une idée nouvelle. Elle nous vient en héritage des courses aux flambeaux de la Grèce Antique. C'est d'ailleurs le secrétaire du Comité d'organisation des Jeux en 1936, Carl Diem, un passionné de cette Grèce Antique, qui a proposé que l'on allume une flamme de l'Olympie pour être ensuite relayée jusqu'à Berlin. Bien sûr, d'aucuns diront que ce n'était alors pas vraiment la première fois. Et ils auront raison. La toute première, c'était en 1928, lors des Jeux d'Amsterdam, puis encore en 1932, pour les Jeux de Los Angeles. Toutefois, les Jeux de Berlin de 1936 inaugurent réellement le premier relais à la torche et la mise en scène de l'allumage de la vasque. Bien sûr, d'autres feront remarquer que cette idée fut reprise par le chef de la propagande du IIIe Reich et mise en image par la réalisatrice attitrée du Führer, Leni Riefenstahl. Et ils auront encore raison. Cependant, il arrive que les belles idées attirent, hélas, les bonnes comme les mauvaises intentions.

Restons du bon côté. Vous souvenez-vous de l'athlète japonais désigné en 1964 pour porter la flamme aux Jeux d'été ? Yoshinari Sakai était né le 6 août 1945, le jour du bombardement atomique d'Hiroshima. On se souvient peut-être davantage de Mohamed Ali qui, en 1996 à Atlanta, s'avançait sur le stade olympique, fragile et tremblant, bravant la maladie de Parkinson. Cette image voulait sans aucun doute montrer un autre visage de l'Amérique. Celle d'une nation qui

lutte pour le bien malgré ses divisions en son sein, comme l'avait toujours fait cet homme, alors contre la maladie et hier, pour l'égalité dans le sport, pour les droits civiques et pour la liberté religieuse.

Quatre ans plus tard, à Sydney, c'était Cathy Freeman. Le message était clair. N'avait-elle pas été la première athlète aborigène à avoir participé aux Jeux de Barcelone en 1992 ?

Mais il aura fallu attendre les Jeux Olympiques de 1968 à Mexico, pour que ce privilège soit accordé pour la première fois à une femme, la Mexicaine **Norma Enriqueta Basilio de Sotelo**. Une excellente sprinteuse, célèbre pour ses performances au saut de haies.

À vingt ans, faisant partie de l'équipe mexicaine d'athlétisme, elle entre le 12 octobre 1968 dans le stade de Mexico avec la torche olympique portée par mer et terre par une succession de près de trois mille porteurs. Elle la fait basculer dans un immense chaudron de métal allumé par des brûleurs à gaz sous la clameur de la foule des spectateurs. Hélas, dans aucune des épreuves, elle ne réussira à se qualifier et ce sera sa dernière participation aux Jeux Olympiques. Cependant, ce jour du 12 octobre 1968 est mémorable à jamais. Tant la symbolique du rituel est puissante.

Margo Oberg

Australienne | 1953 (Sydney, Australie)

LA PREMIÈRE CHAMPIONNE DU MONDE DE SURF, EN 1968.

On le sait, naître en Australie, aux États-Unis ou à Hawaï donne un bon ticket d'entrée pour s'imposer dans la discipline du surf. Dans ces contrées, c'est même une évidence. Margo qui s'appelle encore Godfrey, ne vous dira pas le contraire. À dix ans, elle doit déjà avoir en tête de se réincarner un jour en dauphin. Pour l'heure, apprendre à surfer sur la plage de La Jolla en Californie lui suffit. Elle s'y excelle tellement qu'à la finale du Makaha International, sur la plage en demi-lune de l'île d'Oahu, dans l'archipel d'Hawaï, la voilà qui se place juste derrière la surfeuse américaine, Joyce Hoffman, une autre pionnière.

À dix ans, elle doit déjà avoir en tête de se réincarner un jour en dauphin.

L'adolescente a seulement treize ans. Avec eux, la rage de vaincre les plus grandes vagues et d'atteindre la première place. Deux ans plus tard, elle gagne la finale, puis le East Coast Surfing Championship et le World Surfing Championships à Puerto Rico. Le monde joue en 1968 sa Révolution ; Margo Godfrey joue la sienne en devenant championne du monde ! Dans la foulée, elle empoche un petit chèque de 150 dollars (sic !) en gagnant le Santa-Cruz Pro en Californie. Petite en taille certes, elle possède néanmoins sans conteste un don, une force, une audace… Bref quelque chose que les autres n'ont pas. Les autres ? À l'époque, le surf est surtout l'apanage des garçons. Aussi, va-t-elle entrer dans l'histoire et faire venir peu à peu dans son sillage de nombreuses adeptes féminines.

Pourtant, dès lors qu'elle se retrouve à la seconde place en 1970, elle décide de prendre du large. On a souvent dit qu'elle ne désirait alors de la compétition que le plaisir. Les mouvements libertaires battent leur plein. C'est oublier qu'à la même période, elle tombe amoureuse et épouse le pasteur Steve Oberg. Puis, peu à peu lui revient la passion, en compagnie de son nouveau coach, son mari. Aussi, en 1975, une proposition bien intéressante va lui donner l'envie de se remettre sur la planche. À nouveau, les succès fleurissent. Après l'International Professional

Surfing Championships à Malibu, elle gagne le titre féminin professionnel qui vient de se créer. Officiellement, elle est la première surfeuse championne du monde.

Mais décidemment, elle n'aime pas perdre ! La victoire en 1979 de Lynne Boyer lui fait prendre une année sabbatique. Cette fois, c'est pour construire sa maison sur l'île de Kauai, où elle s'est installée depuis son mariage.

Mais très vite, rebelote. À l'aube des années '80, le virus la reprend. Eh hop! deux autres titres de championne du monde ! Après, c'est fini de fini, promet-elle. Une fois pour toutes. Promesse tenue. Les planches professionnelles, au placard, elle en profite à trente-six ans pour ouvrir son école de surf. Ses deux fils, aujourd'hui bodyboarder et skateboarder, seront ses plus fervents élèves.

Aujourd'hui, où l'on sait que le surf va jouer ses deuxièmes Jeux Olympiques en 2024 et que quatre surfeuses sont déjà qualifiées – la Brésilienne Tatiana Weston-Webb, Brisa Hennessy, la costaricaine, la portugaise Teresa Bonvalot et la française Johanne Defay – l'on se dit que de grosses vagues, comme les aimaient Margo Oberg, ont apporté un indéniable vent nouveau.

Neroli Fairhall

Néo-Zélandaise | 1944 (Christchurch, Nouvelle Zélande)
2006 (Wellington, Nouvelle Zélande)

LA PREMIÈRE ATHLÈTE HANDICAPÉE À PARTICIPER À LA FOIS AUX JEUX PARALYMPIQUES DE 1972 ET À SE QUALIFIER POUR LES JEUX OLYMPIQUES, EN 1984.

C'est une archère de haut vol. De l'or, elle en gagne d'abord en 1980, quand elle participe aux Jeux paralympiques d'été d'Arnhem aux Pays-Bas. Puis aux Jeux du Commonwealth de Brisbane en Australie en 1982, elle en gagne encore, quand le tir à l'arc y est introduit. Et encore… Non, elle n'en gagnera pas aux épreuves olympiques où elle s'est qualifiée pour représenter la Nouvelle-Zélande à Los Angeles, en 1984. L'exploit de l'emporter sur ses concurrentes valides comme ce fut le cas à Brisbane ne sera pas réitéré. Mais le seul fait d'avoir participé aux Jeux californiens en a la saveur. La paraplégique, qu'elle est devenue subitement à vingt-quatre ans, s'en était fait un objectif absolu. **Neroli Fairhall** termine à la 35e place. L'aventure exceptionnelle de la première athlète handicapée à avoir concouru au tir à l'arc, à la fois aux Jeux paralympiques et olympiques, marquera l'histoire du sport. Un peu trop méconnue aujourd'hui, voici l'occasion de la saluer avec ces quelques lignes.

> L'aventure exceptionnelle de la première athlète handicapée à avoir concouru [...] aux Jeux paralympiques et olympiques.

On raconte qu'à un journaliste lui ayant demandé s'il y avait un avantage à tirer en position assise, elle répondit :

« Je ne sais pas. Je n'ai jamais tiré debout ».

On ne doute pas un instant de la réponse de la sportive dont on a la certitude qu'elle ne manque pas d'humour. Pour surmonter certaines épreuves, il faut en être pourvu bien davantage que la moyenne des humains. *A contrario,* on a peine à croire à la question… Avant d'être invalide, Neroli Fairhall était une athlète. Aussi, n'a-t-elle en effet jamais tiré quand elle tenait debout sur ses deux jambes.

Elle a vingt-deux ans quand brutalement sa vie bascule radicalement. Cela n'arrive pas qu'aux autres. Un accident de moto et presque une journée inanimée sans secours seront fatals. Le diagnostic est sévère : paraplégie des membres inférieurs. Il n'est pourtant pas question de ne pas poursuivre une carrière qui s'annonçait prometteuse. Sa force et sa détermination sont d'airain. Après six années d'entraînement qui la conduisent en 1972 à se lancer en chaise roulante aux épreuves de slalom, sprint de 60 mètres, lancer du poids et du disque des Jeux paralympiques d'Heidelberg en Allemagne, elle change de discipline et choisit le tir à l'arc. Pour muscler ses bras et ses abdominaux, elle s'impose un entraînement rigoureux de quatre heures jour par jour de natation. Il la mènera à réaliser le but qu'elle s'était fixé : les Olympiades. Celles de Moscou en 1980 ayant été boycottées par bon nombre de nations pour protester contre l'invasion soviétique de l'Afghanistan, la tireuse à l'arc néo-zélandaise attendra son heure, se préparant pour Los Angeles en 1984.

À l'instar d'un certain nombre de ses compatriotes du Commonwealth, elle recevra de la Reine Elisabeth II – qui tenait, dit-on, fortement à son rôle de marraine de l'association olympique – le titre de Membre de l'Empire britannique. Ces honneurs n'empêcheront pas Neroli Fairhall de poursuivre une carrière d'entraîneuse de haut niveau dans le club de sa ville de Christchurch et de dirigeante et militante du handisport.

Billie Jean King

Américaine | 1943 (Long Beach, Californie, États-Unis)

LA PREMIÈRE SPORTIVE À OBTENIR, EN 1973, D'ÊTRE PAYÉE COMME LES HOMMES.

Son nom sonne comme celui d'une star. Tant mieux car elle en est une. On serait même tenté de parler d'elle comme d'une reine si son patronyme King ne désignait pas le roi. Dans le domaine sportif, on l'appelle plus volontiers « la Grande dame du tennis ». Un titre hautement mérité. Un palmarès impressionnant. Cette légende de la petite balle jaune a en effet presque tout remporté. Excusez du peu : six fois victorieuse à Wimbledon entre 1966 et 1975, quatre fois à l'US Open entre 1967 et 1974, une fois en Australie en 1968, et en 1972 à Roland-Garros. Soit 12 titres du Grand Chelem, 71 tournois en simple et 101 en double !

Mais elle a fait encore davantage pour le tennis féminin ! Les générations venues après elle le savent bien : si les joueuses de tennis gagnent aujourd'hui autant d'argent que leurs homologues masculins, c'est bien à **Billie Jean King** qu'elles le doivent. Femme engagée sur tous les terrains, les courts de tennis comme celui de l'égalité Hommes-femmes, elle fut en effet la première sportive en 1973 à obtenir d'être payée comme les hommes et à faire admettre comme un droit humain l'égalité salariale dans le monde du tennis, alors qu'elle est encore si difficile à acquérir dans le monde du travail aujourd'hui.

> On l'appelle [...] « la Grande dame du tennis ». Un titre hautement mérité.

Tout commence en 1970, quand à la tête d'un groupe de huit autres joueuses, Billie Jean King s'oppose ouvertement à l'ordre amateur qui prévaut alors chez les femmes et qui permet qu'en compétition, ces dernières ne touchent pas le moindre sou alors que depuis 1968, le statut de professionnel régit le tennis masculin. Aussi, vont-elles signer toutes ensemble un contrat professionnel d'un seul dollar auprès d'un promoteur qui, pour être symbolique, va ouvrir néanmoins une brèche dans les annales de la Fédération internationale de tennis, qui n'osera d'ailleurs pas les sanctionner.

Ce coup d'éclat donna lieu à la création de la Women's Tennis Association dont Billie fut la première présidente de 1973 à 1975. Mais il fut surtout suivi d'un autre défi, celui de ridiculiser un ancien vainqueur de Wimbledon, Bobby Riggs, un habitué des railleries misogynes. Ce dernier, affirmant qu'elle n'aurait jamais la moindre chance de le battre, n'avait sans doute pas estimé à sa juste valeur ni les qualités sportives de Billie Jean King ni la puissance de ses convictions.

Le 20 septembre 1973 eut donc lieu à Houston un match mémorable entre l'ancien numéro 1 mondial, âgé de cinquante-cinq ans, alors à la retraite, et une jeune femme à peine trentenaire qui, déjà à l'âge de onze ans, voulait être la meilleure joueuse de tennis du monde. Billie Jean King se souviendra toute sa vie de ce moment :

« Nous nous battions si fort pour changer les cœurs et les esprits sur la valeur des femmes dans la société. J'avais l'impression que tout le monde comptait sur moi pour le battre ».

Cette rencontre diffusée sur les antennes télévisées en prime time, avec plus de 50 millions de téléspectateurs, a tant marqué les esprits qu'en septembre 2013, soit quarante ans après, Sheperd Campbell, ancien directeur de *Tennis Magazine* déclarait :

« Grâce à Billie Jean King, c'est devenu acceptable pour les femmes de suer et de se donner autant qu'un homme dans un stade. Elle a changé le sport féminin ».

Puissent ces quelques lignes ne jamais nous faire oublier que ce sont ses victoires, son combat pour dénoncer le machisme en sport et sa croisade en faveur des droits des femmes puis des homosexuels, qui ont en effet ouvert considérablement la voie… En 2009, si elle reçut des mains du Président américain Obama la médaille de la Liberté, la plus haute distinction civile des États-Unis, c'est sans nul doute la décision de la Fédération internationale de tennis de donner son nom à la Coupe du monde féminine qui lui a apporté enfin la reconnaissance internationale que Billie Jean King méritait.

Anne-France Dautheville

Française | 1944 (Paris, France)

Elspeth Beard

Britannique | 1959 (Londres, Royaume-Uni)

LES PREMIÈRES FEMMES À AVOIR FAIT LE TOUR DU MONDE EN MOTO DANS LES ANNÉES '70

Anne-France Dautheville

La française **Anne-France Dautheville** ? Ou l'anglaise **Elspeth Beard** ? Quand on dit la première, cela sous-entend la première dans le monde. Mais pour la moto, nous allons nous accorder une entorse à la règle, en évoquant l'une et l'autre.

Sans aucun doute, Anne-France Dautheville a pris de l'avance en partant le 3 juillet 1973 de Montréal. Sur sa Kawasaki GA5, une 100 cm³, elle a traversé tout le Canada, l'Alaska, puis le Japon, l'Inde et le Pakistan, l'Afghanistan, l'Iran, la Turquie et la Bulgarie, la Yougoslavie, la Hongrie, l'Autriche et l'Allemagne… Un périple de 120 jours et 24000 km.

> Les grèves paralysent le métro parisien, elle s'offre une mobylette […] elle découvre le plaisir de voyager à travers la France.

Interrogée presque cinquante ans plus tard par la rédaction d'un magazine hebdomadaire[1], elle raconte comment tout a commencé : en mai 68. Comme quoi une révolution en amène une autre. Alors que les grèves

1. *Ça m'intéresse*, 13 octobre 2022

paralysent le métro parisien, elle s'offre une mobylette avec laquelle elle découvre le plaisir de voyager à travers la France. Cette sensation de liberté lui fait pousser des ailes. Elle démissionne de son poste dans la publicité et un certain Charles Martin, dirigeant un atelier de moto, conquis par son rêve de parcourir le monde, lui prête la machine *ad hoc*. « Le bonheur absolu », dit-elle. Devenue journaliste pour *Paris-Match* et *Moto-revue*, elle écrit des livres, près d'une trentaine à ce jour, dont le dernier publié en 2021, *L'Australie, c'est en bas à droite*[2], raconte un autre périple qu'elle réalisera en 1975 pour découvrir le pays d'Oz, être seule au monde et braver de front cette boule qu'on vient de lui trouver dans le sein… Confirmant ce que l'écrivain Sylvain Tesson dira plus tard de la moto : elle *« nous rend à notre raison d'être : avancer »*.

Quant à Elspeth Beard, la moto est une passion qui lui a toujours collée à la peau. Elle a seize ans quand elle enfourche son premier deux-roues, une Yamaha 100C et dévale les plaines de Salisbury au Sud-Est de l'Angleterre. Puis vient l'époque des Honda et enfin celle des machines plus vigoureuses telle la Flat-twin BMW R 60/6, datant de 1974, qu'elle achète d'occasion, et qui lui donne, à elle aussi, la furieuse envie de partir dans le vent. Sa troisième année d'archéologie à peine terminée, c'est décidé. Elle quitte tout, Londres, famille et amis, pour récupérer la « BM » à New York. Avec pour tout pactole, les économies qu'elle a constituées soir après soir en travaillant au bar de son université. Commence alors un périple qui va durer trois ans et plus de 50 000 km au compteur. Canada, Thaïlande, Inde, Népal, Pakistan, Iran, Turquie, Grèce et Yougoslavie… Pour finir avec la traversée de l'Europe occidentale et le retour à la case départ. Les conditions ne sont pas très différentes de celles qu'a pu connaître Anne-France : pas d'Internet ni de téléphone satellite, encore moins de 4X4 d'assistance et bien sûr pas de GPS. Le voyage s'agrémente de quelques intermèdes maritimes et se corse de quelques pannes, d'aventures périlleuses, et plus grave, de deux accidents sérieux dont le dernier l'envoie à l'hôpital durant plusieurs semaines.

Elspeth Beard

Si aujourd'hui, Elspeth Beard est une architecte reconnue, elle n'oublie pas cette aventure qui a profondément changé sa vison du monde. À l'instar de sa consœur, elle a traversé des contrées tout autant paradisiaques qu'impitoyables, avec ses guerres, ses soulèvements, ses agressions de toutes sortes… Mais surtout, ce tour du monde lui a offert des rencontres qui vont la porter et l'enrichir toute sa vie. Car, au-delà de l'amour de la moto, de l'aventure tous risques, au-delà de l'endurance physique et morale, au-delà de la performance sportive, cette expérience, qu'elle a décrit en 2018 dans un livre[3] lui a permis de vivre

> *« ce genre de choses (qui) ne vous arrive pas si vous dormez dans un hôtel que vous avez réservé au téléphone ».*

2. Ouvrage publié par les éditions Payot
3. *Lone Rider: The First British Woman to Motorcycle Around the World.*, Michael O'Mara Books Ltd.

Monique Dieudonné

Française | 1937 (Paris, France)
2014 (Arcangues, Pyrénées-Orientales, France)

LA PREMIÈRE À IMPOSER LA PRÉSENCE DES FEMMES DANS LE JEU DE LA PELOTE BASQUE, DÈS 1975.

Si vous rencontrez le président de la Fédération de pelote basque, Xavier Cazaubon, évitez de penser, encore moins de lui dire que la pelote basque est un art de vivre, une tradition, une coutume héritée du jeu de Paume, qui se joue dans le Sud-Ouest de la France et plus spécialement au Pays basque ! Sinon, vous risquez bien de le fâcher. Pour lui, la pelote est un sport. Un point c'est tout. Il s'explique :

> *« Quand on traverse l'Atlantique, la pelote est considérée comme un sport. Nous sommes aux Jeux panaméricains, nous sommes aux Jeux centro-américains de la Caraïbe, nous sommes aux Jeux sud-américains. On travaille la candidature 2036 aux Jeux Olympiques pour que la pelote soit présente ».*

Et voilà, le mot est lâché, et l'espérance à l'horizon mexicain pour de prochains JO est forte.

Pendant longtemps, ce sport fut masculin. Comme l'atteste cette *Partie de pelote sous les remparts de Fontarabie*, un tableau du peintre Gustave Colin (1828-1910), élève de Corot, aujourd'hui au Musée d'histoire de Bayonne ▶. Il faudra attendre près d'un siècle pour que des femmes investissent le terrain. Avec la dynamique **Monique Dieudonné** comme véritable pionnière.

Pourtant, Basque, Monique ne l'est point. Elle est née à Paris dans le 15e arrondissement, et quand elle s'installe en pays basque, c'est au tennis qu'elle joue. Et elle y excelle. Mais peu à peu, elle prend goût à la pelote et son joli revers de tennis est alors son plus grand allié. Son jeu ne passe pas inaperçu. Elle épate autant la marquise de Moratalla, Soledad Cabeza de Vaca y Leighton à l'état civil, très douée elle aussi, avec qui elle fait des parties mémorables.

À l'époque, les femmes qui veulent jouer n'ont d'autre solution que de jouer en mixte. Avec l'aide de Maurice Abeberry, alors président de la Fédération, elle crée le premier tournoi fédéral féminin, en 1975. Son allant, qui balaie les sarcasmes des détracteurs, lui permet de s'imposer au comité directeur de la Fédération puis à prendre sa place au sein d'une délégation de championnat du monde, en qualité d'entraîneur. C'est ainsi qu'elle conduit Théo Bonnet et Alain Lartigue à une première médaille de bronze lors du Mondial de Mexico, en 1982. À ce stade, la révolution qu'elle a semée sur les « canchas » (les aires de jeux) n'exhale plus du tout le parfum de scandale du début.

Inutile de préciser que les joueuses encouragées par son tempérament prennent part au premier championnat de France avec une jubilation non dissimulée telles Anne Neurisse, Mimi Molia et toujours la Marquise de Moratalla… Bientôt, en 1994, la pelote féminine sera présente à Saint-Jean-de-Luz aux championnats du monde.

On travaille la candidature 2036 aux Jeux olympiques pour que la pelote soit présente.

Toutefois, vous l'avez compris, Monique Dieudonné n'aura pas réussi à faire revenir la discipline aux Jeux Olympiques, qui était inscrite officiellement pour les joueurs masculins aux jeux de Paris en 1900. Elle aura encore moins, vous vous en doutez, réussi à faire participer les femmes aux épreuves de démonstration des Jeux d'été de l'année 1992. Alors, rendez-vous en 2036 ?

Junko Tabei

Japonaise | 1939 (Miharu, région de Fukushima, Japon)
2016 (Kawagoe, Tokyo, Japon)

LA PREMIÈRE FEMME À GRAVIR L'EVEREST, EN 1975.

Rien à faire, *« l'Everest est un mythe »*, commente Jean-Michel Asselin, l'alpiniste. Plus encore, *« le troisième pôle ! »* Du reste pour cet ancien rédacteur en chef de *Montagnes Magazine*, qui a tenté à cinq reprises d'atteindre « le Toit du monde », la fabuleuse histoire du sommet le plus haut de la planète ne devrait pas commencer par l'exploit accompli il y a plus de soixante-dix ans, en 1953, par Edmund Hillary et Tensing Norgay. Pour lui, les premières lignes de son épopée s'écrivent avec Andrew Scott Waugh, géomètre et arpenteur du fameux «Survey of India», l'organisme chargé de cartographier l'Himalaya et le mathématicien indien Radhanath Sikdar. Tous deux, en 1865, identifient sur les cartes le pic XV, qu'ils estiment à 8840 mètres, comme étant le sommet le plus élevé. Le major général de l'armée britannique Waugh le baptise Everest du nom de George Everest, son prédécesseur au poste d'arpenteur.

Les faits sont notoirement connus et commémorés comme il se doit et à juste titre. En revanche, qui se souvient de l'exploit réalisé, avec une équipe entièrement féminine, par la Japonaise **Junko Tabei,** le 16 mai 1975. Évidemment vingt-deux ans sont passés entre la première ascension et la sienne. Mais enfin ! Après l'Everest, elle sera également la première femme à accomplir l'exploit dit des « 7 sommets », c'est-à-dire à gravir les sommets les plus élevés des sept continents : le Kilimanjaro en Tanzanie, le mont McKinley aujourd'hui Denali aux États-Unis , l'Elbrouz en Russie, le mont Vinson, en Antarctique, le Puncak Jaya en Indonésie, sans compter le mont Blanc en France et au Népal, l'Annapurna.

C'est au lendemain de la Seconde Guerre mondiale que, petite fille, elle découvre ce qui deviendra la passion de sa vie. Tout a commencé avec la suggestion un tantinet saugrenue pour l'époque d'un instituteur. Au moment où tout le pays s'inquiète de trouver de quoi manger, il a la belle idée de proposer à sa classe une sortie en montagne. Elle a à peine dix ans, et la voilà donc partie en voyage scolaire au Mont Nasu, haut de 1917 m.

Junko Tabei ne cessera jusqu'à sa mort de lui vouer une grande reconnaissance pour lui avoir permis de prendre ce virage et de changer du tout au tout son destin. N'oubliez pas que :

> *« La plupart des hommes japonais de ma génération attendaient d'une femme qu'elle reste chez elle et nettoie la maison »*

expliquait-elle ! Plus tard, en effet, son diplôme de littérature anglo-saxonne en poche, Junko Tabei frappe aux portes des clubs d'alpinisme, alors surtout fréquentés par la gent masculine. Les réponses sont parfois surprenantes et ça ne se passe pas toujours très bien. Quand elle en racontait quelques anecdotes, elle se contentait de sourire, se souvenant que :

> *« certains pensaient que je m'étais inscrite pour rencontrer des hommes ».*

Toutefois, pour pallier le manque de membres féminins au sein de ces clubs d'alpinisme, elle fonde au Japon en 1969, le Women's Mountaineering Club. Sous la devise «Let's go on an overseas expedition by ourselves» – partons en expédition à l'étranger par nous-mêmes – il invite de nombreuses femmes à rejoindre les sommets.

Sa passion est telle que même le cancer diagnostiqué par les médecins en 2012 ne saura l'arrêter. Les plus hauts sommets du Niger, du Bénélux et d'Oman l'appellent. Tout comme les objectifs environnementaux. Elle aura, jusqu'à sa mort, participé à l'élaboration de solutions pour l'enlèvement du matériel d'escalade abandonné et à plusieurs expéditions de nettoyage au Japon et dans l'Himalaya.

Nadia Comăneci

Roumaine | 1961 (Onesti, Roumanie)

LA SEULE GYMNASTE À AVOIR OBTENU 10, LA NOTE PARFAITE AUX ÉPREUVES DES BARRES ASYMÉTRIQUES AUX JEUX DE MONTRÉAL, EN 1976.

C'est une première dans l'histoire olympique. Tellement inattendue que les tableaux d'affichage font un bug, comme on dirait aujourd'hui. En effet, ils ne parviennent pas à inscrire la note que cette toute petite et frêle gymnaste venue de Roumanie a obtenue. Le système n'a jamais envisagé une telle hypothèse : que le 10, que personne n'obtient jamais, puisse être décerné. Aussi, le système a t-il perdu la boussole, pour finalement s'arrêter, sous les yeux ébahis de la jeune sportive et du public, au chiffre 1.00 ! Mieux encore : cette performance est réitérée à six reprises tous les jours durant lesquels se sont déroulées les différentes épreuves, et dans toutes les disciplines.

Remporter la notation la plus haute et l'or à chaque épreuve, c'est du jamais vu ! Le stade de Montréal plein à craquer retient son souffle devant l'élévation incroyablement maîtrisée du bassin, les saltos arrière, les flips-flaps et les doubles vrilles. Quand pour la quatrième fois, le 21 juillet, la note maximale s'affiche encore, une ovation de rappel emplit les tribunes. Le lendemain, les remarquables enchaînements à la poutre de la gymnaste, sereine, désarmante et à la fois déterminée et sûre d'elle, laissent le public sans voix. Alors, dans un silence impressionnant, seuls crépitent les flashs des appareils photographiques. *« Un prodige de la gymnastique »* est né, pour qui *« les limites du raisonnable ne semblent pas exister »*, commentent les journalistes, quand la championne olympique arrive à la maison de Radio Canada.

Autres premières : cet exploit est d'autant stupéfiant qu'il est le fait d'une enfant, âgée d'à peine quinze ans. La plus jeune gymnaste de l'histoire à remporter ce titre. Du reste, elle demeurera l'unique pour l'éternité puisque ce record n'a d'abord jamais été battu jusqu'à 1997 et qu'à cette date, pour participer aux épreuves olympiques de gymnastique, les seize printemps sont requis.

Ces Jeux de Montréal offrent une troisième surprise. Pour la première fois de l'histoire, une ville canadienne accueille les Jeux Olympiques avec, bien entendu, en hôtesse de marque, la Reine d'Angleterre, toute de rose vêtue, qui proclame

solennellement – et en Français, le Québec oblige ! – l'ouverture des Jeux.

Le prodige roumain, vous l'avez deviné, s'appelle Nadia Comăneci et cette féérie dont elle a régalé le monde entier a eu lieu à l'été 1976. Il y a près de cinquante ans aujourd'hui. Toutefois, il est vraisemblable que celles et ceux qui ont assisté à cette édition spectaculaire en garde encore des pépites d'or dans les yeux. Pour tous les autres, de son retour triomphal en Roumanie communiste jusqu'à son départ aux États-Unis en novembre 1989, juste avant la rébellion roumaine, la levée du rideau de fer et la fin de la guerre froide – quand déjà elle avait mis fin à sa carrière sportive – et jusqu'au jour d'aujourd'hui, son nom continue de briller au firmament des étoiles sportives.

Quand on songe pourtant que tout a commencé quand elle avait tout juste six ans. Pour canaliser un trop plein d'énergie, sa mère la conduit dans un cours de gymnastique tout près de la maison. N'est-elle pas trop jeune, lui dit-on ? « *Oh non,* rétorquait déjà Nadia Comăneci. « *J'ai tellement adoré faire la roue, tous les exercices étaient pour moi un vrai plaisir et j'aime tant les compétitions* a t-elle toujours déclaré, avouant encore, il y a peu, « *qu'elle est très fière que tout le monde se souvienne de moi* ».

1979

Martine de Cortanze

Française | 1945 (Paris, France)

Jutta Kleinschmidt

Allemande | 1962 (Cologne, Allemagne)

L'UNE EST, EN 1979, LA PREMIÈRE À FIGURER SUR LE PODIUM DE LA COUPE DES DAMES DU RALLYE PARIS-DAKAR ; LA SECONDE EST LA PREMIÈRE À REMPORTER, EN 2002, LA COURSE LÉGENDAIRE.

Disons-le d'emblée : dès sa première édition, lancée en décembre 1978 par le pilote de rallye Thierry Sabine, le Paris-Dakar affiche ses valeurs : la course n'est pas sexiste - entendez par là, bien sûr, qu'elle n'est pas exclusivement masculine. Au lendemain de Noël, précisément, elles sont en effet sept jeunes femmes en moto à participer à la course et deux femmes en voiture, avec l'objectif d'aller jusqu'au bout des 10 000 kilomètres, gagner et conquérir l'Afrique. En un mot, vous l'avez compris, pas question pour elles de faire de la figuration,

Elles sont françaises, jeunes - la plus âgée a 32 ans - et s'appellent **Martine de Cortanze**, Marie Dominique Cousin dite Marido, Marie Ertaud, Pascale Geurie, Corinne

Martine de Cortanze et Gérard Depardieu

Koppenhague, Christine Martin-Lefort et Martine Rénier. Fières d'être les motardes qui inaugurent le premier Dakar. Avec elles, se lancent également dans la course, Chantal Comte et Claudine Van Ryswyck, en quatre roues.

D'accord, elles ne sont que neuf sur quatre-vingt concurrents, mais à cette époque, la France – il n'est pas inutile de le rappeler tellement on a la mémoire courte – ne brille pas par le respect de sa devise républicaine inscrite pourtant au fronton de tous les édifices publics. Il y a alors encore un sacré bout de route à parcourir pour s'approcher de l'égalité et de la fraternité… Malgré tout, c'est aussi une femme journaliste (l'ex-athlète Marie-Christine Debourse) qui les présente au journal de 13 heures sur la première chaîne de télévision française. Modernes, pétillantes, libres, belles et passionnées par les sports mécaniques, elles se préparent avec détermination et entrain à affronter le désert et ses pistes arides et défoncées. Conscientes des risques et fraternelles, elles affichent toutes leur désir de s'entraider pour atteindre la destination finale.

> Le Paris-Dakar n'est pas sexiste.

Martine de Cortanze sera la première gagnante de la coupe des Dames de cette première édition, qui aujourd'hui fascine encore les jeunes générations et montera sur le podium à la 19e place. C'est pourtant sa première expérience en rallye-raid, même si elle est déjà très accomplie dans les sports mécaniques. Son aventure qu'elle raconte dans un livre *Une fille dans le désert*[1] aura sans doute tracé les premiers sillons de la piste…

Dix ans après, l'Allemande **Jutta Kleinschmidt** obtient la 3e place sur le podium de la course. Ingénieur chez BMW, après avoir étudié spécifiquement la physique, elle est fascinée par les sports d'aventure. Celle du Dakar particulièrement. Mais comment pourrait-elle y participer sans expérience aucune ? Eh bien, en électron libre. Et en dehors de l'organisation, en conduisant une moto de son employeur sur laquelle elle transporterait sa tente. Et pour toute boussole, si par malchance elle se perdait, une carte Michelin. À l'arrivée, elle n'a d'yeux que pour les heureux sur le podium. Dès lors, un seul désir la motive : revenir en tant que concurrente.

Jutta Kleinscmidt

Puis en 2001, la consécration. Pour la première fois, une femme remporte le Dakar. Et c'est elle, au volant de sa Mitsubishi Pajero, au côté d'Andreas Schulz, son copilote. C'était le 21 janvier 2001. Un rêve devenu réalité dont on devrait suivre bientôt toutes les péripéties au cinéma, dans un film réalisé par Steven Spielberg, d'après un livre qu'elle a publié en 2010 – *Mein Sieg bei der Dakar,* qui n'existe hélas qu'en Allemand.

1. Éditions Solar, 1979.

Flor Isava Fonseca

Vénézuélienne | 1921 (Caracas, Venezuela)
2020 (Caracas, Venezuela)

L'UNE DES DEUX PREMIÈRES FEMMES ÉLUES AU CIO, LE COMITÉ INTERNATIONAL OLYMPIQUE, EN 1981.

A l'instar de ses parents philanthropes, personnages éminents de la société vénézuélienne, **Flor Isava Fonseca**, s'engage, elle, dans le sport. Non pas seulement comme sportive. Ce qu'elle fut. Mais aussi pour y promouvoir la place des femmes et permettre à des publics défavorisés de son pays d'en faire une pratique régulière. Pour ce faire, elle lance, en 1991, une fondation offrant des activités sportives et une formation à des femmes et hommes éloignés de toute pratique parce qu'ils sont détenus ou parce qu'ils sont issus de milieux défavorisés de Caracas.

Au-delà de son pays, et pour peu que l'on s'intéresse à l'organisation du sport à l'échelon mondial, et surtout à l'égalité des sexes et des chances en général et dans ce domaine en particulier, l'on sait qu'elle a joué un grand rôle. Il s'agissait d'impliquer davantage de femmes dans les Jeux Olympiques. Par bonheur, rappelait-elle souvent,

« il s'est trouvé parmi nous des hommes pour soutenir notre cause ».

> Elle a joué un grand rôle dans l'implication des femmes dans les JO.

À commencer par José Antonio Samaranch. Sitôt élu en 1981 au Comité international olympique (CIO), bravant les remous que sa proposition avait soulevé lors de sa candidature, il impose l'élection de deux femmes, Flor Isava Fonseca et la finlandaise sprinteuse, Pirjo Häggman.

Une fois cette porte franchie, pourquoi ne pas pousser celle du Comité exécutif. Elle sera la première femme dans les années '90 à siéger à la commission exécutive du CIO et fut sans conteste de tous les travaux et commissions, qui ont permis au mouvement olympique de s'affranchir peu à peu de la domination masculine. Un des piliers du programme : « Une victoire mène à une autre », créé par le CIO et l'ONU Femmes. Son but : renforcer les compétences de leadership des adolescentes par le sport. Cette campagne active semble bien avoir porté ses fruits, si l'on en croit, par exemple, Marta Vieira da Silva, sacrée meilleure joueuse de football féminin au monde en 2006. Plus de six ans après le lancement de l'initiative, elle raconte combien elle a été touchée.

> *« Les familles et les communautés (qui) acceptaient plus volontiers que leurs filles continuent de jouer au football après la Coupe du monde féminine ».*

Isava Fonseca ne serait probablement pas arrivée là sans la passion personnelle qu'elle voua toute sa vie au sport. Quand elle retourne dans son pays, à l'aube de la Seconde Guerre mondiale et au terme de ses études en France et en Belgique, elle délaisse le métier de journaliste pour le tennis, les sports équestres, le hockey, le golf, etc. Capitaine de l'équipe nationale de natation et médaillée d'argent sur les courts de tennis des Jeux d'Amérique centrale et des Caraïbes à Branquilla, en Colombie, elle fonde l'année suivante en 1947 la Fédération équestre du Venezuela. Quant aux rouages des instances des institutions internationales sportives, elles n'ont pas vraiment de secrets pour elle, ayant fait son apprentissage dans celles de son pays.

1984

Marianne Martin

Américaine | 1957, Fenton, (Michigan, États-Unis)

ELLE FUT LA PREMIÈRE CYCLISTE GAGNANTE DU TOUR DE FRANCE FÉMININ, EN 1984.

Les années ‘80 sont décidemment des années créatives. Jusque dans le domaine du vélo, elles nous ont concocté de bien belles échappées. Retour sur les images de ce 22 juillet 1984, quand Laurent Fignon pose pour la postérité à l’arrivée du Tour du France. Il vient de le remporter pour la deuxième fois. Mais sur le podium, il n’est pas seul. Il y a aussi une jeune femme. Tous les deux portent le jaune de la victoire avec le logo de la marque de chocolat *Banania*, le parrain du maillot de l’époque, avant que le Crédit Lyonnais ne prenne le relais. Cette jeune femme n’est autre que la victorieuse du Tour de France féminin.

> Pionnière dans la pratique de la préparation mentale, elle saura l’utiliser efficacement comme méthode d’entraînement.

Le premier du genre – si l’on excepte celui qui eut lieu à l’automne 1954. Il a été possible grâce à la détermination de Félix Lévitan, alors co-directeur du Tour, qui souhaitait vraiment ouvrir cette course aux femmes. De lui, Jeannie Longo, trois fois maillot jaune de la Grande Boucle, de 1987 à 1989, dira qu’il était visionnaire. Ajoutez à cela, la pression de la ministre française de la Jeunesse et des Sports, Edwige Avice, sous la présidence de François Mitterrand et vous avez une année 1984 qui s’ouvre donc pour le cyclisme sous un ciel rempli de belles étoiles. D’autant que les JO de Los Angeles vont également programmer pour la première fois une compétition cycliste féminine. Une femme sur un vélo fera donc un peu moins rire les machistes de toutes obédiences… Ajoutons encore qu’en France, les femmes prennent enfin un peu de hauteur, d’où il apparaît clairement que leur condition est loin d’être égalitaire. Pour l’améliorer, un secrétaire d’État a été créé en 1974 par le Président Giscard d’Estaing. Puis, en 1986, le Premier ministre socialiste, Laurent Fabius, le transforme en un ministère de plein exercice…

Mais revenons au premier Tour de France féminin. Aux journalistes venus l’interroger, sitôt descendue du podium et avant de se précipiter dans les bras de son père, la gagnante répond : *« I dont'speak French, I don't understand »*. C'est que, si **Marianne Martin** semble avoir compris avec brio le secret des routes de l'Hexagone, elle ne parle pas un seul mot de la langue de Molière. Et même si elle porte un nom qui sonne gaulois, elle est Américaine.

Sa victoire est spectaculaire. D'autant qu'elle vient pour ainsi dire d'abandonner la course à pied pour se mettre en selle et déboule donc dans ce Tour un peu par effraction. En tous cas, sans aucune référence et à la dernière place dans l'équipe nationale américaine. Son principal atout : la course à pied et la pratique du ballet, enfant, ont sculpté ses jambes. Elles sont solides. Elle sera bonne grimpeuse, assurément. Deuxième avantage : pionnière dans la pratique de la préparation mentale, elle saura l'utiliser efficacement comme méthode d'entraînement. Le sélectionneur américain l'a bien compris. Pas de référence, mais une détermination qui force l'admiration. *« Vous n'aurez pas à le regretter »*, lui avait-elle dit.

L'image de Marianne Martin sur le podium avec le champion français est éloquente. On en oublierait presque les différences de traitement. Enormes. À peine de quoi, dit-on, rembourser le prix de son voyage et le financement de sa participation à la course.

Nawal El Moutawakel

Marocaine | 1962 (Casablanca, Maroc)

LA PREMIÈRE ATHLÈTE MAROCAINE À REMPORTER, EN 1984, UNE MÉDAILLE D'OR DANS L'HISTOIRE DES JEUX OLYMPIQUES AU 400 MÈTRES HAIES FÉMININ QUI, POUR LA PREMIÈRE FOIS, FIGURE DANS LE PROGRAMME DES JEUX.

Été 1984. Los Angeles. Il fait chaud, très chaud. **Nawal El Moutawakel**, seule athlète féminine de la délégation marocaine, va inaugurer l'épreuve du 400 mètres haies aux JO. L'URSS et quatorze autres pays du bloc communiste ont boycotté les Jeux américains. Elle est là pour concourir avec huit autres sprinteuses. Dont trois réelles prétendantes seulement à la récompense suprême, la Roumaine Cristina Cojocaru, l'Indienne P. T. Usha et l'Américaine Judi Brown.

Trois seulement, cela pourrait diminuer son stress. Pas vraiment. Nawal a peur. Très peur. Personne ici ne l'attend ni ne s'attend d'ailleurs à ce que cette jeune sprinteuse de vingt-deux ans, au petit gabarit, très connue dans son pays, mais quasi inconnue dans le reste du monde, du haut de ses 1 m 59 se distingue.

Et pourtant, Nawal El Moutawakel rêve qu'elle peut transformer sa peur en victoire. Là, au beau milieu du stade olympique du Memorial Coliseum, noir de monde, où l'Américaine vient de se faire applaudir à tout rompre. Là, où elle sait qu'elle ne joue pas seulement un titre pour elle mais pour son pays tout entier. Mieux pour sa communauté. Si elle gagne, elle ne le sait que trop, ce ne sera pas seulement un trophée récompensant sa performance qu'elle remportera. Si elle gagne, ce sera un triomphe pour son pays, qui recevra pour la première fois un titre olympique. Elle sera alors la première Arabe, la première musulmane et la première Africaine à revenir des Jeux avec l'or.

Des mois durant, avec son entraineur, rien n'a été laissé au hasard. Tout a été étudié. Préparant à l'université de l'Iowa une maîtrise de sciences économiques avec l'option éducation physique, elle a pris le temps d'améliorer considérablement ses scores. Ses chances sont réelles. Mais il lui arrive quand même de douter… Ont été ainsi épluchés à la loupe les jeux de ses adversaires, avec leurs atouts et leurs faiblesses. Là aussi, elle aurait tendance à penser qu'elle le peut, qu'elle en est capable : de les battre.

Mais la peur néanmoins ne la quitte pas jusqu'au jour de la finale, le 8 août 1984. Jusqu'au moment du départ. Celle de perdre évidemment. Le premier faux départ n'arrange rien. Ne dit-on pas que si la peur n'évite pas le danger, elle fait souvent grimper l'adrénaline. Qu'elle permet dans certains cas de nous pousser à aller au-delà de nos capacités. Qu'elle nous fait courir plus vite qu'un lièvre. Ce jour-là, ce n'est pas un lièvre qui file à toute vitesse mais une étoile filante qui franchit les dix haies du 400 mètres.

Jusqu'à l'arrivée, Nawal doutera, se demandant si elle a couru, se demandant pourquoi soudain, elle se trouve toute seule… C'est qu'elle a tout simplement gagné, laissant loin derrière ses rivales.

Retransmis dans les premières heures du matin au Maroc, une clameur envahit immédiatement les rues de Casablanca. Là-bas, comme elle, on manque s'évanouir. Comme elle, on pleure, le drapeau marocain à la main. Ses larmes de joie vont à son père, disparu quelques mois plus tôt, qui l'a toujours encouragée. À son retour, elle est accueillie à l'aéroport comme une reine par le Roi Hassan II, qui décrète que toutes les filles nées le 8 août 1984 devront s'appeler Nawal !

1984

Connie Carpenter-Phinney

Américaine | 1957 (Madison, Wisconsin, États-Unis)

PREMIÈRE À REMPORTER L'OR DANS LA COURSE CYCLISTE OLYMPIQUE SUR ROUTE, EN 1984.

La famille vélocipède compte au moins trois manifestations sportives prestigieuses : le Giro, en Italie, le Tour de France et la Vuelta, en Espagne. Une quatrième ne l'est pas moins depuis 1984 : la course olympique sur route.

À la fin du 19e siècle, en 1896, le Grec Aristidis Konstantinidis remportait la première médaille d'or aux Olympiades. Il s'en est donc fallu de peu pour qu'un centenaire ne déroule le nombre de ses années, avant que ne soit décernée la première récompense olympique féminine à l'Américaine Connie Carpenter. En réalité, il aura fallu attendre près de 90 ans. On est à Los Angeles, en 1984.

L'URSS a renvoyé « la balle du boycott » aux Américains qui la leur avait adressée en 1980. Toutefois, il semble qu'avec 140 pays participants, l'édition de Los Angeles, qui avait été la seule ville candidate à leur organisation, a fait plus que le plein. Il est à noter qu'à l'instar de ceux de 1896, ils ne sont soutenus financièrement que par le secteur privé. Côté spectacles et performances, certains d'entre nous en ont conservé des souvenirs lumineux. À commencer par la cérémonie d'ouverture inhabituelle, quand les athlètes se sont mis à danser, préfigurant des jeux exceptionnels. Les prouesses inoubliables de Carl Lewis rejoignant au firmament des stars sportives le grand Jesse Owens, et pendant presque dix minutes, électrisant, en clôture, la foule du Coliseum et le public du monde entier, la voix de Lionel Ritchie interprétant *All Night Long*.

Certes, côté parité, on est encore loin du compte. Mais cette année-là, les sportives gagnent du terrain et triomphent, chacune dans leurs disciplines : Neroli Fairhall (voir p.130), Nawal El Moutawakel (voir p.148), Valerie Brisco-Hooks, Joan Benoît (voir p.152) et notre ici présentée **Connie Carpenter-Phinney**.

Au départ, avec 45 concurrentes pour 79,2 kilomètres, l'Américaine n'en revient presque pas d'être là. En effet, elle n'avait jamais été une cycliste professionnelle. Le vélo ? Oui, elle se souvient, étudiante sur le campus californien de Berkeley, en avoir acheté un d'occasion ou plutôt un squelette de bicyclette, une paire de roues désarticulées. Le père de son futur mari Davis Phinney, ingénieur aérospatial, se charge alors d'en fabriquer de nouvelles, tandis que sa belle-fille en herbe en construit patiemment, un à un, les rayons.

Plus tard, quand elle commence à s'entraîner, elle rejoint un groupe de femmes globe-trotters, qui voyage à travers l'Europe à vélo. On habite chez l'habitant. On vit des primes glanées ici et là au gré des diverses courses concourues. Puis, au début des années '80, la bande de baroudeurs, Connie et son Davis de mari en tête, prennent très au sérieux la rumeur qui circule : le vélo ferait partie des prochains Jeux Olympiques. Et pourquoi pas eux ? Et surtout pourquoi pas elle ?

Après tout, les compétitions, elle connait ça. N'a-t-elle pas participé aux Jeux de Sapporo, au Japon, en 1972, où elle avait alors terminé 7e au 1 500 mètres. Mais en patinage de vitesse ! Connie n'a même pas 15 ans ! Oui, le patinage ! C'est une activité idéale durant les hivers froids de la région du Wisconsin, pour une famille et une fratrie de trois frères. Seulement voilà, une opération à la cheville l'oblige à mettre un point final au sport de glace. Il y aura donc le vélo ! Quel tempérament ! Et décidément, quelle époque épique que ces années '80 !

1984

Joan Benoit Samuelson

Américaine | 1957 (Cape Elisabeth, Maine, États-Unis)

LA PREMIÈRE VICTORIEUSE DU PREMIER MARATHON DES JEUX OLYMPIQUES, EN 1984.

Jusque-là, les femmes ne sont pas dans la course. Elles n'ont pas le droit de courir. Il y a quarante ans, les Jeux Olympiques changent la donne. Ce jour-là, le 5 août 1984, au départ, elles sont cinquante sous la chaleur suffocante d'un été californien. Cinquante à s'élancer pour la célèbre épreuve du marathon : 42,195 kilomètres. À l'arrivée, la championne s'appelle **Joan Benoit Samuelson**. À vingt-sept ans, elle entre dans l'histoire comme la première coureuse victorieuse du premier marathon féminin inscrit aux JO.

L'Américaine a bouclé l'épreuve en 2h 24 min et 52s devant la Norvégienne Grete Waitz et la Portugaise Rosa Mota. Pense-t-elle alors à Roberta Gibb (voir p. 121) et à Kathrine Switzer (voir p. 125), les pionnières du marathon de Boston ? Bien sûr. D'autant qu'elle l'a elle-même remporté par deux fois en 1979 et en 1983. D'autant que Kathrine Switzer est là, à l'arrivée de ce premier marathon féminin et vient la féliciter. Elle pense aussi qu'elle a eu de la chance. Certes, elle partait comme détentrice de la meilleure performance mondiale. Mais ses concurrentes étaient de taille et dix-sept jours seulement avant la manifestation sportive, elle avait subi une arthroscopie du genou droit. Aussi, rien n'était gagné. C'est peu dire que sa victoire, elle la savoure sous les applaudissements tonitruants, et se débarrassant de sa casquette blanche qu'elle enserre dans son poing droit, les deux bras levés au ciel en forme de V, elle salue le public.

> Le 5 août 1984, elles sont cinquante sous la chaleur suffocante d'un été californien.

Quand soudain, les regards se portent tous vers la piste, là où une coureuse tente d'achever le tour de stade final. Les journaux diront que cette dernière aura en quelque sorte ravi la vedette à la championne… Ce n'est pourtant pas précisément le genre de posture qu'affectionne les deux marathoniennes. Mais il est vrai que celle qui porte le dossard 323 fait braquer sur elle tous les projecteurs. Passé l'effet de surprise, la stupeur et l'émotion l'emportent.

La Suissesse Gabriela Andersen-Scheiss chancèle, zigzague, ses jambes fonctionnent comme un pantin désarticulé. Elle a perdu tout contrôle. Après avoir raté le dernier ravitaillement d'eau, force est de constater qu'elle n'a pas bu une seule goutte d'eau pendant la course. Une folie. À bout de souffle, elle va quand même continuer coûte que coûte, entourée par les médecins qui n'osent la toucher, par crainte qu'elle ne soit disqualifiée. Quand elle franchit l'arrivée, elle s'écroule, sous les acclamations d'une foule émue par le formidable esprit sportif qui l'a soutenue jusqu'au bout. Évidemment, elle gardera longtemps, au-delà du souvenir prégnant d'une effroyable souffrance physique, un grand sentiment de gêne. Tant pour le drame en lui-même que pour les conséquences fâcheuses qu'il aurait pu avoir sur la poursuite de l'épreuve dans les années futures.

Quant à Joan Benoit, il semble qu'elle ne fera aucun commentaire. Préférant laisser à la postérité le sentiment qu'il l'anima quand elle pénétra dans le Coliseum, déclaré Monument Historique national, la veille de la cérémonie d'ouverture. L'un des moments les plus émouvants de ces Jeux, dira-t-elle.

Joan Benoit Samuelson salue le public

1987-1989

Jeannie Longo

Française | 1958 (Annecy, Savoie, France)

PREMIÈRE CYCLISTE À REMPORTER TROIS FOIS LE TOUR DE FRANCE, DE 1987 À 1989.

Dans l'Hexagone, cyclisme féminin et **Jeannie Longo**, c'est comme dans la chanson des Beatles, cela va très bien ensemble. Dans l'Hexagone seulement ? Evidemment que non ! Car les courses qu'elle a gagnées – soixante titres de championne de France, treize championnats, trente-huit records du monde et la médaille d'or aux Jeux Olympiques d'Atlanta aux États-Unis en 1996, l'ont fait connaître dans le monde entier. Aux JO, elle n'est certes pas la première (voir Connie Carpenter, p. 150). Néanmoins, la cycliste française figure en tête de peloton quant au record de longévité. Son dernier championnat ? En juillet 2023, à l'âge de 64 ans.

Après quoi, on en oublierait presque ses trois victoires consécutives au célèbre Tour de France féminin entre 1987 et 1989. Écrire *Oublier* est une figure de style bien sûr, et pour la rédactrice de ce portrait, une façon de plaisanter. Détendre l'atmosphère. Car, si vous vous souvenez avec quelle force, la légendaire coureuse cycliste avait réagi quand le monde professionnel et les journalistes évoquaient alors l'idée d'un « premier » Tour de France féminin, qui eut d'ailleurs lieu à l'été 2022, vous comprendrez qu'elle tient beaucoup à ce que l'on s'en souvienne, de ses trois victoires sur la Grande Boucle...

La cycliste française figure en tête de peloton quant au record de longévité.

Vous vous souvenez peut-être avec quelle force elle avait alors été critiquée. Mais enfin ! Les mots sont les mots. La vérité historique, *itou*. Car le Tour de France féminin, qui mieux qu'elle – tout comme Marianne Martin (voir p. 146) l'Américaine et l'Italienne Maria Canins – l'avait expérimenté, réalisé et vécu en 1984 ! C'est vrai qu'un fait divers ou sportif chasse souvent l'autre et que l'actualité a souvent la mémoire courte. Mais quand même ! Le tour qui a repris du galon à l'été 2022 n'était en effet pas le premier.

À l'époque de sa première participation au Tour, en juillet 1987, elle ne s'était pas non plus privée de répondre vertement au coureur Marc Madiot, qui expliquait lors d'une des émissions *À chacun son Tour* du journaliste Jacques Chancel – sur la deuxième chaine de télévision française – son point de vue en ces termes :

> *« voir une femme sur un vélo, c'est moche ».*

Improbable échange machiste ! Certaines archives sont précieuses pour l'Histoire. Merci à l'Institut national de l'audiovisuel ! Il est vrai qu'on reproche encore aujourd'hui au « Terminator », comme on la surnomme, son franc parler et son individualisme… Mais c'est une autre affaire !

Une certitude : cette femme est une grande dame du vélo et une forte personnalité. Pourtant, ce sont plutôt les sommets des montagnes qu'elle était destinée à tutoyer, elle qui a passé toute son enfance à Saint-Gervais-les-Bains. Avant de prendre le guidon, elle excelle en effet dans le ski alpin. Pourquoi donc le vélo ? Par accident, répond-elle. On lui aurait conseillé un jour de prendre une licence de cyclisme pour voir ce que ça donnerait. Tope-là. Virage pour le moins réussi. Aujourd'hui, très zen dans son chalet sur les hauteurs de Grenoble, entourée de ses chats, ses moutons, ses chèvres, ses boucs et son âne, qui sait lequel elle prendra ces prochaines années ?

1988

Thongsri Thamakord

Thaïlandaise | 1965 (Thaïlande)

LA PREMIÈRE CHAMPIONNE DU MONDE DE PÉTANQUE, EN 1988.

S'il est un jeu populaire en France, c'est bien la pétanque. Pratiquée en Provence depuis le début du 20e siècle (eh oui, on le croit à tort bien plus ancien tant il fait partie de la tradition française), ce jeu de boules appelé aussi la longue provençale est sans conteste pour les Français et les étrangers, emblématique de l'identité du Midi de la France. Depuis 2004, il a pris ses lettres de noblesse, avec son inscription au patrimoine culturel immatériel français et son label de « sport de haut niveau » accordé par le ministère des Sports et de la Jeunesse.

Pour autant, la pétanque et les autres sports de boules – lyonnaise et raffa – n'auront pas, à nouveau, leur place aux Jeux de Paris en 2024. Ainsi, en a-t-il été décidé en haut lieu. Dommage, car voilà une activité peu coûteuse, interculturelle, intergénérationnelle, très aimée des jeunes, quoi que l'on puisse en penser. Evidemment, au niveau visuel, peu spectaculaire. Plus encore, c'eut été une belle façon de saluer tous les joueurs, femmes et hommes confondus, qui la pratiquent partout dans l'Hexagone jusqu'à Paris. Car, plus paradoxal, la ville de Paris a mis en effet pas moins d'une soixantaine de terrains en extérieur à leur disposition. Ce qui fait que chaque arrondissement parisien ou espace vert périphérique en possède au moins un. Les plus prestigieux sont au Jardin du Luxembourg, du Palais Royal, à l'Arsenal entre la Bastille et la Seine, et même dans les arènes de Lutèce au Quartier Latin. Pour une explication plus scientifique à ce refus, on peut lire avec intérêt ce qu'en écrit l'enseignante-chercheur de l'Université Aix-Marseille, Valérie Feschet, anthropologue et ethnologue ▶.

> Thongsri Thamakord est considérée comme la meilleure joueuse de pétanque de l'histoire.

Le rêve de la première championne du monde – et au-delà de toutes les actuelles joueuses de choc – est donc tombé à l'eau. Pourtant, elle ambitionnait, malgré sa soixantaine approchante, d'en faire partie ! Elle ? Vous n'allez pas y croire, tant la pétanque paraît avant tout être The French sport par excellence, est thaïlandaise. Elle s'appelle **Thongsri Thamakord**. En réalité, avec elle, Meesab Pairat et Somjitprasert Varapern, elles étaient trois dans l'équipe asiatique à remporter les championnats du Monde, en 1988.

On sait peu de choses à leur sujet. Si ce n'est que Thongsri Thamakord est considérée comme la meilleure joueuse de pétanque de l'histoire… Allons, allons, gardons l'esprit sport avant tout et restons fairplay ! La thaïlandaise, très connue dans toute l'Europe et célèbre au Cambodge, au Vietnam et au Laos, tente une explication de l'engouement de son pays pour ce sport que certains qualifient un brin péjorativement de franchouillard. La discipline aurait été introduite par la mère du roi Bhumibal Adulyadej, qui y aurait joué en Suisse ! Elle raconte que la pétanque est si populaire dans son pays que l'on y joue en famille jusque devant les temples bouddhistes. Le président de la Fédération internationale de pétanque et de jeu provençal, Claude Azéma, ne dit pas le contraire. Selon lui, il serait d'ailleurs mieux considéré en Asie qu'en France. Voudrait-il suggérer que la pétanque en France serait considérée comme une activité sportive trop « popu » ?

Marie-José Pérec

Française | 1968 (Basse-Terre, Guadeloupe)

LA PREMIÈRE ET LA SEULE ATHLÈTE À ÊTRE TROIS FOIS CHAMPIONNE OLYMPIQUE.

Aux Jeux de la Francophonie en 1989, la française Marie-José Pérec remporte son premier titre international… Depuis, « la gazelle », comme on la surnomme, est devenue la seule athlète féminine française trois fois championne olympique, la seule à avoir remporté deux Olympiades de suite sur 400 mètres, et une des rares à avoir réalisé un doublé aux Jeux Olympiques aux 200 et 400 mètres.

Nous sommes beaucoup à nous souvenir des Jeux de Barcelone – au moment où se dérouleront en 2024 les JO de Paris, cela fera même exactement trente-deux ans. Marie-José Pérec venait de goûter aux délices de la victoire et de la gloire en obtenant l'or au championnat du monde d'athlétisme de Tokyo, en 1991. Elle rêvait de gravir l'Olympe. Pour cela, il lui fallait aller plus vite que son adversaire, la championne olympique en titre, la sprinteuse ukrainienne Olga Bryzgina. La montre toujours au poignet, dans le couloir n°5, Marie-José Pérec, encouragée par des milliers de Français, ne part pas de la meilleure façon. Mais en sortant du virage, en neuf foulées, où racontera-elle, elle ne respire pas, elle termine la course en championne du monde du 400 mètres, en 48''83. Avec ce record olympique qu'elle détient toujours aujourd'hui, la voilà au premier rang des icônes sportives, faisant évidemment la fierté de son île des Antilles françaises, la Guadeloupe.

> [...] Elle réussit l'exploit de Michael Johnson, [...] : le doublé dans les deux distances.

Nous sommes tout aussi nombreux à nous rappeler Atlanta quand, quatre ans plus tard, après s'être entraînée en Californie auprès de l'entraîneur John Smith, elle réussit l'exploit de Michael Johnson, l'un des plus grands sprinteurs de tous les temps : le doublé dans les deux distances. Deux fois sur la plus haute marche du podium.

Pourtant, le sport a longtemps été absent de sa vie. Son plus ancien souvenir « sportif » conservé dans sa mémoire, ce sont les retransmissions des matches de boxe de Muhammad Ali, que sa grand-mère Eléonore, vendeuse au marché de

Basse-Terre, suivait à la radio. Elle se souvient aussi qu'enfant, elle battait filles et garçons à la course. Elle était déjà la meilleure, mais n'en éprouvait que des complexes. Elle se trouve trop grande. Ses jambes immenses l'encombrent. Aussi, ne reste-t-elle pas bien longtemps dans le club de basket fréquenté par sa sœur, où elle s'est inscrite à contrecœur. Une seule décèle en elle une graine d'athlète, sa professeure d'éducation physique au collège. Grâce à Anne-Marie Soual, la déjà gazelle se place en 2e position du championnat de France des scolaires. Après quoi, elle attendra deux ans pour rejoindre l'Institut national du sport et d'éducation, et au milieu des années '80 elle hésitera encore…

Pense-t-elle déjà que *Rien ne sert de courir…* qui sera le titre d'un livre – préfacé par le grand écrivain antillais Edouard Glissant, qu'elle publiera en 2008[1], et dans lequel elle revient sur ce qui s'est passé à Sydney, le 22 septembre 2000, quand elle a quitté les JO. Là où elle avait souhaité pourtant ardemment, après ses magnifiques sacres d'Atlanta, et malgré la fatigue et les soucis de santé, conserver sa couronne. « *L'Australie voulait une victoire de Cathy Freeman d'origine aborigène afin de montrer à la face du monde la réconciliation avec son peuple premier* », écrit-elle. Etait-ce une raison pour la harceler, la poursuivre, l'agresser ? Elle ne foulera jamais les pistes du Stadium Australia. Par bonheur, aux critiques odieuses, que d'aucuns regrettent aujourd'hui, succède *Dans la foulée,* la douce chanson qu'Alain Bashung lui a dédiée.

Le 7 juin 2004, elle déclare à la télévision française :

> *« J'ai décidé finalement de raccrocher les pointes. Moi-même, ça me fait tout drôle de me dire "j'arrête ma carrière", et pourtant, c'est le cas. »*

Elle a 36 ans.

1. Éditions Grasset

Florence Arthaud

1990

Française | 1957 (Boulogne-Billancourt, Hauts-de-Seine, France)
2015 (Villa Castelli, Argentine)

LA PREMIÈRE VICTORIEUSE DE LA ROUTE DU RHUM, EN 1990, APPELÉE POUR TOUJOURS « LA FIANCÉE DE L'ATLANTIQUE ».

Dans la famille Arthaud, il y a le grand-père, le père, la fille… Et la mer. Le premier, Benjamin Arthaud a créé les éditions éponymes que reprendra son fils Jacques, qui publiera les grands récits océaniques. La troisième est Florence dont le monde entier connaît le nom. Et la mer, c'est à la fois le nom de la collection des éditons Arthaud, inaugurée dans les années '60 par Eric Tabarly, mais surtout le plat, les vagues, les

embruns, les écueils, les tempêtes, les courants, les vents … Bref tout ce qui fait que la mer, comme la vie, n'est pas un long fleuve tranquille.

Pourtant, et heureusement, il y a aussi les joies et les victoires. À commencer par la suprême, en 1990. Quand **Florence Arthaud** arrive en tête à Pointe-à-Pitre, en Guadeloupe. Pour la première fois dans l'histoire de la célèbre transatlantique à la voile, une femme remporte en solitaire la Route du Rhum à bord de son trimaran, Pierre Ier, le bien nommé. En 14 jours, 10 heures et 8 minutes. Cette fois-ci sera la bonne. Car en effet, elle s'y était essayée à trois reprises, dès la création de la course en 1978. Elle avait alors vingt-deux ans.

Puis, comme un bonheur n'arrive jamais seul, dit-on, cette même année 1990, elle rafle le record de la traversée de l'Atlantique en 9 jours, 21 heures et 42 minutes.

Son visage apparaît alors à la une de tous les journaux et magazines. Son nom déferle sur la planète comme *« La Fiancée de l'Atlantique »*.

Au lendemain de son arrivée en Guadeloupe, Olivier de Kersauzon signait ces lignes dans le quotidien *Libération* :

> *Sa course, ce n'est pas un accident. (…) La mer permet de voir entre les vagues qui est qui. Pour Florence, nous on savait. Maintenant, vous, vous le savez aussi ».*

Des accidents, pourtant, elle en aura eu son comptant. Avant et pendant la course, il semble que tout se ligue contre elle. Elle part contre l'avis des médecins, avec une hernie discale. Un foulard cache mal la minerve qu'elle portera autour de son cou toute la traversée. À partir du 6e jour, le pilote automatique tombe en panne. Elle a une hémorragie, la radio ne répond plus. Plus de météo. Plus de nouvelles des autres. Elle ne sait plus où elle est. Elle navigue à vue. Abandonner, jamais. Définitivement solitaire, elle se concentre davantage et file tout droit devant elle. Tout droit, c'est la victoire. Elle aura beau dire plus tard, qu'elle partait pour gagner…

Elle ne sait plus où elle est. Elle navigue à vue. Abandonner, jamais.

Mais pourquoi n'aurait-elle pas tenu bon, elle, la miraculée, réchappant à dix-sept ans d'un grave accident de voiture, qui l'avait immobilisée plus de six mois entre la vie et la mort. Elle qui s'était déroutée à son troisième essai à la transat, en 1986, pour repêcher le Français Loïc Caradec, dont elle retrouvera le multicoque retourné mais pas le navigateur, disparu en mer comme Alain Colas en 1978. Elle, qui était entrée dans ce monde d'hommes, où on devait la prendre pour une bourgeoise et une fille à papa, elle irait jusqu'au bout car, sur la mer, elle se sent chez elle, légitime comme eux. D'ailleurs, la mer, elle doit l'avoir en elle. À peine formée dans le ventre de sa mère Anne-Marie, elle l'accompagne en bateau et en ski nautique. Haute comme trois pommes, elle gagne déjà tout avec son frère aîné, à bord de leur tout petit 4 mètres 45, le *Zoubida*.

C'est pourquoi aussi, on espère que c'est ce parcours-là que le film *Flo* (sortie en novembre 2023) raconte avec brio, délaissant toutes les aspérités. Hélas, il ne pourra pas passer sous silence sa mort dans un crash d'hélicoptère le 9 mars 2015 alors qu'elle participe à un jeu de téléréalité en Argentine.

1991

Isabelle Autissier

Française | 1956 (Paris, France)

LA PREMIÈRE NAVIGATRICE À RÉALISER UN TOUR DU MONDE À LA VOILE EN SOLITAIRE, EN 1991.

On a beaucoup écrit sur **Isabelle Autissier**. Elle a beaucoup écrit aussi. Si bien que d'elle on connaît presque tout ce qui l'anime. Ingénieure, navigatrice, présidente du Fonds mondial pour la nature (WWF), elle est cette figure incontournable, ce visage résolument engagé et souriant, avec ce titre qui la distingue entre toutes les femmes, celui d'être pour toujours la première qui a fait le tour du monde à la voile en solitaire en 1991.

Il est souvent malaisé et parfois indélicat de résumer la vie d'une personne en quelques mots. Surtout quand il est question de parler d'une femme aussi populaire que pudique. Pour Isabelle Autissier, ce pourrait être : les femmes, la liberté, la mer, l'aventure, l'engagement et l'écriture.

> La mer, c'est sa seconde peau.

La liberté ? Une chance. Ses parents n'ont eu que des filles. Aussi, aucune éducation différenciée et encore moins sexiste. D'autant que la tribu familiale ressemble aussi à un gynécée. Pensez, dans la famille Autissier, on est dix femmes – la mère, les grand-mères, tante et cousine et les cinq filles – et deux hommes, le père et le grand-père. Le père est architecte. Il aura construit pour ses cinq filles une vie sans barreaux. Isabelle s'en souviendra toujours.

La mer ? C'est sa seconde peau. Mieux, c'est la sienne. Elles ont fait corps ensemble dès les premières années de l'enfance. Délaissant la banlieue parisienne, la famille prend la route chaque été pour la Bretagne. La voiture tracte un petit bateau en bois en direction de Lancieux, dans les Côtes-d'Armor, entre la baie de Saint-Malo et Saint-Cast. Car déjà, on navigue. Les années passant, un autre bateau, à cabine cette fois, les emmènera plus loin, vers les îles de la Manche. Alors, on ira à la mer tout le temps, été comme hiver, au printemps comme en automne. La mer, le vent, les courants, les rochers, le travail à bord et le danger aussi, tout ça a construit la jeune Isabelle. Avec la cerise sur le gâteau : l'excitation de l'aventure, la griserie des flots, l'enivrement des embruns… Elle a trouvé son élément. C'est donc tout naturellement qu'elle choisit une voie professionnelle qui ne l'en éloignera jamais. Elle sera ingénieur agronome section halieutique. Passons sous silence le sexisme, les réflexions réductrices. Dans ces années '70, les femmes sont rares dans ces filières. Elle n'en a cure. Son diplôme dans la poche, elle part enseigner à l'école maritime et aquacole de La Rochelle, où elle vit encore aujourd'hui. Elle construit alors son premier bateau. Il s'appellera « Paroles ». Un nom taillé dans la houle pour prendre les voiles en 1987 et écrire sa première traversée de l'Atlantique en solitaire.

Car, l'aventure l'appelle au sens presque biblique du terme. Elle « doit » partir. Elle en rêve. Des océans, des mers du sud, du Cap Horn. Pour l'heure, tout à la fois, elle enseigne et participe à des courses. Mais une course autour du monde en solitaire, ce n'est pas dingue, quand même ? Elle a dépassé la trentaine. C'est justement le moment ou jamais. La mer la prend à cent pour cent. Le 29 avril 1991, l'arrivée à Newport, aux États-Unis, c'est inouï. Elle sait que ce rêve accompli lui donnera la force tranquille de tout entreprendre pour le reste de sa vie.

Aussi, en 2006, partira-telle en exploratrice dans le Grand Sud puis au Grand Nord avec Erik Orsenna, écrivain-voyageur, qui fut le conseiller culturel de François Mitterrand. De ces expéditions, elle rapportera des romans, des récits, des plaidoyers pour la préservation des océans.

L'enfant, qui lisait les aventures de ces femmes libres et aventurières, à commencer par celles d'Alexandra David-Néel, mais aussi celles de Bernard Moitessier et de Gérard Janichon, deviendra également une belle plume, auteure d'une quinzaine d'ouvrages. Prenez-le temps de les lire. Afin de faire au moins mentir le titre de son premier roman (pas son premier livre) paru en 2009, *Seule la mer s'en souviendra*…

Zhang Shan

Chinoise | 1968 (Nanchong, province de Sichuan, Chine)

LA PREMIÈRE FEMME À REMPORTER UNE ÉPREUVE DE TIR MIXTE DANS L'HISTOIRE DES JEUX OLYMPIQUES, EN 1992.

Vous vous souvenez peut-être de l'enquêtrice Clarice Starling, sous les traits de Jodie Foster en jeune *rookie* du FBI. C'était dans le film de Jonathan Demme, d'après le livre de Thomas Harris, le *Silence des Agneaux* (grand prix de littérature policière en 1991, éditions Albin Michel). Dans ce film d'horreur aux cinq oscars, on dit de Clarice qu'elle tire aussi bien que ses collègues masculins.

On pourrait en dire autant de la chinoise **Zhang Shan**. Cependant, les scènes des exercices de tir exceptées, la comparaison s'arrête là. Il suffit de revoir la scène réelle cette fois de la cérémonie de remise des médailles aux Jeux de Barcelone. Le 28 juillet 1992. La jeune tireuse de vingt-quatre ans est portée par ses deux dauphins dont elle vient de triompher, Juan Jorge Giha et Bruno Mario Rossetti. Le tir à la volée sur des plateaux d'argile est encore mixte. Et la jeune femme de tirer … son épingle du jeu. Le jeu de mots est facile et faible à la fois ! Soit. Mais 223 points, c'est plus qu'une victoire. Un exploit jamais vu.

Mais 223 points, c'est plus qu'une victoire. Un exploit jamais vu.

Elle devient la première tireuse de l'histoire à remporter l'or en compétition mixte de skeet olympique. Cet exploit n'arrive pas de nulle part. Elle a déjà raflé deux médailles d'or mondiales en 1989. Rappelons pour les novices que le skeet est une épreuve olympique où sont lancés des plateaux d'argile dans une surface définie, sur lesquels le ou la concurrente doit tirer à l'aide d'un fusil.

Dès les Olympiades d'Atlanta en 1996, la Fédération internationale de tir séparera les épreuves dames et messieurs, faisant de facto de la championne la dernière en titre de cette épreuve mixte. La raison de cette décision ? La Fédération internationale de tir aurait-elle pris cette victoire comme une humiliation insupportable ? Dans leur livre *La grande histoire des Jeux Olympiques*[1], les auteurs Henri Carpentier et Euloge Boissonnade le suggèrent. Le doute est permis. Quant à remettre sur le tapis la sempiternelle question de

1. Éditions France Empire, 1999

la place des femmes dans certains sports, il semble qu'elles sont de plus en plus nombreuses à pratiquer le tir sportif. Mais que l'on se rassure, selon la sociologue suisse Solène Froidevaux, qui en a fait son sujet de thèse – *Des corps, des armes, des hommes... et femmes* –

> *« dans le tir sportif, l'arme est désinvestie de ses buts premiers qui sont de se défendre ou de tuer »*

Mais revenons à notre championne de tir. D'où lui est venue cette passion ? Zhang Shan est née dans la province du Sichuan en République populaire de Chine. Cette région montagneuse traversée par le célèbre fleuve, le Yang-Tsé, où tant de sites sont inscrits au patrimoine mondial, paraît une région propice à la méditation, un brin pimentée par ce poivre qu'on y récolte, aux saveurs si particulières… Elle naît en 1968, l'année précisément où les femmes participent pour la première fois aux épreuves olympiques de tir, en compétition directe avec les hommes. Concordance ou hasard des événements ? Qu'importe. Dès qu'elle a commencé avec un fusil de chasse à l'âge de seize ans, elle est tombée amoureuse. Car pour elle, le tir, c'est plus qu'un métier. Une telle passion qu'elle ne pense pas pouvoir s'arrêter de tirer de son vivant ! Si un jour, *« il y a une vieille sur le champ de tir, ce sera moi »*, s'amuse-telle à dire.

1992 ET 1994

Catherine Destivelle

Française | 1960 (Oran, Algérie)

LA PREMIÈRE ALPINISTE À GRAVIR EN HIVER ET EN SOLITAIRE LES TROIS GRANDES FACES NORD DES ALPES, DANS LES ANNÉES ‘90.

Rendre compte des exploits d’une alpiniste considérée comme la meilleure du monde n’est pas chose aisée, surtout pour les adeptes des volcans d’Auvergne… en autocar ! En quoi cette femme est-elle une pionnière, m’a demandé un ami ? Une broutille, ou presque, ai-je répondu, avec ironie.

C’est vrai qu’elle a fait ses premières griffes sur les rochers des forêts de Fontainebleau. Mais il faut bien commencer… Ardus, ils n’étaient que des amuse-bouches qu’elle a vite délaissés pour se tourner vers les Alpes, dès l’âge de quinze ans. Puis, quelques années plus tard, rattrapée par le virus de l’escalade, elle dira au-revoir à son métier de kinésithérapeute pour se frotter aux compétitions internationales.

Alors, des broutilles ou presque ? C’est une plaisanterie, bien sûr. Celle qui dit toujours suivre son instinct, car il ne la trompe pas, s’est bel et bien « coltinée », entre 1992 et 1994, en solo et en hiver, les faces nord des trois sommets mythiques considérés par les alpinistes comme étant les « Trois grands problèmes » du massif alpin, dont l’altitude se situe autour des 4 000 m. Oh, oh c’est haut, tout ça !

Mais il faut dire qu’il y a du beau monde là-bas : l’Eiger dans les Alpes bernoises (3 967 m), les Grandes Jorasses (4 208 m) dans le massif du Mont-Blanc et le Cervin dans les Alpes valaisiennes (4 478 m), qualifié par certains « d’invincible ». Voilà donc bien une femme qui n’a pas froid aux yeux. Ce qui est quand même on ne peut mieux, étant donné les températures que l’on trouve là-haut sur la montagne.

On parle à l’époque de style alpin. Plus qu’un ensemble de règles de conduite et de style – équipes réduites, équipement minimaliste, etc. – il s’agit plutôt d’un état d’esprit. Évoquant son ascension de l’Eiger et la nuit qu’elle dut passer au sommet, elle nous raconte qu’elle y rêva de profiteroles au chocolat. C’est beau, l’esprit alpin !

Quant au Cervin, ce caillou très stylé, un commentateur nous informe qu’il y a quelques millions d’années, il était en Afrique ! Autant vous dire qu’il ne faut pas traîner et qu’une telle ascension doit être menée tambour battant au risque de se retrouver, dieu sait où ? Mais c’est une autre histoire ou bien une plaisanterie…

Toutefois, si l'Eiger est ténébreux et le Cervin un tantinet coquet avec sa pointe déjetée, les Grandes Jorasses semblent être le graal pour de nombreux alpinistes. Arête faîtière de plus d'un kilomètre, dotée de six pointes et d'une façade de 1 200 mètres. Bref, c'est une forteresse monumentale défendue par Dieu et Diable jacassant à tout va, et n'hésitant pas à déchaîner les éléments à l'approche d'assaillants osant défier leurs domaines, allant jusqu'à les « caillasser » à l'occasion. Quel accueil !

Dès lors, on n'escalade pas les Grandes Jorasses, on les prend d'assaut ! En 1993, précédée par un jeune homme à la témérité ébouriffée, Catherine Destivelle se lance sur la même voie, l'éperon Walker, et ça caille sec : -20 °C.

Résumons : la face nord en hiver et en solo reste un exploit incontestable. Cela nécessite de l'audace, une certaine endurance au mal et une bonne paire de godasses (et peut-être faut-il aussi beaucoup aimer le chocolat, même en rêve ?)

Toutefois, à l'orée des années 1980, quand apparaissent les Piolets d'or – sensés récompenser les meilleurs alpinistes du moment – Catherine Destivelle s'y présentera trois fois sans jamais décrocher la timbale. Elle finira par l'obtenir en 2020 pour l'ensemble de sa carrière.

Rappelons quand même qu'à ce jour, elle reste la seule femme à avoir réalisé un tel exploit. On a beau être peu friand des breloques en tout genre, on aurait envie ici, Madame, de vous décerner, et le plus sérieusement du monde, le premier piolet… En chocolat. Et ne nous dites pas que vous n'en avez jamais rêvé !

1995

Helen Johansson

Suédoise | 1961 (Vaggeryd, Suède)

LA PREMIÈRE FEMME À TRIOMPHER DANS LE GRAND PRIX D'AMÉRIQUE, EN 1995.

Près de deux mille kilomètres séparent la Suède de l'hippodrome du bois de Vincennes. Mais aucune distance ne saurait être trop grande quand on a l'honneur de participer à la plus grande course de trot attelé au monde. Celle que l'on appelle « La Belle », où se réunit la crème de la crème de tout ce qui compte dans l'univers du trot international. Pour en faire partie, on déplacerait des montagnes ! Alors, pensez, de la péninsule scandinave à la cité de Vincennes, aux portes de Paris, le pas à faire semble bien petit !

Un pas que l'on saute avec d'autant plus d'allégresse quand on a l'honneur d'être, à la surprise générale (c'est la première surprise, et il y en aura bientôt deux du même acabit) la première femme à prendre part au Grand Prix d'Amérique. De mémoire, on n'avait jamais vu ça, depuis plus d'un siècle, dès lors que l'hippodrome fut construit, et pas davantage depuis que le Prix fut inauguré en 1920, en hommage à l'engagement américain pendant la Première Guerre mondiale. L'événement qui a tout d'une grand-messe, et comme toute date gravée dans la tradition, se déroule immanquablement chaque année, le même jour, le dernier dimanche de janvier, en est tout chamboulé.

C'est un pas, de surcroît, que l'on saute avec encore plus de panache, quand l'on sait… Mais silence ! Les jeux ne sont pas faits. Attendez, la course n'est pas même commencée…

> La foule de l'hippodrome de Vincennes acclame la casaque rayée blanc et bleue aux manches rouges.

Donc, le 29 janvier 1995, quand **Helen Johansson** s'installe au sulky de la jument Ina Scot, à la place de son entraîneur et driver habituel, Kjell P. Dahlstrom, c'est peu dire que l'on opine du casque. Oh, elle n'est pas une novice, loin de là. Dans le comté de Jönköping, où Helen Johansson a, dès l'âge de dix-huit ans, commencé son apprentissage hippique, elle se fait déjà remarquer et son entraîneur, le même Dahlstrom a déjà sûrement en tête de la faire grimper jusqu'au sommet ! Du reste, quand elle arrive à Vincennes, Helen peut déjà s'enorgueillir d'une trentaine de victoires. Quant à l'histoire hors piste, les deux sont mariés depuis dix ans…

Tout de même, l'on se demande si l'explication du couple de drivers tient la route. Ils auraient estimé que leur monture, Ina Scot, aurait plus de chances avec moins de poids à tirer. Cela dit, le doute reste permis dans la mesure où la jument, qui ne semble pas au mieux de sa forme, n'a pas brillé dans le dernier Prix de Belgique et ne se classe pas comme favorite.

Ce dernier dimanche de l'année 1995, dix-huit chevaux et juments sont au départ. Quelques minutes plus tard, au terme d'un sprint éblouissant, autre surprise de taille. Plus grande que la première. La foule de l'hippodrome de Vincennes acclame la casaque rayée blanc et bleue aux manches rouges. C'est celle de la jeune Suédoise de trente-trois ans. Elle vient de remporter la course de trot la plus difficile et la plus prestigieuse, dotée en 2021 d'un million d'euros, qui fait office de championnat du monde des trotteurs.

Beaux seigneurs, les coureurs du Prix d'Amérique lui rendront hommage en lui attribuant le nom d'une course qui se dispute depuis lors le même jour, chaque dernier dimanche de janvier.

1997

Anita L. DeFrantz

Américaine | 1952 (Philadelphie, États-Unis)

LA PREMIÈRE FEMME À ACCÉDER À LA VICE-PRÉSIDENCE DU COMITÉ INTERNATIONAL OLYMPIQUE (CIO), EN 1997.

Elle est femme et noire [...] qui mieux qu'elle peut défendre le droit des femmes au sein du Comité.

Depuis sa création en 1891 par Pierre de Coubertin, le Comité international olympique, le CIO, a toujours été dirigé par un homme. Neuf s'y sont succédés. Il n'y a rien qui puisse surprendre quand l'on sait ce que pensait M. de Courbertin de la présence des femmes dans le sport... On ne s'étonnera donc pas, même s'il y a de quoi être choqué, qu'il ait fallu attendre un centenaire – exactement 103 ans – pour qu'une femme soit admise dans ses cercles dirigeants.

Faut-il rappeler que celui qui a cédé sa place en 2001 à Jacques Rogge, Juan Antonio Samaranch, constatait publiquement que l'autorité suprême du mouvement olympique n'était pas encore prête pour accueillir une femme à sa tête. Alors même qu'à cette date, il avait déjà permis à deux femmes en 1981 – la Vénézuélienne Flor Isava-Fonseca (voir p. 144) et la finlandaise Pirjo Häggman – d'intégrer le CIO, alors exclusivement masculin. Et qu'une femme était presque parvenue à son sommet, quatre ans plus tôt, en 1997. Presque, en effet. Car sans réussir à atteindre la présidence, cette femme accédait néanmoins au cœur du royaume, en prenant le poste de vice-présidente.

Cette femme, c'est **Anita DeFrantz**. Une athlète, capitaine de l'équipe américaine d'aviron, récompensée en 1976 aux Jeux Olympiques de Montréal par une médaille de bronze, huit pointes avec barreur, l'épreuve reine de la discipline. Ce qu'elle vise, ce sont bien sûr les Jeux Olympiques de Moscou, qui auront lieu quatre ans plus tard. Le temps de s'entraîner à fond et d'obtenir le diplôme d'avocat... Un rêve qu'elle ne pourra hélas pas réaliser, Washington ayant décidé de boycotter les Jeux en signe de protestation contre l'invasion des troupes soviétiques en Afghanistan.

L'année où elle accepte que sa carrière sportive s'arrête devant la réalité politique lui fait prendre un tout autre chemin. Devenir membre du CIO ne l'a jamais effleurée, dit-elle, mais après différentes missions institutionnelles dans le monde du sport et après avoir été membre du comité d'organisation des Jeux de Los Angeles dans les années '80 et de ceux d'Atlanta en '96, le désir de poursuivre ses actions d'athlète engagée, qui a toujours défendu les droits des athlètes et le droit à l'égalité, va la décider à briguer les plus hautes fonctions du CIO.

Elle est femme et noire. Aussi, qui mieux qu'elle peut défendre le droit des femmes au sein du Comité. La deuxième Conférence mondiale du CIO organisée à Paris, durant l'année 2000, a pour thème : La femme et le sport... Tiens, tiens. On y adopte une résolution :

> *« Le mouvement olympique doit réserver aux femmes, pour fin 2005, au moins 20 % des postes dans toutes ses structures ayant un pouvoir de décision ».*

On y décerne pour la première fois des Trophées *« Femme et Sport »* afin de promouvoir et récompenser l'action des femmes dans le sport.

Les promesses ont-elles été tenues ? Pas vraiment. Aujourd'hui, si l'on peut applaudir la parité parfaite des JO 2024 à Paris qui accueille 10 500 athlètes, autant d'hommes que de femmes, c'est une autre partition qui se lit dans les instances administratives et dirigeantes. À l'horizon de 2025, il n'y aura pas de femmes à la présidence du CIO, puisque le 9e président a été réélu en 2021 pour un mandat de quatre ans.

Farah Palmer

Néo-Zélandaise | 1972 (Te Kuiti, Nouvelle-Zélande)

LA PREMIÈRE RUGBYWOMEN DE L'HISTOIRE DE LA COUPE DU MONDE, DÈS 1998.

Si le film *Le Seigneur des Anneaux*, de Peter Jackson, a beaucoup contribué à faire connaître ces deux îles situées en plein cœur de l'océan Pacifique, la Nouvelle-Zélande est surtout célèbre pour son équipe de rugby, les *All Black*, et leur célèbre haka. Et aujourd'hui pour son équipe féminine *Les Black Ferns*. Ou en français, *Fougères Noires*. Ces dernières étant devenues championnes du monde.

Ces titres, les *Blacks Ferns* ne font pas mystère de les devoir à **Farah Palmer**, la capitaine la plus titrée de l'histoire de la Coupe du Monde de Rugby, en ayant remporté trois titres entre 1998 et 2006, battant les États-Unis lors de la finale de 1998, puis l'Angleterre en finale des éditions 2002 et 2006.

La cinquantaine aujourd'hui, elle fait partie depuis 2016 du conseil d'administration de la Fédération néo-zélandaise de Rugby, la NZR (la New Zealand *Rugby)* qui, en reconnaissance de sa contribution au rugby, a renommé en 2016 son championnat provincial féminin « Farah Palmer Cup ».

Une chose est certaine, c'est que la première femme à avoir été élue représentante maorie ne ménage pas ses forces au sein des instances. Nul doute que son beau discours devant le Conseil du World Rugby a été déterminant pour que la Nouvelle-Zélande obtienne le droit d'organiser la Coupe du monde 2021.

> Tout commence lors d'un match féminin d'exhibition à Piopo.

Cette élection n'a évidemment pas manqué de faire palpiter son cœur. Une consécration inimaginable pour celle qui a certes grandi dans le sillage de Colin Meads, considéré comme l'un des plus grands joueurs de rugby de la planète, mais qui n'imaginait pas qu'elle arriverait jusque-là.

Il faut dire que ses premiers pas ne présageaient pas vraiment de la route à venir. Tout commence lors d'un match féminin d'exhibition à Piopo, un village au nord de l'Ile, non loin d'où vivait d'ailleurs Colin Meads. Elle n'a pas oublié cette première fois. C'était sa dernière année à l'école primaire. Il était question de faire une sorte de démonstration en lever de rideau d'un match des garçons. Farah Palmer se souvient :

« Quelqu'un a suggéré que ce serait pas mal de monter une équipe de filles, de leur donner des maillots, de les coacher cinq minutes et de les laisser prendre le terrain »,

Inutile de préciser qu'elle fut parmi les volontaires. L'expérience est hilarante. Beaucoup se moquent aussi. Mais c'est parti, elle attrape le virus !

La suite ? C'est l'université de Dunedin au sein de laquelle elle étonne les sélectionneurs néo-zélandais. Puis, en 1996, elle a vingt-quatre ans quand elle débute dans la cour des presque grands avec les *Black Ferns*, l'équipe de Nouvelle-Zélande de Rugby à XV féminin, qui vient d'être créée cinq ans auparavant, et dispute un match contre l'Australie. Elle enchaîne immédiatement en endossant le titre de capitaine et c'est sous son brassard que la Nouvelle-Zélande ne perdra alors qu'un seul match, entre 1997 et sa retraite en 2006, faisant d'elle la plus grande gagnante du pays.

Sous sa houlette, les joueuses du pays au long nuage blanc ont de l'avenir. Avec leur « Haka », le *Ko Uhia Mai* – qu'on peut traduire par *« Qu'on le sache »* ou *« Faisons-le savoir »* – écrit en 2006 par le chef maori Whetu Tipiwaielles, elles se présentent en effet comme des femmes porteuses de lumière pour l'humanité. Rien de moins !

Elissa Steamer

Américaine | 1975 (Fort Myers, Floride, États-Unis)

LA PREMIÈRE SKATEUSE, APRÈS BIEN DES PIONNIÈRES, À DEVENIR PROFESSIONNELLE, EN 1998.

Quand la discipline du skate ne figurait pas encore au programme des Jeux, il y eut de belles pionnières, que l'histoire a peut-être oubliées. Une raison supplémentaire de les rappeler à notre souvenir !

Et puis, bien sûr, il y eut la légendaire Elissa Steamer. Malgré son nom, ce n'est évidemment pas sur un bateau propulsé par la vapeur que cette Américaine a pris son envol. Déjà populaire pour les surfeurs de la Côte Ouest, le skate est bien commode dans les moments de mauvais temps. L'on troque alors la planche de surf contre celle à bois, qui arpente le bitume.

> Sa première planche ? C'est son père qui la lui offre pour ses 14 ans.

Née en Floride, Elissa Steamer est en 1998, à vingt-trois ans, la seule skate-boardeuse professionnelle au monde. Partout, de la *Slam City Womens Street* à Vancouver en 1998 à la World Cup of skateboarding en Australie en 2005, elle est la *first*. Sa première planche ? C'est son père qui la lui offre pour ses quatorze printemps. Il lui en procurera de toutes nouvelles quasiment tous les six mois. Pour sûr, elle est la seule jeune fille de son quartier, de son comté et peut-être même des États-Unis à « skateboarder ». Depuis 2008, elle semble s'être retirée des compétions et s'en est retournée dans sa ville natale de Fort Myers pour y développer des projets. Certes, elle inspirera de nombreuses skateuses contemporaines, de Lacey Baker à Leticia Bufoni en passant par Valeria Kechichian, Lyn-Z Adams, la médaillée d'argent aux derniers JO du Japon, Rayssa Leal, et encore les françaises Charlotte Hym et Madeleine Larcheron, qui ont participé également aux Jeux de Tokyo. Elle-même n'aura-t-elle pas été séduite par ces « rideuses » des années '70, qui ont sacrément débroussaillé la voie !

Parmi lesquelles, la charmante Patti McGee qui, prenant part à la première compétition officielle organisée en Californie en 1963, devient l'année suivante championne nationale de skateboard féminin à Santa Monica. Dans son atelier de menuiserie, son frère qui l'avait mise sur les planches lui avait confectionné un parfait matériel à sa mesure. Puis, ce sera Wendy Bearer, qui s'entraîne aussi avec son frère au Palma Stadium pour le championnat californien de la ville d'Anaheim, près de Los Angeles.

Quant à Ellen O'Neal, c'est en se présentant dans les années '70 à la compétition du Stadium de San Diego, qu'elle fera le grand saut. Seule femme sur une brochette d'au moins soixante skateurs, elle gagnera la deuxième marche du podium. Il faut dire que depuis ses quinze printemps, délaissant le bus qui la conduit à l'école, elle a choisi le skate, où sous les yeux ébahis de ses camarades, elle a déjà fière allure ! Tout est bon alors pour « rider ». Y compris d'utiliser quand ils sont à sec, et cela avant la construction des parcs d'entraînement, les larges tuyaux d'évacuation des eaux usées, comme d'une rampe. Elle et sa bande élaborent alors en roulant les figures les plus folles en freestyle, avec en plus l'euphorie de la vitesse. Ellen 0'Neal s'en souvenait encore avec jubilation du haut de ses cinquante ans ! Même si, lors des championnats du monde, elle se plaçait derrière une autre Ellen, du nom de Berryman, elle fut sans doute la plus sponsorisée par les marques et la plus adulée par les magazines en vogue de l'époque. Avec ses longs cheveux blonds, ses shorts courts et colorés et son style naturel, elle restera dans l'histoire comme l'icône du *skate* féminin. Devenue responsable des ressources humaines dans le secteur médical, elle invitait souvent les jeunes générations à ne pas se prendre trop au sérieux. Ce seront ses derniers conseils puisqu'elle est décédée en 2020.

Surya Bonaly

Française | 1973 (Nice, Provence-Côte d'Azur, France)

ELLE A INVENTÉ UN SUPERBE SALTO ARRIÈRE EN PATINAGE ARTISTIQUE AUX OLYMPIADES DE SAGANO AU JAPON, EN 1998.

Il y a un quart de siècle, elle régnait en star sur la scène du patinage artistique. Elle était en France la première patineuse noire et la deuxième dans le monde avec Devi Thomas.

Depuis, elle s'est exilée aux États-Unis. C'était en 1998, quand elle décida d'arrêter la compétition, après le fameux salto arrière ovationné par le public aux JO de Nagano au Japon. Certes, on la connaissait pour ces triples sauts, bouclés, piqués et autres figures des plus audacieuses. Mais là, elle faisait fort ! Ce mouvement était interdit. Le jury a vu rouge et l'a pénalisée. Elle expliquera plus tard qu'elle n'avait pas d'autre choix tant la douleur qu'elle ressentait suite à une blessure qu'elle s'était faite au tendon d'Achille était insupportable. L'adrénaline parfois ne suffit pas pour aller au-dessus de ses forces. Ce salto arrière avec réception sur un pied, quel prodige pourtant !

> Être noire dans un monde de glace absolument blanc a-t-il pesé ?

À Las Vegas, elle ouvre une école avec sa mère, Suzanne, et initie des enfants de tous âges à la pratique du patinage. Très sollicitée à l'étranger, du Mexique jusqu'à la Norvège, elle revient de temps à autres dans son pays d'avant sa naturalisation américaine, pour des stages ou des rencontres ; en 2019 pour se voir honorée de la médaille de la Légion d'honneur dans sa ville natale de Nice ou plus récemment participer à une rencontre littéraire et champêtre dans le département de l'Indre-et-Loire pour la 27e édition de La Forêt des Livres, où elle a pu sans doute rencontrer le célèbre pédopsychiatre Boris Cyrulnik. On le voit, l'ex-star des patineuses n'est pas cramponnée à ses pantins de coach et d'entraîneuse. Encore moins figée dans son passé. Dans la belle brochette d'écrivains et de personnalités réunies pour l'occasion, on espère qu'il s'est trouvé quelqu'un pour lui faire part de l'information donnée quelques mois auparavant par la journaliste Agathe Hakoun dans le magazine

Connaissance des Arts, selon laquelle il avait été découvert dans une tombe des patins à glace de l'âge de bronze sur le site de Jiren Taigoubou, au nord-ouest de la Chine, datant de 3 500 ans et faite d'os d'animaux.

En 2019, une récente série diffusée par Netflix apportait un éclairage nouveau sur l'échec dans le domaine du sport, explorait les sentiments qu'éprouvent les sportifs quand ils ne gagnent pas et évoquait une certaine beauté de la défaite. Encore faut-il s'entendre sur ce que signifie l'échec. Est-ce de ne pas avoir décroché de médaille olympique ?

C'est le cas de **Surya Bonaly**, dont un des épisodes de la série relate le parcours. Malgré un palmarès affichant de nombreux titres prestigieux, elle n'y parviendra pas. Être noire dans un monde de glace absolument blanc a-t-il pesé ? Ou était-elle trop en avance ?

Au journaliste Damien Burnier qui lui demandait en 2022, lors de son séjour à Montpellier pour les Mondiaux, comment, avec le recul, elle voyait son salto arrière, elle répondait que vingt-cinq ans après, elle en était fière, heureuse que son nom lui soit associé.

Jusqu'à la quarantaine, ce saut a fait partie de son entraînement quotidien. Elle avoue s'en être offert un pour le plaisir à ses quarante-huit ans. Quand on pratique si tôt (elle a commencé à trois ans) les gestes s'impriment dans le corps pour la vie. Pour elle, le patinage, c'est comme une deuxième peau.

Le sabre au féminin

Elena Victorovna Jemayeva | Russe - Azérie
1971 (Moscou, Russie)

Mariel Leigh Zagunis | Américaine
1985 (Beaverton, Oregon, États-Unis)

Ibtihaj Muhammad | Américaine
1985 (Maplewood, New Jersey, États-Unis)

LES PREMIÈRES... À DÉCROCHER LE TITRE DE CHAMPIONNE DU MONDE DE SABRE FÉMININ DÈS QU'IL EST MIS EN JEU, EN 1999, À REMPORTER L'OR AUX JEUX D'ATHÈNES, EN 2004, ET À SE PRÉSENTER VOILÉE AUX JEUX DE 2016.

Elena Victorovna Jemayeva

Difficile de trouver dans les méandres de l'histoire, la première femme qui se serait prise de passion pour l'escrime au sabre. En revanche, l'histoire nous apprend qu'en 1896, le fleuret et le sabre figuraient aux JO d'Athènes. Tandis que l'épée n'apparaissait qu'à ceux de Paris en 1900. Ceci vaut pour les hommes. Côté dames, c'est autre chose. Le fleuret ne voit le jour qu'en 1924, l'épée attendra 1996 et le sabre féminin le 21e siècle.

Depuis, ces jeunes sabreuses, qu'elles soient françaises, grecques, tunisiennes, italiennes, hongroises, etc., sont si nombreuses qu'il est impossible ici de les citer toutes. Aussi, nous n'évoquerons que quelques noms. Celui de **Elena Victorovna Jemayeva,** qui décroche en 1999 le titre de championne du monde, le sabre féminin venant tout juste de figurer au programme. Quelques années plus tard, quand en 2004, il fait son apparition aux Jeux d'Athènes, l'Américaine **Mariel Zagunis,** rafle la médaille d'or. On sait peu de choses sur cette jeune femme d'à peine dix-neuf ans. Pas davantage sur les motivations qui l'ont

Mariel Leigh Zagunis

poussée à choisir l'escrime et le sabre en particulier. Ce que l'on sait, c'est que ses parents ont participé en 1976 aux épreuves d'aviron pour les Jeux de Montréal en 1976. On sait encore qu'elle est gauchère et qu'à l'occasion de sa seconde victoire en 2008, certains journalistes se sont demandé si le fait d'être gaucher constituait un atout, puisqu'alors, ils étaient plus d'une dizaine – armes et sexes confondus – à s'être hissés sur les plus hautes marches du podium. Il semblerait qu'un avantage neurologique soit à l'œuvre, si l'on en croit le professeur d'université et psychologue du sport, Hubert Ripoll, co-auteur avec Guy Azémar, ancien médecin fédéral de l'escrime et Jean-François Stein de l'Institut national du sport (Insep), d'un document sur les « *Effets de la dominance oculaire sur la coordination œil–main dans les duels sportifs* ».

Ce n'est pas le cas de **Ibtihaj Muhammad**. Cette Américaine, née dans une banlieue de Manhattan, diplômée de la Columbia High School et de l'université Duke, est droitière. Elle ne cache pas qu'elle a choisi la discipline de l'escrime dès l'âge de treize ans, parce qu'elle lui permettrait de participer à des compétitions sans être gênée par le port du *hijab*. Du reste, elle confie aussi sans détours que l'escrime étant pratiquée très majoritairement dans les universités d'excellence, elle s'est durement entraînée pour parvenir au niveau le plus haut, afin de pouvoir y prétendre plus aisément.

Aux Jeux de Rio, elle n'a gagné que le bronze par équipes et s'est surtout fait remarquer parce que sous son casque au drapeau américain, la jeune femme portait un *hijab*. Le CIO lui en avait donné l'autorisation. Alors, certes, avec une place en huitième position sur le plan mondial et en seconde dans son pays, elle n'est pas la meilleure sabreuse. Mais on peut penser, à voir la nuée de journalistes qui l'attendaient au sortir de la compétition, ce lundi 8 août 2016, que ce geste pour elle tout naturel – elle est musulmane – pesait en définitive d'un tout autre poids, du moins symboliquement. N'était-ce pas une manière pour elle de combattre l'image négative des musulmans ? N'était-ce pas aussi une façon d'appeler à plus de tolérance et de défier en quelque sorte les propos méprisants de Donald Trump à leur égard dans ce moment où les États-Unis entraient dans la dernière ligne d'une campagne présidentielle.

Après tout, derrière la compétition sportive, les Jeux n'incarnent-ils pas le symbole de la concorde comme la flamme celui de l'idéal de paix et d'amitié entre les peuples.

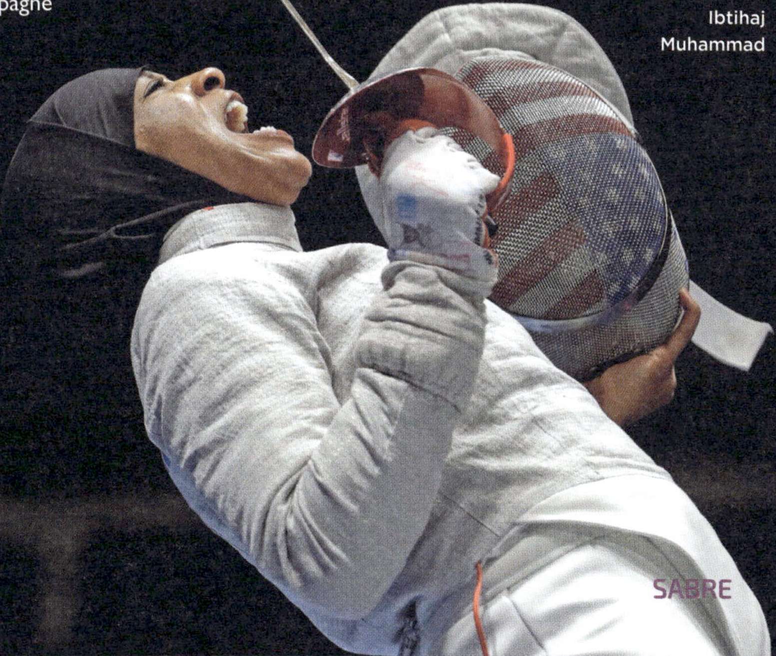

Ibtihaj Muhammad

Serena Williams

Américaine | 1981 (Saginaw, Michigan, États-Unis)

LA PREMIÈRE JOUEUSE DE TENNIS NOIRE LA PLUS TITRÉE.

Tout a été tellement dit sur la joueuse de tennis, classée à plusieurs reprises numéro un mondial, que l'on a l'impression de ne pas pouvoir dans ce portrait ajouter quelque chose de vraiment pertinent. On se sentirait plutôt même gêné. Mais dans un livre consacré aux premières sportives, et à leurs fabuleux exploits, impossible de ne pas évoquer **Serena Willams**. Tant, au-delà de ses performances au tennis, la femme a marqué l'histoire. Du tennis évidement. Du sport en général. De son pays aussi, et en réalité, très certainement, dans la marche du monde vers plus de justice et d'égalité.

Elle a battu en effet tous les records pendant vingt-cinq ans. Hommes et femmes confondus, elle est l'unique femme à avoir tout gagné, les titres du Grand Chelem et des JO en simple ou en double. Un total de vingt-trois titres, ce qui fait d'elle la deuxième joueuse la plus titrée de l'histoire du tennis, derrière l'Australienne Margaret Court.

> Hommes et femmes confondus, elle est l'unique femme à avoir tout gagné [...]

Le dernier tournoi de l'US Open, le 2 septembre 2022, devait célébrer la fin de sa carrière, avait-elle annoncé. Devant un parterre de près de trente mille personnes, dans le plus grand stade de tennis du monde, le National Tennis Center de New York, elle perd le match face à l'Australienne Ajla Tomljanovic, au 3e tour. Nul doute qu'elle aurait préféré tirer sa révérence sur une victoire. Cette déception – qui en reste une – aura été néanmoins largement compensée par l'ovation formidable que le public lui a prodiguée ce jour-là.

Ce jour-là, Serena rend un hommage émouvant à l'homme à qui elle doit tout : son père. C'est lui, Richard Williams, qui l'a menée jusque-là, qui les a poussées, elle et sa sœur, Venus. Car, jouer au tennis quand on a quatre et cinq ans dans un quartier défavorisé de la banlieue de Los Angeles, celui de Compton, réputé comme l'un des pires ghettos de la ville, n'est pas de la première évidence et ce n'est d'ailleurs sûrement pas qu'un jeu. Surtout qu'en plus d'être pauvres, en tous cas de famille très modeste, chez les Williams, on est noir. Et puis, l'aurait-on oublié ? Le tennis est le sport aristocratique par excellence, où l'on joue entre soi. Bien sûr, avant Serena

Williams, il y eut le grand Artur Ashe et Althea Gibson (voir p. 93), la première noire à remporter un titre du Grand Chelem au Roland Garros de 1956, quand aux États-Unis la lutte contre la ségrégation raciale faisait rage – deux ans auparavant, rappelez-vous, Rosa Parks refusait de céder sa place dans un bus. Il y eut encore Zina Garrison, Lori Mc Neil et Chanda Rubin.

C'est tout ça qui doit passer en flash back devant ses yeux, ce jour du tournoi de l'US Open en septembre 2022. Elle va avoir quarante-et-un ans. Elle est en larmes. Le public ne va pas tarder à ne plus rien y voir non plus. Bien sûr d'aucuns diront que c'est un énième épisode du « rêve américain », quand hélas tout n'est pas rose outre-Atlantique. Mais une chose est sûre : cette Amérique continue d'avoir des rêves et dans ce monde sauvage et cruel, c'est déjà ça. Aussi, comment ne pas saluer celle qui a quand même « obligé l'Amérique à reconnaitre ses parias », pour reprendre l'expression du documentaire de Sonia Dauger, « *Venus & Serena. Ces icônes que l'Amérique ne voulait pas voir* ».

Il est vrai que dans la famille Williams, aucune place n'est faite à l'angélisme ni du côté du racisme ni du côté des combats féministes. Serena se sait privilégiée. À ce titre, elle refuse que le silence soit une trahison. Alors, elle s'engage pour la justice sociale, les droits des femmes et la lutte contre les discriminations raciales.

Gisela Pulido Borrell

Espagnole | 1994 (Premià de Mar, Espagne, Catalogne)

Charlotte Consorti

Française | 1978 (Levallois, Hauts-de-Seine, France)

LA PREMIÈRE EST LA PLUS JEUNE CHAMPIONNE DU MONDE DE KITSURF, EN 2004 ; LA DEUXIÈME DÉTIENT LE RECORD DU MONDE DE VITESSE DEPUIS 2010.

Être couronnée à dix ans championne du monde, toutes catégories juniors et seniors confondues, attire évidemment tous les projecteurs. C'était en 2004, en France, aux Sables d'Olonne. Depuis, que ce soit à Nouméa en Nouvelle-Calédonie, en Allemagne ou au Chili, **Gisela Pulido** revient inlassablement sur le podium à la même place. Elle avait vingt-et-un ans quand elle prenait possession en 2015 de son 10e titre de championne du monde de kitesurf.

Ce palmarès éblouissant a sans doute beaucoup à voir avec la grande tradition des sports liés à la mer de la côte catalane du Maresme, non loin de Barcelone où elle est née. Enfant, son père, Juan Manuel, lui fait aimer les activités nautiques avec une prédilection pour celles que l'on qualifie d'extrêmes. Avant de se diriger vers le kitesurf, la fillette, Gigi pour les intimes, commencera par la natation où des résultats prometteurs laissent supposer des dons exceptionnels. Toutefois, au pied du mur, quand s'approche l'heure de rentrer dans la catégorie professionnelle, ses parents s'en inquiètent. N'est-elle pas trop jeune ? Trop tard. Après ses multiples titres, son nouveau défi en 2023 ? Naviguer avec sa planche de kitesurf dans un parc éolien offshore. Situé en mer du Nord au Royaume-Uni, c'est l'un des plus grands parcs avec plus d'une centaine d'aéromoteurs, placés sur une étendue de trois cents kilomètres qui fournissent l'énergie nécessaire à plus de six cent mille foyers britanniques. La voilà donc, depuis le port de Lowestoft, partie seule en pleine mer avec son cerf-volant et sa planche avec autour d'elle la mer, le vent, les trois ailes de cette centaine d'éoliennes et son plein d'énergie à revendre.

Ce n'est pas non plus l'énergie qui manque à celle qui semble n'avoir qu'un seul objectif depuis qu'elle a découvert le kitesurf : aller toujours plus vite. **Charlotte Consorti** a beau avoir vu le jour à Saint-Ouen, une des villes de la banlieue nord de Paris, c'est en Bretagne et en Italie où elle passe ses étés que la mer lui fait signe. Planche à voile, optimisme et catamaran font partie du programme. Plus tard, sans hésitation, elle s'orientera vers des études spécialisées, les STAPS – *sciences et techniques des activités physiques et sportives* – et vers la mer. Ce sera Montpellier, où un stage à l'école Fil d'Air sur l'étang de Thau à Mèze sera décisif. Dès sa première aile achetée, la compétition l'appelle comme un aimant. Deux championnats de France en freestyle plus tard, la vitesse la séduit ou l'inverse, et la conduit à gagner à trois reprises le titre de championne du monde ainsi que plusieurs records du monde de vitesse. Aujourd'hui, quand elle évoque ces moments intenses, Charlotte Consorti n'oublie pas qu'en Namibie en 2010, elle a vécu le meilleur et le pire. Le meilleur : un exploit, un record du monde de vitesse de 50,43 nœuds soit 93 km à l'heure. Le pire : chute dans l'eau, perte de connaissance et peur immense d'avoir touché un rocher, de perdre un œil, celui qu'elle ne parvenait pas malgré les secours à ouvrir.

Décidément, si le kitesurf donne des frissons, il donne aussi des ailes. En parcourant, en 2017 un peu plus de mille kilomètres en dix-huit jours et en solitaire, l'Espagnole Nika Ballus a, elle aussi, réalisé son envie d'aller plus loin. Un record.

Gisela
Pulido Borrell

Charlotte Consorti

2011

Gerlinde Kaltenbrunner

Autrichienne | 1970 (Spital am Pyhrn, Autriche)

LA PREMIÈRE À AVOIR GRAVI, EN 2011, LES QUATORZE SOMMETS DE PLUS DE 8 000 M, SANS UTILISER D'OXYGÈNE ET SANS PORTEUR.

Si pour Victor Hugo, *« les montagnes et la mer parlent au même côté de l'esprit »* comme il l'écrivait à un ami, lors d'un de ses voyages en Espagne, où il put, visitant les grands sites de l'Occitanie, faire dialoguer l'océan et la montagne ; pour **Gerlinde Kaltenbrunner**, en revanche, il semble bien que l'émotion lui soit toujours venue de la verticalité.

Tout a commencé pour elle dès l'enfance, quand le curé de son village organisait pour ses paroissiens, après la messe dominicale, des randonnées dans les montages autrichiennes. Très tôt, elle pratique l'alpinisme, lui consacrant tout son temps libre et plus tard une grande partie de son salaire d'infirmière.

Elle a vingt-trois ans, quand elle gravit son premier sommet de 8 000 m avec l'ascension de l'antécime du Broad Peak Precipit au Pakistan. Mais c'est seulement après avoir franchi le cinquième, en 2003, en arrivant au sommet du Nanga Parbat, qu'elle décide de devenir alpiniste professionnelle. Plus encore, Gerlinde Kaltenbrunner, grisée sans doute par l'ivresse des sommets, se verrait bien escalader tous les sommets de la planète de plus de 8 000 m, tous recensés dans l'Himalaya. On en compte quatorze.

> [Elle] se verrait bien escalader tous les sommets de la planète de plus de 8000 m.

Elle n'est pas la seule à obstinément s'acharner à y réussir. Au printemps 2010, elles sont trois en lice pour se tailler une place dans l'histoire, comme étant celle qui aura gravi pour la première fois ces quatorze sommets. Certains professionnels interrogent toutefois cette course à la « collection des sommets » et semblent regretter l'esprit d'aventure qui prévalait au temps des pionniers, ces « conquérants de l'inutile » pour reprendre la belle expression de l'alpiniste Lionel Terray. Même s'ils reconnaissent que « faire les quatorze » est aussi un moyen de trouver des financements. Mais ceci est une autre histoire. Un autre débat.

En se hissant, à l'été 2011, en haut des 8611 mètres du K2, le deuxième sommet du monde après l'Everest, situé dans le massif du Karakoram entre la Chine et le Népal, l'Autrichienne aura donc surmonté l'épreuve et réussi à gravir les quatorze sommets de la planète qui culminent à plus de 8000 mètres. L'exploit est d'autant plus étonnant, qu'elle l'a fait sans utiliser d'oxygène et sans porteur. Elle est la première femme à y parvenir. Enfin !

Car, il ne lui aura fallu pas moins de six tentatives dont la dernière fut la plus cruelle. Un alpiniste suédois qui grimpait à ses côtés a chuté mortellement dans la dernière partie de la montée, sous ses yeux. Elle ne sait pas vraiment d'où elle a tiré ensuite la force de continuer à y rêver…

Aussi, quand elle avoue n'avoir jamais cherché à battre des records, on reste un peu perplexe. Pour autant, quand cette femme au sourire franc et aux yeux rieurs dit, que dans sa prochaine vie, elle pratiquera plus précocement le yoga et la méditation, on la croit. Comme on la croit quand, respectueuse de la planète, de la nature et des hommes et femmes qui la peuplent, elle s'engage auprès d'une organisation népalaise pour construire des écoles, des ambulances et des ateliers d'apprentissage… Ou quand elle partage ses expériences au cours de conférences et de séminaires afin d'inspirer auprès de ceux qui viennent l'écouter, cette lumière, cette énergie qui murmure à leurs oreilles : « *Ne sous-estimez jamais la puissance de vos rêves…* ».

Megan Rapinoe

Américaine | 1985 (Redding, Californie, États-Unis)

LA PREMIÈRE FOOTBALLEUSE PARMI LES PLUS TITRÉES À S'ENGAGER POUR UN MONDE PLUS JUSTE.

De l'or, cette Américaine en a fait le plein. Une vraie mine, à elle toute seule ! À peine quarante ans aujourd'hui, elle en possède une belle collection, remportée tour à tour, en 2012 aux Jeux Olympiques de Londres ; en 2015 et 2019 aux Coupes du monde féminine de la FIFA où, nommée meilleure joueuse, elle se voit attribuer le Soulier et le Ballon d'Or. Le Saint Graal des joueurs de foot professionnels. On ne serait pas trop dithyrambique si l'on écrivait ici qu'elle est l'une des footballeuses les plus titrées de l'histoire du ballon rond.

Après une carrière commencée bien avant l'âge de raison – car sans doute, chez les Rapinoe, les traditionnelles limites et autres péremptoires plafonds, qui ont cours ailleurs, ne sont pas de mise – l'enfant sauvage de Californie, comme elle se définit elle-même, a annoncé qu'elle raccrochait les crampons en cette fin d'année 2023. Elle aura eu le temps de disputer sa quatrième coupe du monde en Australie et en Nouvelle-Zélande.

Elle aura eu aussi le temps de mettre à profit sa notoriété pour prendre position pour l'égalité de salaires H/F, le droit à l'avortement, l'égalité des chances et le respect que l'on doit aux Noirs et à celles et ceux qui sont différents, notamment les LGBT+…

> *« Il serait irresponsable, déclare-t-elle, de ne pas utiliser cette tribune à portée internationale pour essayer de faire bouger les choses ».*

Il y aurait alors hélas un bon nombre d'irresponsables. Mais ne médisons pas. Laissons le meilleur de cette jeune Américaine s'exprimer.

N'a-t-elle pas mis genoux à terre pendant que se chantait l'hymne américain, en 2016, avant le match du championnat entre Seattle et Chicago ? Par ce geste, mieux encore que par des mots, elle dénonçait les violences policières infligées aux communautés noires et apportait son soutien au joueur de foot US Colin Kaepernick, qui avait créé de vives polémiques en refusant de se lever lors des trois matches de préparation de la saison.

> *« Etant homosexuelle, je sais ce que veut dire regarder le drapeau américain en étant consciente qu'il ne protège pas toutes les libertés ».*

En tous cas, pas pour tout le monde, aurait-elle pu ajouter, rappelant qu'en 1960, à Rome, l'athlète noir, Rafer Johnson, champion olympique du décathlon fut pour la première fois, le porte-drapeau de la délégation américaine et alluma la vasque en 1984 à Los Angeles. N'a-t-elle pas également qualifié ouvertement le Président Trump de représentant des « suprématistes blancs » ?

N'a-t-elle pas mené et gagné un combat historique sur l'égalité salariale, en remportant en mai 2022, épaulée par le sélectionneur américain Vlatko Andonovski, un accord historique au terme d'une longue joute judiciaire ? Dans le livre qu'elle a publié en 2020 *One life*[1], elle réaffirme ce devoir de dire non. Plus qu'un devoir, un impératif.

On ne doute pas qu'elle n'a eu aucune envie, à l'instar de n'importe qui d'autre, d'afficher sa vie privée et ses préférences sexuelles. Mais c'est au nom de cet impératif qu'elle a annoncé en 2012 qu'elle était lesbienne et partageait la vie d'une ancienne sportive de basketball. Pour mettre fin aux propos homophobes, un sujet tabou dans le milieu sportif auquel elle veut tordre le cou. Car si elle n'a pas le monopole des cheveux roses – elle aime d'ailleurs à sa guise passer du rose au bleu et du bleu au violet – en revanche, elle prend avec fougue celui de militer pour un monde meilleur. Parce que tout simplement, l'injustice pousse à la révolte, et si elle porte la deuxième dans les tripes, elle a la première en horreur.

Alors, le goût absolu de se battre et de gagner, avec la vigueur du jeu prodigieux qui a été le sien tout au long de sa carrière, elle ne songe guère à le ranger dans le casier de sa retraite. La buteuse qui, en juillet 2023, remerciait la vie d'avoir

> *« fait partie d'une génération de joueuses qui laisseront indubitablement le football dans un meilleur état que celui dans lequel elles l'ont trouvé »,*

on la verrait bien prendre les mêmes engagements en politique. Ce serait fou, dit-elle. Mais pourquoi pas ? D'autres sont entrés en politique avec beaucoup moins !

1. Éditeur Penguin Presse

Sarah Lezito

Française | 1992 (Paris, France)

LA PREMIÈRE CHAMPIONNE DU MONDE DE STUNT, EN 2015.

Le stunt ? Vous connaissez ? Non, ce n'est pas une nouvelle langue. Quoique. Le mot américain veut dire « cascades » en Français. Plutôt un nouveau sport, alors ? Oui et non. Enchaîner des figures de voltige sur la roue arrière ou avant d'une moto, tous les casse-cous de la planète l'ont fait depuis que la moto existe ! Disons alors que c'est le sport où vous réalisez le plus de figures possibles et inimaginables, aventureuses et osées, sur une moto. Aujourd'hui, si la discipline est toujours non reconnue en France et non encore inscrite sur la liste officielle des disciplines sportives, elle a ses championnats du monde aux États-Unis. Cela dit, le stunt est plutôt présenté en spectacles où des pilotes chevronnés font des shows lors de rassemblements ou de salons auto ou moto.

Et **Sarah Lezito** ? Ce nom ne vous est pas inconnu ? Normal, elle est la plus grande stunteuse de la planète. La seule à se présenter au championnat du monde en 2015. Avec à l'arrivée, la 8e place sur quatre-vingt participants ! Vous l'avez d'ailleurs peut-être déjà vue au cinéma doublant les cascades de l'actrice Scarlett Johansson. Puis, il y a eu *Inferno* avec Omar Sy, et d'autres viendront certainement.

Depuis qu'elle a pris le virus des superproductions, elle se verrait bien en faire son métier. Non pas en rêvant d'être actrice. Pas du tout. Mais pour faire ce qu'elle aime plus que tout : réussir les « tricks », entendez par-là des acrobaties –, les plus stupéfiants que l'on puisse imaginer de faire sur une moto. Ce serait une carrière à la fois plus longue et plus lucrative que le sport extrême. L'avenir le dira.

Pour le reste, les paillettes, très peu pour elle. Cinéma ou pas, ce qui l'intéresse, c'est de « kiffer » en moto. Etre la cascadeuse la plus professionnelle. C'est pourquoi, elle n'en continue pas moins de se produire elle-même en réalisant des vidéos. C'est d'ailleurs de cette façon qu'elle s'est fait connaître et approcher par les producteurs du 7e Art et d'Hollywood.

Tout a commencé à l'adolescence quand elle piquait, presque en cachette, le quad dont son père se servait pour travailler dans ses vignobles. Car, avant de figurer parmi les meilleures motardes freestyle, mademoiselle Vignot, de son vrai nom, a grandi dans les cépages champenois. Originaire de Leuvrigny, un petit village près d'Epernay, son champagne à elle, c'était alors les culbutes en roue-arrière. Seule fille du groupe, elle ne s'en laissait pas conter. Pourtant, vous n'allez pas le croire, elle n'avait auparavant jamais fait de sport, même si aujourd'hui, elle avoue que, pour se garder dans une superbe forme, elle s'entraîne un peu chaque jour. Puis cerise sur le gâteau, elle ne cache pas non plus que son plaisir, après la moto, c'est de faire la cuisine. Mais c'est une autre histoire.

Pour l'heure, si être une femme dans cette discipline a longtemps été un atout, dans la mesure où elles sont rares, elle aimerait bien affronter une femme qui soit… meilleure qu'elle !

> *« Ça me pousserait à me surpasser et me dire que je dois encore progresser »,*

dit-elle. Progresser, c'est ça son moteur. Son adrénaline. Orgasmique, dit-elle !

Ayumi Fukushima, alias B-Girl Ayumi

Japonaise | 1983 (Kyoto, Japon)

LA PREMIÈRE À SE DISTINGUER DANS L'HISTOIRE DE LA BREAKDANCE, EN 2017.

C'est en suivant sa sœur Narumi, passionnée de hip hop et de breaking que **B-Girl Ayumi**, de son vrai nom Ayumi Fukushima, se lance dans la danse… Pardon dans la breakdance, et devient en 2017, la première femme – on dit B-Girl – à participer à Amsterdam aux finales mondiales du Red Bull BC One, la plus grande compétition au monde de la discipline. Ensuite, B-Girl Ayumi remporte les premiers championnats mondiaux à Nanjing (Chine) en juin 2019 et décroche une médaille de bronze aux Jeux Mondiaux (The World Games) qui ont eu lieu en juillet 2022 à Birmingham, aux États Unis.

> Et si cette discipline lui donnait cette assurance dont elle manque tant ?

La breakdance ou le Breaking – c'est selon – a pris naissance dans les quartiers du Bronx dans le sillage du mouvement socioculturel contestataire apparu entre les années '70 et '80 aux États-Unis, quand les jeunes des communautés afro-américaines et portoricaines se lançaient dans des batailles de danse en pleine rue. Quoique certains évoquent l'existence de cette danse en Afrique dès les années cinquante. En tous cas, elle s'est bel et bien développée aux États-Unis avant que des compétitions – on dit des battles – s'organisent ensuite dans le monde entier. Très attractive par sa dimension acrobatique, ses figures au sol et la participation active du DJ et du Maître de cérémonie, elle séduit bientôt les jeunes et le grand public ; et après avoir fait sa première apparition en 2018 dans le programme des Jeux Olympiques de la Jeunesse de Buenos Aires, la voilà qui s'inscrit aux Jeux de Paris en 2024, comme sport additionnel en compagnie du surf, du skateboard et de l'escalade avec, en parfaite parité, deux épreuves, une masculine et une féminine. Aussi, 16 B-Boys et 16 B-Girls s'affronteront-ils sur la Place de la Concorde transformée pour l'occasion en un vaste parc urbain.

B-Girl Ayumi aura alors, en août 2024, lors de l'édition parisienne olympique, fêté ses quarante printemps. Quand elle évoluera à la Concorde, elle ne manquera pas d'avoir une pensée émue, se rappelant sa participation aux Red Bull BC One World Finals à Amsterdam où, opposée au B-Boy sud-coréen Kill, elle perdit de peu la « battle » mais prouva à la planète entière que les B-Girls avaient leur place sur la scène mondiale.

À Paris, seront présentes d'autres grandes figures actuelles du breaking féminin. Quant à Ayumi, elle sera la coéquipière de sa benjamine compatriote, B-girl Ami, née en 1998, vainqueure des championnats du monde 2022 qui, contrairement à elle, a commencé très tôt la breakdance.

Car, en effet, c'est à l'âge de vingt-et-un ans seulement qu'Ayumi découvre qu'elle peut s'exprimer par cette forme de danse. Et si cette discipline lui donnait cette assurance dont elle manque tant, elle qui est si timide et introvertie ? Au cours d'un de ses retours au Japon, elle y sera vivement encouragée par sa sœur qui l'emmène voir des performances. Au Canada et aux États-Unis, elle admire Brice One du Crew Massive Monkees et B-Girl Jesse à Seattle et décide de s'entraîner comme une breakeuse professionnelle. Ce qu'elle est, évidemment. Même si, elle ne l'est qu'à temps partiel puisque Ayumi n'a jamais voulu abandonner son travail d'enseignante. Aussi, durant la journée, elle donne des cours d'apprentissage de l'Anglais à des élèves de maternelle et le soir perfectionne ses mouvements de danse créatifs.

Doris Wetzel

Franco-Allemande | 1976 (Ludwigshafen am Rhein, Allemagne)

Angely Bouillot

Française | 1989 (Val d'Isère, Savoie, France)

Marcela Witt

Brésilienne | 1990 (Rio, Bresil)

CES TROIS FILLES SONT CHACUNE À LEUR MANIÈRE DES PHÉNOMÈNES DU KITESURF.

Doris Wetzel traverse pour la première fois la Méditerranée, en 2017. **Angely Bouillot** est la première à s'être qualifiée pour le King Of the air, en 2018. **Marcela Witt,** la première à avoir pratiqué le kitesurf en Antarctique et à Nazaré, en 2020.

Des cerfs-volants dans le ciel au-dessus de l'eau, certains d'entre nous ont commencé à en apercevoir au début des années '80, se demandant ce que cela pouvait bien être. Quarante ans après, le kitesurf a pris son envol.

S'il est difficile de déterminer la toute première femme à avoir tenté l'aventure, commençons un peu arbitrairement par évoquer la Française Angely Bouillot, profitant du fait que l'Hexagone est considéré comme étant le berceau du Kitesurf depuis que les frères Legaignoux en ont déposé le brevet. À ce jour, on ne compte pas d'autre candidate à s'être qualifiée par deux fois, en 2020 et 2021, à cette compétition reine dans la discipline, comme l'indique son nom, le King of the air. Pourtant, ce sont plutôt les sports de glace qui ont eu un temps sa préférence. Normal quand on vient de la montagne, de Val d'Isère précisément. Puis, un certain ras-le-bol des compétitions de ski l'a conduit à élire un autre élément que la neige, troquer la glisse sur la poudreuse pour la glisse sur l'eau avec en sus l'envol à la voile. Un certain désir de prendre de la hauteur. D'ordinaire, c'est un sport dont on commence la pratique très jeune, elle non. C'est au cours d'un été, où comme à l'ordinaire la famille part faire de la planche à voile à Hyères, qu'un de ses professeurs lui parle de kitesurf. Puis, un autre la convainc de s'entraîner avec plus d'assiduité. Il y a loin cependant jusqu'au Big air. Baroudeuse et douée sans aucun doute, la Française franchit la distance, monte très haut et dessine de belles figures acrobatiques. Ira-t-elle kite-surfer jusqu'au Groenland ? Elle y songe.

Si le Big air est l'une des nombreuses disciplines de la famille du kitesurf, le kite à foil en est une autre : la glisse au-dessus de la surface de l'eau, avec l'aide d'un hydrofoil sous la planche. On n'arrête pas le progrès ! Sauf que cette technologie n'est pas nouvelle. Dès 1900, on semblait déjà l'utiliser pour soulever les bateaux. Doris Wetzel, en est une pionnière. Quand cette championne de voile en Allemagne l'a découvert, elle s'est entraînée pendant plus d'un an pour réaliser son rêve : traverser la Méditerranée. Top départ, le 1er octobre 2017 de Port Camargue – 1 200 km à raison de six à huit heures de navigation. Arrivée à Bizerte en Tunisie, sept jours après. Rêve accompli. Depuis, relier pour la première fois la France et l'Amérique en kitesurf, voilà son objectif. Soit six mille kilomètres en Atlantique Nord.

Ce défi, elle entend le mettre au service de la transition énergétique, la science et l'environnement, à l'instar de la Brésilienne Marcella Witt qui, à peine rentrée en octobre 2021 du Dakar des vagues, avec un trophée de première place, n'a qu'une envie :

> *« reprendre des forces pour planter 500 arbres dans la forêt, un pour chaque kilomètre parcouru comme promis ! »*

À savoir cinq cents km. Avant de participer au Rallye Sertoes sur l'Atlantique Sud, le long de la côte nord-est du Brésil, elle avait déjà été la première femme à affronter la célèbre vague de Nazaré, au Portugal. Puis elle avait tenté l'eau glacée de l'Antarctique. Le danger ne l'effraie pas pour peu qu'elle soit dans son élément : l'eau. Depuis que ses parents, adeptes de la planche à voile, l'ont poussée dans les vagues de la Baie de Rio, la jeune Brésilienne s'est mariée pour la vie à l'océan.

Doris Wetzel

Angely Bouillot

Ana Carrasco

Espagnole | 1997 (Cehegin, région de Murcie, Espagne)

LA PREMIÈRE À DÉCROCHER LE TITRE DE CHAMPIONNE DU MONDE MOTO, EN 2018.

Dans la famille du motocyclisme, les femmes ne sont pas majoritaires, mais des passionnées et des premières, il y en eut. Et il y en a. Citons les plus proches de nous, les britanniques, Emma Bristow, Elspeth Beard (voir p. 135), Beryl Swain (voir p. 117), la Française Anne France Dautheville (voir p. 135). Sans oublier, la vétéran, l'Allemande Suzanne Koerner, en 1927.

Quant à l'Espagnole **Ana Carrasco**, elle est devenue en septembre 2018 la première femme à être sacrée championne du monde moto à la course Supersport 300. Le monde de la moto n'a pas manqué alors de verser sa petite larme en lisant sur Twitter le message de félicitations de Marc Marquez, son compatriote et champion du monde en titre de MotoGP :

> *« Tu écris l'histoire. Merci de montrer à tout le monde que la moto n'est pas qu'un sport de garçons ».*

L'histoire familiale rapporte que dès trois ans elle pilotait déjà des motos … Enfin, disons qu'elle devait bien s'amuser en conduisant la mini-moto de sa sœur aînée qui, elle, n'en avait que faire. En tous cas, cette précocité a porté ses fruits puisque Ana Carrasco fait ses débuts dans la compétition internationale à l'âge de seize ans sur le circuit Moto3 et marque ses premiers points dans une course de championnat du monde en 2013. Cela ne s'était jamais vu depuis Katja Poensgen, la pilote allemande sur 250 cm^3 dans le Grand Prix d'Italie sur le circuit de Mugello en 2001. Cette précocité, Ana la revendique comme le tremplin de son succès. Avis aux championnes en herbe. Dans le magazine espagnol *Marca*, elle explique :

> La moto n'est pas qu'un sport de garçons.

> *« Quel que soit le sport de compétition, avec l'objectif d'aller au niveau mondial, il faut commencer très jeune, passer par de nombreuses catégories, et prendre un maximum d'expérience. La moto est comme tous les autres sports, les jeunes garçons commencent le foot, le basket, ou le tennis*

à trois ou quatre ans. Pour les motos, c'est pareil. Si tu veux apprendre, engranger de l'expérience et être prêt à courir en championnat du monde à 16 ans, tu dois commencer jeune et apprendre tout ce qui est possible avant ».

Voilà qui est dit.

Son parcours semble bien lui donner raison. La jeune pilote enchaîne les victoires à la vitesse grand V, d'abord en catégories junior lors des championnats 125 cm³. À l'âge de douze ans, la petite motarde a donc tout l'air d'être une grande, participant au championnat international en 2011 et obtenant de jolis scores avant de se placer aux Grand Prix de Malaisie et de la Communauté Valencienne.

Puis, tour à tour, celle qui n'a peur de rien, va devoir affronter des problèmes de sponsoring et autres blessures, avant de reprendre sa place sur le bitume et remporter la course du Supersport 300 en 2018, aux commandes de sa Kawasaki Ninja 400, qui fait d'elle la première championne du monde d'un Grand Prix. Certes, son tempérament de fonceuse l'a portée et sa victoire, elle la doit à sa farouche volonté de réussir à réaliser son rêve. L'on pourrait ainsi paraphraser la chanson de Gainsbourg, chantée par Brigitte Bardot, et dire, qu'elle n'a besoin de personne … en Kawasaki. Pourtant, au lendemain de sa victoire, elle remerciait son équipe ! *« Nous avons très bien travaillé »,* lançait-elle radieuse.

Ada Hegerberg

Norvégienne | 1995 (Molde, Norvège)

LA PREMIÈRE FOOTBALLEUSE À RECEVOIR LE BALLON D'OR, EN 2018.

La planète Foot n'en a sûrement pas cru ni ses yeux ni ses oreilles. Lors de la 63e cérémonie de la remise du Ballon d'Or, le 3 décembre 2018, et pour la première fois de son histoire, la plus grande récompense individuelle, qui sacre depuis 1956 le meilleur joueur du monde, a été attribuée à une femme. Depuis, il a couronné la championne du monde américaine Megan Rapinoe (voir p. 186) et la joueuse espagnole Alexia Putellas par deux fois.

Aussi, cette première fut fêtée comme un événement spectaculaire, sous les verrières du Grand Palais à Paris. Elle a fait la une de tous les médias. D'autant que certains débordements ont eu lieu ou disons plutôt quelques remarques maladroites, qui ont presque fait passer en second plan le trophée décerné à la Norvégienne **Ada Hegerberg**, vingt-trois ans, footballeuse internationale, évoluant au poste d'attaquante à l'Olympique lyonnais (OL).

« Jeunes filles, croyez en vous ! », a-t-elle alors lancé au public. Un conseil, un ordre, une supplique ? Peut-être une simple recommandation – mais ô combien encore nécessaire – : croire en soi. De la part d'une championne qui confie qu'elle a toujours envie de se surpasser, mais que ça lui demande énormément de travail, c'est en tous cas un appel à prendre en considération.

Il semble pourtant que de ce côté-là, elle a certainement rencontré un peu moins d'obstacles que la moyenne des femmes peut en affrontrer. Dans son pays, une réelle égalité entre hommes et femmes semble exister. Puis, chez les Hegerberg, on vit au nord-ouest d'Oslo entre les collines douces, les lacs et les fjords et le terrain de foot… Et justement, cela tombe bien car faire du foot est une affaire de famille chez les Hegerberg. Le ballon rond fait partie intrinsèque du programme génétique familial.

Le père a joué dans une équipe de deuxième division. La mère en première. Les deux parents ont ainsi donné à leurs trois enfants le foot comme récréation et activité sportive principale, leur faisant chausser les crampons dès leur plus jeune âge. Aussi, pour Silas, le frère d'Ada et Andrine, sa sœur, tout comme pour elle-même, le foot constitue un élément incontournable. Presque un autre membre de la tribu.

Dès ses quatorze printemps, elle évolue dans une équipe professionnelle. Un match de championnat va bientôt la faire remarquer par un club allemand de Potsdam qui la recrute en même temps que sa sœur. Quand on vous dit que c'est une histoire de famille ! Tandis que ladite sœur, Andrine, prend la direction de la Suède, de l'Angleterre, puis de la France en prenant sa place au PSG, Ada est appelée à l'OL, l'Olympique lyonnais. Elle va y devenir une star avec un palmarès édifiant : 180 buts en 150 matchs, trois Coupes de France, quatre championnats de France, trois Ligues des Champions. On murmure qu'elle serait aujourd'hui la joueuse la mieux payée au monde… Dans le monde sportif qui, hélas, maintient encore une certaine dose d'inégalité du côté du porte-feuille, voilà plutôt une belle nouvelle !

« Jeunes filles, croyez en vous ! »

Mais sur ce terrain-là, la championne ne se contente pas de discours. À une semaine à peine du Mondial 2019, n'a-t-elle pas décidé de ne pas prendre part à la Coupe du monde féminine de football avec la sélection nordique, pourtant qualifiée. Elle ne souffrait alors d'aucune blessure ni de problème de santé. Non ! Elle souhaitait simplement dénoncer les différences de conditions et de traitement entre les footballeuses et leurs homologues masculins.

Momiji Nishiya

Japonaise | 2007 (Matsubara, région d'Osaka, Japon)

PREMIÈRE CHAMPIONNE OLYMPIQUE DE SKATEBOARD DE L'HISTOIRE, EN 2021.

Ah ! Quand la jeunesse l'emporte ! Les discussions fusent ! Quelle sportive est la plus jeune, l'a été ou le sera ? Ce qui est sûr, c'est que notamment au skateboard, la moyenne d'âge aurait presque l'allure de l'enfance… Tenez, pour l'entrée de la discipline dans le grand monde olympique à Tokyo en juillet 2021, six d'entre les huit finalistes avaient entre treize et vingt ans. Mieux encore, sur le podium, à la troisième marche, du haut de ses seize ans, la Japonaise Funa Nakayam est la plus âgée. La Brésilienne Rayssa Leal, médaillée d'argent, compte tout juste treize ans, tout comme la Japonaise sacrée championne **Momiji Nishiya** ! Oups ! À un mois près, Momiji Nishiya aurait fêté ses quatorze ans ! La Japonaise qui a donc remporté la médaille d'or à Tokyo dans la catégorie street dames a réalisé une double première : être la première championne olympique dans une discipline sportive venant d'être adoubée aux Jeux Olympiques au moment de l'édition nippone.

Si le skateboard, comme certains le supposent, a fait son entrée au programme olympique pour rajeunir l'audience, le pari est réussi ! Il est vrai que l'épreuve de street, où le skater doit enchaîner des tricks – des figures – très techniques sur des modules qui, à l'instar des rampes, suggèrent, comme des métaphores, le mobilier urbain, est très prisée des jeunes générations.

Quelques journalistes ont osé par ailleurs faire remarquer, avec une pointe d'ironie joyeuse, que si les Japonais détenaient le plus grand nombre de centenaires dans le monde, il donnait également vie à une fillette championne du monde de skateboard ! Qu'en aurait pensé le Californien Larry Stevenson, qui semble être sinon le pionner de ce sport de glisse dérivé du surf et apparu en Californie aux alentours de l'année 1950, en tous cas celui qui a déposé le premier brevet de la planche en 1969 ? On n'en saura jamais rien. Ce dernier est mort en 2012. Bien avant que Momiji Nishisya se soit imposée.

Poussée par son frère ? Certes, mais pas seulement. En réalité, Momiji est issue d'une famille de snowboarders japonais, une skateboardeuse presque depuis le berceau. Très vite, dès les années de l'école primaire à Matsubara, elle se distingue comme une championne dans la discipline. Après avoir gagné un prix à Minneapolis en février 2021 aux X games, une compétition mythique des sports extrêmes – elle n'a guère plus que onze ans – elle se classe deuxième aux championnats du monde de Rome en Italie et est sélectionnée pour représenter le Japon dans la nouvelle compétition de skateboard street féminin aux Jeux Olympiques de Tokyo.

D'aucuns diront qu'elle ne bat pourtant pas le record de précocité. Quand elle avait été sacrée championne olympique de plongeon en 1936, l'Américaine Marjorie Gestring affichait ses treize ans et ses 267 jours. Certes. Et alors ? Record de jeunesse ou pas, si l'on en croit la déclaration sur le web du site skatedeluxe.com, le skateboard se fiche bien de ces considérations-là.

> *« Le skateboard va plus loin que le simple fait de rouler. Le skateboard est un lifestyle. Le skateboard c'est de l'amour ».*

Voilà qui est dit et présage donc de l'amour dans le monde pour l'avenir ! Pourvu qu'il en soit ainsi !

Amélie Mauresmo

Française | 1979 (Saint-Germain-en-Laye, France)

PREMIÈRE DIRECTRICE DU TOURNOI ROLAND DE GARROS, L'UN DES TOURNOIS MAJEURS DU TENNIS, EN 2021.

Elle a quatre ans quand Yannick Noah sort victorieux de son adversaire suédois Mats Wilander à Roland Garros en 1983. Quand il soulève son trophée, ce n'est pas seulement devant une foule en liesse qui l'acclame, mais devant le monde entier. Le visage radieux du jeune homme déjà charismatique avec ses dents du bonheur et ses dreadlocks s'affiche sur la couverture de tous les magazines et sur tous les écrans. Le tourbillon de la célébrité est tel qu'il demeure dans les mémoires et que l'on parle encore volontiers aujourd'hui de génération Yannick Noah.

Haute comme trois pommes, **Aurélie Mauresmo**, littéralement subjuguée, fait partie des fans. Pour sûr, les clubs de tennis voient alors le nombre des inscriptions monter en flèche. En tous cas, l'impact sur la toute petite fille est sans équivoque : elle veut, elle aussi, jouer au tennis ! Et ce n'est pas pour du beurre. Pour autant, ceux qui la surprennent dans le jardin familial s'exerçant tous les jours avec assiduité à mimer les gestes et les évolutions du joueur camerounais sur le court, peuvent-ils imaginer qu'elle y fera la carrière qu'on lui connaît aujourd'hui et deviendra près de quarante ans après la directrice de Roland Garros.

Un an à peine après la victoire de Yannick Noah, la voilà, accompagnée de sa mère, qui entre dans la salle polyvalente de son village de Bornel dans le val d'Oise. La remarque ne se fait pas attendre : *« Trop petite »*, lance au premier regard Inger Delamare, la championne danoise et entraîneuse qui enseigne au club depuis 1962. Trop petite ... Décidément ! La mère de Nadia Comăneci avait obtenu la même réponse. Seulement, au deuxième regard, la démarche de garçon manqué de la fillette surprend la monitrice. Ensuite, le revers qu'elle réalise la fait réfléchir. Elle, qui a le tennis dans la peau comme « une drogue », n'est évidemment pas insensible à cette passion qu'elle semble déjà percevoir chez la jeune Amélie. Pas seulement la passion. Car sa technique devient vite époustouflante, presque irréprochable. Aussi, conseille-t-elle à Françoise, la maman d'Amélie de passer au stade supérieur, d'inscrire sa fille au club de Méru, à une dizaine de kilomètres. Plus important, il sera plus à même de faire travailler la précoce joueuse de tennis.

Elle a huit ans. Le club de Méru, elle y restera licenciée jusqu'en 1999. Jusqu'à la période des fortes turbulences qui décident le président à démissionner. À son tour, elle quitte alors le club. Aurélie Mauresmo est une fidèle, solidaire. Entretemps, les succès et les titres pleuvent : le championnat du monde junior en 1996, la finale à Melbourne en janvier 1996… Après Suzanne Lenglen en 1919, la jeune joueuse de tennis de l'Oise est entrée dans l'histoire du tennis français féminin.

Fidèle, elle est aussi simple et directe. Le jeudi 3 décembre 2009, quand elle réunit les journalistes dans un restaurant, elle leur dit sans détours :

> *« Je ne vais pas y aller par quatre chemins. Si je vous ai réunis ici, c'est pour vous annoncer la fin de ma carrière. »*

Depuis, tour à tour consultante, entraîneuse et capitaine de la Fed Cup – tournoi mondial de tennis féminin appelé en 2020 la Coupe Billie Jean King – Amélie Mauresmo est donc aujourd'hui à la tête du tournoi de la Porte d'Auteuil jusqu'en 2024.

C'est peu de dire que ce Roland Garros, celui qui l'a tant fait rêver dès son plus jeune âge, qu'elle n'a hélas jamais remporté, se hissant néanmoins à deux reprises en quart de finale, aura toute sa vie été son fil conducteur comme elle-même l'a confié dès sa nomination.

Janja Garnbret

Slovène | 1999 (Smartno pri Slovenj Gradcu, Slovénie)

PREMIÈRE CHAMPIONNE OLYMPIQUE D'ESCALADE, EN 2021.

Il arrive que certaines passions soient vraiment précoces ! C'est le cas de la future grimpeuse slovène, championne olympique en 2021. À cinq ans à peine, elle escalade déjà tout ce qu'elle peut trouver autour d'elle à escalader. Tout ? Oui, oui ! L'armoire familiale de sa maison d'enfance en est témoin. Une photographie la montre, en effet, espiègle, bravant sûrement le regard stupéfait de ses parents qui se demandent bien, d'abord comment leur gamine est arrivée jusque-là et ensuite quelle énergie magique ou non est entrée dans la peau de leur **Janja** de fille pour que, du haut de l'armoire, elle arbore un sourire aussi détendu, satisfait et souriant aux anges, comme en extase.

Cela pourrait passer pour une démonstration d'opposition à l'autorité parentale si cette singularité ne s'était à moult reprises réitérée dans la maison familiale tout comme dans d'autres lieux et circonstances. Que faut-il donc penser quand les doigts des mains et les orteils des pieds de sa progéniture n'ont de cesse de s'agripper à toutes les surfaces, d'y grimper aussi facilement que des singes y parviendraient et à une vitesse si vertigineuse que le commun des mortels ne pourrait l'atteindre, pas même en terrain plat ? D'accord, on dit que les Slovènes ont l'escalade dans le sang, mais quand même !

Bienheureux, en tous cas, les enfants dont les parents disent oui sans hésiter à leurs envies, dont ils pressentent, toutes inouïes soient-elles, qu'elles sont si sincères et profondes qu'il convient de les écouter attentivement. Les uns pour permettre à leur fille passionnée de football de s'exercer très tôt au ballon rond (voir notamment Stéphanie Frappart, p. 206) ; les autres pour endiguer leur trop plein d'énergie et inscrire l'intrépide à un cours de gymnastique (Nadia Comăneci, p. 141). Puissent-ils, ces enfants-là, leur en être reconnaissants à jamais. Le fait n'est pas si habituel.

Intuition parfaite pour les parents de la fillette Janja et pari gagné. Lors de la première compétition, l'enfant prodige est immédiatement remarquée comme telle par les plus grands entraîneurs slovènes, dont celui et non des moindres, Gorazd Hren, de l'équipe nationale. S'ensuivent des victoires en cascade. Les six étapes de la Coupe du monde, c'est elle, la première à les remporter. Le titre au championnat du monde à Hachioji, au Japon, en août 2019, c'est elle aussi. Ils lui ouvrent la voie du triomphe aux JO de Tokyo de 2021.

Trois mois après la victoire du titre olympique, les yeux rivés sur les sommets et avec jubilation comme à l'accoutumée, elle parcourt la difficile voie en falaise

cotée 8c – les cotations vont de 3 à 9 selon les difficultés – appelée *Fish Eye,* à Oliana, en Catalogne, en Espagne, et réussit, à vingt-deux ans, la performance à vue, c'est-à-dire sans aucun essai préalable.

Prodige, vous dis-je ! Dépassant les meilleures grimpeuses compatriotes qu'elle admirait enfant, telles Maja Vidmar et Mina Markovič ainsi que les consœurs qui l'ont précédée dont la Française Charlotte Durif et l'Italienne Laura Rogora, qui fut la première femme à réussir un 9b/+, la meilleure performance féminine de l'histoire en falaise.

Après ça, rien d'étonnant à ce que son pays la hisse au rang d'ambassadrice du tourisme slovène, de ses paysages verdoyants, de ses montagnes aux sommets captivants et de ses engagements en faveur de pratiques écologiques et durables.

Zakia Khudadadi

Afghane | 1998 (Hérat, Afghanistan)

LA PREMIÈRE PARALYMPIQUE RÉFUGIÉE AFGHANE DANS LA DISCIPLINE DU TAEKWONDO, EN 2021.

La télévision est parfois un écran réellement ouvert sur l'univers. **Zakia Khudadadi** n'oubliera sans doute jamais ce jour de l'été 2008, où elle assiste devant le poste familial à l'épreuve de taekwondo, un art martial coréen dont elle ne connait pas l'existence. Un de ses compatriotes y gagne une médaille de bronze aux Jeux de Pékin, la première récompense olympique de l'histoire de son pays. Elle a dix ans. Éblouie par le jeu du vainqueur Rohullah Nikpai, appartenant comme elle à la minorité Hazara, de confession Chiite, elle se dit : Pourquoi pas moi ? Cette discipline où l'on porte les coups avec les pieds semble être une bénédiction pour elle, née avec un bras atrophié. Une bénédiction suivant l'autre, un club de taekwondo, dirigé par un entraineur handicapé comme elle, lui ouvre ses portes.

> Elle a dix ans. […] elle se dit : Pourquoi pas moi ?

Ponctuées par l'apprentissage et les heures d'entraînement, les années filent à toute allure jusqu'à sa première victoire remportée en Égypte, lors du championnat africain de para-taekwondo en 2016. Sera-t-elle la première Afghane à représenter son pays aux Jeux de Tokyo, prévus en 2020, mais repoussés pour cause de pandémie à l'été 2021 ? Elle n'en doute pas. Gagnera-telle une médaille ? C'est son vœu le plus cher. Mais tout s'écroule le 15 août 2021. Les Talibans viennent de reprendre le pouvoir. Kaboul, la capitale, tombe entre leurs mains. Nous sommes à une quinzaine de jours des épreuves olympiques.

Les toutes premières fois n'ont pas toujours le goût de la légèreté et de l'innocence. Pourtant, on s'accroche à l'idée qu'elles puissent semer les bonnes graines de l'espérance. Cette année-là, on inaugure en effet l'inscription officielle de la discipline dans les jeux paralympiques et la création d'une équipe d'athlètes réfugiés, conformément à la décision prise par le CIO en 2018.

Le temps presse pour Zadia. Si elle ne trouve pas dès maintenant une solution pour sortir de son pays, comme ces milliers de familles forçant les barrages et en proie à la panique, qui se dirigent vers l'aéroport de Kaboul, c'en est fini. Alors, elle jette une bouteille à la mer… Ce sera plutôt un cri lancé à travers la Toile, par-delà les cimes des genévriers et des cèdres des hautes montagnes afghanes. Une vidéo d'à peine une minute à l'adresse de l'agence de presse Reuters va lui permettre de s'envoler pour Paris, où la ministre française des Sports Roxana Maracineanu et Oury Sztantman, le responsable du pôle taekwondo de l'Institut national du sport et de l'éducation physique (Insep), vont l'accueillir avant son départ vers la ville japonaise où se déroulent les Jeux.

Si la Péruvienne Leonoz Espinoza Carranza, âgée de vingt-trois ans comme Zadia, conquiert la première médaille d'or en taekwondo de l'histoire des Jeux paralympiques, pour autant, l'échec de Zadia Khudadadi ressemble à une victoire, rappelait Jérôme Porier dans les colonnes du journal *Le Monde*, annonçant en mars 2022 qu'elle représenterait la France en para-taekwondo aux prochains Jeux paralympiques de Paris.

2022

Stéphanie Frappart

Française | 1983 (Plessis-Bouchard, Val d'Oise, Ile de France)

PREMIÈRE FEMME À ÊTRE DÉSIGNÉE MEILLEURE ARBITRE DU MONDE, EN 2019, ELLE EST LA PREMIÈRE À ARBITRER UN MATCH DE COUPE DU MONDE DE FOOT MASCULIN, EN 2022.

En avril 2018, **Stéphanie Frappart** confiait aux rédacteurs sportifs du journal *Le Monde*, Laetitia Béraud et Rémi Dupré :

« Il faut être passionnée pour rester dans l'arbitrage quand on se fait insulter chaque week-end au niveau amateur ».

Précisant : *« J'étais un peu une tête de mule. J'ai toujours été dans un monde de garçons »*. Alors, elle a tenu tête. Elle a eu raison. À trente-cinq ans, en 2019, la voilà élue meilleure arbitre féminine de football du monde ! Du jamais vu ! Jusqu'à présent, il n'y avait guère que le Français Michel Vautrot ayant obtenu ce titre dans les années '80. Et ce n'est pas tout. Elle l'a encore été les deux années suivantes, désignée par la Fédération internationale du football et de la statistique.

Mais décidemment, elle enchaîne les premières ! Elle n'allait évidemment pas s'arrêter à la finale de la Coupe de France qu'elle a arbitrée en mai 2022. Mais parviendrait-elle à réaliser son rêve ? Un mondial de foot ? Cela semblait relever du « summum », comme elle le disait. Eh bien, pour la première fois, le 22 novembre 2022, la première femme à officier durant une phase finale de Coupe du monde de foot masculin, c'est elle. Lors des rencontres entre le Mexique et la Pologne et entre le Portugal et le Ghana, elle se place en 4e arbitre. Puis, le 1er décembre 2022, lors de la même Coupe du Monde au Quatar, c'est elle, bien entendu, qui tient le sifflet du match décisif du groupe E, pour la rencontre Allemagne-Costa Rica. La consécration. Le rêve accompli. Un rêve dont elle ne cesse de jouer les prolongations. Notamment en 2023, quand elle est aux commandes de la rencontre entre la Suisse et la Norvège lors de la Coupe du monde féminine au Waikato Stadium d'Hamilton en Nouvelle Zélande, accompagnée de ses assistantes Manuela Nicolosi et Élodie Coppola.

Que de chemin parcouru depuis 2014 ! Cette année-là, elle venait juste d'officier comme femme arbitre en deuxième division française ! Que de chemin parcouru depuis que, très jeune, Stéphanie Frappart a décidé qu'elle ferait du foot. Elle a toujours eu envie de jouer au ballon rond. Par chance, ses parents sont d'accord si c'est ce qui lui plait. Ils l'inscrivent au club de l'As Herblay dans le Val d'Oise, à quelques kilomètres de la maison familiale du Plessis Bouchard. Elle y portera le N° 10. Inoubliable. Et déjà, à treize ans, l'arbitrage l'intéresse. Tunique noire et sifflet à la main, en plus de jouer à son poste de numéro 10, elle adore arbitrer les rencontres de poussins et de benjamins.

Reine en quelque sorte dans un domaine où la présence des femmes arbitres reste exceptionnelle en France, même en amateur – selon les chiffres de la Fédération française de football, on en compterait un millier soit 4 % du contingent –, elle ne cache pas que certaines qualités de douce fermeté et de bonne diplomatie sont parfois nécessaires. Une femme au milieu d'hommes, ce n'est pas trop compliqué ? À cette question qu'on lui pose régulièrement, elle répond volontiers :

> *« j'ai toujours milité pour que l'on soit prise en compte pour nos compétences et pas forcément pour notre genre. Si les filles ont des qualités, il faut leur laisser l'opportunité aussi d'y arriver. »*

Agnès Keleti

Hongroise | 1921 (Budapest, Hongrie)

LA DOYENNE DES CHAMPIONNES OLYMPIQUES A FÊTÉ SES 103 ANS, EN JANVIER 2024.

Oui, Igen, comme on dit en langue magyare, **Agnès Keleti**, cinq fois médaille d'or olympique en gymnastique, a soufflé les trois bougies de ses 103 ans, ce 9 janvier 2024. Une photographie l'immortalise assise et souriante avec, debout derrière elle, les sept membres dirigeants du Comité olympique hongrois.

Au moment où s'écrit ce livre, souhaitons qu'elle puisse alors se réjouir d'assister aux retransmissions des JO de Paris… Ou encore mieux, d'y venir en vrai. Elle adore Paris ! Rien que d'y penser, ses yeux s'illuminent. En voilà une belle idée que pourrait avoir la ville lumière, d'inviter la doyenne des championnes. Dans la capitale parisienne, elle y est allée plusieurs fois, mais son plus beau souvenir reste l'été durant lequel elle y a passé deux mois, en 1937, impressionnée par les gens qui dansaient dans la rue au 14 juillet. Elle adore danser. Aujourd'hui comme hier. Elle avait seize ans.

Gageons également qu'elle s'amusera en lisant ce portrait et à convenir avec nous que décidemment, la place de la doyenne des sportives lui est en quelque sorte prédestinée. En effet, à l'âge de trente-et-un ans, elle l'occupait déjà quand elle participa à ses premiers Jeux Olympiques à Helsinki en Finlande, alors que l'âge d'or pour les gymnastes était bien dépassé. Plus encore : Agnès Keleti a trente-cinq ans quand elle réalise en Australie la performance de décrocher quatre médailles d'or, aux barres asymétriques, à la poutre, aux exercices au sol et par équipe ! Elle devient alors la gymnaste la plus âgée à remporter un titre de ce niveau !

Oh, ce n'est pas parce que son père l'aurait entraînée sur ses chemins sportifs de prédilection, à savoir la marche, la randonnée et l'aviron. Encore que sur le Danube, elle s'y est longtemps entraînée. Ce n'est pas non plus parce que la jeune fille aurait préféré le violoncelle. Pas du tout. La petite Agnès Klein fait ses débuts très tôt en gymnastique. Quand son père l'inscrit au Club VAC de Budapest, elle a quatre ans. Des années d'entraînement plus tard, avec plusieurs titres remportés dans l'équipe nationale, là voilà bientôt promise aux Jeux de 1940. Tokyo ! Le pays du soleil levant ! Ils n'auront jamais lieu.

Le couperet de l'Histoire en a décidé autrement. Agnès Klein est expulsée de son club dès 1941. Elle est juive. Avant de se réfugier à la campagne, elle qui refuse porter l'étoile jaune, achète les papiers d'identité de la jeune fille travaillant au service de sa famille. Si elle, sa mère Roza et sa sœur s'en sortent, son père, déporté à Auschwitz, meurt dans les chambres à gaz. Comme d'autres membres de sa famille, comme près de quatre cent mille Hongrois.

À l'Histoire qui l'aura fait tant attendre succèdera les aléas de la vie au moment des premiers Jeux de l'Après-Guerre. Londres est en ligne de mire. Agnès a devancé toutes ses concurrentes aux championnats d'Europe centrale. Mais Patatras. C'est sur des béquilles qu'elle ira à Londres, en spectatrice. Elle s'est blessée à la cheville ! Quand la réalité dépasse la fonction…

Lors de la cérémonie d'ouverture des Jeux de Tokyo en 2021, un court-métrage *What Agnes Saw* la montrait elle et la plus jeune médaillée olympique britannique de l'histoire, la skateuse Sky Brown, qui avait failli deux ans auparavant perdre la vie dans une terrible chute de près de 15 mètres. Deux visages, deux générations, deux tempéraments « plus forts que les ténèbres ».

INDEX

WEBOGRAPHIE

Page 25, **Louise Armaindo :**
https://www.erudit.org/fr/revues/cd/2013-n113-cd0535/68940ac.pdf

Page 42, **Queenie Newall :**
https://www.cheltenhamarchers.com/history/

Page 72, **Amelia Earhart :**
https://www.zonta.org

Page 84, **Sonja Henie :**
https://gallica.bnf.fr/ark:/12148/bpt6k6201250k/f17.item.zoom

Page 97, **Mildred Jessie Robinson :**
https://www.donnonsdeselles.net
https://sites.ina.fr/bref-je-cherche/expo/expo/0008/step/5/1955-le-tour-de-france-feminin.htm

Page 116, **Beryl Swain :**
https://www-britishpathe-com.translate.goog/asset/36920/?_x_tr_sl=en&_x_tr_tl=fr&_x_tr_hl=fr&_x_tr_pto=sc

Page 136, **Monique Dieudonné :**
http://www.musee-basque.com/visites-activites/parcours-a-themes/florilege/partie-de-pelote-sous-les-remparts-de-fontarabie/

Page 155, **Jeannie Longo :**
https://www.ina.fr/ina-eclaire-actu/jeannie-longo-victime-du-machisme-de-marc-madiot-et-de-laurent-fignon

Page 156, **Thongsri Thamakord :**
https://books.openedition.org/cths/16316?lang=fr

Page 179, **Sabre :**
https://insep.hal.science/hal-01710264

Page 205, **Zakia Khudadadi :**
https://www.youtube.com/watch?v=RX7-BwL0pSc

CRÉDITS PHOTOGRAPHIQUES

Couverture : Everett Collection/Shutterstock ; Nikola Spasenoski/Shutterstock - p. 13 : Stefano Bianchetti / Bridgeman Images - p. 17 : © The Board of Trustees of the Science Museum, London - p. 22 : Look and Learn / Peter Jackson Collection / Bridgeman Images - p. 23 : BNF - p. 25 : Photo12/Alamy/Svintage Archive - p. 27 : Hi-Story / Alamy Banque D'Images - p. 29 : Photo12/Alamy/GL Archive - p. 30 : © Hulton-Deutsch Collection/CORBIS/Corbis via Getty Images ; George Grantham Bain Collection/Library of Congress; Hulton Archive/APIC/Getty Images - p. 35 : Smith Archive / Alamy Banque D'Images - p. 37 :AKG Images - p. 38 : Photo12/Alamy/FLHC DBA7 - p. 41 : Memento Images / Aurimages ; Photo12/Alamy/Classic Image - p. 43 : Photo12/Alamy/Archive PL - p. 45 : Photo12/Alamy/Historic Collection - p. 46 : Photo12/Alamy/Science History Images - p. 49 : DR - p. 52 : KEYSTONE-FRANCE/GAMMA RAPHO - p. 54 : DR - p. 57 : adoc-photos - p. 58 : KEYSTONE-FRANCE/GAMMA RAPHO - p. 61 : akg-images - p. 63 : Fototeca Gilardi/Getty Images - p. 64 : Photo12/Alamy/History and Art Collection - p. 65 : Photo12/Alamy/History and Art Collection ; Photo12/Alamy/Historic Collection - p. 67 : akg-images / TT News Agency / SVT - p. 69 : Photo12/Alamy/Pictorial Press Ltd - p. 70 : akg-images / TT News Agency / SVT - p. 73 : Everett Collection/Shutterstock.com - p. 75 : The Print Collector/Heritage Images/ Coll. Christophel - p. 77 : Lothar Ruebelt/ullstein bild via Getty Images - p. 79 : KEYSTONE-FRANCE/GAMMA-RAPHO - p. 81 : Photo12/Alamy/History and Art Collection - p. 83 : Photo12/Alamy/Rapp Halour - p. 85 : Collection KHARBINE-TAPABOR - p. 87 : Photo12/Alamy/History and Art Collection - p. 89 : Smith Archive / Alamy Banque D'Images - p. 91 : DR ; Ing.Vladimír Kohout, 1948/DR; Photo12/Alamy/Joma; LUTTIAU NICOLAS/Presse Sports - p. 93 : Bridgeman Images - p. 95 : Photo12/Alamy/TT News Agency - p. 97 : Presse Sports - p. 99 : Interfoto / LA COLLECTION - p. 101 : ATP/RDB/ullstein bild via Getty Images - p. 102 : Bettmann/Getty Images - p. 105 : Grand Prix Photo/Getty Images - p. 107 : Presse Sports - p. 109 : David Finch/Getty Images - p. 113 : Everett Collection / Bridgeman Images - p. 115 : CENTRAL PRESS / AFP - p. 117 : Photo12/Alamy/Trinity MirrorMirrorpix - p. 119 : Bettmann/Getty Images - p. 121 : Boston Globe/Getty Images - p. 123 : Ullstein bild/ullstein bild via Getty Images - p. 125 : Photo12/Alamy/PCN Photography - p. 127 : Bettmann/Getty Images - p. 129 : Martin James Brannan/Fairfax Media via Getty Images - p. 131 : Presse Sports - p. 133 : Photo12/Alamy/Keystone Press - p. 134 : Lee/Fairfax Media via Getty Images - p. 135 : Vincenzo Lombardo / GETTY IMAGES EUROPE / Getty Images via AFP - p. 137 : BernardBreton/AdobeStock - p. 139 : Bridgeman Images - p. 141 : PA Images / Alamy Banque D'Images - p. 142 : AFP - p. 143 : Michel Maindru/ABACAPRESS.COM - p. 145 : Droits réservés - p. 147 : Pichon/Presse Sport - p. 149 : Picture Alliance/

DPA / Bridgeman Images - p. 151 : David Madison/Getty Images - p. 153 : LEGROS LECOQ/Presse Sports - p. 155 : STaff/Presse Sport - p. 157 : Heng Sinith/AP/SIPA PRESS - p. 159 : Photo12/Alamy/Allstar Picture Library Ltd - p. 160 : CLEMENT DENYS/Presse Sport - p. 163 : ANNA ZIEMINSKI / AFP - p. 165 : KARL MATHIS / AFP FILES / AFP - p. 167 : Erik Decamp/Sygma via Getty Images - p. 169 : GERARD FOUET / AFP - p. 170 : Bob Riha Jr/Getty Images - p. 173 : FIONA GOODALL / GETTY IMAGES ASIAPAC / GETTY IMAGES VIA AFP - p. 175 : Tony Donaldson / Icon SMI/Corbis/Icon Sportswire via Getty Images - p. 177 : TIMOTHY A. CLARY / AFP - p. 178 : Presse Sports - p. 179 : SIPANY/SIPA ; Andrew Medichini/AP/SIPA - p. 181 : Leonard Zhukovsky/Shutterstock - p. 183 : Lloyd Images/Getty Images ; GHERDOUSSI PATRICK/Presse Sports - p. 185 : imageBROKER.com GmbH & Co. KG / Alamy Banque D'Images - p. 186 : Photo12/Alamy/SOPA Images Limited - p. 189 : Visual by Starface - p. 191 : Xinhua / Icon Sport - p. 193 : PHOTOPQR/LE MIDI LIBRE/MAXPPP ; PHOTOPQR/L'INDEPENDANT/MAXPPP - p. 195 : Jose Miguel Fernandez De Velasco/CORDON/PRESSE SPORTS - p. 197 : Photo12/Alamy/Panther Media GmbH - p. 199 : Photo12/Alamy/Orange Pics BV - p. 201 : John Barry de Nicola/Shutterstock - p. 203 : Anthony Anex/AP/SIPA - p. 205 : OIS/Joe Toth/Shutterstock/SIPA - p. 207 : PA Images / Alamy Banque D'Images - p. 209 : Photo12/Alamy/Keystone Press

Achevé d'imprimer en décembre 2023 par Sepec - 01960 Péronnas
N° d'éditeur : DBSSI20230689 - N° d'impression : 21607231125
Dépôt légal : janvier 2024

IMPRIM'VERT®

FABRIQUÉ EN FRANCE

PEFC 10-31-1470 / **Certifié PEFC** / Ce produit est issu de forêts gérées durablement et de sources contrôlées. / pefc-france.org

La fête de l'école

Dans son lit

Cette nuit, Manon a mal dormi, elle a mal à la tête. Son corps est traversé de frissons. Elle sent que quelque chose ne tourne pas rond...

Papa entre dans la chambre :

– Tu es sûre ? » dit Papa, qui soupçonne un mensonge.
Il allume la lumière, pousse un cri de surprise : Manon a la varicelle, elle est pleine de boutons.
« Tu vois, dit-elle en bougonnant, jc nc mcnɜ paɜ. Jc ɜaiɜ bicn reconnaître quand ça ne va pas ! »

Le matin

Depuis quelque temps, Papa et Maman laissent Manon choisir ses vêtements. Elle adore ça. Son jean bleu, elle ne s'en lasse pas. Et ses chaussettes violettes, elle pourrait dormir avec !
Quand elle les enfile, Maman fronce les sourcils : « Ces chaussettes devraient être dans le panier à linge sale. »
Manon supplie : « Laisse-moi les mettre encore une fois, Maman chérie ! »
Mais les chaussettes ont une drôle d'odeur… Manon les sent, elle a un haut-le-cœur :

Lorsque les élèves ont regagné
leur place, le maître demande :
« Quel est le point commun entre
ces cinq objets ? »
Silence dans la classe.
Personne ne le sait.

Les choses autour de nous font appel à nos sens.
Ils sont cinq : l'ouïe, le goût, la vue, l'odorat
et le toucher.
Les mains nous invitent à tâter,
les oreilles à entendre.
Le nez sent, les yeux regardent,
la bouche s'ouvre pour goûter.
Notre corps est une machine dont nous sommes
le maître, mais pour bien l'utiliser, il faut apprendre
à la connaître.

Juin

Connaître son corps

Ce matin, le maître a posé sur son bureau une foule d'objets, qu'il propose aux élèves de manipuler.

Une clochette qui sonne quand on la secoue,
une boîte où chacun peut piocher un bonbon,
la photo de la classe,
un fromage qui empeste et qui fait la grimace,
un morceau de tissu en velours tout doux.

Qu'est-ce que c'est ? Mais ça n'existe pas !
Et pourquoi pas ? C'est un éléphoissonchat !

À la médiathèque

Élise et Manon adorent la médiathèque. Il y a des livres partout sur les murs, de gros fauteuils où s'enfoncer et même de petites tables où l'on peut dessiner.

Elles se mettent à l'ouvrage, elles pouffent de rire. Bientôt, une drôle de bête apparaît sur la feuille de papier.

Manon cherche, elle ne trouve pas. Ses yeux s'égarent par la fenêtre et soudain elle s'écrie : « Je sais ! » Du doigt, elle désigne la cour déserte, le soleil qui brille fort et fait une flaque d'ombre autour du marronnier : « On dirait la peinture de Van Gogh », dit-elle. Mais elle se reprend aussitôt : « Enfin, un peu... pas tout à fait.

– Bravo, Manon, répond le maître, tu as raison. Un peintre représente le monde à sa manière, grâce à son imagination. »

L'art a son langage, étrange et merveilleux, et l'école nous en apprend les premiers rudiments. Observer un tableau, se bercer d'une musique, écouter un poème, c'est ouvrir notre esprit à un monde différent ; un monde beau, parfois dur, mais toujours émouvant.

Mai

Découvrir l'art

À l'école, on ne s'entraîne pas seulement à lire ou à compter, et le maître dit souvent qu'il faut apprendre à observer.
Aujourd'hui, on regarde une peinture de Van Gogh. Elle est très belle, ce sont des oliviers avec ciel jaune et soleil…

Un A, maintenant,

et puis un U pour faire le son AU,

deux petits S, on y est presque,

Et pour finir encore un I.

Moi aussi…

Dans sa chambre

Assise à son bureau, Manon observe en souriant un papier froissé où l'on peut lire «Je t'aime». Cela vient de Gaspard, elle en est certaine. Il a dû le cacher dans sa trousse à l'heure de la récré. Son cœur s'affole, elle s'empare d'un stylo et détache une feuille de son cahier.

D'abord le **M**..., le **O**, le **I**...

Ne pas oublier l'espace entre deux mots...

Le g mal refermé se prend soudain pour le y.
Une queue trop courte et c'est trop tard : le d s'est transformé en a.
Quant au m et au n, ce sont les plus rusés, et l'on ne sait jamais combien de pattes leur dessiner.

Pourtant Manon s'obstine,
elle n'abandonne pas : écrire,
c'est long et difficile, mais c'est juré,
elle y arrivera !

je mange des bananes

Les mots que l'on prononce disparaissent dans l'espace, et il faut les transcrire pour en garder la trace. C'est pourquoi l'on dessine chaque lettre sur le papier. Savoir écrire, c'est pouvoir s'adresser aux autres même quand ils ne sont pas là, leur laisser des messages, leur envoyer des lettres, et parfois leur rédiger de petits mots secrets…

Avril

Apprendre à écrire

Le maître écrit une phrase au tableau et demande aux élèves de la recopier. Manon se lance. Elle sent sa main qui tremble sur l'ardoise… Intrépide, elle trace des boucles et des traits, respecte les espaces… Mais les lettres vacillent et dérapent, c'est à ne plus s'y retrouver !

Dans son lit

Sur sa table de nuit, Manon a posé un réveil tout neuf. Elle se glisse sous la couette et règle l'heure consciencieusement. 1 heure… 3 heures… 6 heures… Le temps passe en accéléré, les aiguilles pirouettent et s'emballent. Quand la petite vient sur le 7 et la grande sur le 6, Manon repose le réveil, très excitée. Elle essaie de s'endormir, rouvre les yeux de temps en temps : le cadran brille dans la nuit, elle l'observe. Et si elle s'était trompée ? Demain, personne n'entrera dans la chambre pour lui dire de se lever. Ni Maman ni Papa. Désormais, c'est le réveil qui sonnera.

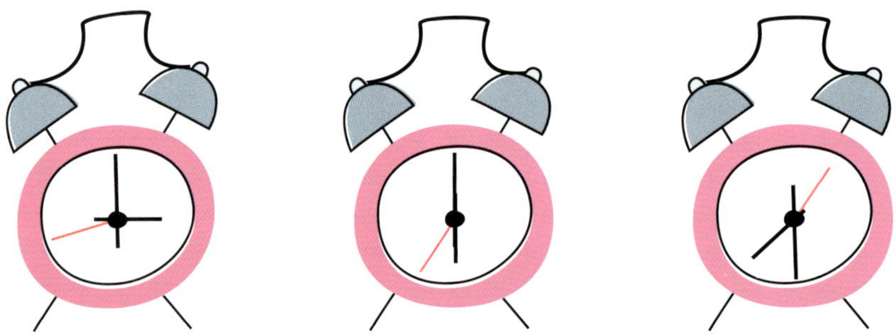

Au cinéma

Aujourd'hui, Papa emmène Manon au cinéma. Elle adore ça ! Elle est si impatiente qu'elle fonce vers la salle sans regarder derrière elle.

Soudain elle s'arrête et semble hésiter. De mauvais souvenirs lui reviennent…

La dernière fois, Maman lui a proposé d'aller faire pipi avant la séance. Elle en avait un peu envie mais ce n'était pas si pressé. Et comme ça l'embêtait, elle n'y est pas allée. Résultat : elle a passé la fin du film à se tortiller sur son siège.
Alors non. Pas cette fois-ci.

Mais la plus fascinante,
c'est bien la troisième,
celle des heures.
Elle est petite et lente, si lente
qu'on la croirait endormie.
Elle avance en se traînant,
elle progresse de chiffre en chiffre.
Quand elle tombe sur le 4,
Manon l'a remarqué, la classe
est bientôt terminée.

Devenir grand, c'est apprendre à se situer dans l'espace mais aussi dans le temps. Avant, pendant, après, maintenant ou bientôt… Quand on connaît le sens de ces mots, on peut prévoir les choses et s'organiser. On devient enfin maître de sa journée.

Mars

Acquérir la notion du temps

Depuis que le maître leur apprend à les distinguer, Manon aime observer les trois aiguilles de l'horloge, leur valse longue et entêtée.
La plus fine file, file... Ce sont les secondes qui passent, rapides et fugaces.
La deuxième aiguille est plus large, avec elle les minutes s'enfuient.

Le lendemain matin, Manon veut retourner dans l'eau mais elle ne trouve plus ses brassards.

C'est la panique ! Manon refuse de se baigner. Mais il fait si chaud sur la plage qu'elle se découvre du courage : avec Maman, elle entre finalement dans l'eau, elle bat des jambes, elle bat des bras, se sent comme soulevée... Elle n'ose y croire, c'est formidable, ça y est, elle sait nager !

À la mer

Manon n'est pas vraiment sûre de savoir nager, mais au bord on a pied, alors quelle importance ? La voilà qui se jette à l'eau. Elle bat des bras, elle bat des jambes, son corps s'efforce de flotter. Mais rien à faire, elle retombe chaque fois comme une pierre !
Elle retourne sur la plage, les larmes aux yeux, épuisée :
« J'abandonne. Je n'y arriverai jamais. »

Soudain, c'est le miracle ! Alors qu'on n'y croyait plus, le maître siffle la fin du calvaire. Il félicite les élèves : « Bravo à tous pour votre effort, vous avez su vous dépasser. »
Manon s'assied, inspire, expire... Tout son corps est douloureux ! Mais lorsqu'elle se relève, elle a le sourire aux lèvres : elle se sent fière ! Elle vient d'accomplir une prouesse et elle le sait.

Courir sans s'arrêter, se convaincre de continuer quand on voudrait dire stop, c'est une manière d'apprendre la patience et la persévérance. Ces qualités s'acquièrent lentement mais elles nous servent tout au long de la vie. En pratiquant le sport, on muscle son corps, et aussi son esprit.

Février

Faire du sport

La classe entière est à l'effort. On tousse, on souffle et on se plaint.
Courir sans but, quel intérêt ? C'est long, c'est triste et monotone, on y attrape des points de côté. Manon fatigue. Ses yeux s'embuent, ses joues rougissent, de la sueur coule sur ses tempes...

Au supermarché

Le samedi matin, toute la famille va faire les courses. Ça se bouscule devant la caisse, le supermarché est bondé. Après une très longue attente, voilà Maman qui s'impatiente, et Papa se met à grogner.

Une femme enceinte s'avance, soulagée. « D'accord », dit Manon avec un sourire forcé. Elle est bien un peu fâchée, mais elle sait malgré tout que sa mère a raison…

À la maison

Ce soir, Papa a proposé un Monopoly. Il adore jouer, il aime surtout gagner. Mais cette fois, la chance lui fait défaut : il est passé deux fois par la case prison et n'a presque plus un sou.
Il se lasse et soupire, on sent qu'il commence à bouillir… « C'est ton tour », dit Maman en lui tendant les dés. Papa lance, compte et avance. « Un. Deux. Trois. Quatre. Cinq. Six. » Encore la case prison, c'est une malédiction !
Maman rigole, Papa s'énerve :

Et il se jette sur les dés.
Manon, gentiment, lui demande de les reposer :

Manon se dresse sur sa chaise, elle tend le bras de toutes ses forces. Hélas, c'est Gaspard qui l'emporte, il a levé le doigt plus tôt. « Le lapin ! » s'écrie-t-il, au désespoir de sa voisine, qui croise les bras et se renfrogne. « Ce n'est pas juste, pense Manon, moi aussi je connaissais la réponse. » Mais elle se reprend, se concentre à nouveau : déjà, le maître accroche d'autres vignettes au tableau…

L'école est en petit ce que le monde est en grand. Être élève dans une classe, c'est vivre parmi les autres et parfois s'effacer devant eux. On trouve cela vexant et même horripilant, ça nous énerve… Mais c'est ce qui permet au groupe de fonctionner.

Janvier

Travailler en groupe

Le maître pose sans cesse des questions. Au début de l'année, Manon était timide et n'osait pas répondre. Mais il est fini, ce temps-là ! Quand elle sait, maintenant, elle lève le doigt.
Ce matin, il désigne au tableau des vignettes avec des dessins :

Manon avance, d’un pas cadencé.
Bientôt, elle voit apparaître un immeuble familier.

Manon rit : de loin, l’appartement paraît tout petit !

Dans la rue

Maman sort de chez le fleuriste
les bras chargés d'un beau sapin.

Manon s'élance, très excitée.

Devant elle, le paysage n'est plus le même.
Elle peut voir le couloir avec ses porte-manteaux.
Quant au grand tableau, il a disparu dans son dos.
Tout est modifié, tout est inversé : l'arrière
est devenu l'avant, le derrière le devant.

Selon l'endroit où l'on se trouve, on voit le monde différemment.
Arrière, avant, gauche ou bien droite…
Quand on sait distinguer ces idées-là, on peut accomplir bien des choses :
on retrouve son chemin dans la rue, on n'est jamais vraiment perdu.
Donner aux choses une position, c'est apprendre à évoluer dans l'espace en y trouvant sa place.

Décembre

Se repérer dans l'espace

Ce matin, une surprise attend les élèves dans la classe. Le maître, qui a parfois de drôles d'idées, s'est mis en tête de tout chambouler : il a tourné les tables et les chaises.
Manon s'assied, Manon s'étonne :
Élise était à sa gauche : elle se trouve maintenant à sa droite.
Gaspard était à sa droite : il se trouve maintenant à sa gauche.

À la boulangerie

Après l'école, on s'arrête à la boulangerie. Manon veut acheter son goûter seule aujourd'hui. Maman est d'accord et lui tend un billet.
« Cinq euros ? s'écrie Manon. C'est beaucoup trop.
– Je sais, répond Maman, mais je n'ai pas de monnaie. »
Manon entre dans la boutique et présente son billet à la boulangère :
« Bonjour madame, pourrais-je avoir un croissant, s'il-vous-plaît ? »
Elle sourit gentiment, elle parle tranquillement, mais dans sa tête, les choses vont à toute vitesse : un billet de 5 euros pour un croissant qui en vaut 1. On prend 5, on enlève 1, on obtient 4. Est-ce bien cela ?
Manon ressort du magasin, serrant quatre pièces dans sa main. Elle avait raison : le compte est bon !

$5 - 1 =$ ______

Dans la cour

Dans la cour de récréation, Élise montre ses vignettes à Manon.
Manon en a vu trois qui lui plaisent beaucoup.
Comme elle aimerait les avoir !
« Tu me les échanges ? demande-t-elle, pleine d'espoir.
– Pourquoi pas, dit Élise, mais contre quoi ? »

Manon lui montre ses images et fait une proposition :
« Si tu me donnes la princesse rousse, la princesse brune et puis la blonde, moi je te donne le magicien, le chevalier et le dragon. »
Et pour finir de la convaincre, elle ajoute :

Si les mots permettent de nommer les choses, les chiffres nous disent combien elles sont et ce qu'elles valent. Grâce à eux, on peut compter le nombre de nos amis ; le nombre de pièces dans notre tirelire ; et même le nombre de nuits qui nous séparent de Noël…
Le monde est comme un grand gâteau, que les chiffres nous aident à diviser en morceaux.

Novembre

Apprendre à compter

Manon sait déjà compter jusqu'à vingt. Mais en mathématiques, tout se complique ! Voilà qu'il faut mélanger les chiffres les uns avec les autres, calculer, additionner…
« Vous avez 5 billes, dit le maître. Je vous en donne 3. Combien en avez-vous à présent ?
5 ? 8 ? 20 ou 100 ? »
Les chiffres, les nombres, tous se suivent et se ressemblent. Un vrai casse-tête !
Manon soupire, elle est contrariée : pourquoi faut-il apprendre à calculer ?

5 + 3 = ______

Dans la cuisine

Maman dispose ses ingrédients sur la table : « Pour la pâte, explique-t-elle, il faut du sucre, un œuf, de l'huile, et bien sûr de la farine. » Elle s'arrête soudain, pensive :

sucre
œuf
huile
farine
fleur d'oranger

Au supermarché

Pour le premier jour de l'été, Maman va faire une tarte aux abricots. Manon est ravie car c'est sa préférée, alors elle insiste pour accompagner Papa chez le primeur et choisir les abricots elle-même. Mais elle a beau se hisser sur la pointe des pieds, les étals sont bien trop hauts pour qu'elle y distingue quoi que ce soit. Comment faire ? Demander un escabeau ?

«Pomme», «Poire», «Abricot», dit le maître en faisant passer son doigt sur chaque mot.
Manon grimace, elle est fâchée. Elle aimerait tellement déchiffrer ! Mais lier les lettres entre elles, c'est si long et si compliqué…
C'est sûr, elle n'y arrivera jamais.

abricot poire pomme

Lire, cela ne s'apprend pas en un seul mois ! Il faut du temps, de la patience, pour dompter les mots et les phrases. D'abord les lettres s'entrelacent, elles se mélangent, se bousculent.
Et puis un jour, les mots apparaissent : on les déchiffre, on les décode. On les lit, on les voit !
Ça y est ! On comprend le monde autour de soi.

Octobre

Savoir déchiffrer les lettres et les mots

Le maître a écrit des mots au tableau.
Manon connaît son alphabet, alors
elle sait distinguer les lettres. Mais
les voir ainsi attachées, en une longue
arabesque, c'est très intimidant.
Consonnes, voyelles, tout se mélange…

a ou o ?

b ou d ?

m ou bien n ?

Les formes se suivent et se ressemblent.
Un vrai casse-tête !

Manon se met au travail : une place pour
chaque chose et chaque chose à sa place.
Elle trie, empile, entasse, jette s'il le faut…

Voilà le coffre propre et rangé :
c'est à peine si on le reconnaît.

Dans sa chambre

« Ce soir, je range ! »
Dans sa chambre, Manon
s'attaque à son coffre à jouets.
Elle le vide sur le sol, c'est un vrai
raz-de-marée.

Il y a des poupées, des peluches
et des images,
des livres éparpillés, dont certains
perdent leurs pages,
des stylos et des feuilles,
des voitures sans roues
et des roues sans voiture,
un tee-shirt égaré, et même
une clémentine séchée !

Manon est soulagée.
Elle range dans sa case
une trousse, une ardoise,
un grand cahier.
Toutes ces choses sont à elle.
Elle en est responsable.
Il ne faudra pas les perdre,
encore moins les abîmer.

Tant que l'on est petit, les adultes s'occupent de nos affaires : ils choisissent nos habits, vérifient nos cartables et passent leur temps à ramasser ce que nous laissons traîner… Mais quand on prend nous-mêmes soin de nos objets, quand on devient capable de les organiser, on n'a plus besoin de personne. On découvre la liberté.

Septembre

Organiser ses affaires

Cette année, Manon entre en CP,
chez les grands.
Il paraît qu'à l'école primaire on apprend
à lire et à compter. Mais pas seulement.
Alors c'est quoi, *être grand*?
«C'est savoir se débrouiller seul, dit le maître.
Sans l'aide de personne!»
Sans l'aide de personne?
Qu'est-ce que ça veut dire?
Manon imagine le pire...

1
2
3
4
5

CAMILLE VON ROSENSCHILD • PATRICK MORIZE

Bienvenue à la grande école

En route vers l'autonomie

De La Martinière
Jeunesse

Einführung

»Wozu noch den Schatten dieser Bäume aufsuchen, wenn nichts mehr ist von dem, was früher sich traf unter dem zart sich rötenden Laub, wenn Gewöhnlichkeit und Wahn die Stelle jenes erlesenen Lebens eingenommen haben, das sie einstmals umrahmten.

Wie grausig.«

»Ach, wie die Jahre.«

Marcel Proust, *In Swanns Welt*

Die alten Grand Hotels wirken oft wie gestrandete Riesen, die es an die schönsten, malerischsten Plätze des europäischen und amerikanischen Kontinents gespült hat. Wie seltene Fundstücke lagern sie dort, als warteten sie nur darauf, von uns entdeckt zu werden. Sie erinnern uns an eine vergangene Form des Reisens, aber vor allem auch an die gesamte Art der Lebensführung, die von den Rhythmen einer fernen Zeit geprägt ist. Es mag Nostalgie sein, die sie uns noch immer erstrebenswert erscheinen lässt, diese Lebensführung, aber vermutlich verdeutlicht sie uns nur das Prinzip der Vergänglichkeit. Indem wir an diesen Orten festhalten, setzen wir die Sehnsucht des »Verweile doch! du bist so schön!« um. Wir verweilen in der Hoffnung, dass keine Einflüsterung, wie verführerisch sie auch sein mag, uns je von dort vertreiben kann.

Diejenigen von den Hotels, die gelernt haben, auch an den modernen Stränden zu überleben, werden es vermutlich noch lange tun. Sie setzen einen Kontrapunkt zur Flüchtigkeit und Banalität unseres Lebens.

Wir glaubten lange Zeit, mit der Vervielfältigung der Glücksversprechen ließe sich auch das Glück selbst vervielfältigen. Aber das Gegenteil ist der Fall. Wenn wir an diesen besonderen Orten verweilen, spüren wir es: das Einmalige, das Unwiederholbare, das in den gestrandeten Riesen aufscheint.

Zu gern wollen wir es in unserer Existenz fortgesetzt wissen.

THE GRAND HOTEL **SCARBOROUGH**

England

Lage: St Nicholas Cliff, Scarborough, YO11 2ET,
Vereinigtes Königreich
Zimmerzahl: 365 (ursprünglich)
Berühmte Gäste (in der Reihenfolge ihres Eintreffens):
Queen Victoria, Anne Brontë, Winston Churchill,
das englische Proletariat
Historie: 1867, im Jahr seiner Errichtung, war es zeitweise eines der größten Hotels weltweit mit seinen 4 Türmen, 12 Etagen, 52 Schornsteinen und 365 Zimmern.

Auch im 19. Jahrhundert waren unerwartet steigende Baukosten bereits an der Tagesordnung. Daher wechselte während der Projektierungs- und Bauphase zweimal die Betreibergesellschaft. 1871 schließlich wurde es mit dem Grand Restaurant endlich vollendet. In der Belle Époque war das Grand eine Legende, im Ersten Weltkrieg wurde es, eben wegen seiner Ausstrahlung und Dominanz, durch einen Kanonenschuss eines Deutschen Kriegsschiffes stark zerstört. Nach seinem Wiederaufbau existierte es noch eine ganze Zeit als Luxushotel weiter, folgte aber dann dem Niedergang der englischen Seebäder. Seitdem die Briten mithilfe einer irischen Fluggesellschaft für wenig Geld in Gegenden mit besserem Wetter reisen können, ist Scarborough lediglich noch das Ziel von Busreisen, die dem Verkauf rückenfreundlicher Matratzen und der Veranstaltung von Bingo-Abenden dienen.

Wenn man heute im Haus übernachtet, sollte man unbedingt das Essen im Restaurant vermeiden. Schon dessen Geruch kann bleibende Schäden verursachen.

Die Erzählung: Eine englische Lady aus der Provinz, eher zur Exzentrik neigend, reist das erste Mal in ein Seebad. Dort ist sie nicht nur überwältigt von der Größe und imperialen Pracht des Gebäudes, sie erfährt auch in der Begegnung mit einem pensionierten Major der englischen Kolonialarmee von den Schattenseiten der Konventionen des imperialen Weltbildes, das im Commonwealth herrscht. Sie erwägt, gegen diese Konventionen zu verstoßen.

Die Hauptfigur, Miss Hebron, ist eine Erfindung, jedoch nicht meine. Ich verdanke sie dem englischen Autor J. L. Carr, der in *Ein Monat auf dem Lande* Scarborough und die Möglichkeit, dorthin zu reisen, erwähnt und Miss Hebrons Testament zur Antriebskraft seines wunderbaren kleinen Romans werden lässt.

Die einzige historische Person, die auftaucht, begegnet uns in der Gestalt eines kleinen Jungen. Es handelt sich um einen der bedeutendsten Schauspieler der ersten Hälfte des 20. Jahrhunderts, der mit seiner Darstellung des Glöckners von Notre Dame und des fiesen Lieutenant William Bligh in der *Meuterei auf der Bounty* Maßstäbe setzen sollte – Charles Laughton. Seine in der Geschichte auftauchenden biografischen Fakten sind zutreffend.

Einige andere Namen und charakterliche Ausprägungen habe ich bei James Ivory und seinem Film *Zimmer mit Aussicht* ausgeliehen.

Im Zug

»Parsley, sage, rosemary and thyme ...«
Traditional

»Immer wenn man einen Gentleman braucht, ist gerade keiner zur Stelle«, stöhnte Miss Hebron, derweil sie versuchte, mithilfe des am Fensterrahmen angebrachten Lederriemens das Abteilfenster zu schließen. Die Meeresluft, die ihr am Beginn ihrer Fahrt die Illusion beschert hatte, sie würde die Bahn nur benutzen, um in einen der benachbarten Badeorte zu gelangen, war längst dem strengen Geruch nach Schafen gewichen, der, gemischt mit dem Rauch der Lokomotive, ihren Unwillen hervorrief. Langsam schob sich die hügelige Landschaft von Yorkshire mit ihren zahllosen Schafsweiden und den kleinen verschlafenen Dörfern an ihr vorbei.

Die Ungeduld, mit der sie versuchte, das Fenster zu schließen, verstärkte die Aussichtslosigkeit ihres Unterfangens. Dass es nur der richtigen Richtung, in der man am Riemen zog, bedurfte und nicht männlicher Kraft, blieb ihr so verborgen. Mit gekränkter Miene setzte sie sich auf die mit rotem Plüsch bezogene Sitzbank und wartete die Ankunft des Schaffners an der nächsten Station ab.

Miss Hebron war wütend, wütend auf sich selbst, weil sie in diesem Zug saß, weil sie nicht genug Courage besessen hatte, das zu tun, was sowohl ihr Verstand als auch ihr Herz ihr riet.

Aber je mehr sie sich Leeds näherten, desto mehr wurde ihr bewusst, dass sie wirklich heimfuhr und dass sie das tat, ohne sich verabschiedet zu haben. Selbst erstaunt über die Unhöflichkeit ihres Tuns, überlegte sie, dort auszusteigen und den nächsten Zug zurück nach Scarborough zu nehmen. Unhöflichkeit beschrieb ihr Verhalten nur zu einem geringen Teil. Es war vor allem die Angst, Dinge zu tun, die wirkliche Konsequenzen hatten, die sie auszeichnete. Konsequenzen, die jenseits der tagtäglichen Anpassung und der Verleugnung dessen lagen, was man selbstbestimmtes Leben nennen dürfte.

Aber noch könnte sie vor dem Lunch wieder im Hotel sein und so tun, als wäre sie nie weg gewesen. Sie würde dem Major erklären, wie sehr sie von ihm und seiner Geschichte beeindruckt sei. Der Vortag habe eine Seelenverwandtschaft zwischen ihm und ihr zum Vorschein gebracht, wie sie sie selten bei einem Menschen erlebt hatte. Daher habe sie beschlossen, ungeachtet der Kühnheit dieses Unterfangens und des Widerspruchs zu den Konventionen, in dem ihre Worte stehen könnten, den Major zu fragen, ob er nicht bereit wäre, den seit Jahren leer stehenden Flügel ihres Anwesens zu beziehen und bei ihr auf dem Land zu leben. Zwar müssten diese und jene Reparaturen vorgenommen werden, aber einem so tatkräftigen Mann wie ihm sollte es nicht schwerfallen, dies in die Wege zu leiten. Der Ort wäre schön, die Gemeinde verträglich, und wenn man in nachbarschaftlicher Gemeinschaft lebte, so wäre das doch wesentlich erträglicher als seine selbst gewählte Isolation. Auch ihr könnte etwas kultivierte Gesellschaft sehr guttun. Ihre geträumten Pläne gingen so weit, dass sie sich vorstellte, die Landwirtschaft auf dem Hof wiederzubeleben und unter der ebenso umsichtigen wie entschlossenen Hand des Majors das Leben auf das Gut bei Oxgodby zurückkehren zu lassen, an das sie sich aus ihren Kindertagen erinnerte.

So oder ähnlich waren die Pläne, die sie in Gedanken vorbereitete und in Sätze zu kleiden begann.

Das Telefon

Einige Wochen zuvor.

Das Geräusch, das bis in den letzten Winkel des alten Herrenhauses drang, war grässlich. Miss Hebron hatte, nicht ahnend, welche Folgen das mit sich brächte, das Tischmodell mit der großen Glocke, dem Mahagonikasten und der golden leuchtenden Messingkurbel gewählt. Eigentlich war sie ja gegen die Anschaffung eines so neumodischen Apparats gewesen.

»Mit wem sollte ich schon telefonieren? Ich kenne niemanden, der ein solches Gerät besitzt!«, hatte sie ihrer Freundin, Mrs Honeychurch, erklärt, nachdem diese ihr seit Wochen in den Ohren gelegen hatte, wie wichtig doch die moderne Technik sei und welche Fortschritte sie bedeute. Miss Hebron wurde nicht unzutreffend daran erinnert, welche Vorbehalte es anfangs gegen die Eisenbahn gegeben habe und wie viele Menschen sie heute ganz selbstverständlich benutzten.

Schließlich, so meinte Mrs Honeychurch, wären sie gemeinsam mit Dr. Archer auch die Ersten gewesen, die sich für die Einführung der Elektrizität im Ort eingesetzt hätten.

Miss Hebrons Einwand, dass sie ja niemanden hätte, den sie mit diesem Apparat erreichen könne oder wolle, wurde mit der knappen Bemerkung »Das wird sich schon ergeben« vom Tisch gewischt.

Weitere Einwände wurden ebenfalls nicht gelten gelassen. Schließlich könnten sie ja miteinander telefonieren, auch die Benachrichtigung ihres so beängstigend fortschrittlichen Arztes würde sich wesentlich vereinfachen, und wer weiß.

Dieses »Wer weiß« war jetzt eingetreten.

Mrs Honeychurch war bei ihrer Familie, wo es kein so teuflisches Gerät gab, und ihr Hausarzt hatte keine Veranlassung, so ungehörig zu sein, sie so kurz vor der Mittagszeit anzurufen. Miss Hebron wusste, wer am anderen Ende der Leitung war.

Als sie das Gerät erreicht hatte, stand sie eine Weile davor, bis es verstummt war. Jetzt griff sie zum Hörer, beugte sich zur Sprechmuschel und betätigte die Kurbel. Nach kurzem Knacken meldete sich eine Frauenstimme, der keine Gelegenheit gegeben wurde, das Angebot, Miss Hebron zu verbinden, auszusprechen.

»Hören Sie, Fräulein, mein Telefonapparat hat geläutet.«

»Ja, und warum sind Sie nicht rangegangen?«

»Es hat plötzlich wieder aufgehört zu läuten.«

Die Tochter des Leiters der örtlichen Post kannte Miss Hebron und wusste daher, dass weitere Erörterungen des Themas zu nichts führen würden. Daher beließ sie es bei der Bemerkung, der Anruf sei aus Scarborough gekommen.

»Aha!«, sagte Miss Hebron und hängte den Hörer auf den Haken.

Dabei hatte Miss Hebron das Telefon, das seit ein paar Monaten in der Diele stand, schon seit dem gestrigen Tage umschlichen, wo sie sich ausgerechnet hatte, dass ihr Brief am Bestimmungsort eingetroffen sein musste.

Ihre Vorbehalte waren längst Vergangenheit. Sie hatte einen Plan ins Auge gefasst.

Vor Kurzem war ihr ein Bericht in der regionalen Zeitung über ein gesellschaftliches Ereignis aufgefallen, das in dem pompösen Hotel an der Küste höchstens hundert Meilen von ihrem Wohnort entfernt stattgefunden hatte. In diesem Bericht wurden die Vorzüge des Hauses und das gesellschaftliche Leben, das sich dort offenbar permanent abspielte, in den schillerndsten Farben geschildert.

Nie wäre Miss Hebron sonst auf die Idee gekommen, in die Ferien zu gehen. Schließlich lebte sie auf einem Landgut. Wohin sollte sie schon reisen?

Doch in den letzten Monaten war ihr die Eintönigkeit ihres Landlebens so richtig bewusst geworden, und wenn sie am Morgen die Fenster ihres Zimmers öffnete, strömte ihr der Geruch des Misthaufens hinter den Stallungen entgegen, wo das alte Verwalterehepaar, das dort noch immer wohnte, zwei Schweine hielt.

Jede Kleinigkeit begann sie zu stören, das Knarzen der Treppe, der feine Haarriss in der Teetasse und die Aussicht, bis zu ihrem Tod vermutlich nichts anderes mehr zu sehen, zu riechen zu bekommen. Vor allem die Aussicht, keine neuen Menschen mehr kennenzulernen, ließ sie zutiefst defätistisch werden. Es gab nur Mrs Honeychurch, mit der sie reden konnte. Das war die einzige Person, deren Horizont über die Hochzeiten, Taufen, Todesfälle und Schafweiden-Streitereien hinausreichte. Doch sosehr sie den Kontakt zu Mrs Honeychurch und zu ihrem Doktor schätzte, das waren auch schon alle Personen, mit denen ein gepflegtes Gespräch möglich und ersprießlich war. Der Pfarrer war ein heuchlerischer Hohlkopf, der nicht einmal sah, was für eine besondere Frau da an seiner Seite lebte. Miss Hebron hatte einmal ein langes Gespräch mit ihr über Malerei geführt, wobei sie das Wissen und die Urteilskraft der Frau des Pfarrers sehr erstaunt hatte. Allerdings war es ihr nie wieder gelungen, den Panzer dieser Frau zu durchbrechen, die sich noch fester einigelte als sie selbst.

Warum sollte sie nicht doch für wenige Wochen in die Sommerfrische fahren, wenn da ein anderes, mondänes Leben, nur eine kurze Reise mit der Bahn entfernt, auf sie wartete?

Sie setzte sich an den Schreibtisch und schrieb einen Brief an die in der Zeitung angegebene Adresse. Sie wolle in einem bestimmten Zeitraum ein Zimmer in betreffendem Hause mieten und wüsste gern, zu welchen Bedingungen dies möglich sei. Sie übertraf sich selbst mit der wie selbstverständlich hingeworfenen weltläufigen Bemerkung – als täte sie das jeden Tag –, man solle sie doch telefonisch unter Oxgodby 17 kontaktieren.

So war es nun gekommen, auch wenn Miss Hebron erst einmal nicht ans Telefon ging.

Scarborough

Bevor das Bild sich zu bewegen beginnt, werfen wir zunächst einen Blick auf diesen imposanten Bau mit seinen vier Türmen, zwölf Etagen, zweiundfünfzig Schornsteinen und dreihundertfünfundsechzig Zimmern. Die Uferpromenade der South Bay Scarbouroghs, dieses um die Wende vom 19. zum 20. Jahrhundert wohl bedeutendsten englischen Seebades, wird vom Grand konkurrenzlos beherrscht. Wer sollte es auch wagen, sich mit so viel mondäner Einzigartigkeit anzulegen? Das ist nicht nur ein Gebäude. Es verkörpert das Empire in all seiner Pracht und Überlegenheit. Darin ähnelt es auf eine bestimmte Art der vor wenigen Jahren, 1901, verstorbenen Königin Victoria, die einfach der personifizierte Ausdruck imperialer britischer Herrschaft war. Hier wird nichts infrage gestellt, man ist souverän und mächtig. Niemand sollte sich mit dieser anlegen. Und falls es schon irgendwo zu bröckeln beginnt, geruht man, es nicht zur Kenntnis zu nehmen.

So ist es kein Wunder, dass wiederum wenige Jahre später, kurz nach dem Beginn des ersten Großen Krieges, der als europäischer beginnt und sich dann binnen Kurzem zum barbarischen Weltkrieg auswächst, in der Seefront des Hotels ein großes Loch klaffen wird, zugefügt durch Granaten, abgeschossen von dem deutschen Kriegsschiff *Kolberg*, das den Hafen belagert und sich offenbar von so viel architektonischer Macht provoziert fühlt. Es steht zu vermuten, dass ohnehin nicht nur die strategische Bedeutung des Ortes, sondern auch die Betonung souveräner Weltläufigkeit in Scarborough dazu führt, dass der Ort ein Ziel deutscher Bomben und Granaten wird.

Aber davon weiß zu diesem Zeitpunkt, an dem unsere Geschichte beginnt, noch niemand. Es ist später Sommer im letzten Jahr des ersten Jahrzehnts des 20. Jahrhunderts. Die Badekarren stehen in der Brandung. Ganze Familien lagern am Strand und breiten ihre Schätze vor den Augen des Meeres aus. Die Damen plaudern, die Herren rauchen, politisieren, trinken, und die Kinder bauen ihre eigenen vergänglichen Burgen immer mit einem Blick zu den Ruinen des Castle, das zwischen der South und North Bay thront.

Die sich mit ausdauerndem Geklingel auf der Uferstraße Platz schaffenden Bahnen bringen Nachschub an Menschen, die lachen, schwimmen und vor allem essen und trinken. Die bürgerlichen Familien haben ihre Picknickkörbe dabei. Die etwas besser Situierten haben sich vom Personal Liegestühle und kleine Tischchen mit kühlen Getränken aufstellen lassen. Das alles bewacht vom großen Schatten des Grand, der zu sagen scheint: Seid nur ruhig, das gesamte Empire wacht über euch.

Zum Lunch wird man sich nur wenige Meter hinter die Promenade in eines der Strandrestaurants begeben müssen. Man kann sich aber auch von der Ufertram den Berg hinauffahren lassen, um das Hotel durch den Haupteingang zu betreten und im Restaurant die Mahlzeit mit einer Flasche Puligny-Montrachet

zu sich zu nehmen. Dies wiederum wird eine kleine Mittagsruhe zur Folge haben, die manchmal aber auch nur ein Vorwand ist, um ungestört mit der Gattin für neuen Familiennachwuchs zu sorgen.

Am Nachmittag dann, frisch eingekleidet, geht man wegen der Kurkonzerte und des Heilwassers, das hier schon seit einigen Jahrhunderten die Brunnen füllt, zum Spa. An der Cliff Bridge, die über das Ramsdale Valley führt, entrichtete man seinen Obolus, um dann auf der oberen Esplanade mit etwas mehr Übersicht dem Treiben am Strand folgen zu können. Aber lassen Sie uns zu unserer Geschichte zurückkehren.

Eine Begegnung

Ein Junge, er steht mit dem Rücken zu uns, er wird sich gleich umwenden und sich gebückt vorwärtsschleppen, sein offensichtlich verkrüppeltes linkes Bein nachziehend, eine Schulter höher als die andere und mit einem gewaltigen Buckel verunstaltet. Mit schmerzverzerrtem Gesicht murmelt er etwas vor sich hin.

Als sie etwa auf gleicher Höhe mit ihm war, meinte Miss Hebron etwas wie »Esmeralda, meine holde Esmeralda, lass mich arme verkrüppelte Kreatur nicht allein!« aus ihm herausbrechen zu hören. Welch grausiges Schicksal

mochte wohl dieses arme Kind heimgesucht haben? Verkrüppelt und offensichtlich geistig verwirrt, musste es sich durchs Leben schlagen, aber wenigstens hatte es eine Familie, die es hierher an diesen schönen Ort gebracht hatte, um ihm Linderung zu verschaffen.

Plötzlich hörte sie hinter sich eine hysterische Frauenstimme rufen:

»Oh, Charles, hör auf mit dem Unsinn. Erschreck nicht immer die Badegäste, und nimm das Kissen aus der Jacke.«

An Miss Hebron gewandt, meinte die zarte, aber doch sehr resolute Frau, die offenbar umgekehrt war, um den Jungen zu holen, noch: »Bitte entschuldigen Sie, Madame, Charles liest zu viele Bücher. Angeregt durch seine blühende Fantasie, spielt er dann immer die Geschichten nach. Das kann manchmal sehr anstrengend sein, glauben Sie mir.«

Inzwischen hatte vor Miss Hebrons Augen eine Verwandlung stattgefunden. Vor ihr stand ein höflicher, ein wenig dicklicher Knabe, der vermutlich für sein Alter, er mochte so etwa zehn, elf Jahre alt sein, zu klein geraten war. In der einen Hand hielt er ein Kissen, das er aus seiner Jacke gezogen hatte, die andere reichte er ihr mit leicht angedeuteter Verbeugung. Er bat die reizende Lady, wie er sich ausdrückte, um Entschuldigung für möglicherweise entstandenes Ungemach. Gleichzeitig bemerkte er jedoch altklug, für die Kunst müsse man Opfer bringen, wenn sie denn großartig werden solle. »Verzeihen Sie, ich

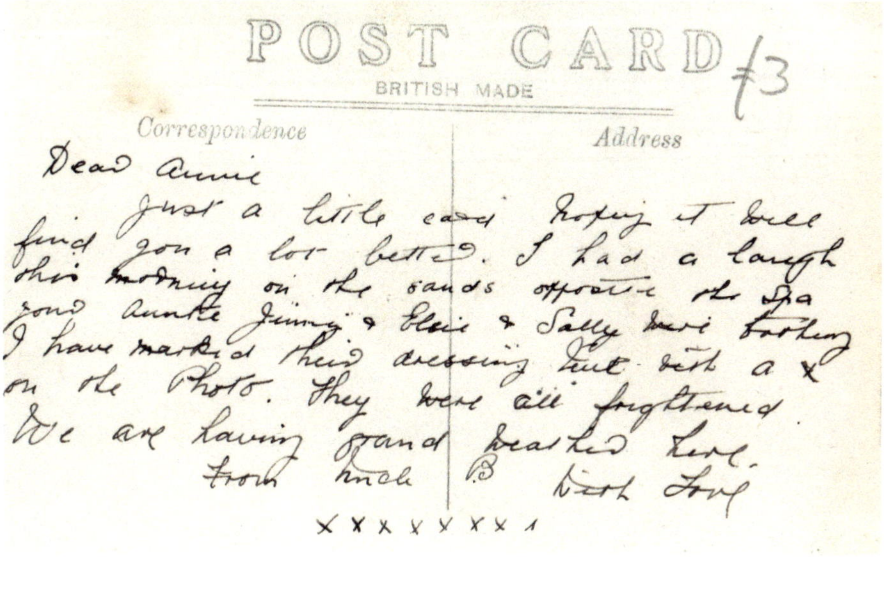
POST CARD 73
BRITISH MADE
Correspondence
Address

Dear Annie
Just a little card hoping it will
find you a lot better. I had a laugh
this morning on the sands opposite the Spa
your Auntie Jenny & Elsie & Sally were bathing
I have marked their dressing hut with a X
on the Photo. They were all frightened.
We are having grand weather here.
from Uncle B with love
XXXXXXXX

habe mich noch nicht vorgestellt: Laughton, Charles Laughton. Meiner Mutter hier, die Sie ja bereits kennengelernt haben, gehört das Victoria Hotel, das Sie sicher gegenüber dem Bahnhof gesehen haben, wenn Sie mit der Bahn angekommen sind.«

Noch nie hatte sie ein Kind in einem solchen Ton reden oder gar so unbefangen ein Gespräch mit einem Erwachsenen beginnen hören.

Er bedauere, ihr nicht mehr von seiner Kunst und dem armen Krüppel, der sich unglücklich in die schöne Esmeralda verliebt hat, vorführen zu können, aber seine Mutter wolle jetzt, dass er ihr bei der vielen Arbeit im Hotel zur Hand gehe.

»Du warst sehr überzeugend, mein Junge.«

»Wenn Sie in ein paar Jahren wiederkehren, werden Sie mich auf der Bühne unseres Theaters in einer Hauptrolle erleben können. Ganz sicher«, meinte er, sich umwendend, während er bereits seiner Mutter folgte.

Kopfschüttelnd ging sie weiter und dachte noch ein wenig darüber nach, wie unterschiedlich die Menschen doch seien und auf welch eigenwilligen Wegen sich manche ihr Schicksal suchten.

Miss Hebron am Strand

Zum Zeitpunkt der hier zu beschreibenden Reise war Miss Hebron eine zur Üppigkeit neigende Dame in ihren reifen Fünfzigern, die es aber noch immer gewohnt war, sich der Welt in kraftvollen, selbstbewussten Schritten zu nähern. Lediglich die Abgeschiedenheit ihres ländlichen Lebens in den Hügeln Dutzende Meilen westlich von York ließ sie die Dinge manchmal, wenn sie so völlig außerhalb ihres Erfahrungshorizontes lagen, mit einer gewissen prüfenden Vorsicht angehen.

Das war nur allzu verständlich, hatte sie doch in ihrem ganzen bisherigen Leben den Umkreis ihrer Heimat – und das schloss nicht einmal ihre kleine Provinzhauptstadt York mit ein – noch nie verlassen. Man reiste nicht. Schon gar nicht als alleinstehende Dame, selbst wenn man zu den respektablen Kreisen des Ortes gehörte, und das tat sie ohne Zweifel in ihrer kleinen Pfarrgemeinde. Geändert hatte sich das erst in den letzten Jahren. Seit es in Oxgodby eine Bahnstation gab und die Kunde von den Seebädern, insbesondere von Scarborough, die Runde machte, wuchs auch ihre Neugier. Die Anzeigen in ihrer angestammten Zeitung überschlugen sich in Superlativen.

Es lag in ihrem Wesen, dass sie, wenn sie sich einmal entschlossen hatte, eine Veränderung oder technische Errungenschaft für gut zu befinden, diese vollkommen selbstverständlich in ihre Lebenswelt aufnahm. Von diesen Veränderungen hatte schon das ausgehende Jahrhundert einige gebracht, und alles, was die ersten Jahre des neuen, des 20. in der christlichen Zählung, schon beschert hatten, deutete darauf hin, dass es noch mehr davon mit sich bringen würde. Ob sie alle das Leben angenehmer machen würden, blieb entweder abzuwarten oder selbst zu erkunden. Vor allem die Geschwindigkeit, mit der all diese Veränderungen vor sich gingen, ließ Miss Hebron allerdings insgesamt etwas skeptisch werden.

Nicht die zunehmende Körperfülle war es, die ihr Verdruss bereitete, sondern das wachsende Doppelkinn, das ihr Gesicht nach unten verlängerte und das, verbunden mit ihrer tiefen, sonoren Stimme, sie immer männlicher erscheinen ließ. Ihre weibliche Anziehungskraft drückte sich noch am ehesten in ihren langen rotblonden Haaren aus, die offenbar entschlossen waren, ihr erhalten zu bleiben. Sie versuchte diese ihre Weiblichkeit außerdem durch weite und wallende Gewänder zu verstärken.

An diesem Morgen tat die Sonne noch einmal so, als ob der Sommer ewig andauern könnte. Lediglich einige kleine Nebelschwaden in der südlichen Bucht verrieten den Betrug. Als sie sich von der Strandstraßenbahn hatte hinunter zum Strand bringen lassen, waren auch schon einige Umkleidewagen von den Eseln ins flache Wasser gezogen worden. Allerdings, wenn sie schon das Wagnis einging, im Meer baden zu wollen, was, wie Mrs Honeychurch sicher bemerkt hätte, in ihrem Alter ohnehin höchst unschicklich war, so wollte sie bevorzugtermaßen beim Umkleiden doch lieber festen Boden unter den Füßen haben. So lief sie also an der Promenade, auf der schon einiges an Leben herrschte, entlang bis zum imposanten Gebäude des Spa. Dort hatte sie bereits am Vortag dem Bademeister einige Münzen zukommen lassen, um einen der mit Vorhängen abgetrennten Abschnitte unter den Kolonnaden des Gebäudes für diesen Tag vorzubestellen. Das eröffnete ihr die Möglichkeit, vorab zu beobachten, ob ihr Versuch, schwimmen zu gehen, mehr Aufmerksamkeit unter den anderen Strandbesuchern hervorrufen würde, als sie bereit war, auf sich zu lenken.

Sie konnte in diesem Falle – bei den ersten Wellen angekommen – lediglich ihre Füße und Waden benetzen und entspannt ein wenig in Richtung Grand zurücklaufen, falls ihr Auftritt als zu peinlich wahrgenommen würde.

Dabei schien es, nachdem sie diesen Mann den gesamten gestrigen Abend über beobachtet hatte, als hätte sie sich vorgenommen, einiges mehr an Wagnissen einzugehen, als in ihrem reifen Alter im Meer zu baden.

Ein Gespräch hatte natürlich nicht stattgefunden, denn wer hätte sie einander vorstellen sollen? Aber sie hatte genug gesehen, um diesen Mann in den besten Jahren als außerordentlich interessant wahrzunehmen. Eine beeindruckende Erscheinung, vermutlich Offizier, aber mit leicht melancholischen, sogar etwas weichen Zügen, wie er allein an seinem Tisch saß und zwischen den Gängen immer versonnen aufs Meer hinaussah. Diesen Mann umgab ein Geheimnis. Ein Geheimnis, das Miss Hebron gern ergründet hätte. Es schien zwar unvernünftig, auch nur in Erwägung zu ziehen, mit ihm ein Gespräch anfangen zu wollen, aber um vernünftig zu sein, hätte man zu Hause bleiben können.

Sie stellte sich vor, wie sie bei der Hummersuppe begannen, miteinander zu reden, und erst gegen Mitternacht, als die Kellner bereits alle Tische, bis auf ihren, für das Frühstück eingedeckt hatten, wahrnahmen, dass sie allein waren. So viel hatten sie einander zu sagen. Vermutlich waren sie schon länger die einzigen Gäste gewesen, aber Miss Hebron war so glücklich, einen vertrauten Geist gefunden zu haben, dass sie noch einen Moment sitzen blieb, als sich der Major mit einer höflich betretenen Verbeugung verabschiedet hatte.

Sie hatte diese Reise angetreten, angetrieben von dem Wunsch, mit neuen, interessanten Menschen ins Gespräch zu kommen, und der diffusen Sehnsucht nach etwas, von dem sie kaum wusste, was es war, das aber in ihr rumorte und von dem sie wiederum ahnte, dass es der tiefere Grund für ihre oft schroffe und unbeherrschte Art gegenüber anderen war.

Nun, sie würde ihn vermutlich beim Nachmittagstee und spätestens beim Aperitif wiedersehen, er war ja schließlich auch Hausgast im Grand. Einerseits konnte sie es gar nicht erwarten, aber andererseits war sie ratlos, wie sie ein Gespräch beginnen könnte. Ihr würde schon das Richtige einfallen.

Der Major einen Tag später

Der frühherbstliche Morgentau hatte die Schnürschuhe des Majors mit vielen dicken Tropfen überzogen. Die Schuhe waren übrigens das einzige Überbleibsel seiner Uniform, das er noch trug, jeden Morgen mit großer Hingabe selbst putzte und dick eincremte, bevor er das Haus verließ. Eine Tätigkeit, die er niemals einem Dienstboten überlassen hätte. Bulan war die Einzige, die das hatte tun dürfen, immer auf der letzten Stufe der Terrasse des Hauses in Kuching sitzend, hatte sie sie gewienert, gewischt und poliert, bis sie mit dem Ergebnis zufrieden war, während er am Tisch saß, den duftenden Tee trank, rauchte und in tiefer Zufriedenheit den Moment erwartete, wenn sie zu ihm trat, seinen Füßen in die Schuhe half. Die komplizierte Verschnürung hatte sie sehr schnell verstanden und versah sie manchmal mit kleinen extravaganten Varianten von Knoten und Schleifen, die, wenn er sie am Tag bemerkte, die Vorfreude auf die Heimkehr steigerten. Beim Aufstehen berührte sie wie beiläufig erst kurz sein Knie und dann seine Wange. Dieses wortlose Ritual gehörte zu ihrem Leben und war die einzige Vertraulichkeit, die sie am Tag miteinander tauschten.

Als er auf die Castle Road trat, stampfte er mehrmals kurz auf, sodass die Feuchtigkeit auf dem Bordstein für einige Minuten die Umrisse seiner Füße nachzeichnete. Nach einem kurzen Gebet hatte er sich noch auf dem kleinen Kirchhof der St. Mary's Church umgesehen und die Inschriften auf den alten Grabsteinen gelesen. Dazu musste er teilweise das hoch wuchernde nasse Gras beiseitetreten. Besonders berührte ihn der Grabstein einer Familie, deren Mitglieder im vorangegangenen Jahrhundert offenkundig innerhalb weniger Wochen alle einer tückischen Krankheit zum Opfer gefallen waren. Die Frau, nacheinander die drei Kinder. Der Mann, obwohl noch in seinen Zwanzigern, nur ein knappes Jahr später, vermutlich an gebrochenem Herzen. Alle ausgelöscht. Wie lange hatte sich wohl noch jemand an sie erinnert?

Jetzt wollte er erst einmal zum Castle hinaufsteigen, die Aussicht genießen und vielleicht mit einem der dort stationierten Offiziere eine Pfeife rauchen. Später sollte er seinen Spaziergang sogar noch bis zu den hinter der Old Scalby Mill liegenden Klippen ausdehnen. Dort oben hätte ein ahnungsloser Wanderer ihn wie eine Statue betrachten können, ohne dass er es bemerkt hätte. Die Statue eines hochgewachsenen Mannes in seinen besten Jahren mit markantem Gesicht, dessen säuberlich gestutzter Bart, noch schwarz, die Vornehmheit seiner Züge betonte, während sein Haupthaar, längst vollkommen grau, größtenteils unter dem Hut versteckt war. Während er sich, eine Hand am Hut, vom Wind zerzausen ließ, dachte er noch einmal über das seltsam vertraute Gespräch des Vorabends nach. Jetzt, im Licht des klaren Tages, war er peinlich berührt von der Offenheit, mit der er dieser fremden, wenn auch außerordentlich freundlichen Lady begegnet war. Es war eine verwirrende und schwer zu durchschauende Mischung aus Scham und Erleichterung, endlich jemandem von dem erzählt zu haben, wozu er lange gebraucht hatte, es sich selbst einzugestehen. Noch nie, nicht einmal seinen vertrautesten Freunden gegenüber, hatte er seine privaten Geheimnisse offenbart. Das tat man nicht, selbst wenn man die Freiheit hatte, gemeinsam auf dem Schlachtfeld zu sterben. Lediglich während seiner Kadettenzeit hatte er im Überschwang des Erwachsenwerdens einen Stubenkameraden eingeweiht, mit dem er alle großen und kleinen Verzwicktheiten der jungen Männlichkeit teilte. Ihn hatten diese Verwirrungen nicht völlig unvorbereitet getroffen. Er konnte von den Erfahrungen älterer Brüder profitieren, während sein Freund von einem finsteren, schweigsamen verwitweten Vater als Einzelkind aufgezogen worden war. Die Vertrautheit der Kameraden, die in den Jahren des Internats entstanden war, hielt auch später an, als sie längst unterschiedliche Wege gingen, und endete erst, als er die Nachricht von der Explosion eines Munitionsdepots in Schanghai erhielt, das die Truppe seines Freundes hatte bewachen sollen. Nicht einmal ihre Leichen hatte man identifizieren können.

Der Tod, oder zumindest der Gedanke daran, wollte ihn heute nicht loslassen. Dabei hätte er nach dem gestrigen Abend Mut fassen sollen. Es schien plötzlich so leicht, eine vertraute Seele zu finden. Oder war es ein Wink des Schicksals, das ihm diesen einen Menschen, mit dem er reden konnte, der ihn verstand, zugeführt hatte? Sollte er diese Chance ergreifen, sich daran festhalten?

In den drei Wochen, die er nun schon hier war, hatte er insgesamt nicht so viel gesprochen wie am gestrigen Abend. Er konnte nicht einmal sagen, wie viele Stunden sie beieinandergesessen hatten. Nach dem Dinner waren sie, als das Restaurant geschlossen wurde, in die tiefdunkelbraunen Ledersessel der Bar umgezogen. Erst das auffällige Räuspern des Barmanns und das verschreckte Herabfallen eines Glases hatten sie in die Wirklichkeit zurückgeholt. Obwohl sie mindestens schon eine halbe Stunde nichts mehr gesagt hatten, jeder in seine Gedanken versunken, war es, als hätte man sie mitten im Satz unterbrochen, und keiner von beiden wäre jetzt noch in der Lage, die letzten erlösenden Worte zu finden. Verwirrt waren sie aufgestanden, hatten sich förmlich eine gute Nacht gewünscht und waren in die jeweilige Schlaflosigkeit, die sie in ihren Four-Posters-Betten bereits erwartete, entschwunden.

Der bewusste Abend

Inzwischen, so viel wusste der Major mit Sicherheit zu sagen, musste mindestens eine halbe Stunde vergangen sein, seitdem die Lady ihren Platz in dem dunkelbraunen Sessel im Erker, von dem aus man die südliche Spitze der Bucht sehen konnte, verlassen hatte. Der Fleck, den der Boden des geleerten Portweinglases auf dem Untersetzer hinterlassen hatte, war völlig eingetrocknet. Der Barmann hatte versäumt, beides wegzuräumen, so sehr war der arme Mann mit dem Andrang an seinem Tresen und dem Füllen neuer Gläser beschäftigt.

Das jedoch war auch der Grund, warum das Buch, in dem die Lady gelesen hatte, noch immer dort lag. Der Barmann hätte sicher den Namen der Besitzerin gewusst und dafür gesorgt, dass sie es zurückerhielt.

Der Major kannte das Buch. Ein vertrauter Anblick. Genau diese in dunkles Papier mit goldgeprägten Buchstaben gebundene Ausgabe von *Wuthering Heights* hatte mehrere Wochen auf der Terrasse ihres Hauses gelegen. Bulan hatte immer, wenn sie mit einem Buch fertig war, ein, zwei Tage gebraucht, bevor sie ihm mit großer Anteilnahme von der Geschichte erzählte. Sie stellte ihm daraufhin immer Fragen zu seiner Heimat, wo fast alle Romane spielten, die sie las. Oft wusste er dazu nichts zu sagen. Zu wenig war es, was ihn noch mit England und dem Leben dort verband.

An den Abenden, wenn sie eine Lektüre beendet hatte, saß sie eine ganze Weile schweigend auf ihrer Bank, die sich unweit seines Schaukelstuhls an der Rückseite des Hauses befand, stand schließlich auf, trat kurz hinter ihn, legte ihre kleine, aber feste Hand auf seine Schulter und bat ihn um Entschuldigung. Sie müsse jetzt schlafen. Das geschah nur an diesen Abenden, denn obwohl sie lange vor ihm aufstand und immer bereits alles für ein üppiges englisches Frühstück vorbereitet hatte, wenn er erwachte, ging sie doch sonst stets nach ihm zu Bett. Sie löschte alle Lichter, sorgte dafür, dass möglichst keine Tiere ins Haus eindringen konnten, hier am Rande ihrer neuen Siedlung gab es nichts anderes zu fürchten.

Das Buch – und, auch wenn er sich das nicht eingestehen wollte, seine Besitzerin – war der Grund, warum der Major jetzt zu dem Sessel ging, es an sich nahm, einen Moment versonnen darin blätterte, um es dann in eine der Taschen seiner uniformähnlichen Jacke zu stecken.

Er konnte das Alter der Dame nicht schätzen, zu lange hatte er Frauen nicht angesehen. Eine sehr beeindruckende Erscheinung, das bemerkte er sofort, was ihn aber vom ersten Moment an wirklich fasziniert hatte, war die im Gegensatz zu ihrem nach außen gezeigten selbstgewissen Auftreten stehende Verlorenheit, die sie umgab, ohne dass er zu sagen wusste, woher diese rührte. Als wäre es nicht schon ungewöhnlich genug, dass eine Dame allein verreiste, mied sie auch jede Art geselliger Zerstreuung, wie sie sonst in Damenkreisen sehr beliebt war.

Er hatte sie auf ihren Spaziergängen zufällig gesehen, wie sie manchmal minutenlang innehielt, in eine unbestimmte Ferne blickte, als hätte sie dort etwas entdeckt, das sie beunruhigte, um dann ihren Weg etwas langsamer und mit viel Bedacht wiederaufzunehmen. Wenn er sicher war, dass es niemandem auffiel, stellt er sich an genau diese Stelle, als könnte ihm die Ferne etwas über diese geheimnisvolle Frau verraten. Ähnliches konnte man an den späten Nachmittagen in dem hinteren Erker des oberen Gesellschaftsraumes beobachten, wenn sie von ihrer Lektüre aufblickte, an ihrem Glas nippte und in Richtung der Südspitze der Bucht blickte. Vielleicht war sie ja die Witwe eines Seemanns, auf dessen Wiederkehr sie noch immer sehnlichst wartete.

An diesem Tag war der Major einer der ersten Gäste beim Dinner. Als die Bedienung ihn an seinen üblichen Platz setzen wollte, bat er um einen Tisch etwas weiter vorn, von dem aus er den Eingang des Restaurants im Blick behalten konnte und der auch wesentlich unverfänglicher Platz für eine zweite Person bot.

Dann, zur üblichen Zeit, kam sie.

Als sie schon fast am Tisch vorbei war, stand er auf, räusperte sich und bat um Entschuldigung, aber er glaube, das hier gehöre ihr. Er hielt ihr etwas linkisch *Wuthering Heights* hin. Ihr fragender Blick zwang ihn zu genauerer Erläuterung der Umstände, unter denen er in den Besitz des Buches gelangt war.

Nachdem mehrere höfliche Floskeln hin und her gewechselt waren, als handelte es sich um eine der allgemeinen Unterhaltungen, wie sie auf Reisen und in fremder Umgebung nicht unüblich sind, nahm er allen Mut zusammen.

»Wenn Sie niemanden zum Abendessen erwarten, besäßen Sie die Freundlichkeit, mir beim Dinner Gesellschaft zu leisten?«

Alle Aspekte eines so unerwarteten Angebots abwägend, beschloss sie schließlich offenbar, Fragen der Form hintanzustellen, und nahm an.

Erleichtert winkte er dem Ober für ein zweites Gedeck, schob ihr persönlich den Stuhl an den Platz. Das alles natürlich nicht, ohne sich vorher in aller Form vorgestellt zu haben.

Natürlich kannte sie zu diesem Zeitpunkt seinen Namen längst. Denn auch wenn das Grandhotel viele Gäste hatte, war ihr die schweigsame Verlorenheit dieses hochgewachsenen Herrn nicht verborgen geblieben. Im Unterschied zu anderen Männern seiner Generation, die ihr Gesicht immer mehr zuwachsen ließen, hatte der Major lediglich einen in strenge Form geschnittenen Oberlippenbart. Auch sonst hatte er eine sehr jungenhafte Ausstrahlung, obwohl er seine mittleren Jahre offenbar längst erreicht hatte. Diese Ausstrahlung war es wohl auch, die in ihr einen mütterlichen Instinkt weckte. Wie sie es bei ihren ebenfalls längst in den Mannesjahren befindlichen Neffen festgestellt hatte, waren diese mütterlichen Verhaltensweisen Männern oft sehr willkommen, obwohl diese es kaum zugeben mochten.

Als sie Platz genommen hatte, war plötzlich der Vorrat an für solche Fälle vorbereiteten Worten aufgebraucht, und es wäre eine peinliche Stille eingetreten, hätte der Kellner nicht mit der Vorlage der Menükarte und der Frage nach einem Aperitif die Situation gerettet. Der Major, gewohnt, seine Wünsche unverblümt zu äußern, bestellte einen trockenen Sherry, als ihm auffiel, wie unhöflich sein Betragen war, weil er erst den Wunsch der Dame hätte abwarten sollen.

Miss Hebron rettete die Situation, indem sie das Gleiche bestellte und betonte, wie wunderbar behilflich ihr der Major gewesen sei, wo sie sich doch immer so schwer entscheiden könne.

»Oh, bitte verzeihen Sie mein Ungeschick, aber es ist Jahre her, dass ich mit einer Dame im Restaurant gespeist habe. Mit meiner Frau habe ich immer nur zu Hause gegessen.«

Miss Hebrons fragender Blick brachte den Stein ins Rollen. Sie konnte ja schlecht direkt fragen, ahnte sie doch tragische Hintergründe hinter der Abwesenheit der Erwähnten.

So kam es, dass der Major mit dem Eintreffen der leuchtend goldbraunen und nach Leder duftenden Flüssigkeit schon zu erzählen begann. Sein Redefluss wurde lediglich durch das Auf- und Abtragen der Speisen unterbrochen. Er selbst aß nur wenig. Zu besorgt war er, dass, wenn er die Geschichte zu lange unterbrach, er nicht den Mut finden würde, den Faden wiederaufzunehmen. Es war ungewöhnlich genug, was er hier tat. Er saß einer fremden Frau gegenüber, deren ungewöhnliche Art ihm Vertrauen einflößte. Während draußen das letzte Licht des Tages vom Himmel verschwand und den Straßenlaternen und dem in der Ferne rhythmisch aufblinkenden Strahlen eines Leuchtfeuers das Feld überließ, breitete er sein Leben aus, oder zumindest Teile davon. Die Teile, von denen er glaubte, sie aussprechen zu können, und manche, von denen er bisher niemandem erzählt hatte. Was im Laufe des Abends aus ihm herausbrach, folgte keiner chronologischen Ordnung oder einem anderen innewohnenden Plan. Wie ein Wandteppich, aus der Hand verschiedener Weber zusammengesetzt, entwickelten sich die Teile zu einer fortlaufenden Geschichte, deren Ende niemand kannte. Auch der in den einzelnen Tableaus verborgene Sinn schälte sich nur langsam heraus.

Die Geschichte

Behütet aufgewachsen war er als jüngster Spross einer wohlhabenden Familie mit ausgedehnten Ländereien unweit von Nottingham, deren Vorfahren einmal in der an Konflikten reichen englischen Geschichte auf der falschen Seite gestanden hatten. Einige von ihnen hatten zu Zeiten von König James das Land Richtung Amerika verlassen. Einer soll wohl gar an Bord der Mayflower gewesen sein. Das und die falsche Religionszugehörigkeit der Familie führten dazu, dass bis in die Gegenwart hinein kaum Verbindungen in den Süden oder die Londoner Gesellschaft vorhanden waren. Wer in diesen Kreisen einmal zu den Abtrünnigen gehörte, blieb es über Generationen, selbst wenn sich noch kaum jemand an die Gründe der Differenzen erinnern konnte.

So war er doppelt frei. Als Jüngster würde er nicht die Familiengüter führen müssen, und die Unabhängigkeit der Familie enthob ihn auch aller Karriererücksichten, die man sonst angesichts der gesellschaftlichen Stellung nehmen musste. Die unkonventionelle und offene Erziehung durch seine Eltern drückte sich auch darin aus, dass sie ihn nicht auf eines der üblichen englischen Internate schickten, sondern seine Ausbildung mehreren Schulen in Kontinentaleuropa anvertrauten. Seine daraus resultierenden souveränen Kenntnisse des Französischen, Niederländischen, Deutschen und Spanischen sollten sich in seinem Leben noch als förderlich erweisen. Vor die Wahl gestellt, welche, natürlich gut abgesicherte, Karriere er einschlagen wolle, wusste er lange nicht, was am ehesten für ihn in Betracht kam. Eine ganze Zeit liebäugelte er mit dem Gedanken, auch nach Amerika auszuwandern, um in der Neuen Welt sein Glück zu suchen, wie es seine Schwester getan hatte, indem sie den Erben einer reichen Händlerfamilie aus Boston heiratete.

Sein mittlerer Bruder war ein religiöser Eiferer, der die liberalen Ansichten seiner Eltern ablehnte und der als Prediger in schlecht geheizten, muffigen

Gemeindesälen mit mäßigem Erfolg landauf, landab unterwegs war. Bis auch er beschloss, nach Amerika zu gehen, um dort auf eine viel größere Zuhörerschaft zu treffen und angesehener Prediger einer evangelikalen Sekte im Südwesten der Vereinigten Staaten zu werden.

Auch eine akademische Laufbahn, wie sie ihm einige seiner Onkel vorlebten, war wohl eher nichts für ihn. Schon die Schule hatte ihn gelangweilt.

Lediglich das Kaufmännische, das seiner Fähigkeit zu logischem Denken und zum Abwägen von Risiken entgegenkam, übte eine gewisse Anziehungskraft auf ihn aus. Von dieser Option wurde er aber durch den sommerlichen Besuch bei einem seiner Schulkameraden geheilt, dessen Familie Besitzer einer der größten niederländischen Tee-Kompanien war. Ständig, ob bei Tisch oder bei sonstigen familiären Zusammenkünften, wurde dort über Geld und Sparen geredet, und das, obwohl die Familie offenkundig sehr reich war. Noch nie hatte er Menschen erlebt, die so sehr von dem Gedanken an Sparsamkeit besessen waren, dass alles, was man sich an wunderbaren Vergnügungen mit Geld leisten könnte, verpönt war. Bei diesen Leuten kam das Wort *genieten* nicht vor. Lediglich von *goedkoop* war immerzu die Rede. Sein damaliges jugendliches Alter erlaubte ihm noch nicht, die Differenzierung zwischen persönlichen Veranlagungen, beruflichen Erfordernissen und nationalen Eigenheiten vorzunehmen. Jedenfalls war ihm der Berufsstand des Kaufmanns seit den Wochen, die er in Zandvoort verbracht hatte, ausgesprochen unangenehm. Der Widerwillen dagegen ging sogar so weit, dass er den Kontakt zu dem Schulkameraden allmählich verebben ließ und auch ins Auge gefasste Volontariate an der Börse nicht mehr infrage kamen. Noch ahnte er nicht, dass er gleichwohl im späteren Leben mit ebenjener Tee-Kompanie wieder in Berührung kommen würde.

So landete er eher aus Abenteuerlust und Mangel an Vorstellungskraft, was er sonst mit seinem Leben anfangen könne, als aus tiefer Überzeugung beim Militär. Es war wohl die Möglichkeit, seinen Dienst in fernen Ländern zu verbringen, die den Ausschlag gab. Die Begeisterung, zu kämpfen und zu triumphieren, spielte dabei kaum eine Rolle. Reisen und fremde Welten entdecken, das war es, was er sich erhoffte. So kam es denn auch, dass das Empire seine Dienste an einem der von England am weitesten entfernten Orte in Anspruch nahm.

Vermutlich Liebe

Vielleicht, wenn die Umstände und auch die Zeiten andere gewesen wären, hätte er dieser zwar fremden, aber doch auf eigenwillige Weise vertrauten Person, die ihm jetzt gegenübersaß, noch mehr davon erzählt, wie er sich fühlte in der Zeit, als er Hongkong verlassen hatte, und warum das, was dann folgte, seine Jahre gewesen waren.

Davon, wie er in Kuching mit befreiter Brust und voller Tatendrang das Schiff verließ und den eigenwilligen Duft aus Brackwasser, überreifen Früchten und Fisch in sich einsog, als wäre das der Odem, der neues Leben verhieß.

Seine Zeit in der militärischen Verwaltung Hongkongs war ihm vorgekommen, als hätte er sie nicht in einer großen, pulsierenden Stadt, sondern in einer am Rand der Wüste liegenden Festung zugebracht. Tag für Tag, Woche für Woche, Monat für Monat wartete er, dass etwas geschehen möge. Die ankommenden und abfahrenden Schiffe, der Wechsel des Personals und der Jahreszeiten, das war nicht einmal der Sand in einer Uhr. Es war lediglich das Geräusch des Sandes. Die Zeit verrann unbemerkt. Alles sah immer gleich aus, aber zwischen den Zähnen und in den Ohren spürte man den Sand. Unversehens war aus dem jungen, vielversprechenden Offizier einer der zum Inventar gehörenden Beamten geworden, dem man keine der in England ausgebildeten Töchter der einheimischen Oberschicht mehr vorstellen musste, weil er sie ohnehin nicht beachtete. Aber auch für andere Veranlagungen ließen sich keinerlei Hinweise finden. Er war wie einer der Felsen geworden, die die Einfahrt in den Hafen markierten.

So verwunderte es ihn selbst am meisten, als er sein Versetzungsgesuch im Gouverneurspalast abgab, nachdem er gehört hatte, dass in der Katzenstadt im Norden Borneos der Posten des Militärkommandanten vakant war. Was ihn dazu bewogen hatte, konnte er nicht erklären. Vielleicht war es das Aufflackern eines Lebensgefühls, das ihn als junger Mann angetrieben hatte. Vielleicht war es aber auch die Angst vor der Wüste der ewigen Wiederholung, die allmählich von ihm Besitz ergriff. Ein Mann in den besten Jahren. Das Leben war noch einen weiteren Versuch wert.

Schon kurz nach der Ankunft stellte sich heraus, dass auch hier in Kuching das Abenteuer nicht auf ihn wartete. Die Briten waren lediglich dazu da, den friedlichen Handel zu gewährleisten. Die Zeiten der Aufstände waren lange vorüber. Lediglich zwischen den Chinesen, die hier Handelsprivilegien genossen, und den vom Süden der Insel agierenden Niederländern kam es hin und wieder zu kleinen Zwistigkeiten. Geübt im Umgang mit den manchmal schwer durchschaubaren Chinesen, vermittelte er in solchen Fällen. Denn auch die Niederländer waren ihm vertraut, deren größte Tee-Kompanie die seines ehemaligen Jugendfreundes war. So war es nicht verwunderlich, dass die örtlichen Behörden immer öfter seinen Rat suchten und er, obwohl nur Kommandant der kleinen Garnison, bald zu einer angesehenen, wichtigen Persönlichkeit des öffentlichen Lebens der Stadt wurde.

Untergebracht hatte man ihn in einem ursprünglich sehr ansehnlichen Haus im Zentrum, wo fast alle Europäer wohnten. Die Straßen wirkten fast wie die einer beliebigen europäischen Großstadt. In der Architektur lag aber auch das Problem. Während die Häuser der Einheimischen auf Stelzen gebaut waren, sodass sie auch während der monatelangen Regenzeit nicht ständig unter Wasser standen und schnell wieder trockneten durch den Wind, der durch sie hindurchzog, fingen die Häuser der Europäer, so aufwendig sie auch gebaut sein mochten, bald von allen Ecken her an zu schimmeln. Die Stockflecken an den Wänden waren so hartnäckig, dass man sie trotz aller Bemühungen kaum beseitigen konnte.

So kam es auch, dass der Major während dieser Zeit von einem chronischen fiebrigen Husten befallen wurde, obwohl es nie wirklich kalt war.

Das Einzige, was ihm Linderung verschaffte, war der Ingwertee, den ihm Bulan, seine Haushälterin, am Abend servierte. Bulan hatte sich vom Tag seiner Ankunft an um seinen Haushalt gekümmert. Die Militärverwaltung hatte sie eingestellt. Sie hatte ein angenehmes Äußeres, war schlank, zart und dunkelhaarig, wie die meisten Bewohner dieser Gegend. Erst später stellte er fest, dass das nicht stimmte. Was aber wohl den Ausschlag für ihre Anstellung gegeben hatte, waren ihre Umgangsformen und ihr exzellentes Englisch. Danach gefragt, woher sie das habe, berichtete sie, dass sie als Kind von Missionaren eines deutschen Ordens aufgezogen worden war. Die Schwestern hatten darauf geachtet, dass die Kinder neben Deutsch gut Englisch sprechen konnten, weil sie, wie ihnen gesagt wurde, so bessere Chancen hätten, eine Arbeit bei den örtlichen Kolonialverwaltungen zu bekommen.

Eine der Schwestern, die selbst noch sehr jung war, hatte Bulan in ihr Herz geschlossen. Sie brachte ihr bei, wie man die Heilkraft von Pflanzen nutzte, indem man Extrakte daraus herstellte. Ganze Nachmittage brachten sie damit zu, Versuche zu unternehmen, das, was in einem Buch mit europäischen

Pflanzen beschrieben war, auf die einheimische Vegetation zu übertragen. Hier konnte Bulan manches beisteuern, das sie von ihrer Familie wusste. Auch andere Bücher hatte die Schwester in ihrem zum botanischen Kabinett umgebauten Zimmer gehabt. So lernte dieses Mädchen aus Borneo die Gedichte der deutschen Romantiker kennen und kannte manche davon sogar auswendig.

Die beiden hatten nur knapp zwei Jahre. Dann war Bulan zu alt, um noch in der Schule bleiben zu können, und die Schwester kehrte auch nach Deutschland zurück, wo sie im Rheinland in einer Klosterschule unterrichten sollte.

Bulan lebte wieder bei ihrer Familie, bis sich eine Möglichkeit ergab, bei der Verwaltung um eine Arbeit als Haushälterin nachzusuchen.

Bulan sah in Wirklichkeit anders aus als die sonstige Bevölkerung der Stadt, die sich aus Malaien, Chinesen und Europäern zusammensetzte. Warum, das erfuhr der Major erst sehr viel später.

Der Major, gewohnt, von einheimischem Personal umgeben zu sein, nahm sie anfangs kaum wahr. Auch hatten die Erfahrungen, die er in Hongkong gemacht hatte, ihn vorsichtig werden lassen. Mehrfach war es geschehen, dass die jungen Mädchen, die bei ihm arbeiteten, ihm ihre Dienste als Frauen antrugen, um ihr Auskommen und das ihrer Familien zu verbessern. Obwohl er nicht streng erzogen worden war, existierte in ihm doch so viel vom aufgeklärten Geist seiner Familie, dass solche Dinge nicht infrage kamen, zumindest nicht für ihn. Gleichzeitig wollte er die Frauen nicht kränken, indem er sie zurückwies.

Zwar war er als junger Offizier mit seinen Kameraden ein paarmal in einschlägige Etablissements gegangen, aber das war etwas anderes. Dort gab es klare Regeln, vereinbarte Preise und keinerlei Kontakte außerhalb dieses Ortes. Doch auch das wurde ihm sehr bald fad. So ließ er seine Kameraden bald ohne ihn ins Haus der überquellenden Freude, wie es bezeichnenderweise auf Chinesisch hieß, gehen. Da er dazu noch weder eine Schwäche für Opium oder fürs Glücksspiel besaß, galt er als langweilig und wurde in Ruhe gelassen.

An einem Abend, an dem der Husten des Majors besonders hartnäckig war, schlug Bulan vor, er solle sich mit freiem Oberkörper hinlegen. Sie würde eine Inhalation und Kräuterpackungen vorbereiten. Von einer Schale, die mit feuchten Tüchern bedeckt war, stiegen Dämpfe auf, die den Hustenreiz fast sofort linderten. Jetzt kam sie mit kleinen Säckchen erwärmter Körner und Samen, die einen eigenwillig süßlichen Duft verströmten und ihn seltsamerweise an die Weihnachtszeit zu Hause erinnerten. Als Bulan sich über ihn beugte, um die Säckchen aufzulegen, sah er sie zum ersten Mal wirklich an. Der

befreiende Schmerz, der seinen Körper durchfuhr, war, als hätte alles in ihm nur darauf gewartet. Erschrocken blickte sie ihn an und fragte, ob etwas nicht in Ordnung sei. Kurz legte er seine Hand beruhigend auf ihre Hand, die gerade eine neue Kräuterpackung auflegen wollte, und versicherte, das alles gut sei so.

Mehr geschah nicht an diesem Abend.

Auch in den nächsten Tagen änderte sich nur unmerklich etwas. Wenige Blicke. Ein paar Gesten. Manchmal die Versuchung, wenn sie das Essen vor ihn hinstellte, ihren Nacken zu berühren. Wie aus dem Nichts dann an einem Abend ihr Satz: »Es ist nicht gut, in diesem Haus zu wohnen.«

Sein fragender Blick genügte, dass es aus ihr heraussprudelte, als hätte sie das, was nun kam, seit Langem geübt. Die Luft im Haus zirkuliere nicht genug. Die Feuchtigkeit sitze in jedem Winkel. Alles sei falsch gebaut. Außerdem hier unten der Fluss, die Abfälle. So werde der Husten nie verschwinden.

Er sah die Sorge in ihren Augen. Er bat sie, sich zu setzen und zu erklären, was sie meinte. Sie hatte noch nie mit ihm am Tisch gesessen. Die Chinesen und auch die Einheimischen, die zu Geld gekommen waren, sagte sie, bauten sich Häuser an den Hängen der umliegenden Berge. Dort sei die Luft besser, und man baue auf Stelzen und mit Holz.

Die folgenden Wochen waren angefüllt mit Plänen und Entscheidungen. Erstaunt nahm der Major das umsichtige Handeln dieser klugen, schönen Frau wahr, die nur bei wichtigen Details oder bei Dingen, bei denen ihre Stellung ihr Schranken auferlegte, seine Hilfe benötigte. Vom Umzug des Haushalts bekam er nur wenig mit. Das neue Haus lag an einem Berghang mit einer Terrasse in westlicher Richtung, wo man den Sonnenuntergang über dem Wasser sehen konnte. Sie hatte die Räume so eingerichtet, als hätte sie auch seine unausgesprochenen Wünsche geahnt. Tatsächlich kam es ihm nach nur wenigen Tagen so vor, als könnte er freier atmen, wenn er die Stadt am Abend hinter sich ließ. Seine Versuche, sich bei ihr zu bedanken, scheiterten kläglich, da ihm nichts einfiel, was nach seiner Meinung angemessen gewesen wäre.

Es mochten wenige Wochen vergangen sein. Sie lebten dort zwar anders als in dem großen Steinhaus, aber eben doch jeder in seinen Kreisen, die sich nur ab und zu berührten. Er verbrachte jenen Abend allein auf der Terrasse. Als er schlafen ging, roch er bereits den Regen, der kommen würde.

Eine seltsame Unruhe verhinderte, dass er einschlafen konnte. Vorsichtig schob sich die Tür des Schlafzimmers auf. Ihr Körper duftete nach frischen Blüten. Als sie sich an ihn schmiegte, war dieser selig machende Schmerz wieder da, den er beim ersten Blick auf ihr Gesicht gespürt hatte. Was er in dieser Nacht erlebte, war völlig neu für ihn. Es war, als ob ein Bann gebrochen wäre und alles, wonach er sich ein Leben lang gesehnt hatte, was er gesucht hatte, obwohl er nicht wusste, was es war, sich erfüllte.

Auf einmal ging alles ganz leicht. Die Kreise umschlangen sich. Gemeinsame Abende auf der Terrasse. Gespräche, wie er sie mit niemandem sonst führen konnte. Erstaunlich, zu wie vielen Dingen sie eine fundierte Meinung hatte. Dingen, die er teilweise überhaupt noch nicht wahrgenommen hatte. Sie erklärte ihm die sie umgebende Natur. Pflanzen, Tiere, eine völlig neue Welt, die sich ihm langsam erschloss.

Sie erzählte ihm von ihrer Familie, die von einer der weit entfernten Inseln an der Westküste kam. Flüchtlinge, die die ständigen Überfälle der Piraten satt waren und hier im Schutz der großen Stadt endlich Sicherheit und Auskommen gefunden hatten, aber sich noch immer wie Fremde fühlten und von den Einheimischen auch so behandelt wurden. Daher arbeiteten sie am liebsten für die Engländer, die auch Fremde waren.

Er sprach von England, seiner Heimat, in der es auch viel regnete, wenn auch ganz anders als hier. Irgendwann würde er mit ihr dorthin reisen.

Sie lebten wie Mann und Frau. Wenn er versuchte, seinen Kameraden davon zu erzählen, erntete er nur ein süffisantes Lächeln und Geschichten über deren amouröse Abenteuer, die sie mit ihren Dienstboten hatten. Keiner von ihnen konnte ermessen, welches Glück er erlebte.

Es waren fast drei Jahre, die sie so verbrachten.

Guter Laune kehrte der Major eines Tages nach seinem Dienst ins Haus zurück. Er hatte eine Überraschung mitgebracht. Ein Paket mit neuen Büchern aus England war eingetroffen. Er wusste, wie sehr sie sich freuen würde. Sie saß in der Küche, gefasst, aber mit ernstem Gesicht. Neben ihr einer ihrer Brüder, den er bereits von früheren Besuchen kannte, völlig aufgelöst. Etwas Schreckliches musste passiert sein. Ihr Vater war gestorben. Die Mutter und zwei ihrer Schwestern waren krank.

Die Cholera war zurückgekehrt. Bulan hatte nur die Heimkehr des Majors abgewartet. Das Bündel mit Kräutern und anderer Medizin war bereits gepackt. Sie würde sofort mit ihrem Bruder aufbrechen.

Die Umarmung und der Kuss sollten das sein, was er sich seitdem immer wieder voller Schmerz in Erinnerung rief. Er hatte sich danach allein auf die Terrasse gesetzt, beim Schein der Petroleumlampe das Bücherpaket gedankenverloren aufgerissen, *Wuthering Heights* herausgeholt und auf den Tisch gelegt, wo es bis zu seiner Abreise wenige Monate später liegen blieb.

Wie viele Einwohner von Kuching der Epidemie zum Opfer fielen, war nicht überliefert. Der Major erfuhr trotz aller Bemühungen nicht einmal, wie und wo sie gestorben war. Zum frühestmöglichen Zeitpunkt quittierte er den Dienst und kehrte nach England zurück.

Folgen?

Wie viel von all dem, was wir erfahren haben, tatsächlich ausgesprochen wurde an dem Abend im Grand Hotel von Scarborough, weiß man nicht. Vermutlich waren es lediglich Andeutungen, verschlungene Metaphern und hie und da ein geseufztes Schweigen. Für mehr war kein Platz in dieser Welt der strengen Konventionen zwischen Mann und Frau, vor allem wenn sie nicht mehr so ganz jugendlichen Alters waren, wo man manches mit Ungestüm und mangelnder Lebenserfahrung entschuldigen könnte.

Zu groß war die Furcht vor den Abgründen und Ängsten, die in jedem Einzelnen lauerte. Die Überwindung der Einsamkeit, die Sehnsucht nach Liebe, die Hoffnung auf ein anderes Leben waren einfach zu viel an schwankendem Grund.

Aber vielleicht waren der Major und Miss Hebron für einen Abend an diesem Ort ja auch mutiger, als wir es uns vorstellen können.

Was ausgesprochen und verstanden wurde, reichte in jedem Fall, um den Beteiligten einen unruhigen Schlaf, wirre Träume und manche weitreichende Vorsätze zu bescheren.

Der neue Tag kam dann mit einem goldenen Sonnenaufgang über der Bucht, der in kürzester Zeit die Nebel schmelzen ließ. Was der strahlenden Sonne allerdings nicht gelang, war, der Verwirrung der Nacht ein Ende zu bereiten.

Epilog

Zu unserem Bedauern unternahm Miss Hebron nichts von dem, was uns Außenstehenden, auf das Verhalten unserer Protagonisten Blickenden so folgerichtig, vernünftig und Lebensglück verheißend erscheinen mag. Aber was wissen wir schon, wo wir doch unserem eigenen Leben genauso ratlos ausgeliefert sind wie die Menschen vor uns. Suchend und irrend durch die Nacht.

So verließ Miss Hebron den Zug in Leeds. Nicht, um nach Scarborough zurückzukehren, sondern um in einen anderen, von einer dampfenden Lokomotive gezogenen zu steigen, der sie heim nach Oxgodby brachte. Sie sprach keines der aus ihrem tiefsten Herzen kommenden Worte aus, die nicht nur ihr Erleichterung verschafft hätten. Und sie nahm auch keines der Vorhaben in Angriff, die ihrem Leben eine neue Richtung gegeben hätten.

Heimgekehrt, verfasste sie wenige Tage darauf ein Testament im Büro des Anwalts ihrer Familie, das die Verantwortung für einige der Dinge, die ihr am Herzen lagen, auf ihre Erben, die ihr wiederum eigentlich völlig gleichgültig waren, übertrug. Lediglich dem Pfarrer zahlte sie mit ihren Verfügungen ein wenig von seiner Dummheit heim.

Ansonsten nahm sie ihr bisheriges Leben wieder auf, als wäre nichts geschehen. Oder fast nichts.

BANFF SPRINGS HOTEL **BANFF**

Kanada

(Fairmont Banff Springs), Banff, Kanada
Lage: 405 Spray Avenue, Banff, AB T1L 1J4, Kanada
Zimmerzahl: 757
Berühmte Gäste (Auswahl): King George VI., Queen Elizabeth, Winston Churchill, Marilyn Monroe, Benny Goodman
Historie: 1888, nach nur reichlich einjähriger Bauzeit, eröffnete das mitten in den Rocky Mountains gelegene, von der CPR (Canadian Pacific Railway) betriebene Hotel in einem vom New Yorker Architekten Bruce Price entworfenen Holzgebäude. Dieses brannte im Jahr 1926 nieder und wurde 1928 durch das heutige Hauptgebäude ersetzt.

Während des Zweiten Weltkrieges und in den 1960er-Jahren war das Haus zeitweise geschlossen. Eine Wintersaison gibt es erst seit den 1970er-Jahren. Ausgelöst durch die Winterspiele in Calgary, erlebte das inzwischen zur Fairmont-Gruppe gehörende Hotel einen großen Aufschwung und wesentliche Erweiterungen.

William Cornelius Van Horne, der Chefmanager der Eisenbahngesellschaft, beauftragte 1880 seine Ingenieure, gleichzeitig mit dem Bau der Eisenbahn an die Westküste geeignete Plätze für Hotels zu finden. Er ließ drei Hotels bauen, wovon das Banff Springs das am abenteuerlichsten gelegene und zugleich das erfolgreichste wurde. Van Horne gilt als der Visionär des Tourismus in Nordamerika. Am beeindruckendsten ist das Tempo, in dem das alles geschah: Während man um 1880 von einer noch fast unberührten Wildnis ausgehen konnte, galt die Gegend des Banff-Nationalparks nur wenige Jahre später als touristisch erschlossen. Im Zentrum der kleinen Hotelstadt steht heute ein Denkmal, das an ihn erinnert.

Eine Entdeckergeschichte: Ein junger deutscher Ingenieur, dem Europa zu eng wurde, ist voller Neugier als Landvermesser der Eisenbahngesellschaft in der Neuen Welt unterwegs. Dabei verfällt er der Schönheit und Macht der kanadischen Landschaft. Die gewaltigen Berge und die von Flüssen durchzogenen

Täler üben eine ungeahnte Faszination auf den jungen Mann aus. Demzufolge findet er dort auch den perfekten Platz für ein Hotel, in dem Menschen vor der Hektik der Städte fliehen können.

In die Wildnis

> »Die Wildnis liegt am Grund dessen, was wir als Seele empfinden. Darum ist sie auch zweifellos unsere Heimat.«
> William E. Glassley

Der alte O'Brien hatte also doch recht gehabt. Er hatte sie gewarnt. Sie seien mindestens einen Monat zu spät aufgebrochen. »Der Winter wird euch überfallen«, hatte er gesagt.

Aber wie sollte man seine Worte ernst nehmen, wenn man sah, welche Mengen Fusel O'Brien in sich hineinschüttete? Das scheinbar zusammenhanglose Gemurmel, das er den ganzen Tag von sich gab, ließ vermuten, dass jede vernünftige Erinnerung aus dem Gedächtnis dieses Mannes längst getilgt war. Die Landschaften, die die Furchen seines Gesichts bildeten, erzählten von einem Leben, das offensichtlich schon weit, sehr weit zurücklag. Lediglich das Amulett mit dem Bild des Gekreuzigten, das er um den Hals trug und zu dem er oft und unvermittelt laut zu beten begann, schien noch Platz in seinem Kopf zu haben. Dann sprach plötzlich eine Inbrunst aus ihm, die vermeintlich Meere zerteilen und Wasser in Wein oder doch vielleicht Whiskey verwandeln konnte.

Und draußen, da zauberte gerade die Natur ein Farbenmeer, das seinesgleichen suchte. Die Sonne schien seit Tagen von einem strahlend blauen Himmel. Es war warm, und nichts deutete auf einen baldigen Winter hin. Sie hatten doch nur wenige Wochen für ihre Tour bis zur nächsten Verbindungsstation im Westen eingeplant. Man wusste bereits, welche Täler man für die Bahnstrecke verwenden wollte. Es ging nur darum, den konkreten Streckenverlauf festzulegen, zu sehen, welche außergewöhnlichen Hindernisse eingeplant werden müssten. Und dann hatte Thomas noch seinen besonderen Auftrag von Van Horne erhalten.

Der Wirt des Pubs, in dem sie Unterkunft gefunden hatten, während sie versuchten, eine Truppe für ihre weitere Reise gen Westen zusammenzustellen, hatte ihnen erzählt, dass kaum einer seiner Gäste der war, der er auf den ersten Blick zu sein schien. Viele der hier gestrandeten Darsteller in diesem Panoptikum abgewrackter Gestalten waren früher oft ehrbare Bürger aus den großen Städten des Ostens gewesen. Ihre größtenteils sehr abenteuerlichen Biografien, gespickt mit Niederlagen und Schicksalsschlägen unfassbaren Ausmaßes, hatten aus ihnen das Inventar dieses seltsamen Außenpostens der Zivilisation gemacht. Es war, als bewachten sie eine der Pforten zur Hölle, um die verlorenen Seelen zu warnen. Lasst ab von eurem Tun! Oder waren es die Pforten des Himmels, in den sie vergeblich Einlass begehrten?

Nach allem, was Thomas Ruggle in den letzten Wochen erfahren hatte, würde das, was sie jenseits dieses Ortes erwartete, sehr verschieden sein von der Welt, in der sie bisher unterwegs gewesen waren. Sehr verlässlich war nichts von dem, was die Rückkehrer berichteten. Ihre abenteuerlichen Geschichten dienten ohnehin hauptsächlich dazu, die Abende, die sie beim Fusel verbrachten, zu rechtfertigen. Der junge Ingenieur kannte die Koordinaten, von denen aus seine Kollegen aus Richtung Westen, von Vancouver her, ihnen entgegenkommen würden, und wusste, wo sie aufeinandertreffen sollten. Das Land dazwischen war für ihn bisher nicht sehr viel mehr als eine Legende, ein Mythos, angefüllt mit Schönheit und Schrecken. Hier im mittleren Westen Kanadas war dieser Pub für ihn wie ein letzter halbwegs sicherer Hafen, bevor sie sich in die Stürme der Wildnis aufmachten. Jeder der Rückkehrer von dort schien auf eine besondere Weise geprägt davon.

So viel war klar: Um sich mit der Natur anzulegen – und das bedeutete schon allein das Bestreben, in ihr überleben zu wollen –, musste man gewappnet sein. Wenn man wirklich mutig war, konnte man versuchen, ihr sogar ein wenig von ihren Reichtümern abzutrotzen. Viele scheiterten daran und mussten mit ihrem Leben bezahlen. Man sollte auf alles gefasst sein. Die Natur wehrte sich beiläufig, als wollte sie die Menschen wie ein lästiges Insekt abschütteln, ohne sie wirklich als Bedrohung anzusehen. In den langen, kalten Wintern konnte sie jeden, der sich nicht auf diesen Kampf eingestellt hatte, binnen Kurzem in steif gefrorene Materie verwandeln. Im Frühling und Herbst wurden die Täler in ein morastiges Etwas verwandelt, das jeden Weg oder Pfad innerhalb kürzester Zeit in Wassermassen erstickte. In den kurzen Wochen des Sommers zeigte sich die Natur von einer scheinbar freundlichen Seite, wenn man die wilden Tiere außer Acht ließ. Insbesondere die Bären schienen sich über die sich arglos ins Freie wagenden Menschen als besonderen Leckerbissen zu freuen.

Lediglich mit den Indianern, die seit Jahrtausenden hier lebten, schien die Natur eine Übereinkunft getroffen zu haben. Sie respektierten die Regeln und durften sich als Gegenleistung nehmen, was sie brauchten, um zu überleben. Bis auf kleine Scharmützel ließ jeder den anderen in Frieden.

Die Weißen, die jetzt kamen, hatten andere Vorstellungen vom Leben mit der Natur. Sie planten einen Eroberungsfeldzug mit dem Ziel der Unterwerfung. Sie führten auch eine andere Macht mit sich. Es war die der Maschinen. Die Natur sollte ihnen untertan gemacht werden. Oft ahnten sie jedoch nicht, dass kein Meer, das Odysseus je hatte überqueren, kein Seeungeheuer, das er je hatte besiegen müssen, tückischer und gefährlicher war als alles, was in dieser Weite des Nordens auf sie wartete. Leicht würden sie den Sieg nicht erringen.

Und doch sollten die Männer der Eisenbahngesellschaft am Ende als vermeintliche Gewinner vom Platz gehen und den Weg für alle, die nach ihnen kommen würden, ebnen. Die Absichten der Menschen und ihre Mittel waren verschieden, aber das Ergebnis war immer das gleiche: Irgendwann wurde die Natur unterworfen, was meist mit ihrer Zerstörung einherging.

Thomas Ruggle, ein Bewunderer der Technik, war hierhergekommen mit einer Vorhut der bald eintreffenden Truppen. Mit einer Inbrunst, wie er sie seit seinen Kindheitstagen, als er nach dem Tod der Mutter im Fenster seines Zimmers gesessen und für deren Rückkehr auf die Erde gebetet hatte, nicht mehr gekannt hatte, schickte er oft geflüsterte Worte in die schlaflose nächtliche Dunkelheit. Es waren Worte von verführerischer Dringlichkeit, die den Erfolg der Mission befördern sollten, während seine Kameraden friedlich vor sich hin schnarchten.

Von O'Brien erzählte man sich, dass er schon im Westen des Landes unterwegs gewesen sei, als sich noch kaum ein Weißer ohne bewaffnete Eskorte dorthin gewagt hatte. Er habe Geschäfte mit den Indianern gemacht, ihre Sprachen gelernt und Plunder gegen Pelze und anderes getauscht, das sie anzubieten hatten. Das habe ihn zu einem reichen Mann werden lassen, aber der Suff, Wetten und Weiber hätten dazu geführt, dass er schließlich hier gestrandet sei. Er trank über Tage, Wochen, Monate still vor sich hin und ließ alles anschreiben. Wenn es dem Wirt zu viel wurde, kramte O'Brien ein Goldnugget aus seinen kaputten Hosen und bezahlte damit seine Zeche, wie auch die der anderen anwesenden Trunkenbolde. Ebenso verlässliche Nichtsnutze wie er, vertrauten sie auf seine Großzügigkeit – ein Vertrauen, das er übrigens nie enttäuschte. Sie unternahmen demzufolge auch keinen Versuch, ihn zu berauben. Jeder kannte schließlich die

Geschichte, wie einmal ein übermütiger Neuling sich über O'Brien lustig gemacht und versucht hatte, ihm sein Glas wegzunehmen. Alles ging so schnell, dass man nur am überraschten Schrei der Bedienung, dem Röcheln des Fremden und dessen abgeschnittenem Finger auf dem Tresen erkannte, was vor sich ging. O'Brien hielt die blutige Klinge an die Kehle des Fremden, stieß ihn vom Stuhl, beförderte ihn mit einem Tritt in Richtung Tür und warf ihm schließlich seinen von Blut und Whiskey klebenden Finger hinterher.

Während der ganzen Aktion war kein einziges Wort gefallen. Als das Küchenmädchen das Blut aufgewischt hatte, tranken alle weiter, als wäre nichts geschehen.

O'Brien hatte seit diesem Tag seine Ruhe.

An diese Geschichte und an seine Bemühungen, außer den beiden französischen Gehilfen, die er aus Quebec mitgebracht hatte, ortskundige oder zumindest im Umgang mit der Wildnis erfahrene Helfer zu finden, musste der junge Landvermesser und Ingenieur der Pacific Railway Company Thomas Ruggle denken, als er gerade versuchte, in seine Hände wieder etwas Gefühl zu bekommen, während er sie direkt über die Flammen des Feuers vor sich hielt.

O'Brien war es auch gewesen, von dem er den entscheidenden Hinweis erhalten hatte, an welcher Handelsstation, mit welchen Worten und zu welchem Preis er indianische Scouts anwerben sollte. Vermutlich hatte der es nicht mehr mit ansehen können, wie Ruggle an seinem Tisch saß und sich sein Hirn zermarterte, weil er schon zweimal auf Betrüger hereingefallen war, die die Provision eingestrichen hatten und dann auf Nimmerwiedersehen damit verschwunden waren. Seine Mission drohte zu scheitern. Er würde Van Horne nie wieder unter die Augen treten können.

Als er endlich drei Scouts und einen Halbwüchsigen für die Pferde beieinanderhatte, meinte O'Brien, dass es jetzt wohl zu spät sei, um noch vor dem Winter aufzubrechen.

»Wir haben doch noch fast den ganzen Oktober und November. Bis der Winter kommt, wollen wir längst an einer der Stationen im Westen sein oder zumindest auf halber Strecke unsere Kollegen, die uns von Vancouver aus entgegenkommen, getroffen haben. Auch unsere Scouts meinten, wir könnten es schaffen.«

»Ja, die Indianer, aber ihr hier ...«, meinte der Alte mit einem Kopfschütteln in Richtung von Ruggle und seinen beiden Franzosen, von denen er offensichtlich nichts hielt.

Wie um die Lächerlichkeit der Warnungen zu illustrieren, schien an dem Tag, als ihr kleiner Tross die Poststation verließ, nicht nur die Sonne, sondern es war auch noch so warm, das die Indianer mit freiem Oberkörper ritten. O'Brien, der sonst fast nie mehr vor die Tür trat, nickte ihnen trotz all seiner vorherigen Schwarzmalerei ermutigend zu. Thomas konnte sich des Gefühls nicht erwehren, dass er, wenn er sich noch kräftig genug gefühlt hätte, mit ihnen gekommen wäre, und sei es nur, um sie vor den schlimmsten Fehlern zu bewahren.

Von vorn wurde er fast geröstet, während der Schnee auf den Pelzen in seinem Rücken noch immer gefroren war.

So ging das nun schon seit Tagen. Sie wachten mit dem Geheul des Windes auf und schliefen damit ein. Wenn sie versuchten, vorwärts zu kommen, traf der Schnee die unbedeckten Teile ihrer Gesichter mit kleinen scharfen Pfeilen, die wirklich gefährlich wurden, wenn sie aufhörten zu schmerzen, weil dann Nase oder Ohren dabei waren, zu erfrieren. Auf der dem Wind zugewandten Seite waren die Wigwams kaum noch zu erkennen. Eine sich nach oben verjüngende weiße Wand. Die Indianer hatten die vier Zelte so geschickt in einem Halbkreis aufgestellt, dass in deren Mitte ständig ein großes Feuer brennen konnte, ohne zugeweht oder ausgeblasen zu werden. Allerdings mussten sie alle Versuche, die Erkundung des Tals voranzutreiben, immer nach wenigen Minuten abbrechen. Keine Chance. So blieb ihnen nichts, als in den Zelten zu hocken und sich Geschichten zu erzählen. Wenn es hell genug war, vervollständigte Ruggle seine Aufzeichnungen, aber bald gab es kaum noch etwas zu berichten oder gar aufzuzeichnen, das für den Eisenbahnbau nützlich sein könnte. Ihre Vorräte schrumpften zusehends. Am Vortag hatten sie ein Pferd töten müssen, das eine Verletzung hatte, die sie nicht würden heilen können. Das frische Fleisch tat ihnen allen gut. Aber Ruggle wusste nicht so recht, wie es weitergehen sollte.

Ihre Scouts waren seltsam entspannt, fast ausgelassen, und schienen kein bisschen beunruhigt. Als er den Übersetzer fragen ließ, warum sie keine Angst hätten, dass sie alle hier erfrieren müssten, meinten sie, ein solcher Sturm dauere nie länger als eine Woche, und dann werde man schon sehen.

An einem Vormittag, der Sturm hatte gerade ein wenig nachgelassen, tauchte ein fremder Indianer auf. Ruggle griff schon nach seiner Büchse. Er konnte die Angehörigen der verschiedenen Stämme noch immer nicht voneinander unterscheiden und wusste schon gar nicht, ob sie Verbündete oder

Feinde waren. An der Reaktion der Scouts erkannte er, dass keine Gefahr von dem Fremden ausging.

Aufgeregt redeten diese mit dem besonders dunkelhäutigen fremden Indianer, dessen Sprache ihm noch fremder vorkam als alles, was er bisher gehört hatte. Je aufgeregter und schneller sie sprachen, desto mehr klang es wie das Zwitschern im Wald lebender Vögel oder das keckernde Schimpfen der Eichhörnchen. Schließlich kletterten sie in die Zelte und überredeten die Weißen dazu, mit ihnen ins Freie zu kommen. Dick in Pelze eingemummelt, mit Mundschutz gegen den beißenden Wind und Schneeschuhen an den Füßen, folgten sie dem Ankömmling, der vorausging und sich immer mal wieder umdrehte, um sich zu versichern, dass sie ihm folgten. Thomas, noch immer einen Hinterhalt fürchtend, behielt ständig eine Hand an der Büchse, wohl wissend, dass er im Falle eines Angriffs, so schwerfällig, wie er mit all diesen Kleidern war, ohnehin keine Chance hätte, schnell genug zu reagieren. Auch mit seinen Schießkünsten war es nicht weit her. Zwar hatte ihm sein Vater in den Wäldern seiner Kindheit beigebracht, wie man mit einem Jagdgewehr umging, aber er hatte es immer gehasst. Das eine Mal, als er tatsächlich einen Hasen getroffen hatte und er das Tier ausnehmen und enthäuten sollte, musste er sich übergeben. Von da an schoss er immer daneben.

Er konnte nicht genau sagen, wie lange sie durch den Schnee gestapft waren, es musste wohl eine Stunde oder etwas mehr gewesen sein. Immerhin war ihm durch die Anstrengung des Laufens nicht mehr ganz so kalt. Als das Tal einen fast rechtwinkligen Knick nach Westen machte, verschwand der Fremde plötzlich im Dunkel einer von überhängenden Felsen gebildeten Grotte. Von dort gingen ein seltsamer Nebel und ein bestialischer Gestank aus. Er zögerte, aber als er von drinnen die aufgeregt-freudigen Stimmen seiner Kameraden hörte, folgte er ihnen.

Eis und Schnee waren geschmolzen, und warme Dämpfe stiegen von einem kleinen See auf, der offenbar durch ein Bächlein direkt aus dem Berg gespeist wurde. Die Grotte hatte schräg über ihnen eine Öffnung, die das kleine Gewölbe beleuchtete und durch die man den düsteren Schneehimmel sehen konnte.

Die Indianer hatten ihre Sachen abgeworfen und waren übermütig ins Wasser gesprungen.

Er tat es ihnen nach und ließ sich in das ziemlich heiße, nach Schwefel stinkende Wasser gleiten. Wie gut das tat. Die Wärme. Das letzte Bad hatte er in

Montreal genommen. Jetzt erst bemerkte er, wie verkrustet und entzündet seine Haut an vielen Stellen war. Der Fremde näherte sich ihm und hieß ihn sich ausstrecken, den Kopf auf einen mit Moos gepolsterten Stein legen. In der Hand hielt er eine Art Kissen, das offenbar mit Körnern und Kräutern gefüllt war. Damit rieb er ihm über Arme, Beine und Rücken. Ein fast kindliches Wohlgefühl der Geborgenheit breitete sich im Landvermesser aus. Er drehte sich auf den Bauch, stützte mit den Armen seinen Kopf ab und sah den Dämpfen beim Aufsteigen zu. Die so lange vermisste Wärme und der scharfe Geruch benebelten seine Sinne. Thomas konnte sich fallen lassen.

Kindheit

Die Winter in den Tälern des Schwarzwalds waren auch manchmal kalt, dunkel und lang. Natürlich nicht vergleichbar mit dem, was er hier erlebte, aber nichtsdestotrotz konnte er sich noch genau an den wohlig stechenden Schmerz erinnern, den er in seinen Fingern und auf dem Gesicht gespürt hatte, wenn er nach stundenlangem Spiel draußen mit Freunden im Schnee in die Glasbläserei des Vaters kam, sich vor die Öfen stellte, seine Hände der Wärme entgegenhielt und den Männern dabei zuschaute, wie sie aus einer unscheinbaren flüssigen Masse filigrane farbige Wunder formten. Irgendwann hatte sein Vater, der am Tag in einem kleinen, mit vielen Fenstern versehenen Verschlag arbeitete, ihn dann immer bemerkt. So beschäftigt er auch war, kam er immer zu ihm, stellte sich hinter ihn, legte seine Hände auf seine Schultern. Nachdem sie eine Weile so gestanden hatten, fuhr er ihm durchs Haar und wandte sich wieder seiner Arbeit zu. Meist dauerte dieser Moment nur kurz, war aber etwas, woran sich Thomas für immer erinnerte.

Ohnehin war sein Vater anders als die meisten von der harten Arbeit gezeichneten Männer des Tals. Er blieb nach dem Tod seiner Frau allein. So kam es, dass Thomas keine Geschwister hatte. Die beiden lebten mit der schon seit Ewigkeiten zur Familie gehörenden Haushälterin in dem großen, aus dunklen Balken erbauten Haus. Manchmal bekam Thomas mit, wie die anderen Jungen, als würden sie nur wiedergeben, was sie zu Hause gehört hatten, über den Vater sprachen: »So kann er doch kein Geld verdienen.« – »Und jetzt lässt er diese lächerlichen Kugeln und diesen anderen unnützen Kram herstellen.« Aber es gab auch Familien, in denen der Vater verteidigt wurde: »Einen besseren Chef gibt es nicht.« – »Stellt euch vor, er hat sogar den Arzt bezahlt, als die ganze Familie den Husten hatte.«

Zu ihm selbst hatte sein Vater, der ein tiefgläubiger Mensch war, einmal gesagt, sie alle, jeder einzelne Mensch, stünden in Gottes Schuld. Einer Schuld, die man in guten Taten und einem gottgefälligen Leben begleichen müsse. Nur nach einem gottgefälligen Leben stünde einem der Himmel offen. Das war es, was er versuchte, seinem Sohn vorzuleben.

Seltsamerweise gab der wirtschaftliche Erfolg seinem Vater recht. Die anderen Glasbläsereien ihrer Umgebung fertigten gewöhnliche Massenware und erzielten dafür natürlich auch nur niedrige Preise. Die waren in den letzten Jahren auch noch gefallen, seit es Firmen gab, die mit maschineller Hilfe billiger und schneller produzieren konnten. Als dann auch das Holz immer teurer wurde, mussten die meisten Glasbläsereien aufgeben. Sein Vater hatte nicht nur die Idee gehabt, mit seinen Leuten besondere und handwerklich schöne Stücke zu fertigen, die sie reichen Leuten anboten, er hatte einen neuen, sehr sparsamen Ofen entwickelt, für den sie viel weniger Holz brauchten. Es gingen immer mehr gut bezahlte Aufträge ein. Mittlerweile verkauften sie zunehmend Glas in ferne Länder. Das war eine Idee gewesen, die er von einer Messe mitbrachte. »Mit den großen Betrieben in den Städten werden wir nicht mithalten können, wenn wir so weitermachen wie bisher«, hatte der Vater gemeint. Er zeigte seinen Leuten eine Schachtel mit Weihnachtskugeln, die von einer Firma im Erzgebirge stammten. Es wurde eine Weile experimentiert und versucht, bis es ihnen gelang, mindestens ebenso schöne Kugeln, Engel, Bäume und vor allem gläserne Vögel zu fertigen. Wieder redeten die Leute im Ort und schüttelten den Kopf. Bis zu dem Tag, als der Vater neue Arbeiter, die von anderen Firmen entlassen worden waren, einstellen konnte, weil er mit seiner Produktion ständig ausverkauft war und zusätzliche Leute brauchte.

Das schönste Geschenk, das Thomas je von seinem Vater bekommen hatte – es musste zu seinem zwölften Geburtstag gewesen sein –, war ein wunderschöner, mit farbigem Papier beklebter Globus. Auf diesem Globus zeigte der Vater Thomas, wohin ihre Kisten mit dem Glas reisten. Stundenlang saß Thomas dann allein davor und reiste um die Welt. Er dachte sich spannende Routen aus, entdeckte Inseln und erlebte mit seinem Finger auf der Landkarte die unwahrscheinlichsten Abenteuer.

Eines Abends eröffnete der Vater ihm, dass er von einem Geschäftsmann aus der Neuen Welt ein Angebot bekommen habe, dessen Dauerlieferant zu werden und ihm einmal im Jahr eine Schiffsladung voll von seinem schönsten Weihnachtsschmuck zu schicken. Die Städte in Amerika wuchsen, wurden reich. Die Menschen wollten diesen Reichtum auch zeigen. Die Sitten und Gebräuche der Alten Welt waren wichtig, um sich in der Neuen zurechtzufinden. Dazu zählte auch, das Weihnachtsfest besonders prunkvoll zu feiern, wie es bei den Bürgern in den Städten Europas Brauch geworden war. Man holte sich dazu einen geschmückten Baum in die Stube.

»Und was sie dazu brauchen, ist unser Weihnachtsschmuck«, sagte sein Vater. »Wir könnten uns noch weiter vergrößern. Fast dem ganzen Tal Arbeit geben. Selbst dein etwas ungeschickter Onkel sollte davon noch profitieren. Schau, von hier kommt der Mann.«

Der Vater drehte den Globus und zeigte auf einen kleinen Punkt im Nordosten Amerikas.

»Montreal«, las Thomas.

Der Mann sei nächste Woche in Rotterdam, wo er die verschiedensten Waren einkaufen wolle. Er habe, erzählte der Vater mit unverhohlenem Stolz, ihn aufgefordert, doch mit einigen Mustern dorthin zu kommen, damit sie einen Vertrag über die Lieferungen abschließen könnten. Woher der Mann von ihrer kleinen Glasbläserei wusste, konnte er nicht mit Sicherheit sagen, aber vermutlich hatte er irgendwo Stücke aus ihrem dunklen Tal gesehen.

Die Kutsche, die den Vater nach Norden bringen sollte, war mit vielen der leichtgewichtigen Kisten beladen worden, die sich auf dem Dach und der Rückseite des Gefährts türmten. Der Vater hatte von allem, was die Glasbläserei herstellen konnte, etwas eingepackt. Noch einmal drehte er sich um, zwinkerte Thomas zu und war verschwunden.

Die Jungen hatten den Pfarrer bereits an den Fenstern des Klassenzimmers vorbeihasten sehen, bevor er, ohne anzuklopfen, eintrat, den irritierten Lehrer unterbrach und Thomas mit vor die Tür nahm.

Die Kutsche war zu leicht gewesen. Ein Windstoß hatte genügt, sie auf der Rheinfähre umzuwerfen.

»Dein Vater ist bei dem Versuch, wenigstens einige seiner Kisten zu retten, in den Fluss gefallen und fortgerissen worden. Nein, man hat ihn nicht gefunden.«

Thomas konnte nicht sagen, wie er nach Hause gelangt war. Als er vorsichtig die Tür zum Comptoir des Vaters öffnete, hoffte er, dieser werde, wie meist

über Geschäftspapiere gebeugt, kurz aufblicken, ihn heranwinken und ihm etwas zeigen, wovon er hoffte, dass es Thomas interessierte. Der Raum war noch erfüllt von dem Geruch nach süßem Rauch, von dem er nicht genau wusste, ob der Vater ihn von der Glasbläserei mitgebracht hatte oder ob er vom Tabak aus der Pfeife herrührte, die jetzt erkaltet auf dem Tisch lag.

Niemand.

Laut knarzend flog die Haustür auf. Der Onkel, die Tante, Cousins und Cousinen kamen auf ihn zu und umarmten ihn. Noch am selben Tag zogen sie ein. Hier war sehr viel mehr Platz als im verfallenden Haus des Onkels. Der Vater hatte ein Testament hinterlassen. Sein Onkel war Nachlassverwalter, neuer Geschäftsführer und Vormund in einem. Etwas Besseres war dem Vater wohl nicht eingefallen.

Der Lärm, der das Haus von nun an erfüllte, war Thomas so unerträglich, dass er außer zu den Mahlzeiten und für die Schule sein Zimmer kaum mehr verließ. Manchmal saß er auf dem breiten Fensterbrett, drehte den Globus, der direkt vor ihm stand, und fuhr mit dem Finger an die Stelle, an der der magische Name stand. Montreal. Er ging mit seinem Gesicht ganz nah heran, als könnte er dadurch die Leute, die in dieser Stadt lebten, erkennen und ihnen, wie Gulliver den Liliputanern, zuwinken.

Als der Onkel ihn ins Arbeitszimmer rief, war der vertraute Geruch verschwunden, die sonst so ordentlich sortierten Papiere des Vaters waren einem Haufen ungeordneter Zettel, Briefe und Fakturen gewichen. Thomas erfuhr, dass der Vater ungeachtet des sonstigen Nachlasses ein Stipendium für Ausbildung und Studium seines Sohnes gesichert hatte, das nur ihm zur Verfügung stand. Thomas hatte ab dem nächsten Jahr einen Internatsplatz in einer sehr ehrwürdigen Schule in Freiburg. Nach seinem Abschluss dort würde er alt genug sein, um alles Weitere selbst zu entscheiden.

Als es so weit war und er die Schule erfolgreich beendet hatte, fiel seine Wahl auf das damals noch französische Metz. Dort konnte er etwas Praktisches studieren. Er beschäftigte sich mit Geografie, Landvermessung und dem Bau von Maschinen. Sich zwischen seinen Interessen zu entscheiden fiel ihm schwer, und er hoffte, später einmal von allem etwas nutzen zu können. Das Studium machte ihn glücklich. Er glaubte, mit dem, was er hier lernte, würde er, wie es sein Vater immer gewünscht hatte, die Welt zu einem besseren Ort machen können. Wenn er auch nicht die Gläubigkeit des Vaters besaß, spürte er doch

die Verantwortung der Schöpfung gegenüber auf seinen Schultern, von der der Vater immer gesprochen hatte, die es der Schöpfung abzugelten hieß. Seine Hoffnung stützte sich darauf, dass es gelingen könnte, mit den Maschinen und anderen neuen Erfindungen so viel Reichtum zu schaffen, dass niemand mehr würde Not leiden müssen.

Im zweiten Jahr des Studiums kam ein Brief des Onkels, der ihm vom Verkauf der Firma des Vaters berichtete, die er nicht mehr habe halten können. Er hatte nicht das geschäftliche Geschick des Vaters. Die Summe, die er für die Firma erhalten habe, sei größtenteils für noch ausstehende Verbindlichkeiten gebraucht worden, aber immerhin habe er das Haus der Familie, in das Thomas jederzeit zurückkehren dürfe, halten können. Thomas' verbliebener Anteil vom Erbe könne er mit beiliegendem Scheck einlösen.

Es war nicht sehr viel Geld, was ihm jetzt noch blieb, aber es reichte zusammen mit dem Stipendium für das, was Thomas ohnehin vorgehabt hatte – die Alte Welt verlassen. Seltsamerweise fühlte er sich irgendwie erleichtert. Es wäre ihm sehr schwergefallen, ins heimatliche Tal zurückzukehren. Er hatte den Globus zu oft gedreht. An der Stelle, die ihm sein Vater gezeigt hatte, war das Papier bereits ganz dünn und weiß.

Die Neue Welt

Als das schwindende Licht sie zwang, das warme Wasser wieder zu verlassen und den Rückweg zu ihrem Lager anzutreten, hatte der junge Landvermesser Mühe, einen Fuß vor den anderen zu setzen. Eine wohlige Müdigkeit hatte sich in ihm ausgebreitet. Am liebsten wäre er für ewig in dem warmen Wasser geblieben. Die frisch zubereitete Grütze aus der Pferdebrühe rührte er kaum an. Lediglich von dem heißen, teeartigen Gebräu, das einer ihrer Scouts zubereitete, trank er einen ganzen Becher. Danach fiel er in einen fiebrigen Schlaf, der ihm so realistische Träume bescherte, dass er noch einmal die Strapazen der Überfahrt nach Amerika erleben musste.

Er hatte fast die gesamte Reise über der Reling hängend zugebracht, und selbst als sein Körper eigentlich schon lange nichts Festes mehr enthielt, musste er noch immer galligen Saft hervorwürgen. Zwischendurch glaubte er, er werde Amerika niemals lebend erreichen, was ihm in seinem Zustand sogar erstrebenswert erschien, so elend war ihm zumute.

Im Hafen von Boston angekommen, brauchte er einige Tage, bis er wieder so weit zu Kräften gekommen war, dass er weiterreisen konnte. Während er sich mühsam erholte, beobachtete er zufällig von seiner Kammer aus, wie Teile einer Dampfmaschine, die gewaltig aussah, auf mehrere Fuhrwerke verladen wurden. Als er fragte, was das für Maschinen seien und wohin sie gingen, erfuhr er, dass es Teile für den Eisenbahnbau waren. Da die Häfen in Kanada nicht sicher erreichbar seien, würden sie hier verladen, um auf dem Landweg und über Flüsse und Seen nach Montreal gebracht zu werden. Montreal. Der Name dieser Stadt elektrisierte Thomas so sehr, dass er mit neuen Kräften am nächsten Tag aufbrach. Der zweite Begriff, der gefallen war, hatte noch mehr gute Erinnerungen in ihm geweckt: die Eisenbahn!

Er musste noch sehr jung gewesen sein, vielleicht acht oder neun Jahre alt. Der Vater wollte zu einer Messe in die Schweiz und hatte beschlossen, ihn mitzunehmen. Am Abend zuvor war der Vater trotz der vielen Vorbereitungen, die noch zu treffen waren, sehr aufgeräumt und gut gelaunt gewesen. Hände reibend prophezeite er seinem Sohn eine spannende Reise. Thomas' Vorfreude war etwas getrübt. Er war zwar sehr gern mit seinem Vater unterwegs in einer fremden Stadt – keine Schule, in einem Gasthof übernachten –, aber die Reise dorthin in einer Kutsche war schwierig für ihn, wie alles, was mit Schaukeln zu tun hatte.

So war es denn auch. Kaum hatten sie das heimatliche Tal verlassen, wurde ihm übel. Damit es nicht noch schlimmer wurde, versuchte er zu schlafen, was ihm wohl auch irgendwann gelang. Geweckt wurde er von den Worten des Vaters: »Wir steigen aus.«

»Sind wir denn schon da?«, fragte Thomas ganz erfreut.

»Nein, wir steigen nur um.«

Sie standen vor einem stattlichen, modernen Gebäude mit gusseisernen Säulen. »Wir fahren mit der Badischen Bahn.«

Die Begeisterung des Jungen kannte keine Grenzen. Welcher Luxus. Welches Tempo. Er stellte sich auf den hintersten Perron ihres Zuges und hielt sein Gesicht in den Wind. Erst als er voller Ruß und Rauch war, bestand sein Vater darauf, dass er zu ihm hinein in den Waggon kam. Das Ruckeln, Rattern, Schnaufen und Dampfen machten ihm nicht nur nichts aus, es war, als hätte sein ganzer kleiner Körper nur darauf gewartet, so durchgeschüttelt zu werden. Vielleicht wurde an diesem Tag auch der Grundstein für das Fernweh und seine Liebe zur Eisenbahn gelegt, beides Dinge, die ihn sein Leben lang begleiten sollten und ihn später in die fernsten Fernen brachten.

In einem Gasthof in Burlington unweit der kanadischen Grenze begegnete er zwei jungen Franzosen, von denen einer ihn noch lange begleiten sollte, während der andere später sesshaft wurde und ein Leben mit Frau und Kindern wählte. Beide waren kaum älter als er und hatten ebenfalls studiert. Thomas war so froh, sie Französisch sprechen zu hören, sein Englisch war noch immer sehr einfach und für komplizierte Unterhaltungen kaum geeignet. Also sprach er sie an. Im Lauf des Abends erfuhr er, dass auch sie nach Montreal wollten. Sie zeigten ihm ein Affiche, das die Pacific Railway Society an Pariser Universitäten ausgehängt hatte und auf dem nach Ingenieuren für den Eisenbahnbau in Kanada gesucht wurde. Die beiden hatten dem Chef der Gesellschaft, einem Herrn Van Horne, ihr Interesse bekundet, woraufhin er sie eingeladen hatte, nach Montreal zu kommen, weil hier an den Plänen für den Bau der Eisenbahn quer über den gesamten Kontinent gearbeitet wurde. Thomas schloss sich ihnen einfach an.

Eigentlich war er schüchtern und zurückhaltend – was, wie er schnell begriff, hier die falschen Tugenden waren. Seine Scheu und die strengen moralischen Prinzipien, mit denen er aufgewachsen war, hatten es ihm auch schwer gemacht, mit jungen Frauen ins Gespräch zu kommen. Während seine Kommilitonen ständig Amouren und Affären hatten, vergrub er sich vollständig in seine Studien. Seine neuen französischen Gefährten machten ihm schnell begreiflich, dass sie sich hier auch in der Beziehung in einer neuen Welt befanden, wo ohnehin andere Regeln zu gelten schienen. Sie zeigten ihm, wie einfach das mit den Frauen sein konnte. Er begriff schnell, dass es dabei nicht um geistreiche Unterhaltungen oder eine längere Beziehung, sondern um ein Vergnügen ging und manchmal eben auch um Geld. Er stellte fest, dass ihm diese Neue Welt tatsächlich gefiel. Nachdem ihm dies endlich gelungen war, schien es, als hätte er sich gehäutet, und Selbstvertrauen und Sicherheit traten an die Stelle der alten Zweifel. So war er sich dessen gewiss, dass er genau der Richtige für Van Hornes Pläne wäre. Mit der Eisenbahn zwei Ozeane verbinden – eine unglaubliche Idee. Das Leben, das er sich immer erträumt hatte, lag zum Greifen nah. Er musste nur zupacken. Ausgestattet mit diesem neuen Mut, bat er gleich am zweiten Tag nach seiner Ankunft in Montreal um ein Gespräch mit Van Horne.

Es war kurz nach Weihnachten, und hinter Van Hornes wuchtigem Schreibtisch stand noch der Weihnachtsbaum. Daran leuchteten farbige Kugeln und zarte Vögel. Thomas war hereingebeten worden, obwohl Van Horne noch dabei war, etwas mit seinem Sekretär zu besprechen. So hatte er Zeit, diese fragilen Boten aus der alten Heimat eine Weile zu betrachten. Sie ließen sich in seiner Brust einfangen und füllten sein Herz mit noch mehr Zuversicht. Keine noch so abwegige, in holprigem Französisch vorgetragene Frage Van Hornes brachte ihn aus der Fassung. Er konnte tirilieren und den Raum mit seinem Optimismus erfüllen, als müsste man in die Züge, deren Gleisverlauf er berechnen sollte, nur noch einsteigen. Das Feuer seiner Begeisterung, mit dem er über den technischen Fortschritt sprach und was der mit den Menschen machen werde, ließ Van Hornes Augen aufblitzen und ihn schließlich in die Hände klatschen.

»Sie gefallen mir, junger Mann. Morgen früh um sieben. Seien Sie pünktlich. Lassen Sie sich von meinem Sekretär ein Zimmer im Wohnheim der Ingenieure geben. In den nächsten Wochen werden Sie unsere Pläne kennenlernen und sehen, wie wir hier arbeiten. Und dann«, sagte er, jetzt noch mit einem prüfenden Blick, »gehen Sie hinaus, uns die Wildnis gefügig machen.«

Als Thomas sich verblüfft für die so schnelle Entscheidung bedanken wollte, winke Van Horne nur ab.

»Schon gut. Es braucht mehr solche Leute wie Sie. Nicht dass wir einen Mangel an Abenteurern hätten, aber das sind in der Regel eher raubeinige Gesellen. Sie aber haben Träume und Vorstellungskraft. Die braucht es.«

Van Horne bemerkte Thomas' ständige Blicke zum Weihnachtsbaum.

»Mein Baum gefällt Ihnen?«

Das gestolperte »Ja« war die einzige Unsicherheit, die er an diesem Tag zeigte.

Seit diesem Gespräch waren inzwischen zehn Monate vergangen, in denen der junge fortschrittsgläubige Deutsche gelernt hatte, dass es zwei verschiedene Dinge waren, vom Fortschritt schwärmerisch zu träumen und ihn in die Wirklichkeit umzusetzen. Er hatte den Mund ganz schön voll genommen. Weder wusste er genug von den Maschinen, Lokomotiven, Zügen und Schienen noch von der Geografie des Landes, in dem er beim Bau der Eisenbahn helfen wollte. Vor allem von der Weite des Landes und der Länge der Strecken, die es zu bauen galt, begann er erst allmählich eine Ahnung zu bekommen.

Van Horne hatte ihn noch einmal zurückgerufen, als der Sekretär und er bereits dabei waren, den Raum zu verlassen.

»Kommen Sie, ich will Ihnen noch etwas zeigen.«

Er führte Thomas zu einer an der Wand aufgehängten Karte.

»Es muss einen Grund für die Leute geben, meine Züge zu benutzen. Allein um an die Westküste zu gelangen? Das wird nicht reichen. Nein, dafür braucht es mehr. Hier«, und er zeigte, mit seiner Zigarre einen großen Bogen beschreibend, auf ein riesiges, wenig kartografiertes Gebiet, »gibt es außer Bergen noch Flüsse, Seen, Täler. Eine wirklich schöne Landschaft, Sie werden sehen. Jetzt schauen Sie einmal hier aus dem Fenster: Schornsteine, Ruß, Geschäftigkeit, und glauben Sie mir, das wird noch sehr viel mehr werden. Die Menschen werden sich nach der Natur sehnen, nach Plätzen, an denen sie dem anstrengenden Leben in den Städten entfliehen können. Ich werde sie dorthin bringen, damit sie sich erholen von unserer lauten, ein wenig stinkenden Welt.

Thomas – so war doch Ihr Name? –, finden Sie einen Platz, an dem wir ein ansehnliches Hotel bauen können, wie es sie sonst nur in Europa gibt. Vor einigen Jahren war ich in England in so einem grandiosen Haus. Es war erstaunlich, was die Leute alles tun, um eine schöne Aussicht zu haben. Und wenn man ihnen dann noch einen gewissen Luxus bietet, werden sie unsere Züge nehmen, um dorthin zu gelangen.

Sie sind der Erste, dem ich zutraue, einen solchen passenden Platz zu finden. Sie haben Fantasie und sind klug genug zu verstehen, was ich meine.«

Bei den letzten Worten hatte er seine Hand mit der Zigarre auf seine Schulter gelegt und kraftvoll zugedrückt. Dabei rieselte die Asche über Thomas' einzigen Anzug. Nach diesen Worten fühlte sich der junge Mann beflügelt. Er würde helfen, die Welt zu verändern.

Entdeckung

Als er aus seinen Träumen erwachte, brauchte er einige Minuten, bis er wieder wusste, wo er war. Die fiebrige Hitze, die er eben noch unter den Pelzen gespürt hatte, wich einer gnadenlosen Kälte. Es fühlte sich an, als befände er sich inmitten eines Blocks aus tiefgefrorenem Wasser. Das dämmrige Licht im Zelt tat ein Übriges, diesen Eindruck zu verstärken. Thomas musste sich bewegen, sonst würde er auf ewig in dieser Erstarrung bleiben, wie der kleine Junge in dem Märchen, das er früher gelesen hatte. Die steif gefrorene Tierhaut an der Öffnung des Zeltes knarrte beim Zurückschlagen, als wäre es eine schwere Holztür.

Er sah nichts. Die über dem Horizont stehende Sonne wurde vom Schnee reflektiert und blendete ihn so sehr, dass die Augen schmerzten. Er kniff sie zusammen, und jetzt, sehr langsam, baute sich ein weit geschwungenes Tal vor ihm auf. Schneidende Klarheit, die jede Kontur betonte und eine Weite des

Blicks ermöglichte, wie er sie in den letzten Wochen vermisst hatte. Nichts von dem, was sich jetzt vor ihm ausbreitete, war in den trüben letzten Tagen, die sie hier zugebracht hatten, zu sehen gewesen. Sie befanden sich offensichtlich auf halber Höhe eines Bergmassivs, das von einem Tal durchschnitten wurde und dessen andere Hälfte ihnen gegenüberlag. Durch dieses Tal waren sie gekommen, aber Düsternis, Nebel und Schnee hatten es unmöglich gemacht, sich eine Vorstellung davon zu verschaffen, wie das Tal in seiner Gänze aussehen könnte. Deshalb waren sie ja aufgestiegen, in der Hoffnung, von weiter oben etwas mehr zu sehen. Es war ihnen aber bisher nicht einmal gelungen, überhaupt herauszufinden, auf welcher Höhe sie sich eigentlich befanden. Keine Gipfel. Kein Tal. Und jetzt: ein Berg neben dem anderen, als würde man auf die Rücken einer Herde von Karibus sehen, die im Schnee verharrten. Ein paar Hundert Meter unter ihnen wand sich, noch heller leuchtend als der Schnee auf den Bäumen, ein glitzernd gefrorener Fluss, der sich an einigen Stellen zu kleinen Seen aufstaute. Mancherorts stieg Dampf auf, wo offensichtlich von den warmen Quellen gespeiste Bäche in die Seen flossen.

Als sich Thomas' Augen allmählich an die Helligkeit gewöhnt hatten, blickte er hinter sich, um die Quelle des Lichts zu lokalisieren. Er wollte herausfinden, wo die Sonne stand. Hinter ihm war aber nur, wie er es bereits kannte, unergründlicher, düsterer Wald, der bis zu einer steilen Kante führte, hinter der sich die Gipfel auf ihrer Seite des Tals versteckten. Die Sonne musste eine Lücke zwischen zwei Bergen und den Bäumen gefunden haben, durch die sie selbst in diesen kurzen Wintertagen, in denen sie sehr niedrig stand, das Tal beleuchtete. Zu sehen war sie selbst für ihn nicht, aber von der gegenüberliegenden Seite, dort, wo sich das Sonnenlicht bündelte, musste der Blick grandios sein. Auf gleicher Höhe, wie sie jetzt waren, würden sich von dort aus sowohl das Tal mit dem sich dahinschlängelnden Fluss in seiner vollen Länge als auch die meisten der Berge der Umgebung überschauen lassen. Das Bedrohliche, das diese eigenwillige Landschaft auch in sich trug – von der gegenüberliegenden Seite aus war sie nur ein Panorama wie das Bühnenbild eines riesigen Theaters. Die Offenheit des Tals, der Fluss, die Seen und die bis an den Horizont reichende Kette von Bergen: Hier war Gottes Plan aufgegangen, dachte Thomas in diesem Augenblick. Seltsam, als hätte sich sein Vater direkt hinter ihn gestellt und mit der Stimme, mit der er im Gottesdienst die Gebete wiederholte, diesen Gedanken laut ausgesprochen. Das und der Geruch nach Winter waren es, die ihn in seine Kindheit versetzten. Er wollte diesen Moment festhalten, doch da hatte er sich schon in Luft aufgelöst und blieb lediglich eine vage Erinnerung, die er für den Rest seines Lebens bei sich tragen sollte.

Wie würde es hier erst im Sommer sein? Das vermochte er sich im Augenblick noch nicht vorzustellen. Durch dieses Tal würde ihre Eisenbahn führen. Hier sollten die Menschen verweilen können. Was für ein wunderbarer Platz. Das war genau der Gegenentwurf zu den vollen, rauchgeschwärzten und lärmenden Städten. Einen solchen Ort musste Van Horne gemeint haben, als er davon sprach, dass man die Menschen nicht nur an ein geplantes Ziel bringen sollte, sondern dass man neue Ziele zu finden hatte, die entdeckt werden wollten. Orte der Sehnsucht erfinden.

Eine Weile die Kälte vergessend, machte sich der junge Eisenbahningenieur Notizen und Zeichnungen, die er in einigen Tagen an der nächsten Poststation an seinen Chef abschicken würde.

Seine Aufzeichnungen, die man im Nachlass Van Hornes gefunden hat, beschreiben die Besonderheiten des Tals genau, und auch die künftige Lage des Hotels ist auf den Skizzen fast exakt angegeben. Van Horne hat überall Randnotizen angebracht, die sich ebenfalls später in den Anweisungen für die Architekten wiederfinden. Bei einem der vielen Male, die dieser Plan dann kopiert wurde, wurde er allerdings versehentlich um 180 Grad gedreht. Im ersten Gebäude waren demzufolge die Gästezimmer zum düsteren Berg hin gelegen, während die Mitarbeiter die Aussicht aufs Tal genossen. Dieser Fehler wurde später korrigiert.

Heute

Auf dem Highway ist die Einfahrt zum Nationalpark mit Transparenten geschmückt. Jetzt dauert es nur noch eine knappe Stunde, bis wir Banff erreichen. In einem Diner des kleinen Touristenortes sitzt eine Familie mit drei Mädchen und einem Jungen am Nachbartisch. Eines der Mädchen ist blond, was in eigenwilliger Diskrepanz zu ihren indianischen Gesichtszügen steht. Als sie ihre riesigen Portionen aufgegessen haben, steigen sie in einen überdimensionierten, allradgetriebenen Dodge, wie auch wir ihn fahren, und bewegen sich zum Highway in Richtung Westen. Ihr Urlaub im Nationalpark ist offenbar zu Ende. Die Kinder haben schon von der Schule und den Aufgaben gesprochen, die dort auf sie warten.

Wir haben in der Hoffnung, dass es in den Tagen nach Neujahr leerer wird, diese Zeit gewählt, um hinterherzufahren. Tatsächlich verlassen mehr Fahrzeuge das Städtchen Banff Springs, als hineinfahren.

Bereits einen Kilometer vor der eigentlichen Auffahrt zum Hotel sind die verschiedenen Fahrspuren, auf denen man das Fairmont Banff Springs erreicht, ausgeschildert und trennen sich nach und nach: Tagesbesucher, anreisende Gäste, Valet Parking. Obwohl es seit Tagen geschneit hat, sind die Straßen geräumt und trocken. Noch nie haben wir einen so gut organisierten Hotelempfang erlebt. Draußen an der Auffahrt vor der Lobby erwarten uns in dicke Daunenjacken gehüllte Mitarbeiter, die, während sie unsere Daten prüfen, bereits das Gepäck ausladen, das sich später auf unserem Zimmer wiederfinden wird.

Unser Auto soll nicht zu weit vom Stanley-Thompson-Flügel, in dem wir wohnen werden, parken, um unnötige Wege in der Kälte zu vermeiden. Die Straße zum Parkhaus führt über einen Kreisverkehr, in dessen Mitte ein Denkmal für den Gründer dieses Hauses, William Cornelius Van Horne, steht. Der Stanley-Thompson-Flügel wird hauptsächlich von Familien mit Kindern und älteren Herrschaften, die offenbar den größten Teil des Winters hier verbringen, bewohnt. Schließlich haben die Zimmer hier einen eigenen Kamin mit gemütlicher Sitzecke davor.

In dieser kleinen Hotelstadt fehlt es an nichts: Supermarkt, Liquor Shop, unterschiedlichste Läden und Restaurants verschiedenster Qualität – vom simplen Imbiss bis zum Gourmetrestaurant findet man alles. Uns haben es die Billardtische und das Blue Moon angetan, das die Bar in unserer Lobby ausschenkt.

Seltsam und befremdlich ist das Thermalbad. Obwohl strikt nach Geschlechtern getrennt, behält man hier im prüden Amerika selbst in der Sauna fast alle Kleidungsstücke an, und auch die moderne Elektronik wird in den Schwitzraum mitgenommen. An Entspannung ist so nicht zu denken.

Streift man durch dieses Haus, so fühlt man sich, wie sich wohl Harry Potter gefühlt haben mochte, als er das erste Mal nach Hogwarts kam, fasziniert und irritiert zugleich. Säle, Gänge, Treppen, die nirgendwohin führen und ganz sicher vorhin noch nicht da waren. Zwischendurch immer das Gefühl, dass man wohl nie wieder in sein Zimmer finden werde. Nur das Gemälde mit der dicken Dame fehlt, dafür sieht man aber Elizabeth oder den Kronprinzen mit seiner schönen Frau an fast jeder Wand – Commonwealth. Selbst wenn hier Golf und nicht Quidditch gespielt wird, würde man sich nicht wundern, wenn der Hoteldirektor wie Dumbledore aussähe. Die Mädchen an der Rezeption ähneln ohnehin Hermine Granger und haben ein ähnlich unerschöpfliches Wissen wie diese in petto. Die Zauberstäbe wurden durch Kreditkarten ersetzt, die einem schnell klarmachen, dass es wohl auch in diesem Reich Zauberer mit unterschiedlichen Möglichkeiten gibt.

Vom Schweizer Restaurant Waldhaus aus genießt man die Aussicht auf die Berge und das lang gestreckte Tal, in das wir am nächsten Tag fahren wollen. Kaum haben wir das Auto am Waldrand abgestellt und stapfen an einer Stelle hinein, wo im Sommer vermutlich ein Pfad ist, sind wir nach wenigen Schritten vollkommen allein. Als hätte einen die Natur verschluckt, wird es augenblicklich gespenstisch still, nur manchmal das Knacken der Bäume, das Plätschern eines Baches unter der dicken Eisschicht. Man spürt, dass hier seit Wochen niemand gewesen ist, wie es uns das schimpfende Eichhörnchen über unseren Köpfen auch bestätigt. Der Aufstieg ist mühsam, Ohren und Nase sind längst zu Eisklumpen geworden. Kälte zum Anfassen, mit nichts vergleichbar, das wir kennen. Jeder Versuch, auch nur einen dieser besonderen Momente im Foto festzuhalten, führt dazu, dass es dann eine Ewigkeit dauert, bis man seine Finger wieder spürt. Der Weg ist schmal. Manchmal tückisch glatt. Nur nicht zur Seite schauen und schon gar nicht ausrutschen. Jeder Fehltritt hätte fatale Folgen, da man bei minus 40 Grad unweigerlich erfriert, wenn man sich nicht bewegt. Also einen Fuß vor den anderen. Nach Stunden am eingefrorenen Wasserfall angekommen, wissen wir, warum wir hinterhergereist sind. Tiefer Frieden. So muss es gewesen sein, bevor die Menschen kamen, um das Land in Besitz zu nehmen. Auch wir schweigen und sind bei uns.

LES ROCHES NOIRES **TROUVILLE**

Frankreich

Lage: 87B Rue du Général Leclerc, 14360 Trouville-sur-Mer, Frankreich
Zimmerzahl: 75 (ursprünglich)
Berühmte Gäste (Auswahl): Claude Monet, Marcel Proust, Gustave Flaubert, Marguerite Duras
Historie: Eröffnet 1866 als eines der großen Luxushotels an der normannischen Küste, gehörte es von Anfang an zu den angesehensten Häusern in ganz Frankreich. Während der Belle Époque verbrachten reiche Familien aus Paris hier ihren Sommer. Vor allem für Künstler und Intellektuelle war es ein beliebter Treffpunkt. Das Haus wurde bis zum Beginn des Ersten Weltkrieges auf fast 300 Zimmer erweitert und in den 1920er-Jahren modernisiert. Während des Zweiten Weltkrieges diente es zuerst der französischen, später der deutschen Armee als Lazarett. In den 50er-Jahren wurde der Hotelbetrieb eingestellt. Es erfolgten Umbauten zu einer Résidence privée, in der Marguerite Duras von 1963 an das Appartement 105 besaß und mit Unterbrechungen bis zu ihrem Tod 1996 wohnte.

Reise nach Trouville – eine Geisterbeschwörung: Als die Idee für dieses Buch entstand, planten wir von Anfang an Abbildungen. Einige davon sollte die Künstlerin Claudia Berg beisteuern. Zu diesem Zweck machte sich im Herbst 2016 eine ungewöhnliche Reisegesellschaft via Oostende auf den Weg in die Normandie. Während dieser Reise entstanden die Federzeichnungen der Künstlerin und das folgende Tagebuch.

Kurz vor Fertigstellung des Buches erfuhr ich, dass ein weiterer Teilnehmer der Reise ein Tagebuch geschrieben hatte. Als ich es las, war ich in einer Weise berührt, amüsiert und überrascht, dass ich fand, man sollte es unbedingt neben meine Aufzeichnungen stellen.

Ich denke, der kleine Text von Helmut Brade am Ende des Kapitels erklärt einiges über individuelle Wahrnehmung und vor allem über die Verbundenheit mit Menschen, die uns nahe sind.

Vorabend

Wenn man auf dem Bett in unserem Gästezimmer liegt, sieht man nur den Himmel. Lediglich wenn man das Fenster aufklappt und sich hinausbeugt, kann man die Umgebung wahrnehmen. Nachbars Garten mit den zu großen Nadelbäumen, die ewige Baustelle an der alten Druckerei, die Dächer der Häuser an der Bahnhofstraße.

Es ist alles vorbereitet. Die Freunde können kommen.

Als sie endlich da sind, ist es längst dunkel. Die Versuchsanordnung wird nicht mehr geprüft. Nur leichte Kost. Vertrauen auf den nächsten Tag.

Tief im Westen

Hier, tief im Westen, kommt die Morgendämmerung spät. Nur langsam schält sich der Horizont aus dem Meeresrauschen und dem Möwengekreisch. Das Grau beginnt in verschiedenen Schattierungen zu leuchten. Vor dem geöffneten Fenster ein Altar in seiner Sonntagsansicht. Hunde und Jogger erobern den Strand.

Unterwegs mit der skurrilsten Reisegesellschaft, mit der ich je unterwegs war.

Das Liebespaar – sie, die Künstlerin, deretwegen es diese Reise gibt. Sie zeichnet, was wir nicht sehen. Auf dem Papier entsteht etwas, das der Wirklichkeit entnommen wurde. Es wird auf die Zweidimensionalität reduziert. Nur Schwarz, Weiß und Grau. Aber außer Feder, Tusche und Pinsel besitzt sie etwas, was es ihr möglich macht, eine neue Landschaft zu erschaffen, die sich sonst dem Blick entzieht. Ein Geheimnis.

Er, ein Sonntagskind, dem zu allen glücklichen Fügungen jetzt noch diese Frau zugefallen ist. Wie hat er sie gefunden? Noch etwas tastend sein Glück auslotend. Die Konstellation macht es leicht, sich ihm zu nähern. Die äußeren Schalen, hinter denen er sich versteckt, sind nicht von Belang.

Der alte Mann, Freund seit Jahren, klug, mit gelebtem Leben. In wachen Stunden breitet er Welten aus, die ihresgleichen suchen. Nur manchmal, wenn Alter oder Resignation die Oberhand gewinnen, darf man sich nicht irritieren lassen. Ein geistiger Vertrauter, ohne den es mich so nicht gäbe.

Und ich, dienender Geist, Initiator und stiller Herrscher dieser Reise, noch völlig unsicher in der neuen Rolle, beginne zu träumen von dem Leben, das ich aus französischen Filmen kenne. Die Dinge des Lebens, die in den kleinen Vitrinen der Erinnerung aufbewahrt werden. Jedes Mal, wenn wir den Deckel anheben, riechen wir ihn erneut, den Duft des Glücks.

Gestern, bei der Ankunft, der erste kritische Moment. Oostende ist nicht schön: Verheerungen des 20. Jahrhunderts, lieblose Architektur und allgemeiner Schlendrian dominieren den flüchtigen Eindruck. Man muss suchen und dem Meer vertrauen.

Nach dem ersten Tag sind wir ohnehin alle dabei, auszuloten, wohin die Reise führt und wer wir sind. Versuchen, zu sein.

Frühstück.

Die Künstlerin will bleiben. Was für ein spannender Ort. Zeichnungen entstehen.

Ortswechsel.

Auf dem Metalldach glänzt der Raureif. Es muss kalt geworden sein in der Nacht.

Der frühe Morgenhimmel ist sauber gewaschen, wolkenlos. Die Reihe von Schornsteinen, die ich vom Bett aus sehe, laden ein, Zielwerfen mit Tennisbällen zu veranstalten – wenn man trifft, kommt der Ball zurück.

Landseite, das Kreischen der Möwen nur ein Echo. Kein Rauschen. Windstille? Ebbe?

Um das Meer zu sehen, muss ich durch die alten Flure gehen, in den wackeligen Fahrstuhl steigen, oder besser noch: der Spur der ausgetretenen Teppiche nach unten folgen zum Strandausgang.

Das Roches Noires mag zwar auf schwarzen Felsen stehen, es leuchtet aber mit seinen sandfarbenen und rötlichen Ziegeln.

Gestern war ein schwieriger Tag. Lange Autofahrt – zu lange für uns. Keine vernünftige Rast. Ankunft mit Hunger zur Unzeit. Dann Samstagabend an einem langen Ferienwochenende. Das Hotel der Freunde klein, verwinkelt, französisch, und die Künstlerin hasst die Farben. Das Abendessen hätte Stoff für eine Screwball-Komödie geboten – drei Männer versuchen, einer übel gelaunten hübschen Frau ein Lächeln ins Gesicht zu zaubern. Am Ende ist es gelungen.

Erleichterung.

Einsamer Heimweg durch eine sich langsam beruhigende kleine Stadt. Das war eindeutig zu viel an Aufregung für die altertümlichen, verwinkelten Gassen in dieser Jahreszeit. Das Seebad braucht jetzt seine Ruhe, um sich zu erholen vor dem nächsten Sommer.

Im Haus noch ein paar Fenster erleuchtet. Ein rumpelnder Fahrstuhl trägt mich in meine spartanische Klause. Eingerichtet. Alles da, was ich brauche. Selbst der morgendliche Tee schmeckt aus der chinesischen Kanne. Dusche. Vielleicht ist Markt. Es braucht: Baguette, Croissant, Obst, Saft, Wasser, Butter, Wein, Pastete, Käse.

Und dann sehen, wie die Freunde geschlafen haben.

Schwarze Felsen

Wolkenloser Nachthimmel. Obwohl wir Oktober haben, ist es fast sommerwarm. Der Große Wagen steht kopf.

Am Morgen war die Künstlerin krank. Mit dem alten Freund noch einmal über den Wochenmarkt geschlendert, ziellos.

Fische, Muscheln, Hummer, direkt vom Kutter. Auch alles andere erweckt den Eindruck, als wäre es in der Nähe gewachsen, gezüchtet, hergestellt. Das Paradies auf Erden. Die Menschen sind gut gelaunt und gehen bepackt und voller Tatendrang heim in ihre Küchen, nicht ohne vorher auf der Terrasse eines Cafés die Gesichter in die Sonne zu halten.

Wir nehmen ein Mittagessen mit Blick auf den Strand: ausgelassene Menschen, Väter, die mit ihren Kindern spielen, ein Sonntag im Frieden. Wie ein unerwartetes Geschenk. Dieses entspannte Glück lässt die Gedanken an den üblen Zustand der Welt ganz weit in den Hintergrund treten. Möglicherweise ist alles ja ganz einfach? Scheinbar haben die zufällig hier versammelten Menschen gelernt, glücklich zu sein. Da wird Hass schwierig. Vielleicht kann man hier am Strand von Trouville ein Rezept dafür finden. Nach zwei Gläsern Rotwein glaubt man, dass das möglich wäre. Warum eigentlich der grassierende Irrsinn?

Nach der normannischen Kost ein langer Spaziergang im Licht. Endlich die Schwarzen Felsen gefunden – eine geheimnisvolle, mythische Landschaft, die wie ein Übergang in eine andere Welt anmutet. Kaum haben wir den Eingang zum Hades durchschritten, schrillt das Telefon, um vom Unfalltod eines fernen Freundes zu künden. Schweigsames Weitergehen. Vielleicht treffen wir seinen Schatten und können ihm den Weg zurück in die Oberwelt zeigen? Nur nicht umdrehen.

Zurück im großen Haus des Roches Noires, streife ich durch die Gänge und habe beständig das Gefühl, als wäre da jemand, der gerade eben verschwunden ist, bevor ich einen Raum oder Flur betrete. Auf dem Boden des Aufzugs Sand, dessen Knirschen sich noch lange auf dem Flur fortsetzt. Wish you where here. Geisterstunde am helllichten Nachmittag. Kopfschüttelnd nehme ich die letzten knarrenden Stufen zu meiner Kammer.

Am Abend, die Künstlerin ist offenbar genesen. Seltsam ausgelassenes Dîner. Auf dem Heimweg schon die Müdigkeit, die aber nur von kurzer Dauer sein wird: Es gibt Zeichnungen. Wir bestaunen sie, ausgebreitet auf dem Bett.

Jetzt weiß ich sicher, warum ich nicht allein hier bin. In meinen Vorstellungen beginnt das Buch Gestalt anzunehmen.

Schlaflos unter Sternen.

Spätes Licht

Als ich von der Kühle und der Morgendämmerung erwache, höre ich vom Hof her das knarrende Geräusch einer schlecht schließenden Tür und fühle mich in meine Kindheit versetzt. Eine tief vergrabene Erinnerung: Wenn ich als Kind bei meinen Großeltern übernachtete, schlief ich auch unter dem Dach. Mein Großvater fütterte die Kaninchen – und das war das knarrende Geräusch der Tür zu den Kaninchenställen. Für mich war es das Signal. Ich musste schnell aufstehen, um die Kaninchen streicheln zu können. Meist treffen uns solche Momente völlig unvorbereitet. Wenn ein Geruch oder ein Geräusch verschüttete Momente der Biografie freilegt, die wir irgendwo in den Tiefen unserer Erinnerung abgespeichert haben. In diesen Augenblicken sind wir ganz bei uns und wirklich allein.

Zurückgekehrt in den Kreis der Freunde, ist die Nähe besonders intensiv. Der vergangene Abend hat etwas verändert. Wir haben gestern in meiner kleinen Kammer zusammen gegessen. Improvisiert, den Tisch in die Mitte geschoben, zwei von uns auf dem Bett. Baguette, Pastete, Wurst, Käse, Trauben, Nüsse und Wein auf dem Tisch. Alle sind angekommen, gehören zueinander, auf Zeit. Die größte Veränderung hat der Geliebte erfahren. Er hat gesehen, was hier geschieht, und sich darauf eingelassen. Die Künstlerin ist nicht nur ausgesöhnt mit den Umständen des Ortes. Selbst die Farben ihres Hotels erträgt sie inzwischen mit Humor. Sie hat uns gezeigt, was sie gesehen hat. Den ganzen Tag mit konzentriertem Gesicht gezeichnet. Wenn wir ihr begegneten, hat sie uns kaum beachtet.

Das immer gleiche Motiv bei unterschiedlichem Licht, aus verschiedenen Winkeln. Ihre Zeichnungen zu betrachten ist wie eine Schule des Sehens.

Der alte Freund strahlt vor Zufriedenheit. Jeder Spaziergang, jedes Arbeitsgespräch, jede Mahlzeit lädt zum Innehalten ein. Éric Rohmer hätte seine Freude an uns. Kein Drehbuch nötig. Es ist der Film unseres Lebens.

Wir hatten einen stillen Ort erwartet und das Gegenteil angetroffen. Aber da die Leute, die hier sind, sich so ganz anders verhalten, als man es von den üblichen touristischen Städtchen kennt, gibt es keinen Grund zu hadern. Gesichter, die man ansehen mag, die neugierig machen. Man möchte am liebsten mit fast jedem ein Gespräch beginnen. Die Schönheit wird nicht verdorben, ihr innerster Kern wird sichtbar.

Es sind vor allem die Kinder. Sie spielen und toben über den Strand, und immerzu hört man sie vor Übermut jauchzen. Mit Vergnügen schießt man jeden Ball zurück, der einen trifft. Spätestens wenn der kleine Held dann vor einem steht und mit gesenktem Kopf ein »Pardon, Monsieur« murmelt, gibt man lachend den Ball zurück. »De rien.«

Doch, es macht etwas, aber davon kann er ja noch nicht wissen.

Der kurze Schlaf in der vergangenen Nacht und die viele gute Luft machen zeitig müde.

Die alte Hafenstadt

Am letzten Tag der Reisegesellschaft gibt es einen Ausflug – Honfleur, das wir über die schmale Küstenstraße, vorbei an malerischen kleinen Orten, erreichen.

Wir haben Glück und entdecken hinter dem Zuckerwerk der touristischen Inszenierung etwas vom Leben in der Stadt.

Angekommen, ist in Sainte-Catherine Gottesdienst, der großen Holzkirche in der Nähe des Hafens, die wie aus Fischerbooten zusammengesetzt aussieht und vermutlich auch von Bootsbauern errichtet wurde. Allerheiligen. Feierlicher katholischer Ritus mit Orgelmusik und Gesang. Die Musik, als wäre sie für diesen Raum gemacht. Die Töne füllen die Kirche. Berührend, wie gute Oper. Die Chorknaben, von denen eines ein dickliches Mädchen ist, tragen in ihren weißen Gewändern Kerzen und Kreuz nach draußen. Jeder der vielen Besucher – die Kirche war voll – wird mit Handschlag, freundlichen Worten, dem Klopfen auf Schultern und manchmal sogar Wangenkuss verabschiedet. Seelsorge. Die

Menschen stehen beieinander, reden. Man hat das Gefühl von Gemeinschaft. Ich als Fremder fühle mich fehl am Platz, versuche, mich unsichtbar zu machen.

Der inzwischen fast leere Kirchenraum voller überraschender Details, angefüllt mit Geschichten. Wie muss das gewesen sein in der früher meist dunklen Stadt? Wir sind im Norden – Regen, Nebel und Sturm sind die Regel. Wenn es Licht gibt, ist es spärlich, es kommt von Kerzen, Laternen und Fackeln. Der Mann mit dem Boot auf dem Meer. Wird er wiederkommen? Das Kind hat Fieber. Wenn wenigstens der jämmerliche Husten aufhörte. Die Nachricht von feindlichen Schiffen draußen vor der Küste, die den bescheidenen Wohlstand stehlen wollen. Es braucht Trost und Hoffnung. Das hier ist der Ort dafür.

Die Chorknaben, inzwischen verwandelt in normale Jungen und Mädchen in Jeans und Sweatshirt, in Gedanken bei Fußball und Freunden, verlassen die Kirche nicht ohne Kreuzeszeichen und gebeugtes Knie.

Zurück bei den Touristen, vielen echten Touristen, Japanern, Deutschen, Engländern. Es ist schwierig, an solchen Orten das wirkliche Leben zu entdecken. Je größer der Ansturm ist, desto schwerer ist es zu finden.

Kleine Gassen mit schönen Geschäften – Verführung.

Mittagessen in der Lieutenance – auch hier Ritus. Es dauert Stunden.

Auf der Heimfahrt zeichnen, schauen, Wind einatmen: Dörfer, kleine Kirchen, die Küste.

Am Abend wollen die Freunde etwas vorgelesen bekommen. Bin aufgeregt.

Danach wieder zeitig schlafen.

Wetterwechsel

Schon in der Nacht hat der Wind begonnen, an den Fensterläden zu rütteln und Wolken heranzuschieben. Plötzlich ist die Strandpromenade leer. Keine Jogger, keine Kinder, nur ein paar Rentner mit Hunden und ich. Wen man trifft, grüßt man mit einem kurzen Nicken. Wer jetzt noch hier ist, gehört irgendwie dazu. Schmeichelhafter Gedanke.

Das Licht wechselt von Minute zu Minute. Wenn der Himmel aufreißt, zeigt er noch kurz sein lächelndes Gesicht der letzten Tage. Im nächsten Moment eine düstere Drohung.

Die Freunde sind abgereist. So war es geplant.

Mir selbst überlassen, streife ich durch die leeren Gassen, schaue in die Fenster der geschlossenen Brocante-Läden, trinke Kaffee. Versuche an meinem kleinen Tisch vor der runden Ecke des Zimmers Sätze zu formen. Wo beginnen? Das Hier ist zu frisch und hat noch kein Ende. Scarborough lockt. Vor Italien fürchte ich mich, weil ich das Ende kenne, und Oostende ist wirklich fertig. Muss nachdenken. Da hilft Müll runterbringen, vielleicht ein Buchweizen-Galette, ein kurzer Einkauf bei Monoprix.

Weder Monoprix noch Galette. Dafür esse ich einen frisch gebackenen Apfelpfannkuchen auf dem Wochenmarkt. Da die Sonne sich doch entschieden hat, die Oberhand zu gewinnen, setze ich mich damit auf einen Balken am Quai, verteidige den Pfannkuchen gegen die Möwen und sehe den Fischern beim Ausladen des Meeresgetiers zu. Weil ich vermutlich einen einsamen Eindruck mache, gesellt sich der seltsam hässliche Hund der Fischer zu mir und will gestreichelt werden. Eine Kreatur, als hätte Gott sich entschlossen, aus Überbleibseln anderer Geschöpfe noch etwas Neues zu formen, und zwischendrin die Lust verloren. Der Hund tut so, als wäre ich der Erste, der ihn, ein von der Natur benachteiligtes Geschöpf, je gestreichelt hätte. Dabei habe ich genau gesehen, wie fast jeder dieser großen, lauten Männer im Vorbeigehen seinen Kopf oder die Flanken getätschelt hat.

Allein habe ich keine Lust auf ein Restaurant. Ich nehme die französischen Köstlichkeiten mit auf mein Zimmer: Brot, Obst, Wein und etwas Choucroute de la mer. Und das Zitronentörtchen, das es zum Kaffee geben wird, soll nicht verschwiegen werden.

Ich weiß jetzt, wo es weitergeht: tatsächlich Scarborough. Muss mich dafür noch ein wenig in der englischen Kolonialgeschichte umsehen. Habe nur etwas Angst davor, zu viel zu wissen und dann nicht mehr in der Lage zu sein, Dinge wegzulassen.

War noch einmal allein an den Schwarzen Felsen. Das Meer hatte sie gerade erst freigegeben. Zwischen ihnen kleine Seen mit Muschelgrund und ablaufende Bäche. Der Wind spielte Harfe mit ihnen. An der Steilküste gibt es einen kleinen Wasserfall, den ich erst heute entdeckt habe. Ein üppiger, grün bemooster Pfad zwischen den Steinen. Dieser Ort wird wohl noch lange meine Träume bebildern.

Zurück im Haus, ist spürbar, dass nur noch eine Handvoll Menschen da sind. Fast alle Fensterläden geschlossen. Nur selten noch knarzt der Fahrstuhl, und ich erschrecke jedes Mal aufs Neue über den Mann, der mit mir den Fahrstuhl verlässt und im Spiegel in die gleiche Richtung geht und mich verstört ansieht, um mich dann an der kleinen Treppe, die zum Kämmerchen führt, allein zu lassen.

Der Himmel brennt

Der untergehenden Sonne gelingt es, in den Zwischenräumen der Wolken ein solches Feuer zu entfachen, dass man glaubt, seinen heißen Atem zu spüren.

Am Tag alles noch einmal. Noch einmal Licht. Noch einmal Felsen. Noch einmal verwunschene Gassen, deren Aufatmen man nach den vielen Menschen zu hören glaubt.

Man bildet sich ja immer ein, es wäre ideal, nur seinem eigenen Rhythmus folgen zu dürfen. Dabei muss man ihn zuerst einmal finden, was sich als ziemlich schwierig erweisen kann. Aber dann könnte es Tag für Tag, Woche für Woche so weitergehen, bis sich Überdruss einstellt oder die Sehnsucht nach Gefährten übermächtig wird. Bis zu diesem Punkt würde ich es gern einmal treiben.

Bisher war es Spaß, wenn auch ein ernsthafter. Doch wenn ich jetzt nicht aufhöre, werde ich nicht mehr zurück können, aber vor allem nicht wollen. Inzwischen weiß ich, warum ich mich so lange gesträubt habe, zu schreiben – weil es asozial ist und ich eigentlich den Hang dazu habe, genau das zu sein. Alles, was ich bisher tat, war in Ordnung, aber vielleicht war es nur dazu da, Dinge vor mir und den anderen zu verbergen, mich abzulenken. Empathie ist keine Rechtfertigung dafür, Dinge, die man tun muss, immer wieder aufzuschieben.

Allmählich verstehe ich die sehr verbreitete seelische Anomalie von vielen Schriftstellern. Sie ist auf jeden Fall nachvollziehbar. Die einen werden depressiv – siehe Kafka –, die anderen werden Trinker und depressiv – siehe Hemingway – oder im schlimmsten Fall Soziopathen – siehe Thomas Mann.

Vielleicht darf ich es mir ja aussuchen?

Das Haus wird immer unheimlicher.

Die Rückkehr in meine kleine Kammer, eine winzige Wabe in dem wuchtigen Bau, war heute besonders merkwürdig. Von außen kein einziges erleuchtetes Fenster – nur in den Seitenflügeln je ein verlorenes Licht.

Beim Gang durch die Flure das Wimmern eines Babys. Ich gehe näher an die Tür, hinter der ich meine, es gehört zu haben. Plötzlich völlige Stille. Selbst das allgegenwärtige Ächzen des Hauses verstummt für einen Moment. Im Wäscheraum ist Licht. Das hätte ich von außen doch sehen müssen? Kopfschüttelnd schalte ich es aus. Beim Treppensteigen in meine Dachetage trete ich besonders laut auf, um den Geistern mein Heimkommen anzuzeigen.

Als ich die Tür aufschließe, sind sie weg.

Das Handy leuchtet. Ein verpasster Anruf.

Gute Orte

Die Ereignislosigkeit des gestrigen Tages hat mich schlecht schlafen und früh aufstehen lassen. Heute werde ich diesen Ort, der mich verändert hat, verlassen.

Lilo, die Vermieterin meiner Klause, fährt mich mit Schostakowitsch zum Bahnhof. Regenwetter. Ich darf wiederkommen. Das werde ich sicher tun, denn hier ist es gut.

Im leeren Zug nach Paris noch etwas geschlafen. Angekommen, stelle ich mein Gepäck in dem reizenden kleinen Stadthotel, in dem ich übernachten werde, zwischen den Liebesgeschichten der Écrivains ab. In den Galeries Lafayette ein paar überteuerte Socken erworben. Der Regen war mir in die Schuhe gelaufen.

Im Café amüsiert sich der junge Kellner über meinen deutschen Akzent, um mir dann erzählen zu können, wie sehr er sich auf sein bevorstehendes Studienjahr in Deutschland freut.

Wenn man über die vollen Boulevards dieser Stadt streift, kann man auch wunderbar allein sein. Aber das ist eine andere Art Einsamkeit als die, die das Meer anbietet. Alle sind in Eile. Wenn man selbst es nicht ist, stellt man ein Hindernis dar. Der Place des Vosges ist auch bei Regen, ohne das Sitzen unter den Bäumen oder in den Arkaden, ein besonderer Ort. Erinnerungen an vorangegangene Aufenthalte. Meist weiß ich nicht mehr, wann und warum, aber da ist der Silvesternachmittag im späten Wintersonnenlicht unter einem Heizstrahler – von oben geröstet, von unten eingefroren. Mit Ehrfurcht wurden die letzten Francs ausgegeben. Ab dem nächsten Tag sollten wir alle das gleiche Geld haben. Oder die jungen Musiker, die unter den Arkaden Vivaldis *Sommergewitter* spielten, mit einer solchen Leidenschaft, dass der Zuhörer meinte, es so noch nie gehört zu haben. Spätsommer, auf einer Bank saß ein trauriges junges Paar, das gerade dabei war, sich zu trennen. Gegenseitige Vorwürfe. Vielleicht die erste Trennung. Der Schmerz saß mit auf der Bank. Die alte Frau, die heimlich die Tauben fütterte.

Nein, kein Abendessen bei Bofinger, das ist den Besuchen mit der Liebsten vorbehalten. General Lafayette fragt mich, ob ich in seiner Gesellschaft eine Kleinigkeit zu mir nehme. Wer kann einem Revolutionsgeneral schon eine solche Bitte abschlagen, noch dazu in einem schönen, alten, abgeschabten Bistro? Lust auf Kino. *The Handmaiden* – ein erfolgreicher Film aus Südkorea.

Nachtleben am Montmartre ohne mich. Müde. Für mich gibt es eine Nacht bei den Dichtern.

Am Morgen letzte Gänge, und dann wartet erst einmal der Alltag auf mich.

Bevor das nächste Abenteuer beginnt.

Nachtrag oder *La vie est très simple*

Kurz vor Abfahrt des Zuges.

Leben könnte ich hier auf Dauer nicht, aber vermutlich sieht so die Freiheit aus. Genau die Freiheit, die manche nicht ertragen können. Von mir selbst weiß ich um die Zweifel, die mir die chaotische Ordnung der Stadt verursacht. Können wir die Geister, die wir da beschworen haben, wirklich beherrschen?

Im Mittagsbistro sitzt eine Familie mit zwei reizenden, spitznasigen Mädchen neben mir. Sie kommen offenbar gerade aus einem Museum und unterhalten sich darüber, was sie gesehen haben. Der Vater ahmt die Rundungen der Maillol-Figuren nach. Sie lachen viel, bestellen Burger, bekleckern sich. Der Vater nimmt die Ketchupflasche, drückt einen Klecks auf den Teller und saugt ihn mit dem Strohhalm aus der Orangina auf. Die Mädchen können sich vor gespieltem Ekel gar nicht wieder beruhigen, während die Mutter, den Kopf schüttelnd über ihren albernen Mann, im Reiseführer liest. Einen Tisch weiter malträtieren zwei extrem schlanke, asiatisch aussehende Mädchen den Kellner mit Fragen nach den Inhaltsstoffen des Essens. Draußen versuchen ein paar Schwarzafrikaner ihre Eiffeltürme und Handysticks an den Mann zu bringen. Mehrere Polizeiautos hintereinander mit eingeschalteter Sirene jagen den Boulevard hoch. Beunruhigte Blicke, aber keine Panik.

Gare du Nord.

Trouville

Trouville

Trouville

Trouville

Oostende

Oostende

Oostende

Oostende

Oostende

Oostende

Oostende

Oostende

Helmut Brade
REISETAGEBUCH OOSTENDE/TROUVILLE

27. Oktober 2016

Von Halle mit Claudia und Erik nach Nettetal, ganz nahe bei Venlo (NL). Unterwegs kurzer Aufenthalt in einer Raststätte, »westdeutsch«, es kommen alle Erinnerungen zurück. Bei Gerd und Heike sehr angenehm, auch der Wein aus dem Roussillon.

28. Oktober 2016

Autobahnen in den Niederlanden (evangelisch) und Belgien (katholisch), Millionen Lkw, Staus in der Gegenrichtung, albtraumhaft. Wenn Großstädte kommen, wird es gespenstisch.

Oostende: *Alte Post* aus den Zwanzigerjahren, Schalterhalle und *Restaurant*; *Brasserie du Parc* sehr altmodisch und angenehm. Claudia wollte keinen Nachtisch und kriegt doch etwas, was ihr nicht schmeckt. Das große Hotel im sowjetisch-imperialen Stil, einst scheinbar Mode, auch in Italien und in der Stalinallee. Hotel und Heilquelle, eine Kombination, die Bedeutung hatte. Jetzt ist alles etwas heruntergekommen, diese Art Hotels haben heutzutage keine Bedeutung mehr. Es bleibt aber eine Faszination. Vor dem Hotel ein breiter Sandstrand. Ebbe und Flut. Möwen. Strandläufer. Die Stadt war wichtig, weil die Eisenbahnfähren nach England dort weggingen. Im Krieg zerstört von Deutschen und Engländern, abwechselnd. Schmale, hohe Häuser, alt, neu und ganz neu, dicht nebeneinander. Vieles ist eigenartig schön. Und chaotisch. Der König hat mittendrin sein Sommerhaus. Eher bescheiden. Sprachgemisch. Komische Erinnerungen an deutsche Worte: *Hartelijk dank voor uw opmerkingen en suggesties! Welkom!*

Abends Seezunge und Wein von Louis Jadot (200 Euro) und noch im Zimmer 212 ein würdiger Abschluss.

29. Oktober 2016

In der Nacht kam das Meer sehr nahe, um dann am Vormittag wieder zu verschwinden. Aufbruch nach einem schönen Spaziergang gegen 12 Uhr nach Trouville (F). Erstaunlicherweise waren diesmal, allerdings an einem Sonnabend, die Autobahnen wenig befahren. Nach 360 Kilometern halb fünf in Trouville. Diesmal war die Landschaft schön und durch die herbstliche Färbung der Bäume manchmal fast romantisch. Amiens, Rouen, Beauvais wurden liegen gelassen. Die Brücke über die Seine ist sensationell. Ein ingenieurhaftes Meisterwerk (5,50 Euro). In der Normandie zuerst schöne Dörfer mit sehr schönen (vielleicht baufälligen) Häusern. Fachwerkbauten mit vertikaler Gliederung.

Trouville ist eine große Stadt, die ehemals luxuriös war und auch jetzt sehr beliebt ist. Sie ist voller Menschen, eigentlich überfüllt. Durch sehr enge, gefährliche Straßen finden wir das Hotel *La Maison Normande,* ein eingeklemmtes Fachwerkhaus. Zimmernummer 9 für Claudia und Erik, eine Luxussuite in Rot, und Nummer 12, sparsam, für mich, aber doch mit zwei Kopfkissen. Claudia ist entsetzt. Man versucht im Tourismusbüro, sofort etwas anderes zu finden … aber Trouville ist vollständig ausgebucht!!!

Das Hotel *Roches Noires,* in dem Gerd wohnt, ist großartig, aber völlig entfremdet. Dort haben Einzelpersonen Wohnungen gekauft, vieles ist desaströs … und auch schön. Es steht direkt am breiten Sandstrand, an dem außerdem luxuriöse Villen stehen, von früher, aus dem 19. Jahrhundert. Es ist ein großes Glück, dass wir das Auto im Grundstück *Roches Noires* parken können. Die Stadt ist völlig verstopft, in allen Richtungen, auf allen Straßen. Claudia ist unleidlich: Hunger, Abscheu vor dem Hotel *(la chambre rouge)*, unfähig, sich vorzustellen, in dieser Touristenmetropole irgendetwas zeichnen zu können.

Alles überfüllt. Gerd und ich trinken einen *ballon rouge* in einem kleinen Bistro. Mit zwei schönen Frauen als Bedienung, dann kommt Claudia dazu. Wir können die Pastete nicht schaffen. Ein Tisch ist anderswo reserviert. Austern!!!, Ente, Touraine, alles sehr gut. Auch das Restaurant ist überfüllt. Selbst ein- bis zweijährige Kinder haben auf dem Tisch einen kleinen Bildschirm mit wackelnden Bildern. Erik kauft noch eine Flasche Roussillon, *2010!, Tentations, Domaine de Vénus.* Wir drei im roten Zimmer. Claudia findet vielleicht zurück zum Glück. Erik sehr entspannt. Ich habe ein sehr schönes Zimmer (allein).

La Maison Normande, Trouville-sur-Mer, Place Maréchal de Lattre de Tassigny. Ich frage mich, wer es je in so einem Hotel noch schön finden wird, wenn nicht wir! 200 km de Paris, 15 km d'Honfleur, 61 km de Caen, 189 km du Mont-Saint-Michel.

30. Oktober 2016

Frühstück mit Claudia, die etwas krank ist. Erik bleibt noch in Nummer 9. Claudia ärgert sich über sich selbst. Gerd kommt dazu. Wir gehen zu dem besonderen Sonntagsmarkt am Hafen. Schon die Fischhalle ist ungeheuerlich. Es gibt alles massenhaft, feinst geordnet, sauber, schön anzusehen; Verkäufer, Käufer. Jakobsmuscheln, Krebse, Hummer, Fische, grüngraue kleine, sich bewegende Krustentiere (?). Der Markt unvergleichlich. Obst, Geflügel, Gemüse, Kleider, Kartoffeln, Brot, Käse, Industriewaren: Alles dicht und ungeordnet nebeneinander. Viele Leute, große Freundlichkeit, die Fischerkähne stehen dicht dabei. Gerd kauft dies und das, man kann ja eigentlich nichts kaufen. Alles höchste Qualität, einfache Verpackung, ländlich, naiv, normal: Normandie. Ein Milchkaffee in einem kleinen Bistro an der Straße in der Sonne. Dann in das schöne Zimmer, in dem Gerd wohnt, im vierten Stock von *Roches Noires*, großartiger Blick aus dem Fenster auf die

Dächer und die roten Schornsteinaufsätze. Um 12 in eine Bude, die bald überfüllt sein wird. Muscheln, Buchweizenfladen, Cidre; im Anblick des breiten Sandstrandes mit Pfützen und Prielen, vielen Leuten, Familien, Jugendlichen, spielenden Kindern (die übrigens auch Muscheln kriegen und freudestrahlend essen). Segelschiffe, Sonne, Spiegelung. Eine friedliche Welt. Eigentlich nur Franzosen. Alle freuen sich über das schöne Wetter. Langer Spaziergang auf dem teilweise nassen Sand, auch durch flache kleine Seen. Man sieht die Tanks, Kräne und Häuser von Le Havre. Dann kommen große Steine, Steinküste. Das große Hotel gleicht einem gestrandeten Kreuzfahrtschiff. Grüne Steine, schwarze Steine *(roches noires)*, so könnte der Hades aussehen.

Nachricht vom Tod Otto Möhwalds, des großartigen halleschen Malers. Auf der Straße überfahren.

Im *Roches Noires* Gespräch über das Buchprojekt *Gestrandete Riesen*. 7 Hotels, je 32 Seiten, mal mit 11 Doppelseiten Zeichnungen, mal mit Fotos, vielleicht alte Fotos der 7 Hotels mit dazugehörigen »Biografien«, Titelei einschließlich Vorwort.

Claudia geht es besser. Sie hat gezeichnet. Wir gehen sehr üppig essen in einem wieder bald überfüllten Fischlokal. Alles sehr gut. Schnecken, Fischsuppe, Fische auf Sauerkraut. Claudia gefällt die *boulette* nicht, die sie ungewollt bekommt. Erik tauscht mit ihr. Trotzdem hat sie sich das anders vorgestellt. Die luxuriösen Häuser am Strand sind erhellt und lassen großzügige Wohnungen sehen. Auch das große Hotel ist nicht wenig erleuchtet. Kleiner Spaziergang nach dem Essen. Claudia zeigt ihre Zeichnungen. Wunderbare Blätter. Gerd erklärt, wie er sich das Buch vorstellt.

Martin Möhwald hört nicht. Es ist einfach sehr traurig. Bernburger Straße, vor der *Galerie Nord*. 14 Jahre vorher Gertraud.

31. Oktober 2016

Telefongespräch mit Martin. »Wir hatten immer Angst, dass so etwas passiert. Er war immer leichtsinnig.«

Wieder ein warmer und sonniger Tag mit blauem Himmel und kaum Wind. Am Vormittag gibt es viel Wasser, das Meer reicht bis an die Steine und Mauern am Strand heran. Viele Segelboote auf der See und viele Menschen am Ufer. Die Menschen sind äußerst angenehm. Jeder macht, was er will, und es interessiert niemanden. Ein Paar verbiegt sich yogaartig, manche Leute laufen mit Stöcken, andere tragen Kinder auf der Schulter, ganze Familien spielen mit Kindern und den vielen niedlichen Hunden.

Claudia hat schlecht geschlafen. In der Nacht hat sie aus Verzweiflung gebadet und einen Film geguckt. *Lost in Translation.* Auch Gerd konnte nicht schlafen. Claudia will zeichnen, wir begleiten sie. Mittags gehe ich zu Gerd. Es ist sinnvoll, essen zu gehen, diesmal innerstädtisch. Jakobsmuscheln sind ausverkauft. Wir essen Kalb und Rind und trinken eine Flasche Wein. Wie alle in dem Restaurant, in dem eine tätowierte Frau bedient, dünne Träger. *Le Petit Dernier, Côtes du Roussillon.* Wunderbare Atmosphäre.

Im Hotel wieder ein Gespräch über das Buchprojekt. Erik schlägt T-Shirts mit Schrift vor, zum Beispiel »Claudia«. Natürlich Reklame zum Buch. Langer Spaziergang zu den *roches noires*. Das Meer hat sich sehr weit zurückgezogen. Man läuft auf dem Meeresgrund, voller Muscheln und Messermuscheln, natürlich nur Schalen. Die Sonne scheint schräg und macht lange Schatten. Es ist unwahrscheinlich schön. Es wird dunkel. Kitschiger Sonnenuntergang, dann ein herrliches Abendrot.

Abend im Hotelzimmer *Roches Noires.* Zwei Stühle, ein Tisch, das Bett. Extreme Wurst vom Markt, Camembert *au lait cru!,* Ziegenkäse mit Calvados ..., alles sehr, sehr gut. *Bourgogne* von Louis Jadot und Latour. Allein zurück. Le Havre glitzernd hell. Sternenhimmel. Viel Licht in den Villen. Im Hotel kann ich den Eintrittscode nicht lesen, aber da hilft eine ankommende Familie. Freundlich. Normal. Hier ist es sehr schön. Warum? Ich weiß es nicht. Am Strand trotz der vielen Menschen kein Krümchen Papier, keine Flasche ... nichts, wie in Japan. Die Kinder lachen. Niemand schreit. Selbst die Turnschuhe stören mich nicht. Für morgen geplant: Honfleur, 8000 Einwohner, an der Seine, Einmündung in den Ärmelkanal.

1. November 2018

Zuerst Cricquebœuf *(La Chapelle de Cricquebœuf),* dann Villerville, bekannt durch einen Film, der dort gedreht wurde: *Un singe en hiver*, 1962, mit Belmondo und Jean Gabin. Zum 50. Jahrestag dieses Ereignisses wurden in der Stadt die Drehorte bezeichnet und mit Texten und Fotos in Erinnerung gebracht. Nahe der *mairie* ist ein sehr großes Foto an einer Hausfassade zu sehen. Auch dieser Ort hat einen Strand, der durch von der Kirche steil abfallende Straßen zu erreichen ist. Es öffnet sich eine riesige Wattlandschaft. Honfleur ist nicht weit. Zum ersten Mal fahren wir auf normalen Landstraßen, die eng und oft rechts und links von hohen, beschnittenen Hecken eingerahmt sind. Die Gegend wirkt sehr südlich, das Grün ist üppig, manchmal öffnet sich die Sicht, auf der einen Seite zum Meer, auf der anderen zu offener, waldreicher Landschaft, wo immer mal ein Schlösschen zu sehen ist. Wir passieren Dorfkirchen, die sehr alt aussehen, ganz aus grauem Stein, auch das Dach der Türme. Oft stehen sie ganz frei in der Landschaft. Ich bin an die Bücher von Nikolaus Brade erinnert.

Dann kommt Honfleur, ein großer Ort mit engen Straßen, Fachwerkhäusern und mit einem innerstädtischen Hafen. Schon dort werden Muscheln, Tintenfische, Krebse und andere Seetiere angeboten. Es gibt viele Touristen und für sie viele Läden und Gast-

stätten. Auf dem Hauptplatz stehen ein mit Holzschindeln gedeckter Glockenturm (in dem unten eine öffentliche Toilette ist) und eine große, scheunenartige Holzkirche, die nur einen sehr spitzen, hohen Turm hat. Man hört Musik, es ist Gottesdienst. Die Leute sind ganz normal, ich nehme teil und bin beeindruckt. Die Kirche ist voll. Die Gläubigen stehen mal auf, mal setzen sie sich. Es gibt Orgelmusik, original Geige, original Gesang, mit gestischer Deutung, alles in einer wunderbaren Akustik, überwältigend, theatralisch. Die Leute sind überhaupt nicht verängstigt, sie hören zu, singen mit. Man begreift, was Kirche sein kann, Begegnung, Seelsorge, Ritus. Sie geben sich die Hände, ein Zug der Weißbekleideten geht auf den Vorplatz, begleitet von Kindern mit Kreuzen und Monstranzen, die Gläubigen werden verabschiedet. Die Kinder ziehen sich um, werden wieder ganz normale Jungen und Mädchen, von den Eltern erwartet. Man kann in der Kirche ungeniert herumlaufen, die Halle ist groß und hell.

Die Stadt ist lebendig. Schöne Ladenschilder überall. Normannisches Selbstbewusstsein, Cidre, Calvados, Caramel, Camembert. Wir essen im Lieutenance, das hat etwas zu tun mit der Schiffstradition. Sehr bürgerlich. Schieferplatten. *Huîtres*, Dorade, Bouillabaisse, Lotte (Seeteufel), Ratatouille, Kir, Wein, schwarze Schokolade, Käse; wieder einmal üppig und lange dauernd. Gerd lädt ein. Einige Einkäufe, zurück mit Halt an den beiden Dorfkirchen.

Roches Noires. Camembert etc. Merkwürdiger Wein von Louis Jadot. Gerd liest vor, eine Passage einer Geschichte zu Oostende. Gestrandete Hotels und gestrandete Menschen. Träume, die sich nicht erfüllen, weil sich die Voraussetzungen und Zeiten drastisch ändern. Es sind tragische Geschichten. Oostende, Trouville, England, Irland, Madeira, Italien, Kanada. Claudia radiert mit Sandpapier. Sie ist ganz in ihre Arbeit versunken.

Letzter Tag. Rückweg in die Stadt bei gerade ankommendem Wasser. Milde Luft. Auslaufende Schiffe. Lichter. Sternenhimmel.

2. November 2018

Abschied.

Noch einmal in der Kälte des Morgens der Strand von Trouville. Nun sind die Pariser schon fast alle abgefahren. In den Schlössern sind die Läden geschlossen.

Eine lange Fahrt.

Ganz am Anfang noch seitlich einige normannische Häuser von großer Schönheit. Dann die klug ausgedachten Arterien des Verkehrs, die an nichts Wesentlichem vorbeiführen, nicht an Rouen, Amiens, Verdun, Meaux … 10–18 Uhr, eine große Leistung … allerdings Paris … viele Tunnel … Sacré Cœur für drei Sekunden, La Défense … ein

Glück, das zu überleben. Später nicht enden wollende Autobahnen. Abendlicht. Die Schönheiten der bunten Bäume des Herbstes … besonders in Deutschland.

Mainz. Wohnlandschaft *avec Camembert, vin rouge et Cognac. La chambre rouge (magenta)*, in dem ich schlafe.

3. November 2016

Frühstück unter einer Lampe, die vielleicht für Riesen erdacht wurde. Das Haus von außen weniger exotisch, eher zurückhaltend. 11 Uhr Frankfurt. Der Zug rast nach Halle. Sonnenschein. Die schönste Herbstlandschaft. Eine neue Trasse, auch Ammendorf. Taxi. Sehr schön ist es in der Heinestraße. Sehnsucht nach Alena, die kommt dann zwei Stunden später … jetzt telefoniert sie.

THERMAE PALACE **OOSTENDE**
Belgien

Lage: Koningin Astridlaan 7, 8400 Oostende, Belgien
Zimmerzahl: ca. 135
Berühmte Gäste: König Albert I.; die meisten der anderen Gäste, die uns interessieren, sind unter Pseudonym abgestiegen.
Historie: Die Besonderheit dieses Hotels sind seine Thermalquellen, die aus ihm viele Jahrzehnte eine Mischung aus Luxusunterkunft und Heilklinik für diverse Beschwerden wie Rheuma, Arthritis, urologische Erkrankungen und vieles mehr machten. Zahlreiche Gästen reisten hierher, weil sie das Haus für die heilenden Behandlungen nicht verlassen mussten. Das Heilbad ist seit Ende der 1980er-Jahre geschlossen.

Entstanden ist das Hotel infolge einer Idee von König Leopold II. Die königliche Residenz, die sich noch heute direkt neben dem Hotel befindet, ist bescheiden und bietet kaum Platz, um Gäste angemessen empfangen zu können. Durch die Kolonnaden, deren Bau ebenfalls von ihm initiiert wurde, sollte man geschützt zwischen Hotel und Residenz wandeln können.

Eröffnen konnte das Hotel erst sein Nachfolger Albert I. Im Sommer 1933 nach vierjähriger Bauzeit. Das Hotel wurde von den französisch-belgischen Architekten Flegenheimer, Bard, Garella und Daniels komplett im Art-déco-Stil errichtet. Teile der Originalausstattungen, wie die farbigen Glasfenster und die Lampen, sind bis heute erhalten.

Oostende besitzt seit dem 19. Jahrhundert sowohl eine Fährverbindung nach Dover als auch einen Bahnhof, der die Stadt mit ganz Europa verbindet. So ist es nicht verwunderlich, dass sich gerade hier in den 30er-Jahren, als Hitlerdeutschland einen neuen Krieg vorbereitete, die Exilanten und auch die geheimen Boten verschiedener Mächte trafen.

1944 wurde Oostende durch alliierte Flieger in großen Teilen zerstört. Die Stadt, die danach wiedererstand, war eine völlig andere als das mondäne Seebad der ersten Hälfte des 20. Jahrhunderts. In diesem neuen Oostende sucht das Thermae Palace bis heute seinen Platz.

Eine erotische Agentengeschichte: Im Mittelpunkt steht eine junge Frau, Tochter eines belgischen Züchters von Rennpferden. Die Rennbahn befindet sich direkt gegenüber vom Hotel. Ein geheimnisvoller junger Mann taucht aus undurchsichtigen Gründen immer wieder in Oostende auf. Aus ihrer Liebe entsteht eine Gefahr für beide, die vielleicht gleichzeitig ihre einzige Hoffnung ist.

Es herrscht eine seltsame Sprachverwirrung im Belgien der Zwischenkriegszeit.

Unheil zieht auf.

Als Stellvertreter all der Gescheiterten dieser Jahre an diesem Ort treten zwei historische Personen auf: Joseph Roth und Irmgard Keun, die hier 1936/37 lebten und auf deren zerstörerische Liaison wir einen flüchtigen Blick werfen dürfen.

Inspiration für die Beschäftigung mit dem Thermae Palace war eine kleine Episode aus dem Roman *Ruhelos* von William Boyd.

Schwimmen

Der Sand unter Mariannes Füßen fühlte sich noch feucht und klebrig an, obwohl die Sonne schon vor einiger Zeit über die Dächer gestiegen war. Der am Morgen frische Wind ließen sie ein wenig frösteln. Dabei hatte sie doch gerade in der Zeitung gelesen, dass der Sommer 1939 bisher einer der heißesten dieses Jahrhunderts gewesen sein sollte. Selbst der August, der ja noch andauerte, mit seinen vielen Gewittern, brach alle Temperaturrekorde.

Als sie das von der Sonne aufgeheizte Wasser endlich erreichte und es erst ihre Beine und dann ihre Hüfte umspülte, konnte sie sich fallen lassen.

Das Schwimmen leicht und die Gedanken bereits beim Danach.

Dieses Danach sollte etwas Besonderes werden. Vielleicht war ihre Gemütslage heute gerade wegen und nicht trotz des bevorstehenden Rendezvous etwas melancholisch und von einer Unsicherheit geprägt, die sie sonst eigentlich hier in Oostende nie verspürte. Vielleicht lag es aber auch am bevorstehenden Herbst, dem allmählich schwächer werdenden Sonnenlicht und der baldigen Abreise. Aber zuvor würde sie ihn treffen. Sie würde ihn fragen, und wenn alles so käme, wie sie es sich erhoffte, könnten sie gemeinsam abreisen. Erst nach Brüssel, wo er noch kurz seine Angelegenheiten regeln würde, und dann weiter nach Liège, wo sie sich mit der alten Lieblingskutsche ihres Vaters vom neu eingestellten Gärtner würden abholen lassen. Sie sah sich schon mit Robert auf der Terrasse ihres – im Moment zwar viel zu großen, aber dann eben nicht mehr leeren – Hauses sitzen und Kaffee trinken, während immer mal eines der

Kinder, die es sicher geben würde, wie ein kleiner Wirbelwind auf ihren oder seinen Schoß kletterte. Manchmal musste eine Schnur für den Kreisel neu angebunden, eine Träne getrocknet, Liebe versichert werden.

Aber bis es so weit wäre, gab es jetzt erst mal noch vieles zu klären und zu erzählen. Wer würde als Erster die erlösenden Worte finden? Vielleicht war ja alles ganz leicht, und sie würden darangehen, die Dinge, die so lange unausgesprochen geblieben waren, zu regeln, und ein gemeinsames Leben beginnen.

Während sie noch immer in Richtung Horizont schwamm, dachte sie an ihr erstes Zusammentreffen und alles, was darauf folgte.

Damals, nur wenige Wochen nach Eröffnung des Thermae Palace, es war auch gegen Ende des Sommers. Der Grand Prix International d'Oostende fand immer um diese Zeit statt. Ihr Vater hatte die Zimmer für sie gebucht. Marianne hatte eines in der Beletage mit Balkon zum Meer. Das Zimmer, in dem sie von nun an jedes Jahr wohnen würde. Das Zimmer ihres Vaters war etwas kleiner, im Seitenflügel des Hauses mit Blick zum Hippodrom. Er könne die beständige Anwesenheit des Meeres in seiner Dramatik nicht ertragen, hatte er gemeint. Was aber wohl viel eher zutraf, war, dass er immer die Möglichkeit eines Blickes auf seine geliebten Pferde haben wollte.

François

Schon bei ihrem ersten Besuch stand François an der Rezeption.

François Walravens, der hochgewachsene Sohn eines einfachen Postbeamten am ehemaligen Feldpostamt im Süden Antwerpens. Wenn er als kleiner Junge seinen Vater zur Arbeit begleiten durfte, was manchmal geschah, da die Mutter mit seinen noch kleineren Geschwistern alle Hände voll zu tun hatte, war er fasziniert von den Briefen, die aus fernen Ländern kamen. Er fragte seinen Vater jedes Mal, was für eine Sprache das sei, in der die Menschen schrieben, und wie es klinge, wenn sie es sprächen. Da in seine Kindheit auch die Zeit des Großen Krieges fiel, gab es bis zur Kapitulation vor den Deutschen eine belgische Briefzensur. Hin und wieder gelang es ihm mit seinem kindlichen Charme und seinen beweglichen Segelohren, die Herren Zensoren dazu zu bringen, ihm einen der Briefe vorzulesen. Sehr bald konnte er den Klang der jeweiligen Sprachen nachahmen, was zur weiteren Erheiterung im Postamt beitrug.

Als es an der Zeit war, einen Beruf zu ergreifen, rang er seinem Vater die Erlaubnis ab, dass er in einem der vielen Strandhotels erst als Zimmerjunge, Liftboy und später als Assistent des Rezeptionisten arbeiten durfte und nicht, wie der Vater es gewünscht hätte, eine Postbeamtenlaufbahn einschlagen sollte. Seine Begabung, den Gästen irgendwie anzusehen, welche Sprache sie sprechen, welche Wünsche sie äußern würden, und sie passend zu begrüßen, hatte ihm seinen jetzigen Posten als erster Chefconcierge im Thermae Palace eingebracht. Obwohl die Hotelbetreiber anfangs der Meinung waren, er wäre zu jung für eine so verantwortungsvolle Aufgabe, hatten sie ihm dann doch diesen Posten gegeben. Sie hatten klug entschieden. Konzentriert und unaufgeregt regelte er all die vielfältigen Dinge, die ein Chefconcierge zu erledigen hatte, mit der ihm scheinbar angeborenen Diskretion. Mit anderen Worten: François war im Lauf der folgenden Jahre unersetzlich geworden, für das Haus und auch für einige seiner Gäste.

Marianne allerdings war eine wirkliche Ausnahme.

Es traf ihn völlig unvorbereitet.

Normalerweise waren die Gäste eine eigene Spezies, die er nur unter beruflichen Gesichtspunkten wahrnahm. Da gab es die Unnahbaren, die Exzentrischen, die Unkomplizierten, die Knausrigen und die Spendablen. Er wusste mit ihnen allen umzugehen. Dabei gelang es ihm, in seinem Innern von ihren Eigenheiten unberührt zu bleiben. Das war vielleicht das Geheimnis seines beruflichen Geschicks.

Der Taxichauffeur stellte einige Gepäckstücke seitlich neben der Rezeption ab. Aus den Augenwinkeln sah François einen freundlich wirkenden älteren Herrn mit einer jungen Dame auf sich zukommen. Vermutlich Vater und Tochter. Er sah vom Gästebuch auf, lächelte und wusste, was er zu sagen hatte. Da, beim Blick auf die junge Frau, durchfuhr ihn ein Schrecken, gepaart mit der Freude des Wiedererkennens. Worin genau dieses Wiedererkennen bestand, konnte er nicht gleich sagen, oder vielleicht doch. Sie hatte den linken Arm angewinkelt, die Hand in der Beuge des rechten Arms. Diese Geste der Verlegenheit hatte seine kleine Schwester Sintje immer benutzt, wenn sie ihn um Hilfe bat oder sich unsicher fühlte. Auch in den dunklen Augen Mariannes fand er etwas, das er irgendwann einmal verloren zu haben meinte. Es war nicht ihre weibliche Schönheit, ihre Jugend oder ihr Charme. Sie sprach ohnehin bei dieser ersten Begegnung kein einziges Wort.

Als er sich an diesem Abend auf seinem schmalen Bett herumwälzte, fragte er sich, was da mit ihm geschehen sein mochte. Seitdem Sintje eines Abends nicht vom Baden wiedergekommen war, sah er sie in seinen Träumen genau mit dieser Geste der Verlorenheit vor sich stehen. In einem Zeitungsartikel hatte er einmal etwas von Wiedergeburt gelesen und dass Menschen, wenn sie in früheren Leben schon miteinander zu tun hatten, sich erkennen würden und dass große Freundschaften darauf basierten. Natürlich war das Unsinn, und trotzdem musste er an diesem Abend daran denken.

Ankunft

Bei Marianne dauerte es einige Zeit, bis sie die Vertrautheit des jungen Concierge wahrnahm. Mit den Jahren jedoch war François für sie eine Art distanzierter Freund geworden. Als sie begann, die Wochen im Thermae Palace für ihr eigentliches und wirkliches Leben zu halten. Er gehörte unbedingt zu diesem Leben. Niemals hatte er eine Frage mehr gestellt, als nötig gewesen wäre, um ihre Angelegenheiten zu regeln, vielleicht auch, um später angemessen darüber schweigen zu können. Dennoch spürte sie seine Zuwendung, die das in seinem Beruf übliche Maß überstieg.

Dem ersten Besuch im Thermae Palace war ein unglaublich trauriges Jahr vorangegangen. Ihre Mutter war gestorben. Plötzlich, ohne Vorwarnung und ohne Möglichkeit, sich zu verabschieden. Am Morgen eines golden schimmernden Herbsttages lag sie wie friedlich schlafend in ihrem Bett. Es war, als wäre nicht nur ihre Mutter gestorben, was schon schlimm genug gewesen wäre, nein, das Zentrum und Herz ihres Familienuniversums hatte aufgehört zu schlagen. Mariannes Mutter, eine durch und durch ungewöhnliche Frau, schaffte es mit ihrer beharrlichen Freundlichkeit, dass ihr Mann, ihre Kinder und selbst die Angestellten sich sicher und geborgen fühlten. Auch in komplizierten Situationen bewahrte sie ihren Humor. Den Kindern brachte sie bei, die Konventionen zwar nach außen hin zu respektieren, auch um unnötige Konflikte zu vermeiden, aber in ihrem Innern dem eigenen Verstand und der Intuition zu folgen, einen Kompass für das Leben zu entwickeln.

Wenn es in dem großen Haus unweit von Luik, wie ihr Vater die Stadt nannte, schon sehr ruhig geworden war, seitdem ihre älteren Brüder, die Zwillinge, in eine Schweizer Internatsschule gingen und nur in den Ferien das Haus belebten, fiel es jetzt in eine Stille, die wie eine Versteinerung wirkte. Diese Stille war auch ein Ausdruck des Schmerzes, den ihr Vater mit keiner Träne auflösen konnte. Selbst wenn dem Dienstmädchen ein Teil der Ritterrüstung, die den Treppenaufgang bewachte, beim Putzen scheppernd herunterfiel, war das nur wie das Nachklingen eines schon vergangenen Geräusches. Es war tatsächlich, als hätte das Leben sich aus diesem Haus verabschiedet.

Umso größer die Freude Mariannes, als der Vater im Frühsommer, kurz nachdem sie ihre Abschlussprüfungen in der katholischen Mädchenschule bestanden hatte, fragte, ob sie Lust hätte, ihn zum Auftakt der herbstlichen Rennsaison nach Oostende zu begleiten. Es gebe da ein neues, nach den modernsten Prinzipien betriebenes Kurhotel unweit der Rennbahn. Sie könne sich dort ein wenig verwöhnen lassen. Als kleiner Ausgleich, wenn er schon nicht mit ihr nach Südfrankreich reisen könne, wie es die Mutter für den Sommer ihres Abschlussjahres versprochen hatte. Die Mutter, deren Familie von dort stammte und deren grazile südliche Schönheit sie geerbt hatte, was sie schon in der Schule von all den kräftigen, bodenständigen flämischen und wallonischen Mädchen unterschied. »Meine Elfe, mein Luftwesen«, nannte ihr Vater sie manchmal, wenn er sie als kleines Kind in die Luft warf und sie, die vor Glück kreischte, wieder auffing.

Und ob sie ihn begleiten wollte. Endlich Licht, Luft, Sonne und Wasser.

Gleich am ersten Nachmittag, als sie mit ihrem Vater von der Rennbahn aus durch den Leopoldpark ging, saß er da, gegenüber der üppigen Blumenuhr. Ein junger Mann, soweit sie erkennen konnte, einige Jahre älter als sie, schlank, feingliedrig. Als sie vorüberliefen, erhob er sich gerade, warf mit lässiger Eleganz sein Sommerjackett über die Schulter und schlenderte in Richtung des Kasinos, das Gesicht im Schatten seines Hutes verborgen, eine Zigarette in den schmalen, langen Fingern haltend.

Nein, sie wusste natürlich nicht, was passieren würde. Doch kam es ihr vor, als müsste ihr Herz etwas schneller schlagen, als sie an ihm vorübergingen.

Was wusste sie von Männern? Ihr stiller Vater. Ihre stürmischen Brüder, die die Gestalt des Vaters und den Übermut der Mutter geerbt hatten. Joseph, der Nachbarsjunge – aber was hieß bei ihnen schon Nachbar. Er wohnte mindestens einen halben Kilometer entfernt in einem ebenso großen Haus wie das ihre. Sein Vater Diplomat und fast ständig abwesend. So verbrachte er viel Zeit bei ihnen. Ihren Brüdern war er zu klein und zu nachdenklich. Marianne und er waren gleichaltrig. Vor allem aber interessierten sie sich für ähnliche Dinge. Er besuchte das französischsprachige Jungengymnasium und sie die flandrisch-katholische Mädchenschule. Er war der Einzige, mit dem sie über Mathematik, die alten Philosophen und Entdeckergeschichten reden konnte.

Die Themen der anderen Mädchen berührten sie nicht. So saßen die beiden im Sommer unter einem der Bäume im Garten und im Winter in ihrem Zimmer, immer Bücher um sich herum, die sie aus der großen Bibliothek heranschleppten. Ihr Vater war ein eifriger Leser, den es freute, dass wenigstens eines seiner Kinder diese – neben den Pferden zweite – Leidenschaft teilte. Es war schon kränkend genug, dass weder Marianne noch die Jungen sich für die Pferde und das Reiten interessierten. Immer wenn Mitschüler zu Besuch kamen, wollten die zu den Ställen und, wenn möglich, mit einem der Pferde ausreiten. Für die De-Bruyckere-Kinder war das eher eine lästige Pflicht.

In Sachen Lesen behauptete der Vater immer, selbst ein Spätberufener zu sein, der nur durch die Vermittlung seiner Frau einen Zugang zur Literatur gefunden habe, aber ihr seitdem rettungslos verfallen sei. Marianne genügten Bücher als Gefährten. Joseph war eine Ausnahme, weil er wie sie in den Abenteuern des Denkens versinken konnte. Manchmal saßen sie stundenlang ohne ein Wort nebeneinander, jeweils in ein Buch versunken. Wenn dann einer von beiden auftauchte, sprudelte es aus ihm oder ihr heraus. Je sachkundiger und genauer dann die Fragen des jeweils anderen zu dem, was man gelesen hatte, waren, desto glücklicher waren sie miteinander.

Es war in dem Sommer, bevor ihre Mutter starb, sie sollte gerade eine erste Ahnung davon bekommen, was Endlichkeit bedeutete. Joseph eröffnete ihr, dass er im nächsten Jahr auf Wunsch seines Vaters nach England gehen werde, um dort zu studieren.

Unklar, ob die Nachricht seiner bevorstehenden Abreise, die doch erst in einem Jahr stattfinden sollte, das ausgelöst hatte: Auf jeden Fall wollten sie es ausprobieren. Ein Experiment, das sich kaum von den naturwissenschaftlichen an anderen Nachmittagen unterschied. Es regnete, und außer der Köchin war niemand im Haus. Er hatte offensichtlich von den anderen Jungen ein paar praktische Hinweise bekommen, während sie, abgesehen von den kichernd nervösen Albernheiten, die darüber unter den Mädchen kursierten, von nichts wusste. Während der quälenden Prozedur beobachtete sie im Spiegel über dem Waschbecken gegenüber ihres Bettes, wie sich sein Hintern auf und ab bewegte. Voll Kummer dachte sie daran, das sie sich wohl danach nie wieder mit ihrem einzigen Freund würde über ernsthafte Dinge unterhalten können.

Aber sie hatten Glück. Keiner von beiden erwähnte den fatalen Nachmittag jemals wieder. Sie kehrten zurück zu Algebra und kategorischem Imperativ, blieben Freunde, bis er nach England abreiste.

Dann gab es noch den Jockey, der die Pferde ihres Vaters für die Rennen trainierte. Er lauerte ihr eines Nachmittags bei den Scheunen auf. Vermutlich war er älter, als man dachte. Seine knabenhafte Größe und die lockere, freche Art ließen ihn sehr jung wirken. Marianne konnte später nicht mehr sagen, warum sie sich darauf eingelassen hatte. Seine körperliche Präsenz und die drängende Eile, mit der er zu Werke ging, ließen sie ab sofort die Scheunen meiden, bis er eine neue Anstellung in Deutschland annahm.

Das waren die Erfahrungen, die sie mitbrachte, als sie im Spätsommer des Jahres 1933 Robert Samtenens im Leopoldpark begegnete.

Der Frühstücksraum

Der Frühstücksraum mit seinen hohen Wänden, riesigen Deckenleuchten und den Fenstern zu den Kolonnaden war die perfekte Bühne für die morgendliche Inszenierung des Meeres, das in den verschiedensten Blau- und Weißtönen bis zum Horizont leuchtete. Es war aber auch die Bühne für die Bewohner des Hauses, die jeden Morgen neu gemischt ihren Auftritt hatten.

Sie und ihr Vater saßen schon eine Weile am Tisch, als er den Saal betrat, ihnen kurz zunickte und zu seinem Platz ging. Dann hatte er sie am Vortag also doch bemerkt, grüßte er doch sonst niemanden.

Nach dem Frühstück würde sie für eine »Anwendung«, was auch immer sich hinter diesem Wort verbarg, die Stufen zum Schwimmbad hinabsteigen und das heilende Quellwasser genießen. Mittags ein bescheidener Lunch, eine kleine Ruhepause und dann, je nach Wetter, die Strandpromenade oder ein Café im Ort. So waren die Tage des Müßiggangs.

Das morgendliche Ritual steigerte sich im Lauf der nächsten Tage von einem bloßen Nicken zu einem »Messieurs dames«, bis er eines Tages, sie war kurz vor die Tür getreten, um zu prüfen, welche Kleidung für den heutigen Spaziergang geeignet wäre, das Wort an sie richtete.

Die Zigarette im Mundwinkel, den Blick auf den Horizont gerichtet, sagte er, als wäre gar nicht sie gemeint, aber außer ihr stand hier niemand:

»Ich habe das Fräulein noch nie im Meer schwimmen sehen.«

Der Satz war in einem solch holprigen Flämisch, dass er ihn eine Weile in Gedanken geübt haben musste, um ihn überhaupt aussprechen zu können. Sie amüsierte sich und antwortete in ihrem zu Hause gebräuchlichen, südlich eingefärbten Französisch, dass sie ja schließlich der »Anwendungen« wegen hier sei und nicht, um in diesem unberechenbaren salzigen Etwas zu schwimmen.

»De Bruyckere, je pensais ...«

Er ließ den Satz unvollendet, trat die Zigarette aus und ging wieder hinein.

Marianne hatte ihm gerade ihr erstes Geheimnis verraten. Sie hatte, wenn nicht Angst, so doch Respekt vor dem Meer und war sich ihrer Schwimmkünste gar nicht sicher. Bei den Nonnen wurden nur wenige lächerliche Formen der Körperübungen zelebriert, die ihr immer peinlich gewesen waren. Schwimmen gehörte ganz sicher nicht dazu.

Gelernt hatte sie es von ihren Brüdern in einem Weiher unweit ihres Hauses. Die Brüder nahmen sie mit, damit sie ihre Ausflüge nicht verriet. Die Eltern hätten es sicher nicht erlaubt, weil es ihnen zu gefährlich und wahrscheinlich auch zu unsittlich schien.

Nachdem sie eine Weile dem übermütigen Treiben ihrer Brüder zugesehen hatte, zog sie sich ebenso wie diese splitternackt aus, schließlich konnte sie hier doch ohnehin niemand sehen. Sie verlangte von ihnen, dass sie ihr zeigten, wie das ging mit dem Schwimmen. Das war der Preis, den sie für Mariannes Verschwiegenheit zahlen sollten.

So ging das fast drei Sommer lang, bis man dahinterkam und es ihnen verbot. Doch dieser Unterricht und später das Toben im Wasser waren das Vertrauteste,

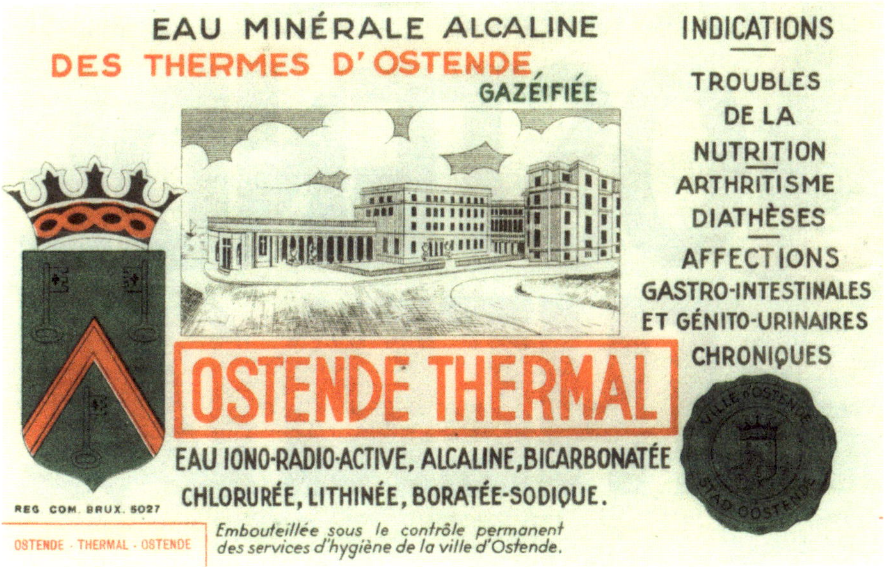

was die Geschwister je miteinander teilten, und ihre einzigen Erfahrungen im Schwimmen, die sie im Meer nicht auf die Probe stellen wollte. Die Erinnerung an den Schwimmunterricht der Brüder hingegen würde sie ein Leben lang begleiten und ihre Erinnerungen an eine sorglose Kindheit prägen.

Roberts erster Satz hatte Folgen. Am nächsten Morgen, das Frühstück war fast vorüber und ihr Vater schon bei den Börsennachrichten in der Zeitung angekommen, trat er an ihren Tisch.

Er bitte um Entschuldigung, wenn er so anmaßend die Zweisamkeit von Vater und Tochter störe. Sein Name sei Robert Samtenes, und er habe gehört, dass Monsieur de Bruyckere etwas mit Pferden zu tun hätte. Am Sonntag wäre ja das große Rennen, und er beabsichtige etwas Geld auf ein Pferd zu setzen. Da es ihm aber an Erfahrung fehle, wolle er gern den Rat eines Fachmanns einholen, und er frage sich, ob Monsieur wohl dazu bereit wäre, ihm weiterzuhelfen.

Er benutzte diesmal der Einfachheit halber gleich das Französische, um sich nicht noch einmal zu blamieren.

Ihr Vater, erfreut über das Interesse des jungen Mannes und bereits seinem Charme erlegen, schlug ihm vor, ihn doch gleich zum Hippodrom zu begleiten. Die beiden verabschiedeten sich, und Marianne saß verdutzt allein am Tisch.

Die Tage darauf frühstückte er bereits mit ihnen. Danach verabschiedeten sich die Herren immer zur Rennbahn, und sie ging zum Thermalbad.

Der Tag des Rennens

Es war sehr windig. Immerzu machten sich die Sommerhüte, wenn sie nicht mit Hutnadeln oder Bändern gesichert waren, selbstständig und mussten wieder eingefangen werden. Laut und voll, wie die Rennbahn war, dauerte es eine Weile, bis sie ihre Plätze fanden. Die Ränge randvoll besetzt, und selbst alle Logen waren belegt. Robert war offensichtlich inzwischen von ihrem Vater mit der Rennleidenschaft angesteckt worden. Aufgeregt begutachteten beide mit ihren Ferngläsern die Pferde. Ihr Vater zog bei einigen der Konkurrenzpferde eine Augenbraue hoch, wie er es immer tat, wenn er einer Sache nicht so recht sicher war. Er wirkte noch nervöser als sonst vor einem Rennen, dabei war nicht einmal ein Pferd beteiligt, das ihm gehörte. Lediglich vermittelt hatte er zwei von den Pferden, die an den Start gingen.

Marianne hatte keine Lust, die Männer weiter zu begleiten, ging direkt zu ihrem reservierten Logenplatz und ließ sich einen Tee bringen. Weder Robert noch ihr Vater sprachen viel, als sie sich später neben sie setzten. Es war das dritte und entscheidende Rennen. Robert hielt die Wettscheine die ganze Zeit fest umklammert. Sofort nach dem Rennen stand er auf. Erst als er mit dem Grinsen eines Schuljungen, der gerade eine Prüfung mit Bestnote bestanden hatte, ohne vorher gelernt zu haben, und einem dicken Bündel Geldscheine in der Hand zurückkehrte, wurde das Schweigen gebrochen.

»Gut gemacht, Junge!«

Ihr Vater, der sonst fast jeden, selbst altvertraute Freunde, immer mit etwas förmlicher Distanz ansprach, hatte Robert nach so kurzer Zeit in sein Herz geschlossen.

»Marianne, Monsieur de Bruyckere, diesen beachtlichen Betrag hier habe ich nur Ihnen zu verdanken. Und weil ich mir eigentlich von vornherein sicher war, wie es ausgehen würde, mit einem kundigen Berater und einer so wunderbaren Glücksfee, habe ich für uns einen Tisch im Tricolore, das mir François empfohlen hat, reserviert. Sie mögen doch Hummer?«

Das Restaurant war klein und gemütlich. Es lag in einer Nebenstraße. Keines der mondänen Strandrestaurants, in denen der schöne Schein den Geschmack des Essens, das serviert wurde, weit übertraf. Wer ins Tricolore kam, wusste, was er suchte.

So ausgelassen wie an dem Abend hatte sie ihren Vater schon sehr lange nicht mehr erlebt. Zwischen den Gängen, ein Glas von dem köstlichen Loire-Wein in der Hand oder über die Hummerschalen hinweg, erzählte er Geschichten aus Mariannes Kindheit, die ihn noch immer zu amüsieren schienen. Er präsentierte einen kleinen, kaum zähmbaren Wildfang, der sie glaubte, nie gewesen zu sein, und der sie ganz sicher nicht mehr war. Da sie es aber genoss, ihren Vater endlich einmal wieder glücklich zu sehen, ließ sie ihn gewähren. »Ach, Papa!« war alles, was sie dazu sagen wollte. Besonders ausgiebig erzählte der Vater von den Lügengeschichten, die sich Marianne öfter ausgedacht und mit einer unschlagbaren Ernsthaftigkeit vorgetragen hatte, die alle bei Tisch verblüffte.

Zum Abschluss tranken die Männer noch einige Genever.

Ein wenig taumelig kehrten sie ins Thermae Palace zurück. Ihr Vater nahm die Abzweigung zum Flur in den Seitenflügel mit einem kühnen Schwung und verschwand in seinem Zimmer. Robert beugte sich für einen

Verabschiedungskuss zu ihr und flüsterte: »Schlaf gut, du wundervolle Elfe.« Seine Lippen berührten flüchtig ihre Wange, und dann war auch er verschwunden. Sein plötzliches Verschwinden, als hätte er sich augenblicklich in Luft aufgelöst, war etwas, was sie noch öfter erleben sollte. Versonnen stand sie an die Zimmertür gelehnt und schloss für einen Moment die Augen, bevor auch sie in ihr Zimmer taumelte, sich aufs Bett fallen ließ und gleich in ihren Kleidern in den Schlaf abtauchte, der ihr wunderbare Träume bescheren würde.

Montagmorgen

Der Wind hatte noch etwas zugenommen. Die Wolken waren mit scharfen Konturen versehen, während sie schnell in Richtung Osten getrieben wurden, um der Sonne Platz zu machen.

Ihr Vater hatte beim Frühstück ein wenig mit sich zu tun, und außer ein paar beiläufigen Floskeln war von ihm nichts zu hören. Als er sich, um noch etwas zu arbeiten, wie er sagte, in sein Zimmer zurückgezogen hatte, fragte Robert, ob sie nicht mit ihm schwimmen gehen wolle. Natürlich nicht in dieser überdimensionierten Badewanne im Haus, sondern richtig – im Meer. Er machte eine Kopfbewegung in Richtung Horizont.

»Wenn Sie versprechen, an meiner Seite zu bleiben und mich notfalls zu retten.«

Noch wagte sie nicht zum vertrauten Du des Vorabends zurückzukehren.

Sie legten ihre Bademäntel und Handtücher auf eine der Bänke unter den Kolonnaden. Verlegen versuchte sie zu vermeiden, ihn anzusehen. Er trug einen dieser Männerbadeanzüge mit auf dem Rücken gekreuzten Trägern, der ihn noch schlanker und knochiger wirken ließ, als seine leichten, legeren Sommeranzüge das taten, in denen sie ihn sonst sah.

Robert hingegen machte aus seinen Blicken keinen Hehl. Seine Bewunderung für ihre Schönheit war so offenkundig, dass sie vorschlug, doch nun endlich ins Wasser zu gehen.

Es war zwar Flut, aber wegen des langen, flachen Strandes dauerte es eine Weile, bis das Wasser endlich tief genug war, um mit Schwimmen vorwärts zu kommen. Dann schwammen sie in gleichmäßigen Bewegungen nebeneinander, riefen sich hin und wieder etwas zu, was aber vom Rauschen des Meeres übertönt wurde.

Es war schon auf dem Rückweg, sie näherten sich der Brandung. Da fasste er sie bei den Hüften, trug sie über den Kamm einer Welle, die plötzlich hinter ihnen aufgetaucht war, und brachte sie sicher zum Stehen.

Keine der späteren Berührungen, so intim sie auch sein mochten, würde sie je wieder mit so viel Zuversicht und Glück erfüllen wie dieser erste, unerwartete Griff, um sie zu tragen und gleich darauf wieder loszulassen. Das war es, was sie bei jedem weiteren Schwimmen im Meer suchte.

Die Bademäntel. Der Lift. Die Zimmertür. Und schließlich der nasse Fleck von ihren Badeanzügen auf dem Teppich.

Diesmal war alles anders. Langsam, voller geduldiger Intensität küsste er mit dem Salz und dem Sand die Unsicherheit von ihrem Körper. Voller Akribie erkundete er die Landschaft ihrer Schönheit. Alles konnte und sollte geschehen. Bei aller Leidenschaft hatte sie den Eindruck, als würde er noch im letzten Moment innehalten, wenn sie nicht mit ihm käme. Dabei würde sie mit ihm alles teilen wollen, so jedenfalls glaubte sie in diesem Moment.

Als sie erwachte, lagen die nassen Badeanzüge noch immer dort, wo sie sie abgestreift hatten. Sein Bademantel, sein Handtuch und er waren verschwunden.

Sie selbst verließ das Zimmer erst wieder, um unten im Restaurant zu Abend zu essen. Der Vater ließ sich wegen Unpässlichkeit entschuldigen. Auch von Robert keine Spur.

Versteckspiele

»Kind, du siehst schlecht aus«, war der erste Satz ihres Vaters, als er sich zum Frühstück setzte. Wie hätte es auch anders sein können, nach einer durchwachten Nacht.

Hin und her wälzen, aufstehen, ein Glas Wasser trinken, sich die fürchterlichsten Szenarien ausmalen, von denen das, in dem sie ihn offenbar gelangweilt und er deswegen den Kontakt abgebrochen hatte, für sie seltsamerweise das beängstigendste war. Noch viel fürchterlicher, als wenn er beim Schwimmen ertrunken wäre und sie wenigstens tränenerstickt hätte zusammenbrechen können.

Aber das hätte sie ja längst erfahren.

Bei jedem eintretenden Gast der hoffnungsvolle Blick zum Eingang. Kein Robert.

Jetzt konnte nur noch François helfen.

»Ja, Monsieur Samtenens war gerade eben hier. Er hat sich nach dem Fischmarkt erkundigt und das Haus auf der Stadtseite verlassen.«

Kein Hut, kein Tuch und auch keine Tasche. Nur ihm folgen.

Vorbei am Chalet der Königsfamilie auf der Avenue de la Reine in Richtung königliche Stallungen, wo sie schon einmal mit ihrem Vater gewesen war, der mehrere Pferde dorthin verkauft hatte. Noch sah man wenige Menschen. Kindermädchen, Zeitungsjungen und die Männer mit ihren Hunden, die zum Strand unterwegs waren, wo die Tiere versuchen würden, gegen das Meeresrauschen anzukläffen. Sie bog in die schmale Kaïrostraat ein. Irgendwo hier musste er entlanggegangen sein, wenn er zum Fischmarkt wollte. Vermutlich war sie ihm nicht schnell genug gefolgt. Als sie an einem kleinen Platz um die in der Mitte stehende Kirche herumging, stand sie plötzlich vor einer unscheinbaren Synagoge, deren Türen weit geöffnet waren und in der mehrere Männer dabei waren, einen Baldachin mit Blumen zu schmücken. Fasziniert blieb sie stehen. Als sie noch ein Kind war, waren sie einmal bei einem Freund ihres Vaters zur Hochzeit von dessen Sohn eingeladen. Seltsamerweise hatte sie sich gemerkt, dass das auch ein Dienstag gewesen war, weil sie an dem Tag ausnahmsweise nicht zur Schule musste. Schon damals war sie fasziniert von diesen Bräuchen gewesen, die in ihrer unmittelbaren Nachbarschaft existierten, die ihr aber fremd und geheimnisvoll erschienen. Die Rituale der katholischen Schwestern waren dagegen profan und alltäglich.

Da, fast am Ende der Straße, die am Leopoldpark vorbeiführte, glaubte sie ihn zu erkennen. Atemlos kam sie ihm näher. Ja, er war es. So derangiert, wie sie sich fühlte, konnte sie ihn keinesfalls ansprechen. Also ihm erst einmal unbemerkt folgen. Er bog rechts ab in Richtung Rathaus. Dann schien ihm etwas eingefallen zu sein, er wechselte die Straßenseite, blieb vor dem Schaufenster eines Geschäftes stehen und ging zurück zur Rue de Chapelle.

Vor einem Haus mit gusseisernen Säulen hatte gerade ein Bus mit vielen Reisenden angehalten, die wild durcheinanderliefen, um schließlich vom durch einen Portier aufgehaltenen Eingang des Kaufhauses aufgesogen zu werden. Sie sah ihn inmitten der Reisenden. Sie folgte ihnen. In dem großen Saal mit den vielen Säulen verliefen sich die aufgeregten Franzosen schnell zwischen den verschiedenen Verkaufsständen, sodass sie in aller Ruhe nach ihm suchen konnte. Aber er war nicht zu sehen. Draußen konnte sie ihn auch nicht wiederfinden.

Entmutigt lief sie ziellos durch die Straßen. Nicht einmal die Blumenuhr, vor der sie sonst immer stehen blieb, konnte sie heute aufheitern. Zurück im

Hotel, hielt sie sich noch einige Zeit in der Lobby auf, in der Hoffnung, er würde hier wiederauftauchen. Im Zimmer griff sie zu einem der beiden Kriminalromane, die ihr Vater ihr mit den Worten »Die Amerikaner mögen zwar ein unkultiviertes und lautes Volk sein, aber sie haben die besten Kriminalautoren der Welt« empfohlen hatte und die bisher unberührt auf ihrem Nachttisch lagen. Dem *Malteser Falken* gelang es sogar, sie in seinen Bann zu schlagen, doch dann holte der in der vorigen Nacht versäumte Schlaf sie ein.

Es klopfte an der Tür. Robert öffnete sie von außen, und das mit einer ungezwungenen Selbstverständlichkeit, als hätte er das Zimmer gerade eben erst verlassen.

»Dein Vater meinte, er treffe sich mit potenziellen Käufern eines Pferdes und ich solle dir beim Abendessen Gesellschaft leisten.«

Völlig überrumpelt brachte sie nur etwas von frisch machen und etwas Passendes anziehen heraus.

Er sah sie an und lächelte.

»Stimmt, du siehst zerzaust aus. Ich hole dich in einer halben Stunde ab. François hat uns den schönsten Tisch reserviert.«

Als sie kurze Zeit später auf dem Weg zum Restaurant an der Rezeption vorbeigingen, schaute der Concierge kurz auf, und sie meinte ein Lächeln auf seinem Gesicht zu bemerken.

Während des gesamten Essens versuchte sie, das Gespräch auf sein Verschwinden zu lenken, aber er erzählte allzu fesselnd vom Hund seiner Kindheit, Hermine, einer schwarzen Labradormischlingshündin, die so reizend und hübsch gewesen war, dass er sie als seine erste große Liebe nach seiner Mama bezeichnete. Er zeigte sich ihr als der kleine, ausgelassene Junge und ahmte dabei sowohl die Stimme als auch den Blick des Hundes so gekonnt nach, dass sie schließlich aufgab. Gegen so viel Verstellungskünste war sie machtlos.

In der Nacht, kurz bevor er in sein Zimmer ging, hauchte er der schon eingeschlafenen Marianne ins Ohr:

»Du bist mir heute gefolgt, mein kleiner Luftgeist. Bitte tu das nie wieder. Versprich es mir, denn ich liebe dich.«

Robert war über das, was er da gerade gesagt hatte, erstaunt. Nicht so sehr darüber, dass er es ausgesprochen hatte. Dass der Satz zutraf, erschreckte ihn.

Der Ausflug

Marianne war so sehr mit ihrem Glück beschäftigt, dass die Worte ihres Vaters, die die Abreise in zwei Tagen ankündigten, sie völlig unvorbereitet trafen. Natürlich hatte sie gewusst, dass sie nur reichlich zwei Wochen bleiben würden, aber jetzt brauchte sie weitere Wochen und Monate, bis in alle Ewigkeiten.

Abgemildert wurde diese Bestürzung durch das Angebot Roberts. Er verfüge über ein Automobil und würde gern mit ihnen einen Ausflug nach Brügge machen, wo er das letzte Mal als Knabe gewesen war. Die Stadt sei ausgesprochen pittoresk, jedenfalls habe er sie so in Erinnerung.

Sie konnten sogar mit offenem Verdeck fahren. Die Küstenstraße gleich hinter den Dünen öffnete manchmal einen Ausblick auf das Meer und das Treiben an den Stränden. Dazwischen kleine Wäldchen voller zerzauster Kiefern. Die Badeorte reihten sich aneinander, bis die kleine Gesellschaft sich an Kanälen und Flüsschen entlang der eindrucksvollen Silhouette der mittelalterlichen Stadt näherte. Die gewundenen Straßen waren so eng, dass sie sich immer wieder durch lautes Hupen Platz schaffen mussten. Längere Zeit zuckelten sie hinter einem Pferdefuhrwerk her, bis Robert plötzlich mit dem Auto abbog und es auf einem kleinen Platz in der Nähe des Marktes zum Stehen brachte.

Sie trug für das glatte Kopfsteinpflaster völlig ungeeignete Schuhe. Nachdem sie mehrfach gestolpert und ausgerutscht war, nahm Robert sie am Arm und blieb dabei. Ihr Vater ging voraus, als wäre er der Reiseleiter, wies auf diese und jene Sehenswürdigkeit, ohne sie selbst zu kennen. Als sie vor dem Rathausturm angekommen waren, wollten die jungen Leute hinaufsteigen, während der Vater an einem der nach draußen gestellten Tische der vielen Gasthäuser Platz nahm, sich ein dunkles Bier bestellte, gen Himmel blinzelte und versuchte, Marianne und Robert auf dem Turm zu erkennen. Diese standen, das Gesicht dem Wind zugewandt, aneinandergelehnt eine ganze Weile still dort oben. Sie mussten nicht einmal nach unten blicken, um die sich drehende und aus dieser Perspektive besonders schöne Welt wahrzunehmen.

Gassen, Kirchen, Klöster, das berühmte Hospital, sie unternahmen sogar eine Fahrt mit einem kleinen Boot auf den Kanälen, die die Stadt durchzogen. Als sie bemerkten, wie hungrig sie waren, fiel ihnen auf, dass sie das Mittagessen ausgelassen hatten. So beschlossen sie, sehr früh zu Abend zu essen. Sliptongetjes für drei. Zufrieden, satt und erschöpft fanden sie ihr Auto wieder. Nach wenigen Minuten waren Schnarchgeräusche von der Rückbank zu hören. Als sie die Küstenstraße erreicht hatten, ging es lange Zeit nur geradeaus. Robert konnte die zweite Hand vom Lenkrad nehmen. Marianne ergriff sie, drehte die Handfläche nach oben, legte ihre Hand hinein und drückte mit der anderen Hand seine Finger zu.

Als Robert sie an der großen Treppe des Hotels absetzte mit den Worten, er wolle das Auto noch seinem Besitzer vor die Tür stellen, konnte sie natürlich nicht einfach schlafen gehen. Aufgewühlt durchquerte Marianne die Halle und verließ das Hotel wieder auf der Strandseite. Dort setzte sie sich auf eine Bank und blickte in Richtung Meer, das man wegen der Dunkelheit nur noch anhand der Positionslichter einzelner Schiffe erahnen konnte. Die Brandung war zu einem leisen, gleichmäßigen Plätschern geworden, während die Promenade von einzelnen insektenumschwärmten Laternen erleuchtet wurde. Kleine Reiche des Lichts, die Maler so nur hier finden konnten, um sie im Bild festzuhalten.

Unter einer dieser Laternen tauchte er auf. Eine glimmende Zigarette in der Hand, ging er bedächtig in Richtung Hotel. Robert bemerkte sie erst, als er fast vor ihr stand. Er legte nicht die Hand um ihre Schulter, aber rückte ganz nah an sie heran, sodass sie seine Körperwärme und den typischen Geruch nach Tabak und Zitronen spüren konnte.

Seine leise und intensiv gesprochenen Sätze verstand sie zwar, aber ihr Inhalt drang erst nach und nach in sie ein, und wirklich verstanden hatte Marianne sie erst, als sie längst wieder auf der Schaukel ihrer Kindheit in dem leicht verwilderten Garten unweit von Liège saß, ihre Füße über den unter der Schaukel festgetretenen Boden schleiften und dabei Staub aufwirbelten.

Er sprach davon, dass er am nächsten Tag verhindert wäre und er ja wisse, dass sie abreisten. Er habe sich von Willem, wie er ihren Vater inzwischen nennen sollte, ihre Adresse geben lassen. Er werde schreiben und seinen Besuch ankündigen, sobald es ihm möglich wäre. Auf jeden Fall würden sie sich aber im nächsten Sommer wiedersehen, ein solches Vergnügen wie dieses große Rennen werde er sich auf keinen Fall entgehen lassen.

Mehr Sätze brauchte diese Nacht nicht.

So endete auch der erste Sommer im Thermae Palace.

OSTENDE
BELGIQUE

Leere

Tatsächlich war das große Haus, in das sie zurückkehrten, für Marianne eine Art Gefängnis geworden, das sie Tag für Tag aufs Neue durchschritt. Sie durchsuchte die Räume und Flure nach etwas, das sie nicht finden konnte.

Es gab neue Nachbarn. Der Diplomat hatte Belgien verlassen und das Haus verkauft. Die neuen Bewohner, die nur sehr wenig Französisch sprachen, hatten drei Töchter, die auf dieselbe Mädchenschule gingen, auf die auch Marianne gegangen war. Eine der Lehrerinnen hatte empfohlen, Marianne zu fragen, ob sie die Mädchen nicht ab und zu unterrichten könne, bis sowohl ihr Französisch als auch ihr Flämisch gut genug wären, dass sie allein zurechtkommen könnten. So stand eines Nachmittags Madame Goldstaub mit ihren drei schüchternen Töchtern im Salon. Marianne, erfreut über die Abwechslung, zeigte den Mädchen ihr Zimmer und räumte gemeinsam mit ihnen um, sodass sie künftig zusammen am Tisch würden sitzen können.

Die Tage bekamen wieder eine Struktur, und das Leben kehrte ins Haus zurück.

Der Brief traf gemeinsam mit dem ersten Schnee ein. Es war einer dieser Tage, an denen es nicht richtig hell werden will. Die Welt wie in Watte gepackt. Jedes Geräusch nur entfernt wahrnehmbar, wie durch einen umgekehrten Trichter. Marianne riss den Brief auf. Der Inhalt eine Enttäuschung. Dabei hielt sich das Glück der zärtlichen Worte die Waage mit der Nachricht, dass er überraschend für längere Zeit ins Ausland müsse und sie sich tatsächlich erst in Oostende wiedersehen würden.

Da musste das Leben sich eine Auszeit nehmen und warten bis zum Ende des nächsten Sommers. Mariannes Jugend ließ die Zeit bis dahin endlos erscheinen, aber gleichzeitig kam ihr die Zukunft wie eine solche Verheißung vor, dass sie bereit war, den Preis zu zahlen.

Robert

Gleich zu Beginn seiner Ausbildung hatten sie ihm gesagt, er dürfe sich während seiner Einsätze auf keinen Fall verlieben. Er könne Verhältnisse sehr wohl als Tarnung benutzen, aber er müsse sich immer bewusst sein, dass Liebe für seinen Beruf viel zu gefährlich sei.

Bisher hatte er sich immer daran gehalten. Ausgerechnet jetzt, bei seinem ersten wirklich wichtigen Langzeitauftrag, war er sich nicht mehr sicher, ob er die nötige professionelle Distanz würde halten können.

Robert hatte von klein auf gelernt, mit Geheimnissen umzugehen, mit Dingen, die nicht zueinanderpassten, wie die winzige, dunkle Wohnung im Hinterhof eines wuchtigen Bürgerhauses an der Avenue de la Renaissance, in der er mit seiner Mutter lebte, zur Schönheit des danebenliegenden Parc du Cinquantenaire, wie Mutters empathisches Cellospiel zu den mittelmäßigen Orchestern, in denen sie nur spielte, um Brüssel nicht verlassen zu müssen, und vor allem wie die sündhaft teure Privatschule, für die er jeden Tag die halbe Stadt durchqueren musste, zum ansonsten kärglichen Leben, das sie führten. Alle Fragen nach weiteren Verwandten liefen ins Leere. Sie hatten lediglich hin und wieder Umgang mit einem Kollegen der Mutter, einer Freundin und der üppigen, liebenswert resoluten Concierge des Hauses. Als am Ende des Großen Krieges die Spanische Grippe wütete, als würde der Tod das unaufhörliche Sterben auf den Schlachtfeldern vermissen, fiel ihr auch seine Mutter zum Opfer. Schon wenige Tage nach ihrem Tod tauchte ein Mann mit einer Aktentasche in der Wohnung der Concierge auf, wo er vorläufig Unterschlupf gefunden hatte, und wies Dokumente vor, die ihn als bevollmächtigten Anwalt seines Vormunds auswiesen. Er habe den Auftrag, Robert unverzüglich zum Zug nach Paris zu bringen, wo er künftig auf einer der renommiertesten Schulen Frankreichs seine weitere Ausbildung erfahren werde. Der damals zwölfjährige Junge sollte nur einen kleinen Koffer mit den nötigsten Dingen mitnehmen. Als der Koffer fast fertig gepackt war, nahm er das Foto, das über ihrem Esstisch hing und Mama in glücklichen Tagen mit einem charismatischen Dirigenten zeigte, von der Wand, schob es in ein von seiner Mutter auf ganz eigene Weise gefaltetes Handtuch aus dem Wäscheschrank und legte es auf seine Sachen. Wo auch immer er künftig leben würde, dieses Bild und das gefaltete Handtuch, das er für immer so beließ, waren das Einzige, was er an Erinnerungsstücken an seine Familie hatte. Den Rest des Hausstands überließ der Anwalt der völlig in Tränen aufgelösten Concierge für gehabte Mühen.

Alles änderte sich noch einmal an dem Tag, als es etwa zehn Jahre später an die Tür des jungen Studenten der Sorbonne klopfte und jener Anwalt wieder leibhaftig davorstand – in der Zwischenzeit hatte es ihn nur in Form moderater monatlicher Schecks gegeben. Er hatte den Brief einer Berliner Kanzlei bei sich, die Robert zur Testamentseröffnung eines berühmten Mannes, eines Musikers, bat, dessen Namen er schon auf Plakaten gelesen hatte und der vor Kurzem in Berlin verstorben war.

Diesmal nahm er den Nachtzug gen Osten und stieg am nächsten Tag in einer trübgrauen Stadt aus dem Zug. Als er anhand des Stadtplanes feststellte, dass die betreffende Kanzlei gleich um die Ecke vom Bahnhof Friedrichstraße Unter den Linden zu finden sei, ging er zielstrebig dorthin, nur um zu bemerken, dass er viel zu früh war. Also noch einmal durch ein paar Nebenstraßen. Da sah er auf der gegenüberliegenden Seite, wie ein Trupp von drei in eine seltsame braune Uniform gekleideten Burschen einen alten Mann mit Schläfenlocken drangsalierten und ihm schließlich ein Bein stellten, dass er hinfiel. Robert, sonst eigentlich ein Hasenfuß, war so empört, dass er die Kerle anging.

Eine Prellung im Gesicht und eine angebrochene Rippe waren das Ergebnis. Im Büro der Kanzlei nahm man sich kopfschüttelnd seiner an und meinte nur, mit diesen Idioten müsse man vorsichtig sein, die seien rücksichtslos und dumm.

Über den Neuigkeiten, die Robert hier erfuhr, waren die Schmerzen schnell vergessen. Der verstorbene Dirigent bezeichnete ihn in seinem Testament als Sohn und hinterließ ihm eine beträchtliche Summe, die sein Studium und einiges mehr finanziell absicherte. Dass er rein biologisch einen Vater hatte, war Robert schon bewusst, aber dass er dieses Wort jetzt mit einer konkreten Person, wenn auch einer verstorbenen, verbinden konnte, war völlig neu für ihn.

Zurück in Paris, hatte er sich fest vorgenommen, sich nie wieder von irgendwelchen Grobianen schlagen zu lassen. Er musste lernen, sich zu wehren. Also begann er zu trainieren. Seinen Kommilitonen, die sich über seine Verwandlung wunderten, erzählte er bereitwillig, was ihm passiert war.

Offenbar war einer von denen, die die Geschichte zu hören bekamen, jemand mit »Verbindungen«. Jedenfalls wartete eines Nachmittags ein Mann in seinem Zimmer auf ihn, der ihm völlig neue berufliche Perspektiven in Aussicht stellte, einen Lebenslauf, den er bisher überhaupt nicht in Erwägung gezogen hatte. Robert wäre ideal für eine solche Arbeit, klug, ehrgeizig, sportlich und ohne Familie, auf die er Rücksicht nehmen müsste. So begann seine Ausbildung zum Geheimagenten, erst neben dem Studium und später für einige Zeit irgendwo in der englischen Provinz.

Er hatte alles Erforderliche gelernt und wusste es in der Regel auch klug anzuwenden.

Wie aber hätte er ahnen können, dass Mariannes Art, die aus einer Mischung von Offenheit und fast kindlicher Naivität bestand, ihn so sehr bezaubern würde, dass alle angelernten Mechanismen versagten?

Zumindest musste er sich ja nicht sofort entscheiden, wie das weitergehen sollte. Für den Moment war sie eine perfekte Tarnung.

Von allen anderen Gefühlen wusste ja vorläufig nur er.

Und vermutlich sie.

Die nächsten Sommer

François schien sich aufrichtig zu freuen, sie wiederzusehen. Im Zimmer wartete bereits eine Nachricht auf sie.

»Kommst Du mit schwimmen? Ich musste mir übrigens ein neues Badetrikot kaufen. Hast Du vielleicht meins gefunden? Klopfe gegen elf.«

Tatsächlich hatte sie das. Nicht einmal in die Wäsche gegeben hatte sie es. In den ganzen Monaten, während Momenten der Einsamkeit, versenkte sie ihr Gesicht darin, sog den Geruch aus Meer und Robert in sich ein und war in ihrer Vorstellung wieder am Strand von Oostende.

Aber was war schon Vorstellung gegen die Wirklichkeit?

Das Kreischen der Kinder, das Klirren des Geschirrs aus den nahe gelegenen Strandcafés, Meeresgeruch, manchmal gemischt mit dem Rauch aus den Schornsteinen der aus- und einfahrenden Fähren. Je weiter sie hinausschwammen, desto sicherer fühlte sie sich. Wie gern hätte sie sich von ihm retten lassen. Sie wünschte sich geradezu eine Situation, die es nötig machte, wieder von seinen starken Armen getragen zu werden. Leider war das Meer meist harmlos und friedlich.

Ansonsten waren die Tage Kopien der vorjährigen, zwar ohne den Reiz des Neuen und Überraschenden, aber dafür von solcher Vertrautheit, dass sie das Gefühl hatte, die Sommer wären schon immer so gewesen und würden es auf Ewigkeit auch bleiben. Der Ausflug fiel diesmal weniger spektakulär aus – sie fuhren für ein Konzert ins nahe gelegene Le Coq, einen sehr viel kleineren Badeort mit pittoresker Holzarchitektur. Man spielte Streichquartette von Beethoven. Es waren offensichtlich Musiker aus bedeutenden Orchestern, die dort ihren Sommer verbrachten und nicht aus der Übung kommen wollten. Beethoven war gerade passend für sie. Marianne konnte sehen, wie die Musik Robert tief berührte. Nach dem Konzert war er für einige Stunden sehr schweigsam.

Selbst die Tage, an denen Robert verschwand – auch in dieser Hinsicht hatte sich nichts geändert –, gehörten zum vertrauten Ritual. Nie wieder versuchte sie ihn aufzuspüren. Obwohl, als sie an einem solchen Tag in Richtung Stadt schlenderte, kam sie an der Brasserie des Hotel du Parc vorbei. Er saß drinnen weit hinten an einem Tisch mit zwei Männern über ein Papier gebeugt. Sie wollte schon den Arm heben und ihm winken, aber dann fiel ihr ein, dass er dann wohl glauben würde, sie wäre ihm wieder gefolgt. So ging sie schnell weiter. Als sie sich beim nächsten Frühstück gegenübersaßen, meinte sie im beiläufigsten Ton, der ihr gelang, dass sie ihn dort gesehen habe. Aber sie müsse sich natürlich irren, er sei schließlich außerhalb gewesen und er kenne ja ohnehin außer Willem und Marianne hier niemanden.

Dieser kleine Zwischenfall war schnell vergessen. Einmal bei schlechtem Wetter war es ihr sogar gelungen, Robert mit ins Thermalbad zu nehmen, das er aber hinterher wieder als alberne Badewanne bezeichnete. Er ließ sich zu keiner Wiederholung dieses Besuchs überreden.

Lieber verbrachte er verregnete Tage auf ihrem Zimmer. Sie begann ihm vorzulesen. Während er zuhörte, waren seine Beiläufigkeit und die ironische Distanz zu den Dingen, die sonst so typisch für ihn war, verschwunden. Er war auf eine sehr direkte Weise von der Handlung der vorgelesenen Geschichten ergriffen. Bei spannenden Stellen biss er sich auf die Lippen. War etwas lustig, machte sich ein Grinsen auf seinem Gesicht breit, und Trauriges ließ seine Augen feucht werden. So reagierten sonst nur die Kinder. Es waren doch nur erfundene Geschichten, aber das machte ihm nichts. Robert trug offenbar Dinge in sich, von denen er selbst kaum wusste. Ein tatkräftiger Träumer. Eine Verbindung, die selten vorkam und die ihr besonders liebenswert schien. So lernte Marianne auch verregnete Tage zu genießen.

Am Ende dieser Wochen gab es keine Versprechen eines winterlichen Besuchs mehr, wie es sie auch in den kommenden Jahren nicht geben würde. Lediglich von einem Brief war die Rede, der auch jedes Jahr in der Zeit vor Weihnachten eintraf. Die Ankunft des Briefes wirkte im Haus immer, als wäre ein langer erwarteter Gast endlich eingetroffen. Mariannes Aufregung darüber übertrug sich auf ihren Vater, der zwar den Kopf über seine Tochter schüttelte, die die übrige Zeit des Jahres ohnehin nur als Wartezeit auf die Wochen im Thermae Palace betrachtete, aber seine Liebe für dieses Kind, das die Züge seiner geliebten Frau trug, war zu übermächtig, als dass er die Art, wie sie ihr Leben führte, zu tadeln bereit gewesen wäre.

Sie ging allen anders gelagerten Vergnügungen aus dem Weg. Auch war sie nicht in der Lage, für die Zukunft Beschlüsse zu fassen. Marianne hatte lediglich dem Wunsch und dem Drängen ihrer ehemaligen Lehrerin nachgegeben und zusätzlich zu den Töchtern der Nachbarn, die ihre Hilfe gar nicht mehr benötigten, aber noch immer regelmäßig kamen, weitere Kinder unter ihre Fittiche genommen. So konnte sie auch ihr Vorlesen perfektionieren. Schlechtwettertage waren in den Wintermonaten ohnehin eher die Regel, was es ihr erlaubte, die Kinder so tief in den Wald der Geschichten zu führen, dass sie bald begannen, sich dort zurechtzufinden und ohne Mühe die Wege und Pfade wiederzuerkennen. Was sie den Kindern nicht verriet – zwischen all die Geschichten aus Büchern hatte sie eigene, die in schlaflosen Nächten entstanden waren, geschmuggelt. Geschichten erfinden und aufschreiben war inzwischen zu einer ihrer Obsessionen geworden. Wenn sie sie vorlas, konnte sie sehen, wie sie auf andere wirkten, obwohl sie immer im Kopf hatte, wie sie wohl Robert gefallen würden. Sie freute sich, wenn die Mädchen nicht bemerkten, dass das ihre eigenen Geschichten waren. Lediglich Sarah, die größte Tochter von Madame Goldstaub, stellte einmal eine verfängliche Frage, die vermuten ließ, dass sie bemerkt hatte, dass da eine der Erzählungen nicht in der Ausgabe des Buches enthalten war. Vielleicht würde sie das Mädchen irgendwann einweihen.

Willem

Willem de Bruyckere, Sohn bodenständiger flämischer Pferdezüchter, wollte nie mehr Aufmerksamkeit auf seine Person lenken als unbedingt nötig. Doch nach dem, was sein alter Freund und Hausarzt nach der letzten Untersuchung nicht umhinkam, ihm zu sagen, war es jetzt an ihm, erst mit Marianne und dann mit den Söhnen zu sprechen.

Da der Aufenthalt in Oostende kurz bevorstand, verschob er das Gespräch mit ihr auf die Zeit dort. Wusste er doch, wie sehr Marianne diesen Ort liebte. Viel mehr als ihr eigentliches Zuhause, das seit dem Tod seiner Frau eher ein Ort war, an dem man lebte, weil man da hingehörte, als dass man es sich ausgesucht hätte. Das Haus war lediglich ein Behältnis ihrer Erinnerungen, die sie jedoch ohnehin mit sich trugen. Kein Ort für die Zukunft.

Seltsamerweise verschaffte ihm das Wissen, das er nun besaß, keinerlei Beklemmung. Es war eher ein Gefühl der Erleichterung. Er konnte jetzt loslassen, ohne sich schuldig zu fühlen.

In den letzten Wochen hatte er wieder öfter an die wunderbare Zeit gedacht, als er seine Frau in der Camargue kennengelernt hatte. Sie, die ihm nicht nur als Sinnbild all dessen galt, was er immer bewundert, aber nie für erreichbar gehalten hatte, wandte sich ihm zu. Damals. Zeigte ihm die Schönheiten ihrer Heimat, war so ungezwungen, dass seine nördliche Zurückhaltung sehr schnell zu bröckeln begann. Aber sie brachte ihm auch das Lesen nahe, indem sie ihm vorlas und die Bücher zum Leben erweckte. Alles, was er während seiner Schulzeit getan hatte, war ein Entziffern von Wörtern gewesen, vergleichbar der Mathematik. Sie breitete eine Welt voller Überraschungen und Wunder vor ihm aus, nach der er sehr schnell süchtig wurde. Ebenso erging es ihm mit der Musik, den Bildern. Wie hatte er nur ohne all das leben können? Sie liebte ihn, das war offenkundig, denn nur Menschen, die man liebt, führt man in die Geheimgänge des eigenen Lebens. Er wurde mit einem Gefühl konfrontiert, von dem in seiner Familie, wenn überhaupt, dann nur beiläufig und in geringschätzigem Ton geredet wurde.

Als sie gegenüber ihren Eltern davon sprach, dass dieser eigenwillig hölzerne Junge, dessen Französisch erbarmungswürdig war, der Mann ihres Lebens sei, waren diese so überrumpelt, dass sie vergaßen, zu widersprechen. Die Seinen sahen nur die gute Partie.

Die Jahre des Großen Krieges lebten sie mit den kleinen Kindern bei ihren Eltern, weitab des großen Schlachtens. Er fühlte sich schuldig, mit seinen Pferden auch noch an dem Irrsinn zu verdienen. Dass man Menschen nur deswegen töten sollte, weil sie aus einem anderen Land kamen und eine andere Sprache sprachen oder vielleicht nicht einmal das, wollte ihm nicht einleuchten. Vielleicht machte ihn sein eigenes Glück immun gegen das Geifern des Hasses.

Umso mehr war er jetzt vom neuerlichen Aufkeimen dieses martialischen Rasselns, das man allerdings im kleinen Belgien nur aus der Ferne hörte, angewidert.

Schon länger beobachtete er Mariannes Leben in Warteposition, da er aber nichts als ihr Wohlergehen im Sinn hatte und die Ursache ihres Schwebezustandes kannte, blieb ihm bisher nur sein behütendes Schweigen.

Nun würde eine Situation entstehen, auf die sie vorbereitet sein sollte.

Er musste mit Marianne sprechen.

Promenade

Wenn man am Anwesen des Königs vorbeiging, fragte man sich immer wieder, warum die Herrscherfamilie ausgerechnet dieses unauffällige und, wenn man Brüssel kannte, eher bescheidene Haus bewohnte. Daher logierten auch immer wieder Gäste der Königsfamilie im nebenan gelegenen Thermae Palace, wo von ihnen kaum Aufsehen gemacht wurde, so selbstverständlich war ihre Anwesenheit.

Nur wenige Hundert Meter vom königlichen Chalet entfernt befand sich eines der schönsten Cafés der Promenade. Hier sollte Marianne ihren Vater treffen.

Als sie ankam, tat er, als wäre er in eine Zeitung vertieft, aber sie kannte ihren Vater gut genug, um zu bemerken, dass seine Aufmerksamkeit etwas ganz anderem galt. Halb versteckt hinter seiner Zeitung, tuschelte er ihr zu, dass das am Nachbartisch ein berühmter Schriftsteller sei, der einen der fabelhaftesten Romane aller Zeiten geschrieben habe und der wohl der politischen Umstände wegen jetzt hier lebe. Marianne, neugierig geworden, sah einen kleinen, beleibten Mann mit Schnauzbart, an dessen Seite eine attraktive jüngere Frau saß. Die beiden waren offenkundig dabei zu streiten. Sie waren so sehr in ihre Auseinandersetzung vertieft, dass sich Marianne gar nicht solche Mühe hätte geben müssen, unauffällig zu sein bei ihren Beobachtungen. Offenbar hatten sie auch bereits mehr als die eine Flasche Wein geleert, die auf ihrem Tisch stand.

Seitdem sie selbst begonnen hatte zu schreiben, wenn auch am Anfang nur zum Zeitvertreib, wie sie sich einredete, war das Geschichtenerfinden für sie immer mehr zum Mysterium geworden. Sie glaubte, dass die Leute, die wirkliche Schriftsteller waren, ein Geheimnis besitzen müssten, dem sie gern auf die Spur käme. Und jetzt saß direkt ihr gegenüber ein wirklicher Schriftsteller, das erste Mal in ihrem Leben, jedenfalls soweit es ihr bewusst war. Keine Aura. Kein Geheimnis, das man ihm ansehen konnte. Größer hätte ihre Enttäuschung nicht ausfallen können. Von der Frau, die den rotgesichtigen Dichter beschimpfte und ebenfalls eine großartige Autorin war, wusste sie nichts.

Vermutlich waren die Begegnung dieses Nachmittags und die damit verbundene Erkenntnis, dass Schriftsteller in der Regel normale, fehlbare Menschen waren, der Auslöser, der ihr letztendlich den Mut gab, das eigene Schreiben ernster zu nehmen, aber vielleicht war es auch der weitere Verlauf des Gespräches. Die Geschichte, die in dieser Nacht entstand, würde sie Robert am nächsten Tag vorlesen. Der stille, verzweifelte Ton des Vorgelesenen würde ihn so sehr berühren, dass er beschließen sollte, das Versteckspiel zu beenden und sie in sein wirkliches Leben treten zu lassen. Nur wusste er noch nicht, wie er das bewerkstelligen könnte, ohne sie zu sehr in etwas hineinzuziehen, dessen Dimension ihm selbst immer unheimlicher wurde.

So verschob er das auf ihr nächstes Treffen.

Anfangs waren sowohl Marianne wie auch Willem so intensiv mit ihren Beobachtungen des Schriftstellerpaars beschäftigt, dass die Worte ihres Vaters, die er nun doch gezwungen war auszusprechen, nur ganz allmählich zu ihr durchdrangen. Er sprach von der Olympiamedaille, die eines der Pferde aus seiner Zucht vor zwei Jahren errungen hatte, einem Kaufinteressenten für das Gestüt, einem Vorvertrag, der heute unterschrieben worden war.

Plötzlich verstand sie. Und was wollte ihr Vater dann tun?

»Kind, ich will nicht, das du jetzt weinst. Deshalb habe ich diesen öffentlichen Ort ausgesucht, es dir zu sagen. Ich werde nur noch eine kurze Zeit da sein. Joos, mein alter Freund, hat festgestellt, dass da offenbar eine tückische Krankheit lange in mir geschlummert hat, die jetzt erwacht ist und meinen Körper zerstört. Man kann nichts tun. Hier in der Tasche habe ich Briefe an deine Brüder, die ich noch heute in die Post gebe, damit auch sie Bescheid wissen. Du wirst dein ganzes Leben materiell abgesichert sein. Und glaub mir, alles ist gut so. Seit deine liebe Mutter von uns gegangen ist, haben mich meine Lebenskräfte, vor allem die Zuversicht, nach und nach verlassen. Aber

ich habe ja meinen Teil getan, gut gelebt und immer versucht, euch ein guter Vater zu sein.«

Nein, Marianne weinte nicht, das hätte sie auch nicht getan, wenn ihr Vater es nicht ausdrücklich gesagt hätte. Sie fühlte sich, als hätte sich plötzlich neben ihr ein Krater aufgetan, der alles um sie herum verschlang. Ihr Vater war so herzlos, wie konnte er ihr so etwas erzählen? Taumelnd stand sie auf und ging, rannte fast, bis in ihr Hotelzimmer. Sie setzte sich an den Schreibtisch und begann die Geschichte zu schreiben. Als sie fertig war, legte sie den Stift zur Seite, nahm das Papier und klopfte an Roberts Tür, der sie völlig verblüfft einließ. Sie küsste ihn wortlos, sie liebten sich. Dann, ohne Ankündigung, begann sie ihm vorzulesen.

Am folgenden Morgen reisten sie ab.

Verlust

Die Brüder kamen mit ihren Familien aus der Schweiz angereist und erlebten die letzten Tage mit.

Es war so, wie ihr Vater gesagt hatte. Die Barhinterlassenschaft war groß genug, dass sie selbst durch drei geteilt für ein sorgenfreies Leben ausreichte. Die Brüder erhoben keinerlei Anspruch auf Haus und Grundstück in Liège, hatten sie doch längst in der Schweiz eine auskömmliche Existenz mit ihren neuen Familien. Sie hatten diese Existenz mit etwas aufgebaut, von dem Marianne nur so viel verstand, dass es bedeutete, mit Geld Geld zu verdienen. Die Brüder meinten, je mehr die Welt wieder auf eine Katastrophe zusteuere, desto wichtiger wäre ein sicherer Platz für das Geld.

Marianne schickte eine Todesanzeige an die »Poste restante«-Adresse in Brüssel, die sie kannte.

Die Antwort kam mit Verzögerung und war knapp. Ihre Wärme und die Verheißung gaben ihr aber so viel Halt, dass sie sogar das Angebot ihrer Brüder annahm, für einige Zeit in der Schweiz bei ihnen, die in Zürich sehr nahe beieinander wohnten, zu bleiben. Vielleicht wäre das überhaupt der bessere Platz für sie in diesen Zeiten.

Meine liebe arme Marianne,

Dein Vater war ein so wunderbarer Mann, dass selbst ich, der ich ihn kaum gekannt habe, tiefen Schmerz empfinde. Wie schwer muss der Verlust erst für Dich

sein. Gern würde ich Dich trösten und bei Dir sein, aber es muss bis zum Sommer warten. Wenn wir uns sehen, sollten wir über unsere Zukunft reden.

Dein Dich liebender, tief betrübter
Robert

Als sie pünktlich zum Frühlingsbeginn in das nun endgültig leere Haus zurückkehrte, war sie von einer seltsamen Entschlossenheit gepackt. Sie stellte einen Gärtner neu ein, ließ längst überfällige Reparaturen ausführen und einige schon lange nicht mehr benutzte Räume renovieren. Des Nachts schrieb sie. Das Manuskript sollte der schwerste Bestandteil ihres Gepäcks sein.

Marianne

Bevor sie hinausging, bat sie François, der gerade sehr viel zu tun hatte, einen Tisch für zwei Personen im Restaurant zum Mittagessen zu reservieren. Er wisse schon, hinten rechts in der Ecke, wo man kaum bemerkt werde, weil alle zum Meer hinschauen. François wollte etwas erwidern, aber in diesem Moment trat eine energische Dame mit einer Beschwerde an die Rezeption, die seine volle Aufmerksamkeit verlangte. Da war Marianne schon draußen.

François wäre ihr am liebsten gefolgt, hätte beinahe seinen Platz verlassen, so sehr hatte er diese junge Frau, die jeden Sommer wiederkam, in sein Herz geschlossen. Er hasste sich für das, was er ihr nachher würde sagen müssen.

Nach dem Schwimmen kehrte sie zu der Bank unter den Kolonnaden zurück, auf der sie ihr Handtuch und das Sommerkleid gelassen hatte. Direkt daneben spielten zwei Kinder mit Glasmurmeln. Der Junge erklärte in einem fehlerfreien, aber offenbar noch kaum benutzten Französisch dem Mädchen, dass er das Spiel gewonnen habe und ihre rot und golden schimmernde Glaskugel jetzt ihm gehörte. Als sich die Augen des Mädchens mit Tränen füllten, nahm er sie in den Arm, sprach tröstend auf sie ein in einer Sprache, die eher slawisch klang und das Mädchen wieder beruhigte.

Das Handtuch über der Schulter, im Vorbeigehen, so sicher war sie sich, fragte sie François, ob denn Mijnheer Samtenes inzwischen eingetroffen sei.

Der Rezeptionist wurde etwas verlegen, winkte sie zur Seite. Ja, das sei er wohl, aber gestern Nachmittag, unmittelbar nachdem er das Hotel betreten habe, sei ein Telegramm für ihn eingetroffen, das ihn sehr ernst habe werden lassen. Danach habe er sich nach der nächsten Zugverbindung in Richtung Brüssel erkundigt und gesagt, dass er leider sofort wieder abreisen müsse. Diese Nacht werde er selbstverständlich bezahlen, was er, François, mit den Worten ablehnte, er sei ja schließlich Stammgast und werde sicher wiederkommen. Worauf Mijnheer Samtenes lediglich sagte: »Ach, François, wenn ich das glauben könnte«, und ihn mit einem grandiosen Trinkgeld hinterließ. François fühlte sich dabei ganz unwohl, da er nicht einmal ein Taxi habe herbeischaffen können. Die am Vortag verkündete Teilmobilmachung im neutralen Belgien hatte es, wie er voller Missmut feststellte, von einem Tag zum anderen unmöglich gemacht, zu tanken und demzufolge ein Taxi zu bekommen. So habe Monsieur Robert, wie er sich sicher war, in vertraulichem Ton sagen zu dürfen, mit dem Koffer in der Hand eilig das Hotel verlassen.

Wie in Trance ging Marianne die schöne geschwungene Treppe hinauf. Sie stand eine Weile unschlüssig mit zitternden Knien in der Mitte ihres Zimmers und trat dann auf den Balkon hinaus.

Mit der Flut war auch der Wind zurückgekehrt, der ein Gewitter ankündigte. Gemeinsam mit dem Kreischen der Möwen erzeugte er einen Lärm, der ihr plötzlich unerträglich vorkam. Sie schaute zum Horizont, als käme von dort das Unglück, das sie so unerwartet getroffen hatte. Der Schrei, der wie eine verzweifelte Frage von diesem Sturm abprallte, war der letzte Versuch, Antworten zu bekommen. Als der aufziehende Sturm begann, ihr den Atem zu nehmen, ging sie resigniert zurück ins Zimmer, schloss die Balkontür und packte ihre Koffer.

Manchmal, in besonderen Momenten, wissen wir, ohne schlüssig sagen zu können, warum, dass wir gerade dabei sind, etwas zum letzten Mal zu tun.

PRINCIPE DI PIEMONTE **VIAREGGIO**

Italien

Lage: Piazza Giacomo Puccini, 1, 55049 Viareggio LU, Italien
Zimmerzahl: 200
Berühmte Gäste: Ettore Petrolini, Antonio Gandusio, Camillo Pilotto sowie eine größere Zahl italienischer Prinzessinnen und Fürsten
Historie: Am 15. Juni 1922 als Select Palace Hotel eröffnet, war es eines der modernsten und luxuriösesten Hotels Italiens, am nördlichen Ende der Strandpromenade des toskanischen Seebades Viareggio gelegen.
Der Architekt Goffredo Fantini ließ sich sowohl von italienischen Renaissancepalästen wie auch vom Art Nouveau inspirieren. Bereits 1925 gab der Besitzer Conte de Micheli neue Pläne in Auftrag, die sowohl eine Aufstockung um zwei Etagen als auch Modernisierung und Umgestaltung im Stil der neuen Ordnung Italiens beinhalteten. Der beauftragte Architekt Ugo Giovannozzi veränderte das Haus vollständig.
In den späten 30er-Jahren wurde am Strand noch ein imposantes Badegebäude hinzugefügt und das Hotel mit einem stolzen italienischen Namen versehen: Principe di Piemonte.

Nach dem Zweiten Weltkrieg war das Hotel Schauplatz diverser Dreharbeiten italienischer wie internationaler Filme, zuletzt 1996 bei Minghellas *Der englische Patient*.

Die Erzählung: Unser Held ist einer der Zöglinge eines deutschen Adligen, der sich in Taormina von einheimischen Fischerjungen inspirieren ließ. In einem Jahrzehnt des großen Aufbruchs in Italien bricht auch er nach Norden auf, um sein Glück zu suchen. Dass dabei nicht alles mit rechten Dingen zugeht, ist wohl dem Geist der Zeit und der verführerischen Kraft der italienischen Oper zuzuschreiben.

Baron von Gloeden, Conte de Micheli, der Duce und Puccini sind keine Erfindungen meiner Fantasie.

Café New York

Die Droschke, mit der sich Ezio vom Bahnhof in dieses Café bringen ließ, war nur wenige Straßen weit gefahren, als der Kutscher bereits verkündete, dass sie angekommen seien. Eine Strecke, die er selbst mit seinem Koffer gut hätte laufen können, aber das schickte sich wohl nicht für einen Signore. Im Fahrpreis war offenkundig der Ratschlag, sich im New York bei anderen jungen Signori nach einer geeigneten Übernachtung zu erkundigen, enthalten. Der Kutscher stellte den Koffer neben einem der kleinen Kaffeehaustische ab, hob zwei Finger an die Mütze, bedankte sich für das Trinkgeld und setzte sich wieder auf den Kutschbock. Er fuhr aber nur ein winziges Stück bis zu dem tiefen Schatten neben dem Haus und blieb dort stehen, als wäre er gewiss, bald wieder gebraucht zu werden. Andere Fahrgäste waren jedoch nicht in Sicht.

Ezio ärgerte sich, wie schnell ihm das Geld zwischen den Fingern zerrann. Zwar war die Summe, die er im Geheimfach des Sekretärs gefunden hatte, ziemlich beachtlich gewesen, jedenfalls für die Welt, in der er sich bisher bewegt hatte, aber er wusste, dass er im Unterschied zu all den anderen Herrschaften, mit denen er jetzt Umgang pflegen würde, keine Schecks ausstellen könnte. Denn es gab kein Konto, das auf seinen Namen lief oder auf das er zugreifen konnte. Um sich das gewünschte Leben, das zu führen er gewillt war, auf Dauer zu ermöglichen, musste er sich etwas einfallen lassen. Bald.

Was er hatte, waren dieser Koffer mit der eleganten, ein wenig aus der Mode gekommenen Kleidung, die seiner Erscheinung einen exzentrischen, leicht nostalgischen und versonnenen Ausdruck verlieh, der Reisepass eines deutschen Adligen, dessen Lebensdaten er leicht seinem tatsächlichen Alter hatte anpassen können, und eben dieses dicke Bündel Geld, das ihm auch im mondänen Viareggio ein paar Wochen, wenn nicht gar Monate unbeschwerten Lebens ermöglichen sollte.

Wer Ezio kannte, wusste aber: Sein eigentliches Kapital war sein messerscharfer Verstand, verbunden mit der Fähigkeit, Menschen für sich einzunehmen. Das hatte ihn bis hierher gebracht. Trotzdem, er durfte nicht viel falsch machen, wenn er in dieser Welt bestehen wollte. Zurückkehren in sein, wie er es schon seit der Begegnung mit Il Barone empfunden hatte, erbärmliches Leben und in das kleine sizilianische Fischerstädtchen wollte er auf keinen Fall.

Er sah sich um.

Das Café New York, wohin er sich mit der Droschke vom Bahnhof aus hatte bringen lassen, lag an der Ecke einer kleinen Straße unweit der Strandpromenade.

Der Droschkenkutscher war sein Geld jedoch wert gewesen. An den Tischen junge Männer, Müßiggänger wie er. Das war die passende Gesellschaft. Hier würde er erfahren, wohin er sich wenden sollte. Dieser erste Schritt auf schwankendem Grund war so wichtig.

Den Namen der kleinen Stadt, die gerade erst begann, aus dem Winterschlaf zu erwachen, hatte er das erste Mal im Büro des Sindago gehört. Es war in dem Jahr, als der Maestro, der berühmteste Einwohner Viareggios, gestorben war und ganz Italien in Trauer verfiel. Seit diesem Tag war Viareggio für Ezio ein magischer Ort. Hier konnte man berühmt werden oder wenigstens Berühmtheiten treffen. Schon der Klang des Namens VIAREGGIO war eine Verheißung. Trotz des tragischen Zusammenhangs, in dem er den Namen gehört hatte, war er sich sicher: Das war der Ort, an den er gehen sollte, wenn er es ernst meinte mit dem besonderen Leben. Auf ein besonderes Leben hatte er es abgesehen. In seinen Träumen sah er sich in eleganter Gesellschaft auf einer mondänen Terrasse sitzen und sich dem gepflegten Müßiggang hingeben.

Der Frühling hatte über Nacht mit dem überraschenden Wechsel der Windrichtung Besitz von der Stadt ergriffen. Dabei war der Winter diesmal besonders lang und düster gewesen und hatte noch bis in die letzten Tage für Schals und Jacken in den Straßen gesorgt. Doch jetzt roch es nach Blüten, Zitronenduft lag über den Häusern. Jeder, der konnte, hielt sich im Freien auf.

Keiner schlafe!

Schlafen. Wo er Quartier nehmen sollte, das musste er sich als Erstes überlegen. Er bestellte sich einen Kaffee, holte das silberne, mit einem kleinen Brillanten versehene Etui heraus, zündete sich eine Zigarette an und blätterte scheinbar beiläufig in seinem Baedeker. Von der Seite fiel ein Schatten auf das Buch. Ein Mann in einem dunklen zweireihigen Anzug, mit weißem Hut und dazu passenden weißen Gamaschen trat an seinen Tisch.

»Entschuldigung, Angelo Manfredi ist mein Name. Ich habe Ihren Koffer gesehen. Da Sie hier damit sitzen, vermute ich, Sie sind gerade angekommen und haben sich noch nicht für ein Quartier entschieden«, meinte der elegante Signore mit ausgestreckter Hand. »Ein gutes Zimmer zu finden ist in dieser Jahreszeit ganz und gar einfach. Die Hotels haben fast alle bereits geöffnet, aber den Ansturm der Badegäste gibt es erst in wenigen Wochen. Bis dahin hat man eine große Auswahl an Zimmern. Es kommt ganz darauf an, welche Vorlieben der Signore hat.«

Ezio musterte sein Gegenüber von Kopf bis Fuß, befand ihn einer abgewogenen Antwort für würdig, stand auf, zog sein blau-weiß gestreiftes Jackett glatt, verbeugte sich leicht und ergriff Angelo Manfredis Hand.

»Victor von Plüschow. In der Tat habe ich mich kurzerhand entschlossen, hier für einige Tage eine Zwischenstation einzulegen, bevor ich in meine Heimat weiterreise. Wissen Sie, Deutschland kann man nur in den Sommermonaten ertragen. Diese ewige Kälte. Der Regen. Nur wenn es unvermeidlich ist und die Pflichten mich zwingen, verbringe ich die Wintermonate dort. Ansonsten sind die Winter auf Sizilien am angenehmsten, wenn man nicht gar nach Afrika ausweichen will.«

Im Innern musste er sich über sich selbst wundern, wie leicht ihm diese große Zahl an Lügen über die Lippen kam. Gut, er hatte viel Zeit damit verbracht, sich diese Geschichten in den verschiedensten Varianten auszumalen, um sie je nach Bedarf zu benutzen. Viareggio war der nördlichste Ort, an dem er jemals gewesen war. Deutschland kannte er nur aus den Erzählungen von Plüschows, aber er meinte sich genug davon gemerkt zu haben, um auf nicht zu weit gehende Fragen glaubwürdig antworten zu können.

Der Mann ihm gegenüber mit dem gezwirbelten Oberlippenbart und einem schwarz-weiß gemusterten Tuch zwischen den Fingern seiner rechten Hand, mit dem er sich etwas affektiert Luft zufächelte, nickte wissend.

Ezios Übungen der letzten Monate hatten sich ausgezahlt. Ihm war es gelungen, jede sizilianische Färbung aus seiner Aussprache zu verbannen. Lediglich ein leichter deutscher Akzent, den er sich extra antrainiert hatte, war zu hören. Ohne zu wissen, wozu ihm das noch dienen würde, hatte er seinen Kameraden gegenüber schon immer mal die Deutschen nachgeahmt, die regelmäßig nach Taormina kamen. Die *tedeschi* wurden diesen Akzent trotz größter Mühen nicht los. Selbst bei Il Barone, der schon seit Jahren bei ihnen im Süden lebte, war es noch immer zu hören.

Das Lob für sein makelloses Italienisch nahm er mit einer wegwerfend gönnerischen Geste zur Kenntnis.

»Aber nehmen Sie doch Platz. Da Sie offenkundig eine große Kenntnis der Örtlichkeiten besitzen, wäre es sehr freundlich von Ihnen, mir mit ein paar Ratschlägen zur Seite zu stehen. Darf ich Sie zu einem Kaffee einladen? Sie sind aus Viareggio?«

»Oh, nein, aus Genua. Ich leite die hiesige Niederlassung der Firma meines Vaters.«

Worum es sich dabei handelte, erwähnte er nicht.

Nach dem Kaffee bestellten sie einen leichten Rosé, und Ezio bekam eine kleine Einführung in die Gegebenheiten des Badeortes. Das erste Haus am Platze war das Royal Palace, in dem eine internationale Mischung aus erstklassigen Gästen verkehrte. Könige, Politiker, Wirtschaftsführer. In der Internationalität der Gäste bestand aber Ezios Problem. Hier würde er unweigerlich auch auf Deutsche treffen. Er beherrschte zwar einige Brocken der Sprache, aber eben nicht genug, um als solcher durchzugehen.

Wiedereröffnet und völlig neu aber sei das Select, das der Conte de Micheli gerade mit großem Aufwand habe aufstocken lassen und das im Zuge dessen auch einiges an Komfort dazugewonnen habe. Es liege zwar am nördlichen Rand der Promenade, aber Angelo, wie er nach dem dritten Glas Rosé genannt werden wollte, war sich ganz sicher: Das sei das Beste und Modernste, was Viareggio derzeit zu bieten habe. Die Elite der fabelhaften nationalen Bewegung des Duce gehe in diesem Haus ebenso ein und aus wie berühmte Künstler und modern eingestellte Menschen, die etwas auf sich hielten und sich nicht ewig in den eingefahrenen Gleisen bewegen wollten. Wenn er dort absteigen wolle, könne er gern erwähnen, dass Manfredi das Haus empfohlen habe.

In der Tat schien Ezio das die richtige Adresse zu sein.

Der Kutscher lud den Koffer ganz selbstverständlich wieder ein. Ezio nannte ihm den Namen des Hotels, was einen leichten Pfiff zwischen den Schneidezähnen hervorrief, der wohl sagen wollte: »Sie meinen es aber ernst.«

Sie fuhren direkt an der Strandpromenade entlang. Noch war nicht viel los, aber Ezio besaß genug Fantasie, um sich vorzustellen, wie es hier wohl in den Sommermonaten zugehen würde. Die Pavillons, die die dem Meer zugewandte Seite säumten, wirkten wie die prächtigen Niederlassungen orientalischer Fürsten und trugen so bezeichnende Namen wie Balena, Felice oder Eden. Zwischen den Pavillons konnte man hin und wieder einen Blick auf das Meer erhaschen, das hier nur die Vollendung einer ohnehin perfekten Kulisse darstellte.

Auf der anderen Seite passierten sie jetzt das Grand Hotel Royal, einen riesigen, Renaissancepalästen nachempfundenen Bau, wo auf einer der oberen Etagen gerade in diesem Moment eine junge Frau auf den Balkon trat und Ezio mit einem weißen Tuch zuwinkte, als wollte sie ihn willkommen heißen. Dass es ein Zimmermädchen sein könnte, das nur dabei war, ein Laken auszuschütteln, dieser Gedanke war viel zu trivial, als dass er Ezio hätte in den Sinn kommen können.

Was ihm erst jetzt auffiel – er saß in der einzigen Droschke weit und breit. Sonst nur Automobile, von denen er noch nie so viele auf einmal gesehen hatte. Bei ihm zu Hause war es noch immer eine solche Seltenheit, wenn eines mit gewaltigem Lärm auftauchte, dass die Kinder des Ortes zusammenliefen und ihm folgten. Zwar hatte er auf seiner Reise hierher schon allerhand beobachtet, aber so viel selbstverständliche Pracht war ihm neu.

Je weiter sie auf dem Boulevard nach Norden kamen, desto häufiger waren entweder Baustellen oder die einfachen Holzpavillons zu sehen, die es auch an anderen Stränden gab. Zwischendurch wurden sie sogar von einer Trambahn überholt, die mit hektischem Läuten auf sich aufmerksam machte.

Schließlich hatten sie das Select, das seinen neuen klangvollen Namen Principe de Piemonte erst noch erhalten sollte, erreicht. Der Portier kam schnell die Stufen herunter, winkte einem Pagen, der sich des Gepäcks annahm, öffnete die Tür der Droschke und verbeugte sich leicht.

»Herzlich willkommen, Signore.«

Ezio schritt durch die Drehtür. Drinnen bemerkte er zuerst den Geruch von frischer Farbe. Hier mussten noch vor Kurzem Maler am Werk gewesen sein. Dunkles Holz, Plüsch, Türen mit farbigen Glasfüllungen und sonnenfarbene Wände, an denen Bilder mit Sommermotiven hingen.

Als er dem Rezeptionisten seinen Pass mit dem Namen eines deutschen Adeligen gereicht hatte, änderte der augenblicklich die Anrede. Ob denn

Eccellenza nicht doch eine Suite statt eines normalen Zimmers mit Balkon bevorzugen würde.

Ezio, seine Barschaft bedenkend, lehnte dankend ab. Er sei zu Studienzwecken hier. Signore Manfredi habe ihm das Haus empfohlen. Er wolle sich umsehen, da er plane, ein ähnliches Haus in seiner norddeutschen Heimat zu errichten. Dazu war es absolut nötig zu sehen, wie die gewöhnlichen Reisenden so ein Haus erlebten. Er wolle sich von diesem großartigen Hotel inspirieren lassen. Daher könne er auch noch nicht genau sagen, wie lange er bleiben werde.

Signore Manfredi, oh, natürlich. Ganz wunderbar. Es werde Exzellenz gefallen, und wenn er wünsche, werde sich sicher eine Gelegenheit finden, ihm bei einer Führung durchs Haus all seine Vorzüge und die modernste Einrichtung, die sonst kein Hotel der Stadt habe, zu zeigen. Außerdem sei ja noch keine Hauptsaison, und durch die neuen Stockwerke stünden im Moment ohnehin ausreichend Zimmer zur Verfügung.

Fast die Worte Manfredis.

Während des gesamten Gesprächs war es Ezio gelungen, die Fassade zu wahren und glaubwürdig einen jungen deutschen Adeligen zu verkörpern. Dazu gehörte, eine zurückhaltende, blasierte Gleichgültigkeit zur Schau zu tragen, immer mal wieder Worte mit der gezielt falschen Betonung zu versehen und vor allem die Unterwürfigkeit Bediensteter wie selbstverständlich zur Kenntnis zu nehmen. Genau das war es, was er bei von Plüschow immer beobachtet hatte und womit er ihn, als sie sich gut genug kannten, immer mal wieder aufgezogen hatte, indem er das nachahmte. In diesen Momenten lachte von Plüschow darüber und meinte, das werde man nicht los, wenn man so erzogen wurde.

Ezio konstatierte: Der erste Auftritt war gelungen.

Man gab ihm ein Zimmer auf der dem Meer zugewandten Seite in der dritten Etage. Als er auf seinen Balkon hinaustrat, konnte er den ganzen Boulevard entlang sehen. Unter ihm rumpelte schon wieder eine elektrische Straßenbahn vorbei. Er beschloss, diese an einem der nächsten Tage einmal auszuprobieren, um noch weiter nach Norden zu fahren.

Was ihn an seinem Zimmer am meisten begeisterte, war nicht die Aussicht aufs Meer, das hatte er ja auch zu Hause gehabt, oder das große weiche Bett. Es war das Badezimmer mit Wanne und Duschvorrichtung. Die lange Zugfahrt und die provisorischen Übernachtungen unterwegs hatten Spuren hinterlassen. Er fühlte sich verschwitzt und schmutzig.

Wie er es genoss, das heiße Wasser an seinem Körper herabrinnen zu lassen. Als er nach einer gefühlten Ewigkeit aus der Wanne hervorkam, war das gesamte Bad in einen feuchten Nebel gehüllt. Er nahm eines der vielen bereitliegenden Tücher und wischte den großen Spiegel an der Innenseite der Tür frei. Mit großer Neugier betrachtete er seinen Körper. Er war kein Knabe mehr. Ein wohlgestalteter erwachsener Mann. Es war schon Jahre her, seit er sich das letzte Mal im Haus von Il Barone, der viele solcher großen Spiegel besaß, so gesehen hatte. In seiner Heimat hatte er nur, wenn er beim Barbier saß, einen kritischen Blick auf sein Gesicht und dessen Veränderungen werfen können. Ezio trat näher an den Spiegel heran und glaubte an den Augen, der Nase, den Mundwinkeln erste kleine Falten zu entdecken. Ohnehin traten seine Wangenknochen noch stärker als früher hervor und verliehen seinem Gesicht einen klaren, entschlossenen Ausdruck. Der angedeutete Oberlippenbart betonte seine markante, leicht seitlich gebogene Nase und lenkte den Blick zu den geheimnisvollen graublauen Augen.

Seine für einen Süditaliener ungewöhnlich helle Hautfarbe und sein Profil, das auch eine antike Münze hätte zieren können, passten zu diesem schlanken, wenig behaarten Körper. Die regelmäßige Arbeit bei seinen Brüdern, die Fischer geblieben waren, hatte ihm zu Muskeln verholfen. An seinen Beinen traten die Adern hervor, wie man es an den Statuen römischer Athleten beobachten konnte. Er drehte sich zur Seite und war auch mit diesem Anblick zufrieden. Der Rücken gerade, der Hintern flach, und weil er von seinem eigenen Spiegelbild so angetan war, trat auch seine Männlichkeit, die die seitliche Krümmung der Nase spiegelte, angemessen hervor.

Jedenfalls war er sich von diesem Moment an wieder sicher, dass er nicht nur seinen scharfen Verstand und seinen Charme in die Waagschale werfen konnte, um hier sein Glück zu machen. Auch sein Körper würde ihm dabei behilflich sein, wie schon vor Jahren.

Er hüllte sich in den Bademantel, ging ins Zimmer, ließ sich aufs Bett fallen. Das vertraute Rauschen des Meeres und die Strapazen der langen Reise ließen ihn, obwohl es erst Nachmittag war, fast sofort in einen tiefen, aber nicht traumlosen Schlaf fallen.

Die Jungen hatten ihre kratzigen Hosen und weiten Blousons in eines der Fischerboote geworfen. Sie tobten über den Strand, spielten Fangen oder bewarfen sich mit Schlick. Ihre unschuldigen, welpenhaften Spiele waren die

Belohnung für die Hilfe, die sie beim Ausbreiten der Netze, dem Ausladen und Aufhängen der Fische geleistet hatten. Die alten Fischer quittierten es mit einem Kopfschütteln oder einer liebevollen Grobheit. Da das Klima in seiner Heimat sehr mild war, konnten sie fast das gesamte Jahr, bis auf wenige Wochen im Winter, ihre Zeit am Strand unter Aufsicht des Meeres verbringen. Die regelmäßigen Spaziergänge von Il Barone und seinen Besuchern gehörten ebenso zu diesem vertrauten Strandleben wie auch dessen Einladungen auf die Terrasse seines Hauses, um für Fotos in antikem Dekor zu posieren. Da Il Barone sie nicht nur mit Köstlichkeiten verwöhnte, sondern ihnen auch immer ein paar Münzen zukommen ließ, waren die Tage, an denen er einige der Jungen als Fotomodelle ver- und entkleidete, besonders beliebt. Einmal hatte er sogar Giovannis Mutter beim Kauf einer Ziege geholfen, wie er es ohnehin schaffte, durch diese oder jene Wohltat die Skepsis der Dorfbewohner zu zerstreuen. Zwar hatte man anfangs über die seltsamen Vorlieben dieses Deutschen getuschelt, aber nachdem sich herausgestellt hatte, dass er tatsächlich nur Fotos von den Knaben anfertigte, sich ihnen nicht unsittlich näherte, für ihre Schulbildung sorgte und schließlich durch die häufigen Gäste Arbeit und Geld in den Ort brachte, verstummten diese Gerüchte allmählich. Die sonntäglichen Besuche der Messe taten ein Übriges. Die Leute wussten zwar, dass er, wie viele der hier lebenden Engländer auch, einer anderen Kirche angehörte, aber seine Verehrung für die Jungfrau Maria machte aus ihm einen respektierten Bewohner von Taormina.

Es war einer dieser Tage im Herbst, wenn der warme rötliche Ton des abendlichen Lichts bereits ankündigte, dass die Kraft der Sonne nachließ, aber der warme afrikanische Wind einen dies gern wieder vergessen machte. Den ganzen Vormittag hatten sie für den Baron auf dessen Terrasse posiert und getanzt. Der hatte etliche Platten belichtet und war jetzt in der Dunkelkammer verschwunden. Seine Freunde waren, nachdem sie ausgiebig gegessen hatten, nach Hause gegangen. Ezio streckte sich auf einem der herumliegenden Felle aus und ließ den warmen Wind über seinen Körper streichen.

Als er die Augen wieder öffnete, saß von Plüschow neben ihm. Das war der Name des jungen *tedesco,* der seit einigen Tagen Gast des Barons war.

»Weißt du, Ezio«, sagte er in vertraulichem Ton, obwohl sie noch nie miteinander gesprochen hatten, »Schönheit und Intelligenz sind Verpflichtungen, wie jede andere Begabung auch. Man muss etwas daraus machen. Sie als Geschenk zu betrachten reicht nicht. Das Leben ist schnell vertan.«

Diese mit dem starken Akzent, den Ezio vom ersten Moment an mochte und deshalb so bald nachahmen konnte, gesprochenen Sätze waren der Beginn einer eigenwilligen Freundschaft. Wenn er jetzt daran zurückdachte, erfüllte es ihn noch immer mit einem Gefühl des Glücks und einer Erinnerung an das damalige Erstaunen darüber, wie von Plüschow ihn wohl von all den anderen Jungen unterschieden hatte. Wenn er gleichzeitig aber an dessen plötzliches Verschwinden dachte, war auch wieder der stechende Schmerz über den Verlust eines Menschen gegenwärtig, als hätte er, Ezio selbst, dieses Verschwinden verursacht. Wenn wir wissen, dass ein Mensch gestorben ist, lernen wir das irgendwann zu akzeptieren. Aber dieses Nichtwissen, was mit ihm geschehen ist, sollte eine offene Wunde bleiben, vermutlich für sehr lange Zeit.

An einem der kommenden Tage fragte von Plüschow ihn, ob er ihn nicht auf seinen Wanderungen begleiten wolle. Anfangs tat Ezio es unter dem Vorwand, dass er die Malutensilien tragen sollte und dafür ein paar Münzen erhielt. Aber selbst als die Malutensilien nicht mehr mitkamen, gab es Münzen, und Ezio blieb von Plüschows Begleiter. Was dieser ihm über die Landschaft, Natur und Geschichte seiner Heimat erzählen konnte, verblüffte Ezio. Schließlich war es ja sein Zuhause und nicht von Plüschows. Das Wissen, das von Plüschow vor ihm ausbreitete – er sprach von den antiken Mythen, den Dichtern und der Schönheit –, saugte Ezio in sich auf und merkte es sich Wort für Wort. Das wiederum erstaunte Ezios Lehrer kaum, wusste er doch ohnehin schon länger, dass dieser Knabe anders war als die übrigen Fischerjungen. Als es kühler wurde und andere Kleidung vonnöten war, veranlasste von Plüschow, dass Ezio ein Anzug angepasst und ein paar Schuhe gefertigt wurden. Ezios Freude darüber – niemals hatte er etwas so Schönes besessen – mündete in eine Umarmung, die von Plüschow ganz verlegen und glücklich erwiderte. Es erschien ihm selbstverständlich, den Jungen zu verwöhnen, nur über seine Motive, das zu tun, konnte er sich selbst keine Antwort geben, aber vielleicht wollte er es ja auch nicht.

Kurz vor Weihnachten reiste er ab, ohne sich zu verabschieden.

Ezio, daran gewöhnt, mit Verlusten umzugehen, behielt diesen Herbst in schöner Erinnerung, kehrte aber ansonsten zu seinem gewohnten Leben zurück.

Umso größer das Glück, als von Plüschow im späten Frühjahr des nächsten Jahres erneut auftauchte. Die beiden nahmen ihre Wanderungen wieder auf, und es brauchte nicht lange, und die alte Vertrautheit war wiederhergestellt. Als Ezio erzählte, dass für ihn die Schule im Sommer endete und er dann wohl bei seinem Onkel, einem Fischer, zu arbeiten beginnen würde, versuchte von Plüschow, ihn auszufragen, wovon er träume und was er sich für ein Leben wünsche. Außer nicht auf See zu bleiben, weil das seiner Mutter das Herz brechen würde, war nichts in Erfahrung zu bringen, da es vermutlich bis zu diesem Tag auch nichts gab, wovon Ezio sich erlaubte zu träumen. Vermutlich hatte er sich nicht einmal die Mühe gemacht, darüber nachzudenken. Welche Alternativen hatte man schon, wenn man aus einer armen Fischerfamilie in Taormina kam und der Vater auf See geblieben war? Warum Zeit mit unerfüllbaren Träumen verschwenden?

Ein paar Gespräche mit Lehrer, Pfarrer, Mutter, eine Spende für die Renovierung der Dorfkirche und ein bescheidenes Privatstipendium reichten aus, ihm einen Platz auf der katholischen Handelsschule in Catania zu sichern.

Durch Ezios Besuch der Handelsschule war nur noch selten Gelegenheit für ihre Wanderungen, auch veränderte sich ihre Beziehung, je erwachsener Ezio wurde. Aus fürsorglicher Obhut, die am Beginn ihrer Beziehung gestanden hatte, wurde tatsächlich Freundschaft. Auch wenn von Plüschow nicht oft über sein Leben jenseits von Taormina sprach, war da ein Wissen über den anderen, das man nicht aus den realen Lebensumständen, sondern aus einer tiefen inneren Vertrautheit schöpft. Ezio erfuhr nichts über eine mögliche Familie, seine Lebensverhältnisse in Deutschland und was er tat in den Monaten, in denen er nicht hier war. Alle Fragen, die darauf hinzielten, etwas darüber in Erfahrung zu bringen, liefen ins Leere. Je mehr Einblicke Ezio jedoch in wirtschaftliche Verhältnisse bekam, desto gewisser wurde er sich, dass von Plüschows Reichtum nicht so unendlich war, wie es ihm am Anfang erschienen war. Zwar lag, wann immer er von Plüschow in seinen Zimmern beim Baron besuchte, ein Bündel Geldscheine achtlos herum. Das war aber eher ein Zeichen der Verachtung, die von Plüschow dem Geld entgegenbrachte. Er sagte immer, Geld bedeute nichts. Es sei ein Mittel, das Leben zu führen, das man führen wolle, aber einen Wert jenseits dieser Funktion besäße es nicht. Dass diese Aussage für ihn stimmte, merkte Ezio daran, dass, wann immer er einen Schein von dem herumliegenden Geld abzweigte, was für ihn auch eher ein Spiel denn ein bewusster Diebstahl war, und von Plüschow es aufgefallen sein musste, dieser ihn nie darauf ansprach. Die Anwesenheit des jungen Freundes war ihm offensichtlich wichtiger, als über lächerliches Geld zu reden.

Was genau es war, was von Plüschow an Ezio faszinierte, konnte man nicht genau sagen. Die Jugend. Der Charme, den er trotz seiner Selbstbezogenheit

besaß. Der wache Geist und auch seine Schönheit. Natürlich hatte Ezio die bewundernden Blicke von Plüschows bemerkt, wenn er für Il Barones Fotos posierte oder mit seinen Freunden nackt am Strand spielte, aber anders, als er ursprünglich vermutete, hatte das seine Ursache nicht in einem sexuellen, sondern einem ästhetischen Verlangen. Dass die Bewunderung unerreichbarer Schönheit aber mindestens ebenso quälend sein kann wie ein unerfüllbares Liebesverlangen, wusste er zu diesem Zeitpunkt noch nicht.

So vergingen die Jahre von Ezios Erwachsenwerden, in denen von Plüschow stets präsent war. Ezio beendete die Schule mit Erfolg. Er bekam eine Stelle bei der Kirchenverwaltung, die ihn zwar langweilte, aber ein bescheidenes und verlässliches Einkommen mit der Aussicht auf einen stetigen, wenn auch langsamen Aufstieg sicherte.

Ansonsten setzten von Plüschow und er ihre Wanderungen fort, lasen Bücher, tranken Wein und genossen ihre Freundschaft.

Bis im letzten Frühjahr von Plüschow nicht wiederauftauchte. Ezio, wie auch der inzwischen sehr alte Baron, warteten bis in die letzten Tage des Augusts. Kein von Plüschow. Keine Nachricht. Alle Briefe an die postlagernde Adresse kamen ungeöffnet zurück.

Am 1. September überreichte der Baron ihm einen Briefumschlag, den Ezio zu übergeben er den Auftrag hatte in so einem Fall, wie er nun eingetreten war.

Der Inhalt war spärlich und eindeutig.

Wenn er diesen Brief erhielt, solle er sich aus von Plüschows Sachen nehmen, was ihm gefiel, und es als sein Eigentum betrachten. Lediglich ein weiterführender Satz stand darin:

Lebe das Leben, das Du mit Deinen Begabungen führen solltest. Sei nicht ängstlich. Du weißt doch, die Angst, man selbst zu sein, ist die dümmste aller Ängste.

Ratlos in dem ihm so vertrauten, seltsam verwaisten Zimmer stehend, schaute sich Ezio um. Ein Schrank voll guter altmodischer Kleidung, die ihm passte, da von Plüschow durch die vielen Wanderungen immer schlank geblieben war, ein lederner Reisekoffer, ein wenig antiker Nippes. Da fiel ihm etwas ein. Der Sekretär mit seinem Geheimfach, das er seit Langem kannte. Als er die Summe überschlug, wusste er, dass sie ausreichen würde, dem alten Gandolfini den Laden abzukaufen, Rosetta, mit der er seit Kindertagen befreundet war, zu heiraten und ein bescheiden glückliches Leben hier am südlichsten Zipfel Italiens zu führen. So wie es seine im vorigen Jahr verstorbene Mutter sich immer für ihn gewünscht hatte.

Ezio entschied anders.

Das Dinner im Hotelrestaurant. Keine weiteren Erkundungen in der Stadt fürs Erste. Heute musste er sich zuerst mit dem Haus, seinen Gepflogenheiten und den möglicherweise interessanten Gästen vertraut machen. Er hatte sich vorgenommen, erst einmal zu beobachten, zu unvertraut war das Terrain. So saß er allein am Tisch und stellte sich vor, von Plüschow würde im nächsten Moment die geschwungene Treppe herunterkommen, sich für sein Zuspätkommen entschuldigen und es mit Belanglosigkeiten begründen. Ezio hatte jedoch gewusst, dass sein Freund sich immer mehr Mühe gab, perfekt auszusehen, um nicht gegen seinen jugendlichen Freund zu verblassen. Das wiederum führte zu einer ironischen Bemerkung Ezios, die meist ein kleines abendliches, ebenso spielerisches wie geistreiches Geplänkel einleitete. Heute musste Ezio auf dieses Vergnügen verzichten und so gänzlich ohne Konversation am Tisch sitzen.

Von Plüschow hatte ihn auch gelehrt, wenn sie in Gesellschaft waren, aus Kleidung, Verhaltensweise oder Wünschen der Betreffenden Anknüpfungspunkte für Gespräche zu filtern. Er nutzte sie üblicherweise, während er redete und zuhörte, um neue Ideen zu entwickeln, und gleichzeitig erfuhr er immer mehr über seine Tischgesellschaft, als diese eigentlich preisgeben wollte. Als von Plüschow ihm das nach einer besonders ermüdenden Abendgesellschaft einmal erklärt hatte, begann er, es ihm gleichzutun. Bei diesen Gelegenheiten flogen ihm die Gedanken zu. Während andere Ruhe und Kontemplation benötigten, um sich konzentrieren zu können, war es für ihn ein gleichmäßiger, mit Bonmots angereicherter Fluss von Worten, aus dem er sich hie und da etwas fischte, was sich lohnte, fortgeführt zu werden. Jetzt aber wollte er sich sammeln, die Fülle an neuen Eindrücken verarbeiten und sich eine Strategie zurechtlegen, wie er weiter verfahren würde. Hier war alles so frisch und neu, wie die kaum getrocknete Farbe in den Hotelfluren. An diesem Ort könnte für ihn etwas entstehen, von dem er selbst noch nicht wusste, was es sein würde. Die anderen Hausgäste, die ebenso vereinzelt wie er selbst an ihren Tischen saßen, gaben auf den ersten Blick nichts Aufregendes her.

Bevor er schlafen ging, trat er mit einem von Plüschow'schen Zigarillo noch einmal vor die Tür. Ein blasser, angenagter Mond schien durch dünne Wolken und beleuchtete den Strand. Da hörte er hinter sich das Schnauben eines Pferdes. Die Droschke stand, als wäre es eine Selbstverständlichkeit, sie hier vorzufinden, vor dem Seitenflügel des Hotels. Der Kutscher hatte die Füße auf den Kutschbock gelegt und schaute ebenfalls rauchend in den Himmel. Als er Ezio alias von Plüschow entdeckte, machte er eine einladende Geste.

»Na, noch Verlangen nach einem kleinen Ausflug?«

Für heute sei es genug, aber morgen vielleicht, und ob es denn etwas gebe, was man sich unbedingt ansehen solle?

Vielleicht Puccinis Gärten, südlich der Stadt gelegen. Dort sei es im Frühling besonders schön.

Gut, einverstanden. Gleich nach dem Frühstück.

In Gedanken schüttelte Ezio den Kopf über die seltsame Droschke. Vom ersten Moment an, vor dem Bahnhofsgebäude, wo es das einzige Gefährt war, das ihn aufnehmen konnte, schien es ihm, als hätte es ihn erwartet und wäre nur für ihn da.

Der Morgen war schon fast sommerlich. Die Sonne schien ins Zimmer. Die Vorhänge bewegten sich leicht, und als der junge Held an der Rezeption vorbeikam, wartete noch eine Überraschung auf ihn. Er hatte eine Nachricht.

Hochverehrte Exzellenz,

wie ich von meinem Rezeptionisten erfuhr, beschäftigen Sie sich mit dem Bau eines Hotels in Ihrer wunderbaren deutschen Heimat und wollen sich von unserem bescheidenen Haus anregen lassen. Das ehrt uns sehr. Gern würde ich mich mit Ihnen über Ihre Pläne unterhalten. Vielleicht kann man Erfahrungen austauschen. Auch würde ich gern etwas über deutsche Gebräuche und Sitten erfahren, da immer mehr Herrschaften aus Deutschland hier zu Gast sind.

Wenn Sie noch keine anderen Pläne haben, erlauben Sie mir bitte, Sie für heute Abend auf meiner privaten Terrasse zu einem kleinen Abendessen einzuladen.

Es wäre mir eine außerordentliche Freude, einen so besonderen Gast persönlich kennenzulernen.

Hochachtungsvoll,
De Michelis
Hotelbesitzer aus Leidenschaft

Es schien, als müsste sich Ezio nicht einmal besondere Mühe geben. Die Dinge ergaben sich, wie schon so häufig in seinem Leben, von ganz allein. Er musste die Gelegenheiten nur erkennen und zugreifen.

Voller Tatendrang, einige Stufen überspringend, rannte er fast bis zur Droschke. Die zu seiner Rolle gehörenden Konventionen missachtend, schwang er sich vorn neben den Kutscher auf den Bock und meinte, er würde es vorziehen, hier zu sitzen. Hier sehe man mehr, und an diesem warmen Tag wäre der Fahrtwind bestimmt auch ganz angenehm.

Tatsächlich schien es, als hätte es das Jahr plötzlich ganz eilig und wolle das Versäumte an Wärme nachholen, um eine lästige Schuld zu begleichen. Die meisten Leute trugen ihre Jacken und Mäntel über dem Arm, und die Männer fächelten sich mit ihren Hüten frische Luft zu, was natürlich unnötig und eine völlige Übertreibung war.

Unterwegs – und diesmal fuhr die Droschke nicht an der Uferpromenade, sondern an einem lang gezogenen Park entlang – erzählte Paolo, wie der Kutscher und Droschkenbesitzer sich nun als Geste der Vertrautheit meinte vorstellen zu sollen, Anekdoten aus dem Leben Puccinis. Die Vorliebe des Meisters für schnelle motorisierte Fahrzeuge, die ihn einmal fast das Leben kostete. Bei seiner Erzählung vermochte Paolo das Geräusch von Puccinis Motorrad so täuschend echt nachzuahmen, dass Ezio zu seinem Vergnügen um ein paar Wiederholungen bat. Die beiden verhielten sich, als wären sie alte Freunde aus Schulzeiten, die sich eine Weile nicht gesehen hatten. Ezio hatte für kurze Zeit das übergestreifte Korsett der fremden Identität gelockert. Er genoss es, einmal tief durchatmen zu können. Der seltsam vertraute Blick Paolos, der vielleicht bedeuten mochte: »Ich durchschaue dein Spiel, aber es ist in Ordnung«, störte ihn für den Moment kein bisschen.

Kaum hatten sie die letzten Häuser der Stadt hinter sich gelassen, breitete sich vor ihnen eine in frühlingshafter Pracht liegende Auenlandschaft aus, in der bereits viele Insekten schwirrten und summten. Die Natur duftete nach Verheißung.

An einer Weggabelung stand ein junges Paar, elegant gekleidet und von verblüffender Ähnlichkeit, was vermuten ließ, dass es sich um Bruder und Schwester handelte. Offenbar waren sie sich uneins, welchen Weg sie wählen sollten. Er trug einen großen Korb, der schwer an seinem Arm hing, und sie, eine feurige Schönheit, deren körperliche Vorzüge durch das leichte Sommerkleid mehr betont als verhüllt wurden, trug eines dieser weitverbreiteten englischen Reiseplaids unter

dem Arm. Als Paolo fragte, ob man ihnen helfen könne, meinten sie, sie seien sich des Weges zu Puccinis Garten nicht mehr sicher, da sie, abweichend vom ausgeschilderten Weg, von der Rückseite in den Garten gelangen wollten. Wenn ihre Erinnerung sie nicht trüge, könne man, geschützt durch das hohe Schilf, dort wunderbar lagern und in den toskanischen Himmel schauen.

Mit einem kurzen versichernden Blick zu Ezio bot Paolo an, sie mitzunehmen. Ja, das sei nicht so leicht. Er habe auch vorgehabt, dies mit seinem Fahrgast zu tun, da das gönnerhafte Getue der Jünger des Meisters nur schwer zu ertragen sei und sie jede Art von Picknick zu verhindern suchten. Lachend stiegen die beiden ein. Wenn ein Außenstehender die kleine Reisegesellschaft beobachtet hätte, wäre es ihm vorgekommen, als handelte es sich einfach um eine Gruppe von Freunden, die den ersten wirklich warmen Tag des Jahres gemeinsam im Freien verbrachten. Die Frühlingsluft tat ihr verführerisches Werk an diesen jungen Leuten. Schon als Paolo Ezio, der vorn mit auf dem Kutschbock saß, als Fahrgast bezeichnete, begannen die neuen Reisegefährten kopfschüttelnd zu lachen. So flogen schon während der Fahrt kleine harmlose Scherze zwischen Kutschbock und Kutsche hin und her.

Angekommen, versuchten die drei, Paolo zu überreden, bei ihnen zu bleiben. Der Picknickkorb enthalte genug für vier, und der Tag sei ein solches Geschenk. Paolo musste das Angebot leider ablehnen. Es sei Sonntag. Er und sein Bruder seien dann immer bei seiner Mutter zum Mittagessen. Da müsse er pünktlich sein. Also wendete er sein Gefährt und verabschiedete sich. Er müsse jetzt los, würde sie aber am späten Nachmittag wieder abholen, und mit Regen sei ja wohl nicht zu rechnen, wie er mit einem Blick zum Himmel versicherte, der bis zum Horizont mit einem makellosen, strahlend blauen Laken bezogen war.

So plötzlich mit seinen neuen Freunden allein gelassen, fühlte sich Ezio ein wenig verloren. Hier fiel es ihm schwer, nicht aus seiner neuen Rolle zu fallen. Aber vermutlich musste er das auch gar nicht? Die Stadt war groß, und manchmal konnte man die Dinge einfach geschehen lassen. Alles lud zu einem unverdorbenen Glück ohne jede Verstellung ein. Das Mädchen hakte sich ohne große Umstände bei ihm unter.

»Kommen Sie, lassen Sie uns einen schönen Platz finden.«

Ihre Unbefangenheit, die Grazie, mit der sie sich bewegte, die Zartheit ihres gazellenhaften Körpers, ihre frühlingshafte Anmut, kurz: ihre atemberaubende Schönheit erweckte den Eindruck, als wäre sie gerade einem Bild Botticellis entsprungen. Das alles ließ Ezio schnell vergessen, dass sie sich gerade erst getroffen hatten. Auch Paolo hatte er ja erst vor einem Tag kennengelernt. Dieser eine Tag kam ihm jedoch inzwischen wie eine Ewigkeit vor.

Sie schlenderten auf eine von Vegetation umhüllte Lichtung zu. Das Mädchen breitete die Decke aus und forderte ihren Bruder auf, doch einmal zu zeigen, was er für Köstlichkeiten eingepackt habe. Käse, Salami, Schinken, Brot, üppiges florentinisches Gebäck und schließlich, in feuchte Tücher mit Eis gehüllt, zwei Flaschen toskanischen Weins. Selbst Gläser, Messer, Gabeln und Teller waren in diesem Zauberkorb, von dem Ezio jetzt wusste, warum er so schwer war. Mit gekonnter Präzision verteilte der junge Mann, dessen ebenmäßige Gesichtszüge und sinnliche Lippen das männliche Pendant zu seiner Schwester waren, die Schätze vor ihnen aus. Vielleicht waren sie auch Zwillinge? Es war auch unmöglich, einen Altersunterschied zwischen ihnen auszumachen. Spätestens nach dem Ploppen des Korkens, dem glucksenden Geräusch, mit dem sich die goldgelbe Flüssigkeit in die Gläser ergoss, war es die reine Selbstverständlichkeit, dass sie hier miteinander saßen. Sie sprachen über scheinbar belanglose Dinge – das Wetter, das wunderbare Essen, den Wein, die Stadt und Ezios Anreise aus dem Süden. Und doch waren die Gespräche nichts anderes als ein vorsichtiges Sondieren unbekannten Terrains. Ein langsames Vortasten.

Was genau sich nach dem üppigen Mahl und dem für Ezio ungewohnt frühen Genuss von Wein abspielte, lässt sich nur schwer beschreiben. Lediglich die Trägheit, die die drei erfasste und die darin mündete, dass das Mädchen, an deren Namen er sich später beim besten Willen nicht erinnern konnte, der vielleicht auch gar nicht gefallen war, ihren Kopf auf seine Brust legte, sich herumdrehte und ihn mit einem Grashalm unter dem Kinn kitzelte. Direkt vor seinen Augen war ihr wundervoller Busen, der ihm vollkommen erschien. Gleich neben ihm lag ihr Bruder, der mit amüsiertem und wissendem Blick beobachtete, welche Verwirrung seine Schwester bei Ezio anrichtete.

Als sie ihn aufforderte, Ezio festzuhalten, um zu prüfen, wie kitzlig er sei, protestierte dieser zwar pro forma, ließ aber eigentlich alles Weitere mit sich geschehen. Ihre Ausgelassenheit, die immer weniger Kleider benötigte, erschien ihnen auf dieser uneinsehbaren Lichtung so folgerichtig, als wären diese Spiele ein selbstverständlicher Bestandteil ihrer sonntäglichen Freiheit. In Ezios Erinnerung verschwammen die nächsten Stunden und ließen sich auch später nur schwer wieder hervorholen. Selbst das wenige, dessen er sich sicher war, erlebt zu haben, schien ihm so erstaunlich, dass er es in den Bereich der Sinnestäuschung verbannte. Natürlich waren auch nicht alle Spiele, die sie als Jugendliche in seinem Heimatdorf getrieben hatten, harmlos gewesen, aber so weit waren sie, selbst wenn sie sich in einer der Grotten von den Erwachsenen unbeobachtet wähnten, nicht gegangen.

Als er mit Kopfweh erwachte, war er allein. Er lag im hohen Gras, das im Wind so laut raschelte, dass ein leises Pfeifen entstand. Es klang, als würde etwas über ihm kreisen. Ein großer Vogel. Aber es war nichts davon zu sehen. Die Spuren des Picknicks waren verschwunden, und als er an sich herunterblickte, stellte er fest, dass von seiner Kleidung nur die Socken samt Sockenhaltern am Platz geblieben waren. Die anderen Kleidungsstücke lagen wild verstreut um ihn herum. Voller Panik suchte er sein Jackett. Das Geld war noch da, und auch sonst fehlte ihm nichts, außer seiner Erinnerung und vermutlich seiner Unschuld, von der er allerdings nicht sicher war, ob er sie vorher noch besessen hatte. Hastig zog er sich an und floh verwirrt zum Weg zurück, wo er hoffte, Paolo mit der Kutsche vorzufinden. Es war schon etwas nach der vereinbarten Zeit, wie ihm ein Blick auf von Plüschows Taschenuhr versicherte.

Tatsächlich stand die Kutsche dort. Ohne ein Wort setzte er sich hinten auf seinen ihm zustehenden Platz. Das war nicht Paolo. Piero, sein Bruder. Paolo habe wohl eine verdorbene Muschel gegessen und ihn gebeten, den Signore abzuholen.

Sie fuhren schweigend in die Stadt zurück, die sich verwandelt hatte, als wären sie eine Ewigkeit fort gewesen. Es war Wind aufgekommen, der auch noch von Nordwesten her wehte. Er kam jetzt kühl und in unberechenbaren Böen aus den nahen Bergen. In sich versunken saß Ezio in den Polstern und war froh, dass der fremde Kutscher kein Gespräch beginnen wollte. Schon am Rande der Stadt waren viele Fahnen zu sehen, die Ezio am Morgen noch gar nicht bemerkt hatte, vermutlich weil sie da noch schlaff heruntergehangen hatten. Jetzt wehten sie so stark, dass sie laut flappten, knisterten und grollten. Daraus entstand eine eigenartige Melodie, die über der Stadt lag, wie ein Gewitter, das man bereits hörte, obwohl es noch hinter den Bergen versteckt war. Selbst das Sonnenlicht, das vom Horizont her kam, hatte eine bedrohlich rötliche Farbe angenommen.

Ezio ließ die Kutsche am Café New York anhalten, um bei einem starken Kaffee zu sich zu kommen. Auch hier war die Veränderung unübersehbar. Manfredi saß zwar an seinem Stammplatz, einem der kleinen Tische, von dem man den kleinen Platz überschauen konnte, aber die Wandlung, die mit ihm vor sich gegangen war, verblüffte Ezio, der schon auf alles gefasst schien, denn doch.

Der Bart gestutzt, die Haare mit viel Pomade nach hinten gekämmt. Die langen Stiefel, die Reiterhosen und auch das schwarze Hemd ließen ihn an diesem Ort etwas deplatziert aussehen, wie im Kostüm eines Reitergenerals beim Karneval. In feierlichem Ton erzählte er Ezio vom am kommenden Tag bevorstehenden Besuch des Duce, der den Grundstein für ein großes Sportzentrum legen werde. Dort würde eine neue Generation von sportlichen Kämpfern ausgebildet werden, die der Welt die Überlegenheit der italienischen Sportler zeigen werde. Heute habe man die Begrüßung des Duce geübt. Im Vorgriff auf künftigen Ruhm meinte er:

»Sie werden sehen, mein Lieber, in wenigen Jahren werden die berühmtesten Sportler der Welt hier aus Viareggio kommen.«

In vertraulich konspirativem Ton ergänzte er:

»Sie sollten es nicht versäumen, sich die Rede des Duce anzuhören. Einen solchen Führer hat unser Land seit den Tagen der römischen Kaiser nicht gehabt. Vielleicht gibt es ja bei Ihnen auch jemanden, der den Deutschen ihren Stolz wiedergeben kann?«

Obwohl der Kaffee Ezios Lebensgeister wieder etwas geweckt hatte, konnte er nicht ahnen, welche Folgen die Worte Manfredis für ihn haben würden.

Angekommen im Hotel, sollte die Verwirrung, die dieser Tag gestiftet hatte, noch eine weitere Fortsetzung finden. Selbst vor der Rezeption stand eine Anzahl von Männern in schwarzen Hemden, deren Stiefel, wo sie auf den Marmorboden trafen, ein klackendes Geräusch machten. Man glaubte, in einer Bahnhofshalle zu sein, nur dass keine Züge ein- und ausfuhren. Eilig versuchte er, vor dieser seltsamen Kulisse in sein Zimmer zu entfliehen. Der Portier erreichte ihn noch, kurz bevor sich die Fahrstuhltüre schloss. Eine Nachricht von de Micheli.

Hochverehrte Exzellenz,

mit außerordentlichem Bedauern muss ich Ihnen mitteilen, dass wir unser gemeinsames Essen auf einen der nächsten Tage werden verschieben müssen. Es ist eine große Zahl bedeutender Persönlichkeiten aus Rom eingetroffen, mit denen ich nicht gerechnet hatte und die leider meine volle Aufmerksamkeit beanspruchen.

Bitte verzeihen Sie mir und seien Sie trotzdem mein Gast. Meine Mitarbeiter sind beauftragt, Ihnen unser bestes Menü zu servieren.

Mit untertänigsten Grüßen
De Micheli

Wieder waren es die Strahlen des heißen Wassers, die Ezio endgültig zur Besinnung brachten. Der Tag war so anders als gedacht verlaufen. Er glaubte, dass es wohl ganz gut sei, den Abend wieder nur mit sich selbst zu verbringen. Weitere verwirrende Erlebnisse benötigte er fürs Erste nicht.
Er würde unbedingt Manfredis Rat befolgen und sich den Duce morgen ansehen und anhören, der vielen bei ihnen im Süden immer nur wie eine ferne, skurrile Legende erschienen war. Seine Bewegung hatte zwar auch auf Sizilien einigen Zulauf, wurde aber wegen der Grobschlächtigkeit ihrer Anhänger hinter vorgehaltener Hand belächelt, wenn nicht gar verachtet. Dort war der Respekt vor den alten Familien größer als der Glaube an Veränderung.

Hier im Norden musste er das in einem ganz neuen Licht betrachten. Vielleicht waren das ja die Leute, mit denen Ezio sein Glück machen konnte? Wenn man von den albernen operettenhaften Verkleidungen und den angsteinflößenden Aufmärschen absah, tat vielleicht eine Erneuerung dem Land gut? Ein wenig war es wie auf dem Bild, das er in einer der Zeitschriften von Plüschows einmal gesehen hatte: ein Reiter auf einem roten Pferd, das sich so schnell auf die Sonne zubewegte, dass man die einzelnen Phasen der Bewegung auf einem einzigen Bild sah, als wollte es das menschliche Auge und dessen Trägheit Lügen strafen. Der Zukunft zugewandt. Die Vergangenheit ohne Reue hinter sich lassen. Genau das war es ja auch, was er selbst gerade im Begriff war zu tun.

Am nächsten Morgen war die Aufregung, die über der Stadt lag, tatsächlich mit Händen zu greifen. Beim Frühstück hatte die Schwarzhemden ein fast sakraler Ernst erfasst, dass man meinen konnte, sie gingen zu einem Gottesdienst und nicht zur Eröffnung eines Trainingslagers für Sportler.

Kaum aufgewacht, hatte Ezio wieder Mühe gehabt, sich zu erinnern, wo er sich befand. Seine Träume der Nacht waren so seltsam realistisch gewesen und hatten in dem Leben gespielt, das er verworfen hatte. Eine Frau. Familie. Kinder. Heimat. Fast war er entschlossen, aufzustehen und heimzureisen. War das alles ein großer Irrtum? Er gehörte hier nicht her. Da kamen ihm von Plüschows Worte bei ihrer ersten Begegnung in den Sinn.

Nein, Ezio war gespannt auf diesen Tag und das, was er in seinem Leben verändern sollte. Als er vor die Tür trat, war aus dem Wind ein Sturm geworden. Fast wäre ihm sein Hut davongeflogen.

Die Kutsche stand am vertrauten Platz. Auf dem Kutschbock allerdings saß noch immer Piero. Paolos Unwohlsein war wohl noch nicht vorüber. Er musste das Bett hüten. So war Piero, der allerdings ein wenig ungelenk war, weil er die Droschke nur selten fuhr, wieder für ihn eingesprungen. Er würde ihn zur Eröffnung des Sportlagers fahren und habe eine Idee, von welcher Stelle aus man den Duce besonders gut würde sehen und hören können. Es wäre nicht weit.

Tatsächlich fuhren sie nur wenige Minuten. Tribünen waren aufgebaut. Noch mehr Fahnen. Es war ganz und gar erstaunlich, wie viele Menschen sich hier eingefunden hatten. Jedenfalls mehr, als die kleine Stadt Viareggio hätte aufbringen können. Mitten unter den angetretenen Schwarzhemden konnte Ezio Manfredi erkennen, der mit eiserner Miene dastand, als wäre er eine Statue. Keine Spur mehr von dem eleganten Dandy, den Ezio kennengelernt hatte. Dann sah er auch in einiger Entfernung das Geschwisterpaar, mit dem er am Vortag einige der absonderlichsten Stunden seines Lebens verbracht hatte, auf sich zukommen. Noch hatten sie ihn nicht bemerkt. Er beschloss, ihnen nicht begegnen zu wollen. Ohnehin, was tat er hier? Er sollte gehen. Zum zweiten Mal an diesem Tag spürte er, wie sich seine Eingeweide gegen etwas wehrten, was er im Begriff war zu tun. Chancen ergreifen, aber um welchen Preis?

Das alles, was er vor sich sah, kam ihm plötzlich seltsam theatralisch vor, unecht, wie die Pappkulissen im Theater. Einmal, bei einer Aufführung von *Madame Butterfly*, hatte er erlebt, wie die Stoffwand der Dekoration eines Teehauses in sich zusammensackte und plötzlich die kahle, unverputzte Rückwand der Bühne sichtbar wurde. Während des gesamten restlichen Abends ließ sich die Illusion nicht wiederherstellen. Vor seinen Augen sah er die ganze Zeit brüchige Ziegel statt der Wunderwelt Japans. So ähnlich erschien es ihm jetzt hier. Das war nicht die Welt, die von Plüschow ihm gezeigt hatte. Es war das Gegenteil davon.

Warum sah das außer ihm niemand? Warum hatte er selbst es erst in diesem Moment entdeckt?

An der Droschke, die von Automobilen umgeben war, angekommen, suchte er Piero, der nicht auf dem Kutschbock saß. Plötzlich entstand Gedränge. Der Duce.

Einige der Automobile hupten. Piero musste wohl vergessen haben, die Bremse der Droschke festzumachen. Beim Versuch, sich aus der eingezwängten Lage zu befreien, rissen die Pferde die Kutsche um. Ezio wollte sich vor dem umstürzenden Gefährt in Sicherheit bringen und ging ein paar Schritte rückwärts. Dabei stolperte er. Sein Kopf fiel direkt auf die scharfe Kante des nagelneuen Bordsteins, der erst vor wenigen Tagen gelegt worden war.

In der *Gazzetta* stand am nächsten Tag, auf der letzten Seite hinter den vielen Berichten und Fotos vom Besuch des Duce, die einen grimmigen, kleinen, glatzköpfigen Mann, umgeben von jubelnden Massen, zeigten, folgende kurze Meldung:

Am Rande der Eröffnung des großartigen neuen Sportzentrums ist es zu einem bedauerlichen Unfall gekommen. Verursacht von durchgehenden Pferden, ist ein junger Reisender aus Deutschland gestürzt und hat sich dabei so schwer verletzt, dass er noch auf dem Weg ins Hospital verstorben ist. Der Kutscher des Gefährts, der offenbar die Bremse des Wagens nicht befestigt hatte und auch nicht auf dem Kutschbock saß, ist wegen Fahrlässigkeit in Gewahrsam genommen worden.

REID'S PALACE **FUNCHAL**

Madeira

Lage: Estrada Monumental 139, 9000-098 Funchal, Madeira, Portugal
Zimmerzahl: 163
Berühmte Gäste: George Bernard Shaw, Winston Churchill, Charlie Chaplin, Kaiserin Elisabeth von Österreich-Ungarn
Historie: Der schottische Weinhändler William Reid ließ sich des Wetters wegen 1835 auf Madeira nieder. Zu Reichtum gekommen, beauftragte er den Architekten George Somers Clarke, ein Luxushotel für englische Schiffsreisende zu entwerfen. 1887 wurde der Bau auf einem Felsen unweit von Funchal begonnen. Drei Jahre später wurde das Hotel eröffnet. Reid selbst erlebte das nicht mehr.

Während es ursprünglich fast ausschließlich von Engländern besucht wurde, ist es inzwischen ein Haus mit einer internationalen Klientel. Trotzdem hält das Hotel bis heute an einigen seiner englischen Traditionen wie dem Five O'Clock Tea oder dem Dinner Dance fest.

Das Haus gehört heute zu einer Kette, die sich auf Luxuszugreisen spezialisiert hat und einige ausgesuchte exklusive Hotels betreibt. Jedes dieser Häuser darf aber weiter in seinen eigenen Traditionen arbeiten.

Ein Versuch über Vornehmheit, Luxus und den Genuss des Reisens

»This never ending story,
paid for with pride and fate
We all fall short of glory
Lost in ourselves.«
Close to the Edge, Yes

Herrlichkeit, das war es, was uns erwartete.

Genau um 12 Uhr Ortszeit landete das Flugzeug in Funchal. Wir hatten Glück. Es gab keine Seitenwinde, die uns entweder an die Berge drückten oder noch uns aufs Meer zurücktrieben. Die Landebahn am Fuß der Vulkanfelsen ist ins Meer hineingebaut. Die Landung hier ist selbst in Zeiten des Autopiloten noch immer ein kleines Abenteuer und ließ mich kurz die Luft anhalten, bis die Räder den Boden berührten.

Durch die Zeitverschiebung hatten wir eine Stunde gewonnen, die wir beinahe hätten an die Ewigkeit zurückgeben müssen. Jedenfalls schien es uns so, denn die Fahrkünste des Shuttle-Chauffeurs schienen unweigerlich auf einen Sturz auf die Felsen, die die Uferstraße säumten, hinauszulaufen. So halsbrecherisch raste er durch die schmalen Gassen Richtung Hafen, nur um sich im nächsten Moment wieder die Berge hinaufzuschrauben. Die Auffahrt zum Hotel diskret und bescheiden. Wir hatten schon anderes gesehen. Ein gusseiserner, doppeltmannshoher Zaun, mit Vegetation kaschiert.

Natürlich livrierte Portiers. Eine Drehtür. Ein säulengeschmückter Durchgang, gesäumt von üppigen Topfpflanzen und mit alten Schwarz-Weiß-Fotos an der Wand. Eine Beschwörung historischer Pracht.

Diskretion, Zurückhaltung, Rücksicht auf andere sind Eigenschaften, deren allmähliches Verschwinden droht, jedenfalls wenn man das Verhalten unserer Mitmenschen auf dem Weg in den Urlaub, im Urlaub und auf dem Weg zurück beobachtet. Etwas, was unser tägliches Leben unweigerlich und vermutlich vorläufig unwiederbringlich verändert. Im Urlaub, wenn die Menschen glauben, ein Recht darauf zu haben, werden alle hinderlichen Hemmungen fallen gelassen.

Keine Übertreibung nötig. Ein deutscher Flughafen im Sommer. Der Check-in-Schalter für einen Ferienflieger. Aussehen, Lärmpegel und Benehmen der Leute, die dort anstehen, wecken augenblicklich Fluchtreflexe. Nur nicht mit denen mehrere Stunden auf engstem Raum eingesperrt sein. Rücksicht ist hier nicht vorgesehen. Es gilt das Gesetz des Dschungels, wie auf deutschen Autobahnen. Diese Menschen können nicht auf dem Weg in den Urlaub sein. Sie sind auf der Flucht. Fragt sich nur, wovor. Die niedrigen Flugpreise ermöglichen es, immerzu irgendwohin zu reisen und mit der Reise die Besonderheit ferner Orte zusehends zu nivellieren und ihnen jede Ausstrahlung zu nehmen. Die Erlebnisse, die wir immerzu einfordern, führen dazu, dass wir kaum noch in der Lage sind, etwas davon zu reflektieren. Die Fremde, wenn wir sie als solche wahrnehmen, hinterfragt doch normalerweise unser alltägliches Tun, aber das wollen wir gar nicht mehr. Wir wollen uns in unserer Lebensweise bestätigt sehen. Es soll so sein wie zu Hause, nur mit dem Anschein des Exotischen und mit besserem Wetter. Die ideale Verkörperung davon ist der »All inclusive«-Urlaub mit Animateuren, bei dem man das Ressort, wenn möglich, nicht verlässt. Nur keinen Kontakt mit Einheimischen. An den verschiedensten Orten entstehen Ressorts, die mit dem bereisten

Land so gut wie keine Berührung haben. Und das Verhalten an den verschiedensten Partystränden der Welt muss für die Einheimischen unerträglich sein.

Wenn man den Untersuchungen eines Meinungsforschungsinstituts glauben darf, das zurückgekehrten Reisenden eine Weltkarte vorgelegt hat, auf der sie zeigen sollten, wo ungefähr sie gerade gewesen waren, konnten dies fast drei Viertel der Reiserückkehrer nicht annähernd. Geschweige denn, dass sie wussten, welche Sprache dort gesprochen wird oder welche kulturellen Besonderheiten es gibt.

Die Abweichungen von diesem Verhalten passieren jeweils an den Rändern. Zu Fuß, mit dem Rad oder trampend die Welt erfahren. So bewegt sich eine große Zahl junger Leute mit einer Selbstverständlichkeit durch die Welt, die sie hoffentlich immun macht gegen die Beschränktheit derer, die das Bauen von Zäunen als Zukunftsmodell ansehen. Die Erfahrungen, die da gemacht werden, lassen neue Lebensmodelle entstehen, die einer modernen Welt entsprechen.

Und da sind noch die Reisenden, die heute eines der Hotels buchen, die sich dem Massentourismus verschließen. Sie tun dies aus einem diffusen Gefühl des Unbehagens heraus, eines Unbehagens angesichts der heutigen Art zu reisen. Meist wissen sie nicht genau, worin konkret die Ursache dafür liegt. Eines jedoch eint sie – die Ablehnung der Zumutungen rücksichtslosen Verhaltens, wie ich sie oben beschrieben habe.

Erstaunt stellt man fest: Viele von ihnen sind es gar nicht gewohnt, von dienstbaren Geistern umgeben zu sein. Oder Wünsche zu äußern, deren Erfüllung Bestandteil des Kodexes des Luxus ist. Es ist ein Irrtum zu glauben, wer in einem Luxushotel nächtigt, sei demzufolge reich. Lediglich die Ablehnung der Auswüchse des Massentourismus lässt viele hierher fliehen und erschließt wiederum eine neue Klientel.

Darüber klärte mich der Portier des Reid's auf. Er meinte, viele ihrer Gäste kämen alle zwei, drei Jahre auf wenige Tage, wenn sie das Geld für einen Aufenthalt zusammengespart haben. Der Urlaub hier ist ein Aussteigen aus dem Alltag auf eine etwas andere Art, als es Rucksacktouristen tun. Die Tage hier ersetzen Wochen anderswo.

Manche der Gäste tragen allerdings Wünsche mit sich herum, an denen müssten alle Strategien noch so gewiefter Hoteliers scheitern. Reisende, die man nur schwer zufriedenstellen kann. Immer wird das Wasser im Pool zu warm, zu kalt, der Martini zu stark oder zu süß sein, und der Bademantel kratzt natürlich. Reisende, die ihren Fuß zu Hause nur in eine vom Personal auf die persönliche Lieblingstemperatur gebrachte Badewanne setzen, deren frisch gepresster Orangensaft selbstverständlich ohne Eiswürfel serviert wird und die es schon nervt, wenn sie gefragt werden, welche Milch sie zum Five O'Clock Tea nehmen.

Das Reid's hat sich auf solche Fälle spezialisiert. Man hält die Wünsche für erfüllbar, und es gibt für das Personal kein größeres Vergnügen, als diese Bedürfnisse im Voraus zu erkennen und zu befriedigen. Dafür verlangt das Hotel eine Gegenleistung vom Gast: niemals das Ambiente der Lobby zerstören, indem man dort Badeshorts trägt, und selbstverständlich wird die Kleidung gewechselt zwischen dem Nachmittagscocktail und dem Dinner. Für den Herrn gehört ein Jackett dazu, und seien die Temperaturen noch so subtropisch. Das klingt anstrengend, ist aber eine wohltuende Erholung nach den geschmacklichen Entgleisungen aller Art, denen man sonst mittlerweile überall begegnet.

Nicht ohne Grund bekommt man das Gefühl vermittelt, dass diese Art Hotels mit ihren exorbitanten Preisen auch den Luxus anbieten, ihre Gäste genau davor zu schützen. Allerdings scheint auch dieses Phänomen allmählich zu verblassen. Trotz weiter steigender Preise wird dieser Schutz nur noch selten gewährt. Das ist wohl eine der Folgen der mit der Demokratisierung einhergehenden Trivialisierung des Reisens.

Aber es gibt Orte, die anders sind. Einer davon ist das Reid's auf Madeira.

Unsere Vorstellung von dem, was Luxus sein sollte, bewegt sich in einem Zwischenreich zwischen unserer Sozialisation, den Erfahrungen, die wir machen, und der jeweiligen Persönlichkeit. Darin kommt so viel zum Vorschein wie etwa in den Bildern, die die Religionen von Paradies und Hölle anbieten. Das setzt sich fort in den Schönheitsidealen und dem, was die Gesellschaft als allgemeines Ideal des Handelns ansetzt. In Zeiten des Hungers sind die Motive eher wohlgenährt und üppig, um einerseits eine Wunschvorstellung zu formulieren und andererseits die Zugehörigkeit zu einer bestimmten Schicht zu manifestieren. Während in einer Gesellschaft, in der Hunger kein Thema ist, ein mageres, gesundheitsnormiertes Schönheitsbild überwiegt und angestrebt wird.

Die Idee vom Schlaraffenland ist aus der Not entstanden. Das Bild antiker, körpervollendeter Schönheit tauchte immer wieder dann auf, wenn Tatkraft und Veränderung angesagt waren. Hatte diese sich erledigt oder war jene allmählich ermüdet, mündete es in dekadenter Völlerei, im Genuss des Augenblicks. Was kümmert mich das Morgen sowohl meiner selbst als auch das der

Gesellschaft insgesamt, wenn ohnehin alles dem Untergang geweiht ist? Dem begegnen wir immer dann, wenn eine Gesellschaft kurz vor ihrer Auflösung oder ihrer gewaltsamen Zerstörung steht.

In der Regel verschieben die Religionen das Wohlleben auf das Jenseits. Hienieden muss man dienen, opfern, tätig sein. Lediglich die Gotteshäuser mit ihrer oft exzellenten Architektur und ausgewogenen Pracht bieten manchmal einen Vorgeschmack auf das kommende himmlische Reich. Dort im Verheißenen, wo auch immer das liegen mag, wartet auf uns das gute Leben. Bei den einen ist es ein auf Wolken gebetteter Müßiggang, sich an Nektar labend, von den Lieben umgeben. Bei den anderen wartet auf die, die sich aufgeopfert haben, eine Anzahl Jungfrauen, um ihnen das Jenseits zu versüßen. Der Wohlstand und der Luxus werden besonders gern dort auf später verschoben, wo die Realität keinen Anlass zur Zufriedenheit bietet oder den Vorstellungen von einem zufriedenstellenden Leben krass entgegensteht. Oft kommt das gute Leben bei den Zielvorgaben der betreffenden Gesellschaft gar nicht vor. Diese Art Vertröstung gilt nicht nur für Religionen, sondern auch bei deren Derivaten, gleichgültig ob sie sich Kommunismus, Faschismus oder Utopia nennen. Um in solchen Verhältnissen halbwegs zufrieden leben zu können, braucht man den Glauben. Ohne ihn ist es oft unerträglich.

Man muss sich nur die Paläste von Diktatoren oder anderen unumschränkten Herrschern ansehen, mit ihrer überbordenden Pracht, den Spiegeln – sie betrachten sich selbst zu gern –, den kristallenen Leuchtern und den weit ausladenden Treppenhäusern, um zu verstehen, wie weit weg das vom Leben der Menschen ist, die bevorzugt Untertanen sind. Die Palette der Herrscher, die sich solche Paläste haben bauen lassen, ist lang und reicht von Ludwig XIV. bis zu Ceauşescu. Aber auch die Gegenwart liefert dafür Beispiele, in den Protzbauten arabischer Emirate oder des türkischen Präsidenten. Selbst da, wo die Bauten nicht die direkte Macht des betreffenden Auftraggebers ausdrücken, kann man immerhin die Illusion von Macht ablesen. Dabei wandelt sich in einer Gesellschaft, in der längst das Geld der fast ausschließliche Machtfaktor geworden ist, auch die Schicht der Macht Ausübenden.

Die betreffenden Gebäude zeugen von einem Weltbild der Auftraggeber, das geprägt ist von einer bestechenden Selbstherrlichkeit, aber auch tief verwurzelten Zweifeln, die offensichtlich zur Persönlichkeit solch narzisstischer Menschen gehören. Die Umgebung, die sie sich schaffen, ist weder praktisch noch schön in einem ästhetischen Sinne. Sie spricht lediglich von der Sehnsucht nach

Ewigkeit, die fast mit Göttlichkeit verglichen werden soll. Die Nähe zu den Religionen ist damit wieder offenbar geworden.

Steigt, wie das im 20. Jahrhundert allmählich geschehen ist, der Wohlstand der durchschnittlichen Bevölkerung, entwickelt sich ein Bedürfnis nach der Nachahmung der Lebensverhältnisse »besserer Kreise«. So entstanden zum Beispiel der Gelsenkirchener Barock oder die Datschenkultur, die gerade in sozialistischen Ländern äußerst absurde Blüten trieb. Fährt man dazu noch in den Urlaub, braucht man am Ziel zumindest die Illusion von Luxus in Form von überbordenden Büfetts oder vergoldeten Wasserhähnen.

Die Hotels, die im Rahmen der Demokratisierung des Urlaubs entstanden, sind dementsprechend Häuser, deren Ziel in der perfekten Nachahmung besteht. Man tut so, als ob. Das mag manchmal gelingen, aber in der Regel bleibt es bei einem Versuch, der einer gewissen Komik nicht entbehrt.

Zeit - unser wertvollster Besitz - steigt noch einmal in ihrem Wert, wenn wir frei über sie verfügen können. Jenseits lästiger Alltagspflichten die Freiheit zu besitzen, das zu tun, wonach uns der Sinn steht im Moment, ohne lange Planungen und ohne das schlechte Gewissen, das uns üblicherweise beschleicht, wenn wir uns dem Müßiggang hingeben. Nichts zu tun ist vielleicht der größte Luxus, den es in einer so übersteigert leistungsorientierten Gesellschaft geben kann. Alles kann, nichts muss, das ist die Botschaft, die von einem Ort ausgehen sollte, der Luxus vermittelt. Die wohlige Trägheit bereits am Frühstückstisch ermöglicht es, sich in den Tag fallen zu lassen und nach mehreren frisch gebrühten Kaffees, frischem Saft, dem perfekten Ei, dem Blick in die Zeitung oder zum Horizont verblüfft festzustellen, dass es fast Mittag und die wieder einsetzende Müdigkeit absolut berechtigt ist. Das aber funktioniert nur, wenn man selbst für diesen Zustand keinen Finger rühren muss und diejenigen, die für uns diese Aufgaben übernehmen, dies fast unsichtbar tun, ohne jede Hektik, als wäre die Welt als Ganzes in einen Slow-Motion-Zustand versetzt.

Seine Faszination verliert das Szenario, wenn es nicht die bewusst gewählte zeitliche Begrenzung auf einige Tage oder Wochen hat, sondern Dauerzustand wird. Der Reiz des Besonderen entsteht erst aus der Divergenz zum Alltag. Wir sind so konditioniert, dass Gewohnheit die Schönheit allmählich verblassen lässt.

In einem Zimmer mit Balkon Richtung Stadt und Hafen wird man von der Morgensonne geweckt, wenn man nicht die schweren Vorhänge zugezogen hat, was bei der Aussicht der reine Frevel wäre. Das Licht auf offener Bühne verführt, nach draußen zu treten und den Tag zeitig zu beginnen. Auf dem Weg zum auf der Poolebene liegenden Frühstücksrestaurant trifft man nur wenige Gäste. Man nickt sich freundlich zu, wahrt aber ansonsten die morgendliche Stille. Die immer offen stehenden Glasschiebetüren lassen das Drinnen und das Draußen allmählich ineinander übergehen. So fällt die Wahl, wo man sitzen möchte, leicht. Je nach Stimmung versetzt man seinen Platz nur graduell. Neben dem Pool, der gerade noch für den Tag hergerichtet wird, kann die Sonne auch um diese Stunde schon einige Kraft haben. Wettgemacht wird das durch die leichte Brise, die meist weht. Bei kräftigerem Wind sind die Türen geschlossen. Am angenehmsten sind die Plätze im Zwischenreich, schon auf der Terrasse, aber behütet von den Markisen. Die Getränke werden frisch zubereitet und an den Platz gebracht. Die Luft ist eine Melange von Meeresbrise, Kaffeeduft und dem der frisch ausgepressten Orangen, als hätte ein Maître des odeurs sie für den Frühstücksraum komponiert.

Frühstückbüfetts sind oft ein Ort eigenwilliger Geschäftigkeit, angetrieben einerseits von den stets noch etwas Neues entdeckenden Gästen, die oft viel mehr zu ihren Tischen tragen, als sie zu sich nehmen können, und andererseits von den Köchen und Kellnern, die um Nachschub bemüht sind. Nicht so im Reid's. Alle haben Zeit, so scheint es zumindest. Von allem ist reichlich vorhanden. Niemand nimmt mehr, als er wirklich verzehren will, und wenn einem tatsächlich der Sinn nach einem weiteren Stück der köstlichen Mango steht, holt man sich eins davon. Kehrt man zum Tisch zurück, ist das benutzte und nicht mehr benötigte Geschirr verschwunden. Wie das geschehen ist, bleibt ein Geheimnis. Denn nirgendwo ist unterwürfige Beflissenheit zu bemerken. Im Gegenteil, es herrscht eher eine Atmosphäre freundlicher Jovialität, wie sie kleinen Familienpensionen eigen ist. Schon am zweiten Morgen wird man begrüßt, als wäre man ein alter Bekannter, der selbstverständlich täglich hier speist. Man erkundigt sich nach der Qualität des Schlafes, den vorangegangenen Erkundungen und den Vorhaben für den neuen Tag. Die neu erworbenen Sonnenbrillen oder Badetiere der Kinder werden angemessen gewürdigt. Keine Geste oder Bemerkung wirkt angelernt oder gar mühsam aufgezwungen. Es ist souverän ausgeübtes Handwerk, zu wissen, wer angesprochen werden will und wer seine morgendliche Ruhe genießt.

Besonders ausgeklügelt scheint das System zu sein, wenn man beschließt, schwimmen zu gehen. Auf der Poolterrasse kann man, wenn man will, einfach nur stehen, sitzen oder liegen und den Blick auf die Bucht genießen, aber man kann auch sowohl im Pool als auch über eine Leiter im Meer schwimmen gehen. Dafür wird man dann mit einem Paket dicker, flauschiger Handtücher versorgt. Niemals bin ich angesprochen worden, wenn ich nur in die Ferne sehen wollte. Hatte ich aber die Absicht zu schwimmen, manchmal noch bevor ich mir dessen bewusst war, wurde ich augenblicklich mit erwähntem Handtuchpaket versorgt. Nachdem ich das festgestellt hatte, wollte ich wissen, ob es nur bei mir so abläuft, ob ich vielleicht einen speziellen Schwimmblick oder eine darauf hindeutende Haltung angenommen habe. Nein, auch bei den anderen Gästen funktionierte es, mit einer sehr geringen Fehlerquote.

Vor Jahren habe ich mit Vergnügen David Foster Wallace' Reportage über eine Kreuzfahrt gelesen. In Gedanken versuchte ich, Parallelen zu finden, aber während er von aberwitzigen Entgleisungen berichtet, war dies hier völlig anders. Während diese modernen Kreuzfahrtschiffe eine Art Potemkin'sches Dorf des Luxus errichten, das aus leeren Ritualen auf der einen und peinlichen Missverständnissen auf der anderen Seite besteht, herrscht hier ein Einverständnis über Regeln, die einen das Zusammenleben mit den Mitmenschen nicht nur als erträglich empfinden lassen. Viel mehr als das, der gemeinsame Genuss wirkt wie das Teilen von Glück, es verstärkt das Erlebnis und ist so Bestandteil des Gesamteindrucks. Hier alleiniger Gast zu sein wäre vermutlich nur halb so vergnüglich. Wenn alle Beteiligten die Regeln akzeptieren, ist es angenehm, in Gesellschaft zu sein. Das gilt in diesem Mikrokosmos wie auch in der ganzen Gesellschaft.

Wenn allerdings ein Einzelner sich alle gegrillten Tomaten auf seinen Teller tut, ohne den kleinsten Gedanken daran zu verschwenden, dass das rücksichtslos sein könnte, sind wir sehr bald angekommen im Winter unseres Missvergnügens. Betrachten wir die Welt einmal aus dieser Perspektive, so gibt es offensichtlich zu viele, die sich ihre Teller so weit füllen, dass für die anderen nichts übrig bleibt. Gier ist offensichtlich der absurdeste Trieb, der uns erhalten geblieben ist und der letztendlich auch an unserem Untergang einen wesentlichen Anteil haben wird.

Gier hat mit Genuss nicht das Geringste zu tun. Im Gegenteil, wenn ich alles für mich haben will, muss ich es verteidigen, und je schlechter es den anderen im Vergleich zu mir geht, umso aufwendiger werden die Schutzmaßnahmen für meinen Besitz sein müssen. Dazu kommt noch der Aspekt des Werts der Dinge. Jeden Tag Champagner und Kaviar? Wie schnell muss das im Überdruss enden. Genuss lässt sich irgendwann nicht mehr steigern, und dessen Perversionen werden letztendlich in Ekel münden.

Im Reid's begreift man, dass es ein großer Luxus sein kann, Regeln zu akzeptieren und sich rücksichtsvoll zu verhalten. Interessant war es auch, die Kinder, die es im Hotel erstaunlicherweise in großer Zahl gibt, zu beobachten. Auf faszinierende Weise haben sich die Kinder das Verhalten der Erwachsenen abgeschaut. Sie toben und planschen im Wasser, schaufeln Unmengen von Pfannkuchen beim Frühstück in sich hinein, aber insgeheim scheinen auch sie die spannungsfreie Atmosphäre des Ortes zu genießen und zu respektieren.

Wenn dann noch die Einhaltung der Regeln nicht erzwungen, sondern allgemeiner Konsens ist, fühlt man sich als Bestandteil einer Gemeinschaft. Natürlich müssen Regeln immer wieder hinterfragt und an die Lebenswirklichkeit angepasst werden, aber in einer aufgeklärten Gesellschaft, in der ein Diskurs stattfindet, sollte das ja ohnehin ein lebendiger Prozess sein. In diesem Sinne wünschte ich mir manchmal, wenn ich durch die Flure des Hotels lief, eine kleine Zeitreise. Wie würde ich das Verhalten der Menschen, die mir dann begegneten, empfinden und sie meines? Was hat sich in den letzten einhundert Jahren verändert?

Was sich ganz sicher verändert hat, ist das Verhältnis der Gäste zu den Menschen, die im Hotel arbeiten. Man kann davon ausgehen, dass von denjenigen, die vor 100 Jahren hier abgestiegen sind, fast alle auch im häuslichen Umfeld Dienstpersonal hatten, welches ihnen alle profanen Arbeiten abnahm. Der Umgang mit Personal war geprägt von der Selbstverständlichkeit, nichts selbst tun zu müssen. Man brauchte also sein Verhalten kaum umzustellen, aber umso höher muss auch der Anspruch an die Mitarbeiter eines solchen Ortes gewesen sein. Sie mussten besonders geübt sein im Erfüllen von Wünschen.

Heutige Reisende, wie ich, empfinden es schon als befremdlich, wenn der Koffer getragen wird. Das kann ich doch selbst tun? Wenn man dann beginnt, sich auf den Ort einzulassen, versteht man dieses Wünsche-von-den-Augen-Ablesen als etwas so weit außerhalb des Alltags Liegendes, dass man es als Ausnahmesituation begreift, annimmt und allmählich zu genießen beginnt. Beobachtet man diejenigen, die das Erkennen von Wünschen und ihre Erfüllung beherrschen, ist es wie bei fast jedem guten Handwerk – man sieht, es funktioniert, ohne zu erkennen, wie. Im Reid's geht man diesem Handwerk mit perfekter Diskretion nach. In diesem Zusammenhang entstand auch der Gedanke, den ich dann im Waldhaus umgesetzt habe: dem Geheimnis der Perfektion auf den Grund zu gehen, was nur in Gesprächen mit den Mitarbeiterinnen und Mitarbeitern gelingen kann. Eine der Voraussetzungen habe ich aber schon hier entdeckt, die mir dann im Waldhaus in noch vollendeterer Form wieder begegnete. Im Correspondence Room, in dem man an alten Schreibtischen mit Tintenfässern seine Post noch heute erledigen kann, wenn man es nicht bevorzugt, diese über einen Senden-Button zu verschicken, hängen neben anderen alten Fotografien die Porträts der bisherigen Hoteldirektoren. Das sind nur etwa ein halbes Dutzend in 140 Jahren. Das heißt, die Direktoren hatten eine Verweildauer von durchschnittlich 20 Jahren. Das kann nichts anderes heißen, als dass die Herren das Haus geführt haben müssen, als wäre es ihr eigenes Hotel. In den Berichten aus der Historie des Hauses wird auch deutlich, wie fast jeder von ihnen mit seiner Handschrift das Haus geprägt hat.

In der Bibliothek meines Heimatortes gab es einen dicken illustrierten Band mit den Märchen Hans Christian Andersens. Neben den Geschichten von der Schneekönigin, die unser Herz in Eis verwandeln kann, und dem Soldaten mit dem Feuerzeug gab es die von der Prinzessin auf der Erbse. In diesem Märchen kulminierte alles, was ich als Junge an dem Konzept Mädchen nicht verstand. Wie kann es erstrebenswert oder zumindest von Vorteil sein, wenn man die kleinste Kleinigkeit spürt? Ein Indianer kennt keinen Schmerz. Trotzdem, meine Neugier darauf, ob man tatsächlich so empfindsam und vornehm sein kann, dass man durch die Matratze hindurch eine einzelne Erbse spüren kann, war so groß, dass ich nach der Lektüre zum Selbstversuch schritt. Ein paar Erbsen aus der Küche auf ihre Festigkeit geprüft – eine einzelne Erbse erschien mir denn doch zu kümmerlich – und so unter der Matratze platziert, dass ich darauf zu liegen kam. Am Abend redete ich mir noch ein, ich würde sie spüren und am darauffolgenden Morgen blaue Flecken vorzeigen können. Nichts davon. Tiefschlaf und keine Blessuren.

Seit diesem Tag bewundere ich vornehme Menschen. Das ist wie eine Begabung, etwas, das man nur partiell erlernen kann. Damals war der Begriff für mich auch ausschließlich weiblich besetzt. Die männliche Variante lernte ich erst sehr viel später in Gestalt des englischen Butlers Jeeves aus den Geschichten von P. G. Wodehouse oder James, des Butlers von Miss Sophie aus *Der 90. Geburtstag*, kennen. Die Formvollendung, die sich auch zur Karikatur auswachsen kann, wird hier einem Alltagstest unterzogen, dessen Ergebnisse zwangsläufig komisch sein müssen.

An diese literarisch und filmisch geprägten Erfahrungen musste ich denken, während man uns auf der der Bucht zugewandten Terrasse des Reid's Gurkensandwich, Scones mit Clotted Cream und dazu einen Assam-Tee in Bone-China-Tassen von Wedgwood servierte. Natürlich ist das Genuss auf die Spitze getrieben, aber es hat etwas ungeheuer Tröstliches, zu wissen, dass dieses köstliche Ritual vor 100 Jahren kaum anders ablief und es hoffentlich von unseren Nachkommen ebenso genossen werden kann. Nein, nicht jeden Tag, aber wenn man es einmal im Leben in dieser Form erlebt hat, bietet es doch ausreichend Stoff für eine willkommene Erinnerung.

ltuy nova a svreiver ve per
r oz bleas cordials angraz
Salüts a tots de nous a
Comf

HOTEL WALDHAUS **SILS MARIA**

Schweiz

Lage: Via da Fex 3, 7514 Sils im Engadin, Schweiz
Zimmerzahl: 140
Berühmte Gäste: Theodor W. Adorno, Marc Chagall, Erich Kästner, Thomas Mann, Max Reinhardt, Luchino Visconti (Dies ist eine willkürliche Auswahl, eine nur halbwegs vollständige Liste würde viele Seiten füllen.)
Historie: Eröffnet im Jahr 1908, ist das Waldhaus bis heute ein mythischer Ort europäischer Künstler und Intellektueller geblieben. Das Luxushotel wird inzwischen in der fünften Generation als Familienbetrieb geführt. Man wird als Gast nicht nur über die Aufschrift »A Family Affair« an den Türen, sondern durch die persönliche Begrüßung darauf aufmerksam gemacht.

Die Gespräche: Das war es auch, was uns dazu animierte, mithilfe von Gesprächen und Beobachtungen dem Geheimnis dieser inzwischen fast einmaligen Konstellation auf die Spur zu kommen. Die Menschen des Waldhauses waren dabei das Ziel unseres Interesses. Es musste eine Erklärung geben für die Ausstrahlung des Hauses, die sich nicht allein mit der besonderen Lage erklären lässt. Der Geist, der hier herrscht und der sich auf die Gäste überträgt, muss seine Quelle in den Mitarbeiterinnen und Mitarbeitern haben.

Parallel zu den Gesprächen – und es waren viel mehr als die hier aufgezeichneten – hat der Fotograf Maximilian Van Poele dieses Phänomen mit seiner Leica optisch sichtbar gemacht. Er hat die Menschen, durch die das Waldhaus erst zum Hotel wird, und die Räume eingefangen, die den Rahmen bilden. In der Kombination von Fragen, Zuhören und Fotografieren haben wir uns der Magie des Ortes genähert.

Nach Hause kommen

Das Waldhaus

Der kleine Elia ist unter dem Tisch hindurchgekrabbelt, hebt die Tischdecke an und winkt uns von seinem sicheren Unterschlupf aus zu.

Es kommt offensichtlich nicht so oft vor, dass Fremde in die Mittagsrunde der Familie eindringen. Schon gar nicht jetzt, am Ende der Saison, wo keine entscheidenden Schlachten mehr geschlagen werden müssen. Ein paar freundliche Fragen. Schließlich soll uns noch ein Passierschein ausgestellt werden. Die ersten Tests haben wir zu diesem Zeitpunkt schon bestanden. Die Prüfung ist wohlwollend. Die Permission erteilt.

So überraschend und knapp das Prozedere auch war, für alles Weitere wird es von Bedeutung sein. Der Zugang ist ebenso klar wie geheimnisvoll geregelt.

Von außen das Haus, hoheitsvoll, nur wenig über dem Hochtal gelegen. Der Name führt in die Irre. Wald ja, aber wohl eher Burg oder Schloss als Haus. Wenn man auf der Straße im Tal von St. Moritz herkommt, sieht man es von Weitem liegen. Auf halber Höhe zu den Gipfeln, von Bäumen umrahmt, passt es sich im Winter perfekt ein in die Schneelandschaft. Im Sommer wirkt es wie ein weißer Solitär über dem See, inmitten vom Grün der Bäume und vom Blau des Wassers. Kommt man von den Bergen her, ist es die erste Zuflucht nach der Schroffheit der Felsen, ein Halt auf dem Weg ins Tal hinab.

Alle Beschreibungen dieses Ortes, die ich vorher gelesen habe, ähneln sich und sind auch zutreffend. Trotzdem, die eigene Erfahrung vor Ort unterscheidet sich vollkommen davon. Steht man selbst davor, ist es, als hätte der Architekt im Kopf das Haus gerade erst aus der eigenen Vorstellung erschaffen. Die sich aus dem Gedächtnis abspulende Liste vergleichbarer Häuser liefert keine Treffer. Natürlich drängt sich auch die von der Literatur geprägte Vorstellung vom Zauberberg auf. Aber nein, hier wird nicht gehustet, und Liegekuren wären fehl am Platze.

Als wir uns vom Dorf aus heraufgeschraubt haben, kam es uns gar nicht so weit vor, wie der Anblick aus der Ferne vermuten ließ. Ausprobiert haben wir es später zu Fuß nie. Dazu ist zu viel im Haus zu erleben. Auf den 1800 Metern über dem Meeresspiegel, auf denen wir uns befinden, dröhnt uns Flachlandmenschen die ersten Tage der Kopf. Selbst der Blick aus dem Fenster schafft Verwirrung. Manchmal ist der Nebel über uns. Man sieht nicht, wo die Berge enden. Irgendwo über uns muss der Himmel sein. Darunter ist es klar. Die Häuser auf einer Eisenbahnplatte festgeklebt. An anderen Tagen dreht sich das Bild um, und der Nebel zieht wie eine Schlange zum Pass hin, das Dorf verschwindet, während die Bergspitzen wie weiß bepuderte Nadeln in den klaren Himmel stechen.

Eigentlich sollte inzwischen Frühling sein. Weiter unten am Ausgangspunkt der Reise ist es das auch. Nicht hier. Die Straßen sind gesäumt von Schnee, der am Rand in vielen Schichten aufgetürmt ist. An zwei Tagen fällt neuer, der die Stille vergrößert und den Eindruck verstärkt, auf einer Insel zu sein. Man sitzt hinter den großen Fenstern, sieht dem Wirbeln zu, verfällt in lange Sequenzen des Schweigens. Das mag eine Illusion sein, aber je verwegener die Landschaft, die uns umgibt, sosehr man sie auch lieben mag, desto größer das Bedürfnis nach der umgrenzten Verlässlichkeit eines imaginierten Zusammenhalts derer, die sich drinnen versammeln.

Alles Laute, Vulgäre findet ohnehin den Weg nicht hier herauf, als würde es sich in tückischen Rosenhecken verfangen. Die Dornen sind nicht sichtbar. Es ist tatsächlich ein wenig wie im Märchen. Für den Zutritt reichen Goldmünzen nicht, und auch mit dem Schwert bleibt man stecken. Einlass wird freundlich gewährt, nur die Zauberformeln muss man kennen. Was es braucht, um die zu finden? Man sollte dafür geboren sein, oder man muss sie mühsam lernen.

Den Rest regeln die Verhältnisse.

Wir dürfen reden, fragen, Türen öffnen, in Räume eindringen, vielleicht sogar in Ecken sehen und werden hoffentlich geheimnisvolle Dinge entdecken. Darüber hinaus brauchen wir nur ein paar Flugstunden. Mit dem Pilotenschein in der Tasche können wir vielleicht an klaren Tagen ein paar Pirouetten drehen. Wer weiß.

Die nächsten Tage werden es erweisen, wie viel man uns zeigt, vor allem aber, was wir in der Lage sind zu sehen. Was wird man uns erzählen? Seltsam, so ein öffentlicher Ort, aber voller geheimnisvoller Türen. Allein sie zu öffnen, um zu sehen, was sich dahinter befindet, wird wohl nicht genügen. Wobei uns ohnehin kaum interessiert, was die Zimmer mit Nummern an Geheimnissen bergen. Unsere Neugier gilt genau den Räumen, die keine Nummer tragen. Das sind in der Regel die, hinter denen gearbeitet wird. Was ist mit den Menschen, die hier nicht im Müßiggang verweilen, sondern aus dem Waldhaus ein Hotel machen? Wie sehen deren Tage aus? Bei ihnen sind es wohl eher Monate und Jahre.

Wie wir schnell erfahren, kommen die, die hier arbeiten wollen, in der Regel her, um zu bleiben. Die Anziehungskraft des Hauses ist also nicht auf die immer wiederkehrenden Gäste begrenzt.

Natürlich stranden manche auch aus Zufall, aber das Bleiben schließlich ist keiner mehr. Die Zeit folgt an diesem Ort ohnehin ihren eigenen Regeln, die ihn von der restlichen Welt trennen. Das Jahr ist ein Fremdwort hier. Die Lebenszeit wird nach Saisons gemessen. Sommer und Winter. Die Anzahl der

Saisons, die man da ist, gilt als Rangabzeichen, das stärker ist als Funktion oder Hierarchie. Hier versteht man etwas von der Relativität der Zeit. Einstein war auch da.

Was wir erst nach unseren Tagen hier wissen werden: Hier altert man auch nach anderen Regeln als im Tal. Rip Van Winkle könnte hier gelebt haben, der Titelheld einer Erzählung von Washington Irving, dem Vater der amerikanischen Short Story. Nach einem magischen 20-jährigen Schlaf, der für ihn nur einen Tag gedauert hat, kehrt Rip in sein Heimatdorf zurück, in dem sich alles verändert hat und er nicht mehr erkannt wird.

Kehren wir nach Hause zurück, kennt uns vielleicht auch niemand mehr. Nur der Hund erinnert sich an den Geruch. Bart und Haare sind gewachsen. Oder ist es nicht eher so, dass uns, die wir da oben waren, das Treiben in den Ebenen fremd wird? Umso mehr, je länger man am Berg verweilt hat?

Wir hören Geschichten, die eigentümlich und besonders sind. Jeder hat seine individuellen Gründe, da zu sein und zu tun, was seine Profession ist. Was wir erfahren und sehen, ist: Jeder tut etwas sehr Bestimmtes, Konkretes und oft Singuläres. Tritt man jedoch einen Schritt zurück, sieht man eher das Verbindende. Das Bild eines Mosaiks drängt sich auf. Jeder kleine Stein funkelt in einer eigenen Farbe. Hält man ihn gegen das Licht, leuchtet er gelb, grün, blau oder rot. Sieht man das ganze Bild an, kann es sein, dass der einzelne Stein kaum wahrzunehmen ist, aber ohne ihn entsteht das Bild als Ganzes nicht. Das Mosaik erstrahlt in frischem Blau, aber ohne das gelbe Steinchen leuchtet das Blau nicht.

Ins Gespräch mit den Leuten hier zu kommen scheint zunächst leicht, ihre Antworten zu verstehen ist es nicht immer. Wir hören erst einmal zu.

Renato

Chef Pâtissier, 54 Saisons

Einen Patissier stellt man sich immer als einen dicken, gemütlichen Mann vor, der, umgeben von geheimnisvollen Ingredienzien, sein Handwerk zelebriert. Überall brodelt und zischt es, und man kann mit dem Löffel in diesen und jenen Topf fahren und sich genussvoll die Zunge verbrennen.

Nicht so bei Renato, dem drahtigen, durchtrainierten Mann mit den ausdrucksstarken Händen, die jedes seiner Worte mit Gesten bestätigen. Über

Süßwaren muss er nicht reden, sie begleiten seinen Tag, die Woche, die Saison – schon wieder begegnen wir dieser Kategorie, in der man die Zeit misst. Sommer und Winter. Dazwischen leere Zeit. Das ist die Liturgie. Die Küche, in der er arbeitet, ist ein aufgeräumter Ort, scheinbar immer. Es ist zwar nötig, den Arbeitsraum zu strukturieren, um auch in hektischen Momenten, an denen es in einer Hotelküche wie dieser sicher nicht mangelt, zurechtzukommen. Diese Ordnung aber ist schon ungewöhnlich. Die Rezepte, die Renato im Kopf hat, müssen dort ebenso sauber abgelegt sein wie hier die Zutaten, Gewürze und Gerätschaften, stellt man sich vor. Seine Erklärungen lassen ahnen, wie er sein Wissen vermittelt. Streng und genau. Die Alchemie der Zubereitung ist keine. Eher Chemie und Mathematik. Klare Formeln, die Geschmack und Schönheit hervorbringen. So schmeckt, was diese Küche verlässt, immer nach dem, was es ist. Man kann verfeinern, verfremden und abenteuerliche Kombinationen finden, aber vorher muss man wissen, was ein Schokoladenkuchen ist.

Von Renato hören wir zum ersten Mal, was uns später an anderen Stellen wieder begegnen wird. Man wählt zunächst sorgfältig aus, welche Zutaten man verwenden will. So viel wie möglich bezieht man von den Bauern aus der Umgebung. Man kennt sich und wählt, was die Jahreszeit möglich macht. Dass Italien nicht weit ist, bietet Vorteile. Man kann früher und länger von der Sonne jenseits der Berge profitieren. Der Süden ist nur eine Autostunde entfernt. Man mag es kaum glauben, wenn man aus dem Fenster sieht.

Was früher die Sparsamkeit erzwang, wird heute aus Vernunft und Verantwortung zelebriert: Aus allem etwas machen. Möglichst wenig wegwerfen. Das hier in der Küche eines Luxushotels zu finden ist unerwartet. Freilich hängt auch das wieder damit zusammen, wie hier Luxus definiert wird. Manchmal ist es eben das Festhalten an Vernünftigem und die Entscheidung, den Zeitgeist kurzerhand daran abprallen zu lassen.

Renato hat so viele Saisons auf seinen Schulterstücken wie nur wenige im Haus. Was ihn hält, sind die Familie und die Novizen, die hier Lehrlinge heißen. Sie haben es ihm angetan. Welchen Sinn macht unser Tun, wenn wir nicht weitergeben können, was uns wichtig ist? Das geht weit über die Herstellung von Torten, Desserts und Eiscreme hinaus. Gemeinsame Ausflüge, Tischtennisturniere und vor allem Zuwendung. Zeigen, worauf es ankommt. Es ist tiefe Ernsthaftigkeit und Leidenschaft, wenn er davon erzählt. Manchmal geht das für ihn nicht ohne Blessuren und Enttäuschungen ab. Naheliegend. Dass er dabei wiederum jung bleibt, sieht man ihm an. Renato handelt aus Überzeugung. Keine Attitüde. Während er erzählt und dabei Spritzbeutel reinigt, Eisbehälter verschließt und glatte Edelstahlflächen poliert, wird klar: Dieser Mann lebt mit dem Haus und seinen Bewohnern, zu denen die Mitarbeiter, die Familie und die Gäste gleichermaßen zählen.

Die Zeit hier gehört ohnehin dem Hotel. Freizeit und Arbeit sind nur durch die wenigen Meter zwischen Hauptgebäude und Mitarbeiterhaus getrennt. Also gibt es lediglich die Alternative, sich als Einsiedler in ein Zimmer zurückzuziehen oder mit den anderen zu leben. Die Familie in einem größeren Rahmen fortzusetzen. Für Renato ist das keine Frage. Wer so gestikuliert, ist in der Welt verfangen, mit dünnen, unsichtbaren Fäden festgehalten, aber auch gesichert. Familie, ein Wort, das man an diesem Ort so oft hört, hat die verschiedensten Bedeutungen. Für viele, die hier arbeiten, gibt es mindestens zwei. Hier und irgendwo in Italien, im Tal oder in einer anderen Welt. Darin unterscheidet sich Renato kaum von den anderen, mit denen wir sprechen werden.

Vincent

Koch Lernender 1. Jahr, 2 Saisons

Warum tauscht Hans im Glück eigentlich immer wieder? Den Lohn des Fleißes gegen etwas, wovon man nicht weiß, wohin es führt und was es wert ist.

Hoffnung? Neugier? Unzufriedenheit?

Vincent hat getauscht. Ein Studium gegen eine Lehre im Waldhaus. Wirtschaft und Philosophie gegen Kochen. Wirtschaft heißt: bestehen wollen in dieser Welt. Regeln folgen. Philosophie: verstehen wollen. Dem Wesen der Dinge auf den Grund gehen. Die Regeln hinterfragen.

Kochen verbindet diese Elemente. Es folgt Regeln, die teilweise Präzision verlangen. Wenn man erkennt, was diesen Regeln zugrunde liegt, kann man schöpferisch sein und Neues kreieren. Die Abläufe in der großen Küche eines Hotels sind hochkomplex und von Rhythmen geprägt, die, will man sie durchschauen, einen wachen Verstand ebenso beanspruchen wie Intuition, aus der heraus man weiß, was in welchem Moment zu tun ist. Wie die materialistische Philosophie richtig erkannt hat, muss der Mensch zuerst essen, trinken, wohnen und sich kleiden, bevor er sich geistigen Dingen zuwenden kann. Hier wird Vincent manchem in der Realität begegnen, das er von den Büchern bereits kennt.

Es scheint ein guter Tausch zu sein, und Vincent weiß das, auch wenn sein Lächeln noch unsicher wirkt. Da steht uns kein Schulabgänger gegenüber. Es ist jemand, der dem Leben schon begegnet ist, der vielleicht schon weiß, welche Stolperfallen es bereithalten kann. Der Junge hat sich in diesem Prozess in einen Mann verwandelt. Das sieht man auch in seinem Gesicht. Offen sich des Gegenübers versichernd, aber gleichzeitig mit Worten seinen Ideen und Vorstellungen Ausdruck verleihend. Wenn er spricht, wird die Arbeit nicht unterbrochen. Hände und Augen sind mit dem einen beschäftigt, Denken und Reden mit dem anderen. Alles wirkt zielgerichtet. Nach Zweifeln sieht das auf den ersten Blick nicht aus. In der Küche gibt es viele Handgriffe, die immer wieder ausgeführt werden – reine Mechanik, die das Kreative, das folgt, vorbereitet und begleitet.

Erstaunlich ist die freundliche Ruhe, mit der Vincent die Eierspeisen beim Frühstück zubereitet und gleichzeitig unsere Fragen beantwortet. Der kleine mobile Herd steht am Rand des Frühstücksraums, unweit der Küche. Was wird, weiß er nicht, was er will, schon. Ferien gibt es erst einmal nicht: In der Hors

Saison wird ein Praktikum bei einer Sterneköchin absolviert. Perfektion kennenlernen. Ansprüche stellen an sich selbst. Je mehr er von Dingen redet, die ihm wichtig sind, desto mehr verfällt er in ein heimatliches Idiom, bei dem wir mehr erahnen als verstehen. Was er meint, ist spürbar. Was ihn antreibt, auch. Er ist darin jungen Künstlern nicht unähnlich. Der Ehrgeiz, etwas wirklich gut zu machen, sich darin zu verwirklichen. Der Drang nach Perfektion.

Am zweiten Morgen fragt er uns, mit wem wir noch gesprochen haben, wonach wir eigentlich suchen. Wenn wir das denn wüssten. Man hat das Gefühl, er will uns noch etwas sagen.

Walter
Maître d'hôtel, 61 Saisons

Walters Zeitform ist das Futur II, die fantasievollste aller grammatikalischen Konstruktionen. Sich etwas in seiner Vollendung vorstellen, das noch nicht passiert ist. Als wir es in der Schule beigebracht bekamen, animierte es uns zu den absonderlichsten Satzkonstruktionen. »Wenn die Menschen den Mars besiedelt haben werden ...«

Sein Geschäft ist mehr handfester Natur. Man kann es am ehesten mit der Tätigkeit von Architekten oder Konstrukteuren vergleichen. Sich im Entstehen begriffene Wünsche und Bedürfnisse vorstellen und die Voraussetzungen schaffen, dass sie erfüllt werden können. Das Korsett dafür ist eng, begrenzt vom Tagesablauf des Hotels, den Dienstplänen der Mitarbeiter und den Erfordernissen der jeweiligen Aufgabe. Wenn das jemand ohne Inspiration tut, geraten die Mahlzeiten zu einem hektischen Wirrwarr von hungrigen Gästen, kaltem Essen und unabgeräumten Tischen.

Das ist unter Walters unauffällig lenkender Hand nicht zu befürchten. Der Maître d'hôtel hat alles im Griff. Am Morgen in einem hellen eidottergelben Anzug und am Abend in einem klassisch schwarzen, unterscheidet er sich zwar rein äußerlich von den übrigen Kellnern, aber die Gäste bekommen nur einen Mann zu sehen, der überall zugleich zu sein scheint, wie alle anderen Essen aufträgt, abräumt, Wünsche entgegennimmt und doch immer Zeit für eine kleine Plauderei hat. Das eigentliche Wunder seiner Arbeit ist die Beiläufigkeit, mit der er das tut, was er tut. Wenn das Haus nur halb gefüllt ist wie jetzt, wenige Tage vor Saisonschluss, verlangt das von jemandem, der schon so lange da

ist, vermutlich auch nicht das Äußerste. Wie mag das sein, wenn Hauptsaison ist und das Haus über Wochen bis auf das letzte Zimmer ausgebucht ist? Eine kleine Ahnung davon bekommt man, wenn man ihn, vor seinem Laptop sitzend, mit konzentriertem Gesicht Zeilen in Plänen hin und her schieben sieht: das Businesslunch, der fehlende Kellner, der noch ungeübte Lehrling und die Koordination mit der Küche, damit das Essen à la Minute auf den Tischen ist. Die Gäste sehen ihn so nie, denn das passiert zwischen den Mahlzeiten im hintersten Winkel des Restaurants. Dort erzählt der schmale, agile Mann mit Wintersonnenbräune im Gesicht von der langen Zeit, die er schon im Waldhaus ist, von seiner italienischen Familie, die das Deutsche liebte, wie man seinem Vornamen entnehmen kann. Er spricht vom Skifahren, seiner Leidenschaft, die die Bräune in seinem Gesicht erklärt. Beim Skifahren liefert er sich offenbar kleine Wettkämpfe mit Gigi Marson, dem Pianisten, der, wenn das slowakische Trio bereits in seiner Heimat ist, die musikalische Untermalung der Tage im Hotel übernimmt.

Hört man Walter zu, ist Italien nicht weit. Das hat weniger mit dem schon fast klischeehaften Akzent zu tun, der einem Mafiafilm entnommen zu sein scheint, als vielmehr mit dem Blick auf das, was hier sein Leben ist, und die Veranlagung, in alldem zuerst das Glück zu sehen. Schwierigkeiten gehören nur nebenbei dazu. Was soll's.

An dem Abend, als wir uns von ihm verabschieden, hat es den ganzen Tag geschneit, und das tut es noch immer. Inzwischen ist es stockdunkel draußen, das Abendessen im Restaurant vorbei. Walter hat die nächsten Tage frei. Er will jetzt gleich in sein 100 Kilometer entferntes Heimattal aufbrechen. Wir, in unserer Fantasielosigkeit, sehen, wie er im Schnee stecken bleibt. Er zuckt mit den Schultern und sieht sich, wie er am Familientisch sitzt und ein Glas Wein getrunken haben wird. Aber unseren Vorschlag, dass sich das Hotel doch einen Hubschrauber zulegen sollte, begeistert ihn. Natürlich nicht, um russische Oligarchen einzufliegen, sondern um die Mitarbeiter bei solcher Witterung sicher heimzubringen. Wir wollen uns bei der Hotelleitung dafür einsetzen. Jetzt bekommen wir sein Lachen zu sehen. Von den kleinen Fältchen um die Augen wussten wir ja bereits, dass das gar nicht so selten zum Einsatz kommt.

Claudia

Zimmerrevision, Familie

Am Schlüssel, mit dem Claudia die Zimmer öffnet, ist mit einem Draht ein kleiner Schneekristall aus Aluminium und Strass befestigt. Das wirkt provisorisch und ist sicher auf die Schnelle angebracht worden, nur um sicherzugehen, dass der Schlüssel, der alle Türen öffnet, sich von anderen unterscheidet und wiedergefunden wird. Es wäre ein Desaster, wenn ein solcher Schlüssel verschwände.

Schon auf dem Weg in die dritte Etage, wo wir sie bei der Zimmerrevision begleiten dürfen, erklärt uns Claudia, wie unvollkommen das ist, was sie da macht. Sie vermutet, die Gouvernante würde das immer noch einmal überprüfen, um wirklich sicher sein zu können, dass nichts übersehen wurde. Und ja, sie würde immer noch etwas finden - was wir uns gar nicht vorstellen können.

Die Aufgabe ist, am Ende der Saison festzustellen, wo in welchen Zimmern während der Schließzeit etwas repariert oder renoviert werden muss. Also wird nach und nach, sowie die Zimmer leer stehen, alles, jedes Detail, in Augenschein genommen. Die Zimmertür, Vorder- und Rückseite aller Türen, gründlich werden die Wände nach Schabspuren der vielen Koffer untersucht, das Bad, inklusive aller Armaturen. Jeder tropfende Wasserhahn, jeder bei der Öffnung quietschende

Toilettendeckel wird bemerkt. Schranktüren, Schubladen, Kleiderbügel, Matratzen, Vorhänge, Fenster. Nichts wird übersehen, alles wird in einer Liste akribisch abgehakt oder in Notizen für die Handwerker verwandelt. Da hier im Haus jedes Zimmer seine Eigenheiten hat, kommt keine Routine auf. Es gibt versteckte Ecken und Winkel. Unter dem Sofakissen findet sich gern auch mal ein klebender Kinderlutscher, der heruntergefallen war und nicht mehr genießbar erschien.

Claudia gehört zur Familie, lebt aber weit weg in Winterthur. Sie ist hier auf Zeit. Ihre Bewegungen sind langsam und werden mit Bedacht ausgeführt. Das ist aber vermutlich bei ihr keine Frage des Alters. Man kann sich vorstellen, dass sie schon eine sehr beherrschte junge Frau war. Meine Mutter und Großmutter waren auch solche Frauen, die niemals einfach so dasitzen konnten. Es musste immer etwas getan werden, sonst kam man sich unnütz vor. Und wenn nur kratzende Mützen für die Enkel gestrickt wurden. Die Enkel sehen, von denen Elia einer ist, ist auch einer der wichtigen Gründe für Claudia, im Waldhaus zu sein, aber die Hände in den Schoß legen ist tabu. Wenn man schon hier ist, muss man etwas tun. Dabei stellt sie sich natürlich immer wieder die Frage, ob das, was sie tut, wohl den Ansprüchen genügt.

Am letzten Tag treffen wir sie beim Frühstück noch einmal. Wenn wir an ihrem Frühstückstisch säßen, was wir uns sofort vorstellen können, käme bestimmt der Satz: Aber Jungs, ihr müsst doch noch etwas essen. Es gibt erst Mittag wieder etwas. Und wenn ihr rausgeht, vergesst nicht, einen Schal umzutun. Es ist kalt draußen.

Nein, sie hat nicht alle Zimmer geschafft. In einigen wohnen ja noch Gäste. Das muss dann die Gouvernante tun.

Claudia fährt ebenfalls heute ins Tal zurück.

Anna

Floristin/Gärtnerin, 56 Saisons

Anna ist wie eine Pflanze langsam ins Hotel hineingewachsen. Angefangen hat sie mit ein paar Stunden zur Aushilfe, und nach und nach wurde es mehr. Im Sommer wurde die Terrasse bepflanzt, in der Weihnachtszeit wollte das Haus in Festtagsstimmung versetzt werden, bei Hochzeiten, großen Familienfeiern brauchte es eine passende Umrahmung. So schlug sie Wurzeln, und jetzt sind ihre Blüten überall im Haus und in der Sommersaison auch vor dem Haus zu sehen.

Die Atmosphäre in einem Restaurant oder Hotel setzt sich aus den verschiedensten Komponenten zusammen. Pflanzen verändern die Räume. Sie können die unterschiedlichsten Wirkungen entfalten. In der Weihnachtszeit schaffen wir uns mit Tannenzweigen und Weihnachtssternen eine künstliche Welt des Lichts, um von der Dunkelheit der kurzen Tage abzulenken. Das erklärt auch, warum selbst prosaische Geister sich dem nicht entziehen können. Wenn die Natur im Winterschlaf und es draußen dunkel ist, sehnen wir uns umso stärker nach Licht, Wärme und Grün. Für ein Hotel, das in einer Saison größtenteils eingeschneit daliegt, ist es für das Gefühl des Aufgehobenseins in seinen Räumen besonders wichtig, der lebenden Natur drinnen zu begegnen.

Anna kann das mit jeder Blüte und jedem Strauß, der irgendwo im Haus zu finden ist, erklären. In der Bibliothek steht auf einem Tischchen seitlich des Fensters zum Berg hin ein Strauß mit verschiedenartigen roten Blüten. Er fällt kaum auf, ist einfach da. Wenn man sich als Einziger im Raum an einen der leeren Lesetische setzt, möchte man ihm, wie einem Gefährten, zunicken. Schön, nicht allein zu sein. Es gibt natürlich auch die lauten, angeberischen Sträuße gleich neben der Conciergerie oder am Eingang des Restaurants. Sie sind wie eine Verbeugung vor dem Gast. Willkommen, wir werden alles tun, damit du dich wohlfühlst hier. Und dann sind da noch die kleinen, fast unsichtbaren Töpfchen auf jedem Tisch, die das Warten aufs Essen und das Schweigen manchen Paares überbrücken.

Die eigentlichen Geheimnisse ihres Tuns erfahren wir aber in Annas kleiner Floristenwerkstatt, die über Nacht gekühlt wird, um die Pflanzen frisch zu halten. Ein kleiner gläserner Raum auf einer Galerie oberhalb des Restaurants, der durch ein verstecktes Fenster einen Blick auf das Treiben im Saal ermöglicht. Hier lagert alles, was sie für ihre Arbeit braucht. Die Wände sind mit Cartoons dekoriert. Anna hat Familie. Mit Stolz erzählt sie von ihrem Sohn, der Koch gelernt und in einem der Luxushotels nicht weit entfernt eine Stelle bekommen hat, die Verschwendung und Achtlosigkeit im Umgang mit den Lebensmitteln aber nicht ertragen konnte und weggegangen ist.

So wie uns in der Küche erklärt wurde, dass die Speisekarte im Wesentlichen von den Gemüsen und Tieren der Bauern der Umgebung diktiert wird, so tut Anna dies mit den Gärtnereien der Nachbartäler, wobei natürlich wieder einmal das nahe gelegene Italien hilfreich ist. Mit den Dingen arbeiten, die die Natur zur Verfügung stellt. Man kann sie manchmal ein wenig überlisten, wie das gute Gärtner tun, aber man muss sich ihren Regeln unterwerfen. Man muss in

Wachstumszyklen denken und lange im Voraus wissen, was man wann braucht. Anna besitzt die nötige Fantasie dafür. Jetzt in den letzten Tagen der Saison ist nicht so viel zu tun, aber sie muss planen. Wenn in einigen Wochen die Sommersaison beginnt, muss alles so bepflanzt sein, dass es natürlich aussieht.

Als wir in der Nacht Fotos gemacht haben, war klar, dass die Küche leer aussehen würde, wenn nicht gekocht wird, aber dass der Floristenraum verlassen wirkt, obwohl die Blumen da sind, liegt an Anna. Sie spricht am Tag sicher mit ihnen.

Michele

Hausschreiner, 14 Saisons

Hier hinunter hat noch niemand gefunden. Tief unten im Gekröse des Hauses, nach labyrinthischen Treppen, vorbei an Waschmaschinen, Lagerräumen und Türen, die man wie in Blaubarts Burg besser nicht öffnet, finden wir Michele. Es riecht nach Kitt, Holz und Leim. Dieses kleine Reich ist das Erstaunlichste, Unerwartetste von allem, was wir zu sehen bekommen haben.

Es gibt, wie sich das für eine ordentliche Schreinerwerkstatt gehört, laut kreischende Sägen, Bohrer und Schleifmaschinen. Das muss weit weg sein vom

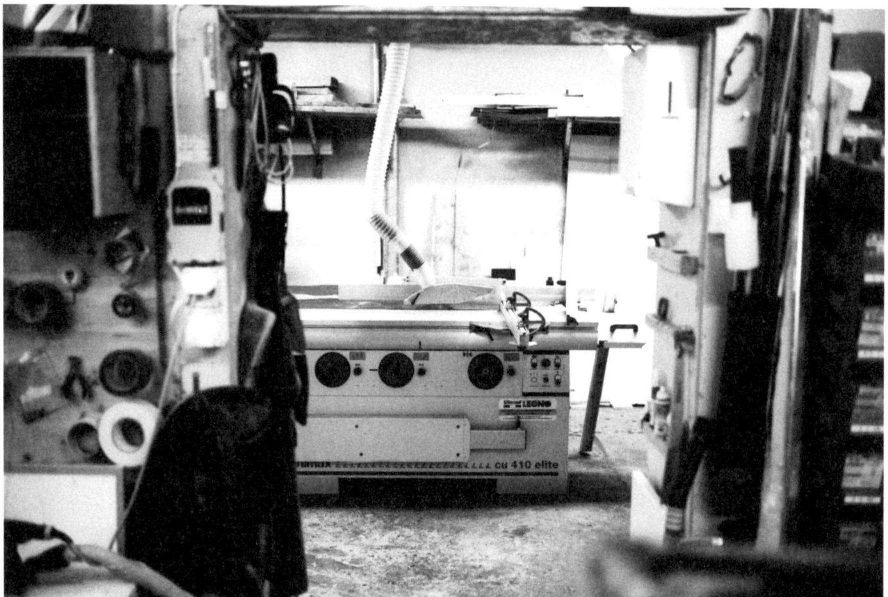

üblichen Hotelbetrieb, damit die Gäste nicht gestört werden. Gerade werden ein paar alte Stühle aufgearbeitet: frisch verleimt, ein paar Querstreben ersetzt, die Polsterung erneuert. Nein, es werden nicht unnötig neue Stühle gekauft, wenn man die alten, die ja viel schöner sind, noch reparieren kann. Voller Stolz zählt Michele die Stücke auf, die uns oben begegnet sind und die dank seiner heilenden Hände wieder zu benutzen sind. Er erinnert sich an jedes von ihnen - wann er es aufgearbeitet hat, wie aufwendig das war und wo es jetzt steht. Seiner Arbeit haftet etwas Handfestes, Bodenständiges an, wie ich es aus meiner Kindheit kenne: Socken wurden gestopft, Schuhe frisch besohlt, selbst das Gestänge des Regenschirms wurde ersetzt, wenn es verbogen war. Man ging eine Allianz mit den Gegenständen ein. Sie gehörten zu einem. Möbel wurden einmal im Leben gekauft und meist noch vererbt. Erst wenn etwas wirklich nicht mehr zu reparieren war, wurde es ersetzt. Man mag es sich einbilden, aber die Fragilität der Beziehungen der heutigen Menschen untereinander hat vermutlich auch etwas mit der Wechselhaftigkeit ihrer Beziehung zu den Dingen zu tun oder umgekehrt.

Michele ist, wie man auch seiner körperlichen Präsenz ansieht, ein Hohepriester des Beharrens. So ist es auch folgerichtig, dass er hier gelandet ist. Früher, so erzählt er uns, hat er ganz normal bei einer anständigen Firma

gearbeitet. Sie haben die Holzarbeiten in Ferienhäusern und Villen ausgeführt. Schnell und effizient. Jede Woche eine neue Baustelle. Als er im Waldhaus anfing, wusste er anfangs nicht, wofür sie ihn hier bezahlten. Erst allmählich ging ihm auf, dass hier nicht neue Aufträge reinkommen, sondern die Arbeit nachwächst und nie aufhört. Man muss sie nur sehen.

Aus einer in einem Wandschrank verborgenen Espressomaschine bekommen wir ein Getränk, wie man es sonst nur in Italien erhält – schwarz und bitter. Eigentlich nur mit viel Zucker zu genießen. Zucker gibt es nicht.

Während wir gemeinsam den Espresso trinken, erzählt er Anekdoten von der anderen Seite seiner Arbeit – als Mann für die alltäglichen Kleinigkeiten, die im Haus zu tun sind. Gäste, in deren Zimmer der Abfluss nicht funktioniert, die Heizung gurgelt, deren Schmuck im Bad hinters Waschbecken gerutscht ist. Sein Vorrat an solchen Geschichten ist unerschöpflich. Untermalt werden sie von Aufnahmen, die er mit seinem Handy gemacht hat. Etliche seiner Tonmitschnitte würden gut und gerne als moderne Musik oder Beweise für das Vorhandensein von Stimmen aus dem Jenseits durchgehen. Michele hat Spaß daran. Manche Gäste rufen ihn immer wieder, wobei anzunehmen ist, dass der Anlass dafür gelegentlich ein wenig manipuliert wurde, um Micheles Gesellschaft zu genießen. Man kann sie verstehen.

Zum Abschied bekommen wir eine schmale, noch nicht fertig gedrechselte Holzleiste gezeigt, die in der Bar an der Decke ergänzt werden soll. Vermutlich ist niemandem außer Michele aufgefallen, dass dieses Stück bisher gefehlt hat, aber das reicht, damit er seinen ganzen Ehrgeiz daransetzt, es, nachdem er sie angebracht hat, so aussehen zu lassen wie all die Deckeneinfassungen ringsum. Dann wird sich niemand mehr die Decke ohne Leiste vorstellen können.

Luisa

Kassabüro, 37 Saisons

Wer das Waldhaus verlässt, lernt vorher Luisa kennen. Es wäre wirklich schade, im Waldhaus gewesen zu sein, ohne ihr zu begegnen.

Einer der wesentlichen Unterschiede zu Aufenthalten in anderen Hotels fällt einem meist auch erst in diesem Moment auf. Während der ganzen Zeit hat niemand nach einer Kreditkarte gefragt, eine Unterschrift erwartet oder ganz und gar die Hinterlegung einer Summe vorab verlangt. Nirgendwo haben wir jemanden mit Geld hantieren gesehen. Trotzdem: Als wir am Ende eine Rechnung in Händen halten, ist alles korrekt. Jedes Getränk, jedes Essen, der göttliche Kuchen, der Nachmittagskaffee und auch das Erliegen der Versuchungen zu später Stunde an der Bar, fein säuberlich vermerkt. Nichts jedoch, was man meint, nicht genossen zu haben.

In den üblichen großen Hotels wird kein Hehl daraus gemacht, dass es ausschließlich um die Kreditkarte und die Höhe der Abbuchung von ihr geht und alle Höflichkeit nicht dem Gast, sondern diesem Stück Plastik gilt. Das wiederum führt dazu, dass es egal ist, wie der daran hängende Gast sich aufführt. Das Ergebnis ist eine exponentielle Vermehrung des Banausentums und des schlechten Benehmens. Von Kleidung reden wir besser nicht. Einfach mal ausprobieren, wie weit man gehen kann. Egal, was man sich herausnimmt, die Kreditkarte regelt alles. Hier spürt man nichts davon. Natürlich, und das ist auch uns klar geworden: Das Waldhaus ist ein Unternehmen, das funktionieren muss. Der Aufwand, so diskret er vonstattengeht, muss bezahlt sein. Das heißt auf der anderen Seite, man muss es sich leisten können, hierherzukommen. Letztendlich jedoch ist der Ausstieg aus den Kreisläufen der Hektik, und sei es nur für wenige Tage, so verschieden von dem, was man in den Tempeln des Pauschaltourismus erlebt, dass man versteht, wie angemessen das ist, was der Aufenthalt hier kostet.

Ins Waldhaus kommen diejenigen, die sich über ihre Kreditkarte definieren, nicht oder bemerken sehr schnell, dass sie hier fehl am Platze sind. Sollte dies nicht von allein geschehen – wir haben das nicht selbst erlebt, es nur als eine der Hotelgeschichten gehört –, wird der Gast von kompetenter Seite auf seinen Irrtum aufmerksam gemacht, und es wird ihm eine Unterkunft in einem passenden Haus gesucht.

Das Bezahlen im Waldhaus ist eine diskrete Angelegenheit. Nicht öffentlich an der Rezeption. Man geht in das seitlich gelegene Kassabüro, zu Luisa eben. Hinter einer geschlossenen Tür geht es privat und persönlich zu.

Gelacht wird ohnehin viel im Waldhaus, aber Luisas Lachen ist nicht zu überbieten. Ansteckend und Verbundenheit herstellend. Normalerweise sollte der Gang ins Office, um seine Rechnung zu bezahlen, der unangenehmste Teil des Hotelaufenthaltes sein, nicht bei ihr. Es ist, als käme man hierher und klärte die letzten Fragen, noch offene Wünsche und vor allem den der Wiederkehr. Es kommen einem die altmodischen Gästebücher in den Sinn, die neben Namen und Adresse eine Unterschrift tragen. Eine Art Rückversicherung: Man

war wirklich hier. Und was lässt man zurück, um einen Grund für die Rückkehr hierher erfinden zu können? Dann sind es der Lauf der Geschichte, die Wirrungen des Lebens und die verrinnende Zeit, die das manchmal verhindern.

Über all diese Themen kann man mit Luisa sprechen, aber es ist auch die Gelegenheit, die Zufriedenheit zu verbalisieren, die einen in den Tagen hier oben erfüllt hat. Das ist der eigentliche Tausch, der hier stattfindet. Bedrucktes Papier gegen Glück. Mir scheint der Vergleich mit einem Beichtstuhl passend. Vor Luisa ist man bereit, alle Sünden dieser Welt einzugestehen, nur um sie immer wieder zu begehen und danach wiederum Abbitte zu leisten, am besten fortgesetzt in alle Ewigkeit. Amen.

Luisa interessieren die Menschen, die ja in der Regel Menschen sind, die sie Saison für Saison trifft. Sie weiß Geschichten von ihnen, die sie natürlich diskret für sich behält. So wie wir ihrem Charme sofort verfallen sind, ahnen wir, wenn Luisa nicht Luisa wäre, hätten wir Stoff, der so manche Illustrierte oder Zeitung mit großen Buchstaben auf Wochen hin füllte. Luisas Empathie ist keine Illusion. Wenn man ihr zuhört, setzt sich das Gefühl, aufgehoben zu sein, noch einmal fort. Und wenn man jetzt schon gehen muss, will man auf jeden Fall wiederkommen, und sei es nur, um bei Luisa seine offenen Rechnungen zu bezahlen.

Urs

VR Kommunikation und Strategie, Familie

Als wir unseren Versuch, die Hecken zu überwinden, begannen, ahnten wir noch nicht, dass die Pausen zwischen den Nachrichten, die uns Urs Kienberger zukommen ließ, auch etwas erzählen. Dass sie nötig sind, um die Ernsthaftigkeit unseres Ansinnens zu prüfen. Relativ skeptisch betrachtete er unser Projekt mit der Vorsicht des Mannes, der es gewohnt ist, mit Exzentrikern und Sonderlingen aller Art zu tun zu haben, dem aber auch – vermutlich nicht weniger häufig – obskure Vorschläge gemacht werden. Damit umzugehen, braucht es Erfahrung, die er zwar von Kindesbeinen an gesammelt hat in der Familie, die aber von ihm vermutlich deshalb auch so souverän gehandhabt wird, weil es ein Leben jenseits des Waldhauses gab. Es ist gut, etwas von der Welt gesehen zu haben, in ihr gelebt zu haben und dann hierher zurückzukehren. Sinnvoll und hilfreich bei Gästen, die eben auch von überall her kommen. Ihnen gewachsen zu sein, ohne sich dem mechanischen Roulette der von Finanzgesellschaften betriebenen großen Hotelketten anpassen zu müssen. Scheinbar ist in der Familie die Verzahnung zwanglos genug, um aus der Zugehörigkeit kein Korsett werden zu lassen.

Sitzt man Urs gegenüber, muss man sich an seine Art, zu sprechen und Gedanken zu formulieren, gewöhnen. Jeder Satz kommt sehr überlegt und langsam. Danach eine Pause zur Vorbereitung des nächsten. Aber keiner der Sätze aus Urs´ Mund würde ein Ausrufezeichen vertragen. Sie brauchen kein Echo. Seltsam, aber an dieser Art der Kommunikation versteht man, was außer dem Ort selbst so viele Denker angezogen hat. Die Mentalität der Einheimischen. Es ist die Verkörperung der Kleist'schen Idee von der allmählichen Verfertigung der Gedanken beim Reden. Der Malojapass als Übergang in eine andere Sprach- und Denkwelt. Dort einzudringen, das zu verstehen, wäre ein Projekt für den nächsten Besuch. Basiert doch das Italienische, das unter den meisten der Mitarbeiter Arbeitssprache ist, auf gänzlich anderen Regeln. Diametraler könnte der Gegensatz zwischen den Mentalitäten und den Sprachen nicht sein. Offenbar funktioniert manches hier aus dieser Dualität heraus.

Unser erster Morgen. Wir werden von Urs in die Küche geleitet. Ein, zwei Namen, und plötzlich stehen wir allein da, etwas verloren. Das ist Urs' Art, uns Neuankömmlinge zu testen. Mit wem reden und vor allem wie? Wenn wir hier den richtigen Ton treffen, kann es gelingen.

Die Pausen zwischen unseren Gesprächen mit ihm werden im Lauf der Tage kürzer. Es funktioniert. Langsam wird der Boden unter den Füßen sicherer. Das nächste Treffen ist schon ein Arbeitsgespräch, der Übergang fließend. Auch wenn es nur wenige Minuten sind, es wird konkret. Dazu gehören jetzt seine genauen Fragen und sein Humor, den wir in dem Moment noch nicht verstehen. Das braucht einen weiteren Tag, an dem bereits in der Frühe ein handgeschriebener Zettel, herausgerissen aus anderer Verwendung, an unserer

Tür klemmt, wen zu sprechen sich sicher lohnen würde. Noch müde vom nächtlichen Herumstreifen im schlafenden Haus, nehmen wir die Herausforderung an. Nie kämen wir auf die Idee, seine Hinweise zu ignorieren. Jeder seiner Ratschläge hilft uns weiter, vor allem dabei, nicht blind durchs Haus zu tappen. Der schönste Moment jedoch, den wir mit Urs erleben, trägt sich tief unten in den Katakomben des Hauses zu. Ein schmales Treppenhaus, das offenbart: Das Hotel ist an den Berg gebaut. Größe und Weite gibt es nur in den Gastetagen. Urs zeigt uns das kleine Museum. Wir müssen draußen jenseits der Tür warten, bis alles vorbereitet ist. Die Inszenierung soll perfekt sein. Es ist ein wenig wie in der Kindheit, wenn die Bescherung ansteht. Später kommt der Nachbarsjunge und zeigt, was er zu Weihnachten bekommen hat. Man darf schon ein wenig neidisch sein, aber vor allem soll man die Freude teilen. Das genau scheint es zu sein, was man auch in seinem Gesicht sieht. Man kann plötzlich den kleinen Jungen erkennen, als der er auch schon hier im Haus war. Ihm ist jeder der ausgestellten Gegenstände vertraut, vermutlich noch aus Zeiten, in denen er an anderer Stelle in Benutzung war. Hier braucht es noch weniger Worte als oben. Es sprechen die Dinge. Die Underwood-Schreibmaschine, der Backofen, die zurückgebliebenen Skier, die in mir einen Schauder hervorrufen. Außerhalb der Schweiz tobten im letzten Jahrhundert ringsum zwei verheerende Kriege. Wie vielen Gästen war es aufgrund des jenseits der Berge herrschenden Furors an Hass und Krieg und Mord nicht möglich, an diesen Ort zurückzukehren?

Da sind ein Haushaltsbuch und eine Rechenmaschine, deren Papierstreifen viermal umgedreht wurden, um Papier zu sparen. Da begreift man plötzlich, auch hier stand es manchmal auf Messers Schneide. Manche Saison gab es nur Verluste. Wie viel Risiko gehört zum Führen eines solchen Hauses? Wie spart man, ohne dass die Gäste es merken? Und wieder stellt man sich die Familienrunde vor, wie das das Hauptgesprächsthema ist. Als wir hören, wie oft es keinen Gewinn gab, beginnen wir zu verstehen, welche Leidenschaft das Ganze zusammenhält. Natürlich, wenn es wirtschaftlich auf Dauer nicht funktioniert, kann auch das Waldhaus nicht existieren, aber Rendite ist nicht der erste Antrieb, aus dem heraus das Hotel geführt wird. Und darin liegt wahrscheinlich eines der wichtigen Geheimnisse dieser auf den Türen angekündigten »Family Affair«.

Beim Abschiedsgespräch verstehen wir endlich Urs' leisen Humor, die feinen Untertöne, die Selbstironie. Vor allem empfinden wir gar nicht mehr, dass er langsam spricht. Seine Pausen und Absätze verstehen sich von selbst. Wir folgen ihm: Natürlich ist die Einteilung der Zeit in Jahre absurd. Die einzig relevante Orientierung sind die Saisons. Dazwischen ist eben eine Pause, und die gehört dazu.

Irgendetwas hat sich verändert. Vermutlich sind wir das.

Die Zahl der Fragezeichen ist kleiner geworden, sie sind jedoch keineswegs verschwunden.

Am Ende dieser Tage beschleicht uns eine seltsame Unruhe. Was wird, wenn in einer knappen Woche die Saison endet und die Leere, deren Macht sich schleichend ausbreitet wie die Wolken im Tal, vom Haus Besitz ergreift? Die Räume ohne Menschen. Vielleicht sollten wir uns in einem der großen Schränke verstecken, um auch das noch zu erleben. Ach, wir haben sie doch schon gesehen in den Nächten, die Ehrfurcht gebietende Macht der Menschenleere. Danach mussten wir, trotz Müdigkeit, immer noch eine Weile reden. Wir mussten noch etwas beieinanderbleiben. Die Ahnung, verlassen zu werden, eine der Urängste, die noch aus Zeiten des Rudels in uns stecken, machte sich breit. Selbst als wir später jeder in seinem Zimmer lagen, hörte man noch die verlorene Wachheit des anderen. Als könnte plötzlich der Atem des anderen stocken, und das nächste Heben des Brustkorbs bliebe aus.

Was das Waldhaus betrifft, ist die Sorge unbegründet. Immer wieder müssen wir es uns bewusst machen: All das gehört hier zum Rhythmus des Jahres dazu, auch die Pause. Es wird ohnehin eher eine geschäftige Pause sein, geprägt vom Lärm der Handwerker. Der Organismus holt nur Luft, die Betten werden ausgeschüttelt, die Tische gedeckt. Die Türen erneut geöffnet. Es folgt die Rückkehr der Gäste. Am Tag, bevor es wieder losgeht, werden die Gewichte der Uhr hochgezogen, und alle folgen ihrem Lauf aufs Neue, als hätte es kein Dazwischen gegeben.

Unsere lächerliche Angst hat wohl mehr mit dem Irrglauben des modernen Menschen zu tun, der meint, alles müsse jederzeit verfügbar sein. Sofort. Immer. Nur den Wunsch aussprechen, die Rhätische Bahn besteigen, sich langsam hinaufwinden lassen, und schon bekommt man das Ersehnte.

Zu den Geheimnissen einer Reise ins Waldhaus gehören, wie wir inzwischen gelernt haben, auch die Tücken der Wahrnehmung von Zeit. Nur wenn die Sonne besonders hoch oder tief steht, kann man das Waldhaus als Zuflucht erreichen. In den Zeiten dazwischen ist es ein Ort für unsere Träume, Sehnsüchte und Erinnerungen.

Nachwort

Das Reisen, so wie wir es kennen, ist eine Erfindung des 19. Jahrhunderts. Die Eisenbahn machte es plötzlich möglich. Man konnte unkompliziert und bequem den Wohnort verlassen und an Sehnsuchtsorte wie Meer oder Berge gelangen. Später kamen noch das Auto und das Flugzeug dazu, die dem Reisenden zusätzlich neue Möglichkeiten eröffneten.

War man einmal dorthin gelangt, wo man immer schon hingewollt hatte, benötigte man ein Dach über dem Kopf und ein Bett, in das man sich legen konnte. Die Gasthöfe, die es selbstverständlich immer gab, reichten für die vielen Reisenden längst nicht mehr aus. Es entstanden richtige Hotels unterschiedlichsten Komforts. Und dann gab es da die Reisenden, die es gewohnt waren, ständig bedient zu werden. Für deren Bedürfnisse musste etwas geschaffen werden, das ihnen das Reisen nicht nur angenehm, sondern erstrebenswert erscheinen ließ. Bei früheren Reisen hatte man den Komfort, den man haben wollte, mit sich führen müssen. Vor Ort waren die Möglichkeiten in der Regel weit weg von dem, was man in besseren Kreisen gewohnt war.

Trotzdem: Reichtümer musste man ab Mitte des 19. Jahrhunderts nicht mehr unbedingt besitzen, um reisen zu können. Auch mit einem bescheidenen Budget war es möglich – und wenn es nur für ein paar Tage war –, an ferne Orte zu gelangen.

Der neue Hauptdarsteller auf der Bühne der Gesellschaft, das Bürgertum, hatte durch die von ihm beförderte wirtschaftliche Entwicklung gerade erst begonnen, seinen Wohlstand zu vermehren. Ganze Teile der Bevölkerung entwanden sich nur langsam der Armut. Wenn nicht Kriege immer wieder diese Entwicklung zum Stillstand oder ganz und gar Rückschritt gebracht hätten, wäre Europa schon am Beginn des 20. Jahrhunderts in der Lage gewesen, seinen Bewohnern ein wirtschaftlich relativ sorgenarmes Leben zu bieten. Im Vergleich zu den Jahrhunderten vorher, in denen Not, Hunger und Verderben für die weitaus größten Teile der Bevölkerung Alltag gewesen waren, entstand die Möglichkeit, trotz wachsender Bevölkerungszahlen einen bescheidenen Wohlstand zu erreichen. Die ersten Sozialsysteme entstanden in dieser Zeit. Manchmal gab es freie Tage. Außerhalb des Sonntags war Freizeit für die Generationen vorher nicht vorgesehen gewesen.

Das Bürgertum war zum Zeitpunkt seiner »Machtübernahme« zwar kein völlig Unbekannter auf der gesellschaftlichen Bühne, man hatte es schon vorher in diversen Nebenrollen erlebt, in denen es das Geschehen vorantrieb. Durch die industrielle Revolution stand es aber nun im vollen Rampenlicht.

Während der Jahrhunderte, in denen der Adel durch Geburt und Tradition die Geschicke der Gesellschaft bestimmte, mussten die anfangs als »Emporkömmlinge« Bezeichneten durch eine eigene Leistung ihren Anspruch auf Teilhabe am gesellschaftlichen Leben rechtfertigen. Das Maschinenzeitalter ermöglichte ihnen diese Teilhabe. Die Industrie, ihre Produkte und die Leistung Einzelner wurden zum Markenzeichen der Veränderung und des gesellschaftlichen Fortschritts.

Es war auch die Zeit der Erfinder und Entdecker, aus denen oft Industrielle wurden. Vom Beginn bis zum Ende des 19. Jahrhunderts wurden mehr bahnbrechende neue Entdeckungen gemacht und neue technische Geräte erfunden, die das Alltagsleben der Menschen beeinflussen sollten, als in den drei vorhergehenden Jahrhunderten zusammen. Die industrielle Fertigung erlaubte es, diese technischen Errungenschaften für viele nutzbar zu machen. So sind nicht wenige der noch heute bekannten Marken genau in diesen Jahrzehnten entstanden. Eisenbahn, Dampfschifffahrt, Automobil und später das Flugzeug ließen die Erde scheinbar schrumpfen. Ein immenser Fortschrittsglaube bemächtigte sich der Menschheit. Es wuchs die Hoffnung auf eine goldene Zukunft. Die gleichzeitige Erfindung von Maschinengewehr, Giftgas, Panzer und Bomber machte große Teile davon wieder zunichte. In diesem Spannungsfeld der Möglichkeiten und ihrer Nutzung zu Glück oder Verderben bewegen sich die Menschen noch heute.

Die Arbeit, ihre Effizienz und der erzielte Gewinn bestimmen in einer kapitalistischen Ordnung viel mehr den Platz in der Gesellschaft als die Herkunft. Nicht dass die Kräfte der alten Macht ihre Plätze freiwillig geräumt hätten, aber selbst Gewehre und Kanonen konnten den Durchbruch des Neuen nicht aufhalten. Noch dazu, wo diese neuen Kräfte die Produzenten ebendieser Gewehre und Kanonen waren. Zähneknirschend mussten Freiheiten zugebilligt werden. Die bürgerliche Demokratie setzte sich langsam gegen alle Widerstände durch, am leichtesten dort, wo ohnehin alles neu war. In Amerika.

Es war die Zeit, in der Legenden entstanden, die vor allem auch das Bild der Neuen Welt prägten. Vom Tellerwäscher zum Millionär.

Karl Marx hat im *Kapital* eine brillante Analyse der kapitalistischen Gesellschaft des 19. Jahrhunderts vorgelegt, die in großen Teilen bis heute zutrifft, weil sie genau die Mechanismen der Funktionsweise des sich ausbreitenden Kapitalismus erklärt. Sein Resümee: Akkumulation von Kapital ist das Ziel der Akteure, dem sie alles andere unterordnen. Dass damit auch politische Macht verbunden ist und sein muss, ergibt sich zwar von selbst, musste aber eben oft mühsam erkämpft werden. Daher rührt der in dieser Zeit vorhandene revolutionäre Charakter, der den Entwicklungen innewohnte. Es war auch die Zeit der bürgerlichen Revolutionen.

Aber wenn Leistung und Effizienz zum Maßstab des Erfolgs werden, entsteht im Gegenzug auch das Bedürfnis nach Rückzug ins Private, Erholung und mit der neuen gesellschaftlichen Rolle auch das der Repräsentation. Hier ließe sich trefflich über die Unterschiede zwischen Europa und Amerika spekulieren. In Europa gab es noch das Gegenüber in Form von Müßiggang und Macht des Adels und von starken katholischen Traditionen, während die USA vor allem von Puritanismus und Calvinismus geprägt waren, die den Müßiggang ablehnten und das praktische, auf Erfolg zielende Handeln in den Vordergrund stellten. Notfalls wurden auch moralische Bedenken über Bord geworfen, insbesondere dann, wenn das Gegenüber nur Ureinwohner waren, denen das Land eigentlich gehörte, die aber schnell als minderwertig eingestuft werden konnten. Wer sich dem Erfolgsstreben entgegenstellte, bekam unmittelbar die brutale Gewalt der neuen Gesellschaft zu spüren.

Der Adel hatte seinerseits mithilfe eines streng reglementierten Lebens bei Hofe geherrscht. Das Korsett war steif und ließ wenig Spielraum. Als Ausgleich besaß er seine Landsitze, Wasserschlösser oder das Landleben imitierende Dörfer, die selbst im Schatten von Versailles existierten.

Umgekehrt imitierte das Bürgertum die Gepflogenheiten des Adels in Kleidung, Umgang und selbst Architektur. Das ließ manche Industriellenvilla wie einen fürstlichen Landsitz aussehen.

Reichtum, gepaart mit technischen Möglichkeiten, brachte später neue Formen der Sommerfrische hervor. Entfernt von den Zentren der Leistung, den Fabriken mit ihrem Lärm und Dreck, entstanden Orte, deren Hauptvorzug die Distanz zu den großen Städten war.

Woran es aber neben dem, was man heute Urlaub nennt, mangelte, waren Gelegenheiten der sozialen Begegnung, bei denen die Zugehörigkeit ausschließlich über das Geld geregelt wurde und die mit ähnlichen Funktionen wie der monarchische Hof ausgestattet waren: um Macht und Reichtum vorzuzeigen. Damit konnte auch der Platz in den neuen Hierarchien definiert und manifestiert werden. Gleichzeitig brauchte es eine Möglichkeit, Verbindungen,

Kommunikation herzustellen, vergleichbar den modernen sozialen Netzwerken. An diesen Orten sollten Allianzen und Ränke geschmiedet werden können, aber auch für amouröse Verwicklungen sollte Platz sein. Auf eine neue, eher informelle Art wurde der Hof ersetzt durch eine Institution der Moderne des 19. Jahrhunderts.

Mit anderen Worten: Die Zeit war reif für das Entstehen von Grandhotels, einem neben beispielsweise Parlament und Börse bisher wenig beachteten politischen wie kulturellen Zentrum der bürgerlichen Gesellschaft. Diese Hotels entstanden vorzugsweise an den Küsten und in malerischen Bergregionen Europas und später auch Nordamerikas.

Wenn bereits von Bühne die Rede war: Diese Hotels waren der ideale Rahmen für einen Auftritt. In der Regel völlig überdimensioniert, im überladenen Stil alter Märchenschlösser erbaut, boten sie sowohl die Kulisse wie auch die Dramaturgie dafür. Während die Zimmer, gemessen an heutigen Standards, in der Regel gar nicht übertrieben repräsentativ und üppig ausgestattet waren, gaben die öffentlichen Räume und die Lage des jeweiligen Hauses den Ausschlag für Exklusivität und Ausstrahlung. Ballsäle, Restaurants, Kasinos, Salons – hier spielte sich das Leben ab. Bei Diners und Tanztees wurden Bekanntschaften geknüpft, in den Rauchsalons wurden Geschäfte angebahnt und mehr oder weniger wohlgestaltete Töchter mit den wohl situierten Söhnen anderer Familien verheiratet. Es war ein Anfang. Noch nichts von der Dekadenz und Inzucht adeliger Kreise, die sich aber den neuen Zeiten schnell anpassten und begannen, sich unter die bürgerlichen Gäste zu mischen. Schließlich machte sich ein »von« oder ein »Duke« auch in industriellen Familien gut, und so manchem ehrbaren Adelsgeschlecht kam wiederum etwas finanzielle Aufpolsterung zupass. Vom guten Namen allein lebte es sich nur kärglich. Hier begannen sich Aufsteiger und Arrivierte zu vermischen.

Das Leben in den öffentlichen Räumen der Hotels war gleichwohl ritualisiert durch Kleiderordnungen und Umgangsformen, wenn auch bei Weitem nicht so streng wie bei Hofe. Je nach Ort, Tageszeit und Anlass trug man die passende Kleidung, die subtile Signale aussandte, vor allem aber das eine: dass man dazugehörte.

Die neu gebauten Eisenbahnstrecken und später die Straßen für das Automobil verkürzten die Zeit, die man benötigte, um an attraktive Orte zu gelangen, enorm. Während es mit der Postkutsche mehrere Tagesreisen brauchte, um von Paris an den Atlantik zu gelangen, stand man nun knapp drei Stunden, nachdem man in den Zug eingestiegen war, am Strand. Schon die Bahnhöfe in ihrer Ausstattung und Architektur kündigten an, wohin es gehen sollte. Da war nichts von Effizienz oder Praktikabilität späterer Zeiten zu spüren. Es ging um Repräsentanz. Aber die Züge waren pünktlich. Dennoch trug die An- und Abreise noch immer einen Hauch von Abenteuer in sich. Da das alles nicht ohne Anstrengung vor sich ging, bevorzugte man oft, Jahr für Jahr an denselben Ort, ins selbe Hotel zu reisen. Das gab etwas Sicherheit. Denn schließlich musste man sich im Unterschied zum häuslichen Umfeld auch beschränken. Eine Auswahl an Kleidern und Accessoires musste getroffen werden. Es entstanden die berühmten Schrankkoffer, deren Ausstattung wiederum sehr viel über den Reisenden erzählte. Die Beschränkung wiederum eröffnete die Möglichkeit, sich vor Ort neu auszustatten, um damit den vermeintlichen Geschmack der großen Welt in die hintersten Winkel der Provinz zu tragen. Neben den Hotels wuchsen Strandpromenaden und Einkaufsstraßen. Die Hotels führten zum Entstehen neuer Geschäftigkeit. Viele der Bade- und Gebirgsorte erlebten einen weiteren wirtschaftlichen Boom. Fischerdörfer, deren Namen vorher kaum über die Nachbarschaft hinausreichten, erlangten legendären Ruhm, der in unwirtlichen Zeiten mit schmachtendem Unterton in den Salons der Metropolen die Runde machte. Man muss sich nur Fotos von Cannes oder Saint-Tropez ansehen, die in der Zeit vor Eintreffen der Besucher aus dem Norden gemacht wurden. Man kann kaum glauben, dass es sich um dieselben Orte handelt, die nur kurze Zeit später erneut fotografiert wurden. In Viareggio zum Beispiel entstand eine Strandkulisse, die einem Märchen aus *Tausendundeiner Nacht* entliehen scheint.

Während man selbst in den Erste-Klasse-Abteilen oder in luxuriösen Fahrzeugen den Zielen voller Neugier entgegenfieberte, Klatsch und Tratsch austauschte, Affären anbahnte, drängte sich auf den Holzbänken der dritten Klasse das Personal, das später in den Dachkammern untergebracht werden würde. Es ist mindestens ebenso gespannt auf die neue Umgebung, die es erwartet. Ist es für viele doch die erste und einzige Möglichkeit, fremde Gegenden zu sehen.

Wo eine Bühne ist, sind auch die Künstler nicht weit. Einerseits wollte auch im Urlaub die Zeit bei Tanztees, Kurkonzerten und Varietévorstellungen vertrieben sein. Die Langeweile galt als gefährlicher Urlaubsgefährte. Dem war unbedingt vorzubeugen. Die Künstler wurden zu den neuen Hofnarren. Andererseits waren das auch gute Orte für die Künstler selbst, um die »Comédie humaine« zu studieren. Proust, Flaubert, Tschechow, Hofmannsthal oder

Zuckmayer sind manchen der Akteure ihrer Romane und Erzählungen hier begegnet. Wir kennen die Geschichten. Auch Maler fanden ihr zahlungskräftiges und im Urlaub oft auch zahlungswilliges Publikum hier.

Diese fruchtbare Symbiose blühte, wuchs und gedieh bis zum Ausbruch des Ersten Weltkrieges. Auch danach wurde hie und da noch einmal versucht, an diese Tradition anzuknüpfen, obwohl die Gewitterwolken des bevorstehenden Untergangs bereits zu erkennen waren.

Endgültig vorbei war es mit der verschwenderischen Pracht der Paläste nach dem Zweiten Weltkrieg. Das hatte seine Ursachen im Ausmaß der Verwüstung durch die beiden verheerenden Kriege, aber viel entscheidender für den Niedergang war eine neue Stufe der Demokratisierung, die des Urlaubs nämlich. Der Wohlstand hatte inzwischen neue, noch breitere gesellschaftliche Schichten erreicht. Mit diesen neuen, inzwischen Urlauber genannten Reisenden wurden die Mauern der Exklusivität geschleift wie alte Festungen. Die Rituale des Luxus ließen sich, bis auf wenige bis heute existierende Ausnahmen, nur mühsam aufrechterhalten. Die Entwicklung der Verkehrsmittel erlaubte immer weitere Reisen an immer exotischere Orte, sodass die vor der Haustür liegenden Grandhotels zunehmend an Attraktivität verloren. Ihr Glanz verblasste, bis nur noch leere Hüllen übrig blieben. Zwar sind viele dieser Häuser noch heute in Betrieb, und trotzdem sind sie kaum wiederzuerkennen. Das, was sie ausmachte, ist in der Regel verschwunden. Wenn man in ihren Lobbys, Ballsälen oder Salons steht, kann man bestenfalls den einstmaligen Charme noch erahnen und sich die rauschenden Bälle wie die Schatten von Pompeji vorstellen, angefüllt mit den Geistern einer vergangenen Zeit.

Diese Schatten können jedoch Geschichten erzählen, vielleicht von dem, was war, zumindest aber von dem, was dort gewesen sein könnte. Einige dieser Geschichten zu erzählen ist wie eine Wiederbelebung der Schatten, die noch immer in den Zimmern liegen. Eine Art Geisterbeschwörung.

Die sieben Häuser, die hier exemplarisch vorgestellt werden, sind eine subjektive Auswahl des Autors, stehen aber exemplarisch für die große Zeit der Grandhotels. Je länger an dem Projekt gearbeitet wurde, desto mehr Häuser wurden in Betracht gezogen. Die Beschränkung ermöglichte es jedoch, den Blick zu fokussieren und der Fantasie noch mehr Spielraum zu lassen.

Jedes Hotel stellte durch seine Historie die Basis für die Erzählungen dar. Manchmal war das Haus selbst die Quelle der Inspiration, manchmal gab der Ort den Ausschlag, manchmal die Personen, oder es lieferte der Zeitgeist die entsprechende Anregung. Die sieben Orte, die im Buch vorkommen, existieren oder haben zumindest einmal so existiert. Der Reiz entsteht aus dem Spannungsfeld zwischen der realen Historie der Häuser und den Geschichten, die dort hätten passiert sein können. Dabei wird die große Zeit des mondänen Reisens vorgeführt. Davon handeln die vier enthaltenen Erzählungen.

Das Grand Hotel in Scarborough, einem Küstenort in Nordengland unweit der Grenze zu Schottland, den ich vorher nur von dem Simon-&-Garfunkel-Song *Scarborough Fair* kannte, beeindruckt schon allein ob seiner prominenten und beeindruckenden Lage. Einst eines der größten und exklusivsten Hotels der Welt, fristet es in der Gegenwart eine kümmerliche Existenz als Unterkunft für britische Bustouristen, die die Abende bei Bingo und Pint verbringen. Die Entstehung während der Zeit, in der Großbritannien dank seiner vielen Kolonien wirklich groß war, hat nahegelegt, sich in diese Zeit zurückzuversetzen, in der niemand an der Kraft und Herrlichkeit des britischen Weltreiches zweifelte.

Ein in jeder Hinsicht glücklicher Lebensumstand hat mich die kältesten Tage meines bisherigen Lebens im mittleren Westen Kanadas im Banff-Nationalpark erleben lassen. Ist man in Banff, kann man das Banff Springs Hotel nicht übersehen, wirkt es doch wie die Filmkulisse einer Zauberschule, so wie es dort zwischen Wälder, Seen und Berge platziert wurde. Die Diskrepanz zwischen unverstellter Natur und der überkandidelten Extravaganz dieses Hauses ist kaum zu überbieten. Das Hotel ist natürlich mehr als ein Haus, eher eine kleine Stadt, die da als eine Versinnbildlichung des Pioniergeistes der Neuen Welt der Wildnis abgetrotzt wurde. Entstanden im Zuge des Baus der Canadian Pacific Railway zur Westküste Kanadas nach Vancouver, legte es den Grundstein zur Entstehung des Tourismus in Nordamerika.

Oostende ist eines der belgischen Seebäder, deren Schönheit einem in heutigen Zeiten nicht unbedingt sofort ins Auge fällt. Seltsam verbaut, aber voller Geschichte, entfaltet es seinen Charme erst auf den dritten oder vierten Blick. In dem Roman *Ruhelos* von William Boyd spielt eine Agentenszene im Thermae Palace in Oostende. Neugierig geworden, habe ich mich sofort bei einem ersten Besuch, bei dem nur ein Kaffee geplant war, in das Haus verliebt. Selbst wenn die Übernachtung dort das Urlaubsbudget überschreitet, muss seitdem bei jedem Aufenthalt vor Ort wenigstens ein Essen im Restaurant des Hotels sein, um sich beim Blick durch die vor sich hin bröselnden Kolonnaden vorzustellen, wie anstelle der friedlichen Herrschaften, die dort heute die Tage verbringen, geheimnisvolle Spione ihrem Handwerk nachgehen. Dass es ein solches ist, habe ich auch bei Boyd gelernt.

Italien ist schön. Gegen diese Plattitüde lässt sich wenig einwenden. Allerdings ist es auch ein Land, das die große Geste liebt. Wie sonst wären die Opern Verdis oder Puccinis zu erklären? Demzufolge mangelt es nicht an Hotels in ausladender Zuckerbäcker-Architektur. Spannend sind die Brüche, die sich zwischen Schönheit und Sinnlichkeit auf der einen Seite und der eigenartigen Radikalität der Bewohner auf der anderen Seite ergeben, die es uns nördlich der Alpen Geborenen manchmal etwas schwer macht, der Mentalität der Italiener nahezukommen oder sie gar zu verstehen. Unter diesen Prämissen habe ich das Principe di Piemonte in Viareggio an der toskanischen Küste entdeckt. Kurz vor meinem Besuch dort ist mir ein Buch mit Fotos von Wilhelm von Gloeden in die Hände gefallen, der, in Taormina im Süden Italiens lebend, eine Schwäche für hübsche italienische Fischerknaben entwickelte. Seine platonische Vorliebe und die eigenwillige Komik, die von den Fotos ausgeht, hatten es mir sofort angetan. Gleichzeitig beschäftigte mich ein anderes Projekt über die Geschichte des Sports. Sport und Politik scheinen schon seit langer Zeit etwas miteinander zu tun zu haben, wie man an vielen Beispielen sehen kann. Der Duce, eine die Italiener bis heute prägende, kontroverse politische Figur, meinte unter anderem, auch durch den Sport aus Italien wieder ein Weltreich formen zu können. Aus alldem und etwas vom guten toskanischen Chianti entstand eine Hochstaplergeschichte, die mich selbst überrascht hat.

Alle vier Erzählungen sind wahr, aber vollkommen frei erfunden.

Mit den in den Geschichten auftretenden Personen ist es etwas komplizierter. Manche von ihnen ähneln historischen Figuren. Einige habe ich mir bei anderen Autoren ausgeliehen, als kleiner Dank für die Bücher, die mich inspiriert haben. Wiederum anderen habe ich versucht, mit Worten Leben einzuhauchen. Ich hoffe, es ist gelungen.

Bei den drei weiteren Hotels habe ich jeweils einen anderen Zugang gewählt.

Während dieses Buch entstand, gelang es mir, eine kleine Reisegesellschaft zusammenzubringen, um mit ihnen zwei der Orte zu besuchen. Das war auf ungewöhnliche Art und Weise inspirierend. Trotz des modernen Vehikels – eines komfortablen Autos – hat mich diese Reise in frühere Zeiten versetzt. Natürlich kann man sich allein auf den Weg machen, aber mit Menschen, die einem nah sind, vergrößert sich nicht nur das Vergnügen des Reisens, man sieht auch mehr, und die Reflexionen werden durch den Austausch intensiver. So habe ich keines der Hotels allein besucht. Entweder die Liebste, ein wirklich guter Freund oder wie hier eine kleine Gesellschaft haben mich begleitet und angeregt zu vielen Beobachtungen, die ich dem Austausch mit ihnen verdanke.

Daher erschien mir im Fall des Roches Noires ein Reisetagebuch die angemessene Form zu zeigen, wie wir den Ort erlebt haben. Dieses berühmte Haus, mit dem man auf die unterschiedlichste Weise bereits Berührung gehabt haben kann - die Bilder Monets, die Fotos der alten Marguerite Duras, der im Haus ein Appartement gehört hat, die Erwähnungen bei Proust, Tschechow und vielen anderen –, lässt einen vor Ehrfurcht erschauern und nach den Geistern der großen Namen suchen. Hier ist nur die Hülle unversehrt, wie der Panzer einer Echse, die vor Jahrtausenden ausgestorben ist.

Das Reisetagebuch ist mit Federzeichnungen von Claudia Berg illustriert. Ihre Blätter sind während der gemeinsamen Reise entstanden. Sie stellen auch eine Art Geisterbeschwörung dar. Zeigen sie doch hinter dem, was offenkundig und sichtbar ist, das Eigentliche und oft Unsichtbare, das noch immer die Aura des Hauses bildet. Durch Überlagerung und Weglassung gelingt es ihr, zum Kern der Dinge vorzudringen. Das Heutige ihrer Arbeiten korrespondiert sehr gut mit dem, was wir an diesen Orten vorgefunden haben.

Helmut Brade, einer der Reisegefährten, hat während dieser kleinen Reise ebenfalls ein Tagebuch geführt, wovon ich nichts wusste. Im Nachhinein fanden wir es für die Leserinnen und Leser möglicherweise ganz spannend, beide Aufzeichnungen, seine und meine, nebeneinanderzustellen.

In Madeiras Hauptstadt Funchal thront auf einer Felsnase das Reid's, das mir bei einem früheren Besuch auf der Insel aufgefallen war. Seine Geschichte und die Nächte, die ich dort verbringen durfte, haben mich zum Nachdenken darüber angeregt, was Genuss, Komfort und Luxus eigentlich sind, wie sehr unsere Vorstellungen davon auseinandergehen, und vor allem, wie sehr sie vom Zeitgeist inspiriert werden. Das wiederum erklärt, warum solche Hotels heute kaum noch entstehen können.

Im Reid's habe ich gelernt, dass, wenn solche Häuser heute funktionieren, es im Wesentlichen nicht nur an der Lage, der Architektur, der Ausstattung oder der Küche liegt, sondern an den Menschen, die dort arbeiten.

Daher bin ich sehr dankbar, dass ich die Gelegenheit bekam, mit den Mitarbeitern des Hotels Waldhaus in Sils Maria über ihre Arbeit in dieser berühmten Institution zu sprechen. Folgerichtig bilden die Gespräche mit diesen wunderbaren Menschen den Abschluss des Buches. Man kann die Leute vom Waldhaus kaum vorstellen, ohne sie auch optisch zu zeigen. Der junge Fotograf

Maximilian Van Poele fängt in seinen Porträts jeden und jede auf eine eigene, individuelle Weise ein. Und doch ergeben seine Fotos von den Personen und dem Ort, an dem sie arbeiten, ein Gesamtbild, das die Idee eines solchen Hotels sichtbar macht. Vor allem aber wird an seinen Fotos deutlich, wie stark die Magie eines Ortes auch von den Menschen abhängt. Diejenigen, denen wir da begegnet sind, haben uns tief beeindruckt und gezeigt, wie viel davon abhängt, was und wie Menschen etwas tun.

Inspiration

Vieles in diesem Buch wäre ohne die Anregungen, die ich anderen Büchern oder Filmen verdanke, nicht denkbar. Manchmal sind es Figuren oder Stimmungen, manchmal Konstellationen oder Dialoge, die ich benutze. Soweit mir diese Quellen bewusst sind, werden sie hier erwähnt, und zwar im Wesentlichen in der Reihenfolge der einzelnen Kapitel. Diese Bücher zu lesen, diese Filme zu sehen, diese Musik zu hören war mir ein Vergnügen, das ich gern an andere weitergebe.

Undine Gruenter, *Sommergäste in Trouville*

Durch diesen Erzählungsband bin ich überhaupt auf das Roches Noires aufmerksam geworden, und ohne das Roches Noires wäre wiederum die Leidenschaft für das Thema nicht erwacht.

Marcel Proust, *In Swanns Welt*

Ein Buch, das auf den ersten Blick alle Elemente, die einen Roman spannend machen, vermissen lässt. Prousts Sätze bilden jedoch in ihrer Vollkommenheit die Lebens- und Gedankenwelt seiner Zeit ab, die eben auch die Zeit der Entstehung der meisten Grandhotels ist.

J. L. Carr, *Ein Monat auf dem Lande*

Der Autor lässt in seinem kleinen Buch, das an einem fiktiven Ort in Yorkshire spielt, das Testament einer exzentrischen älteren Dame, Miss Hebron, als Ausgangspunkt für seine Handlung fungieren. In Carrs Buch ist sie bereits verstorben. Ich habe ihr noch ein wenig Leben gegönnt.

Simon & Garfunkel, *Scarborough Fair*

In diesem wunderschönen, hochmelancholischen Lied scheint alles auf, was Nordengland an herbstlicher Stimmung zu bieten hat.

James Ivory, *Zimmer mit Aussicht*

Die geschliffenen, exzentrischen Dialoge dieses Films (von den Bildern einmal ganz abgesehen) gehören in meiner Familie zum Kanon der Verständigung in bestimmten Situationen. Ivory versteht es in besonderer Weise, Dinge auszusprechen, ohne sie beim Namen zu nennen. Präzise Andeutungen genügen seinen Figuren. Dieser Regisseur und Drehbuchautor hat 2018 für sein neuestes Werk *Call Me by Your Name* als ältester Preisträger aller Zeiten den Oscar erhalten.

Charles Laughton

Für mich einer der bedeutendsten Schauspieler in der ersten Hälfte des 20. Jahrhunderts. Drei seiner Rollen möchte ich herausheben: der bucklige Glöckner von Notre-Dame in einer Verfilmung von William Dieterle aus dem Jahr 1939, der tyrannische Kapitän Bligh in der *Meuterei auf der Bounty* von 1935 und schließlich der Volkstribun in Stanley Kubricks *Spartacus* von 1960.

Rudyard Kipling, *Reisetagebücher*

In diesen Tagebüchern sind unendlich viele Informationen zur englischen Kolonialgeschichte zu entdecken. Was dieser kluge Autor uns außerdem über das Denken der gebildeten Schichten im Commonwealth erzählt, kann man in kaum einem anderen Text finden.

Jack London, *Lederstrumpf-Erzählungen*

Die Entdeckung des Wilden Westens erfolgte bei mir durch die Bücher Jack Londons. Er hat mein Bild davon bis heute geprägt.

William E. Glassley, *Eine wildere Zeit*

Der kanadische Geologe beschreibt in dem Buch zwar Grönland, aber seine genaue bildhafte Sprache kommt meinem Empfinden von Wildnis, wie ich sie in Kanada erlebt habe, sehr nahe.

Wilhelm Hauff, *Das kalte Herz*

Seitdem ich als Kind dieses Märchen gelesen hatte, war der Schwarzwald für mich eine mythische Landschaft und der Beruf des Glasbläsers mit dem Guten im Menschen verbunden. Die DEFA-Verfilmung von 1950 zählt für mich zu den schönsten Märchenfilmen aller Zeiten.

Joseph Roth, *Hiob*

Dieses Buch war im Niederländischen ein großer Erfolg und machte ihn in den Niederlanden und Belgien zu einem viel gelesenen Autor, als er bereits in Deutschland nicht mehr verlegt wurde.

Volker Weidermann, *Ostende*

In einer Melange aus guter Recherche und bildhafter Sprache vermittelt Weidermann ein Bild des Lebens der Exilanten in Oostende. Mit dem Wissen darum konnte ich Joseph Roth und Irmgard Keun auf eine sommerliche Terrasse am Strand von Oostende setzen.

William Boyd, *Ruhelos*

Wie es Boyd mit großem Realismus gelingt, den Beruf des Agenten darzustellen und in eine spannende Handlung zu packen, kann man in diesem Spionageroman nachlesen. Im Thermae Palace spielt eine der Szenen des Buches, was mir nur folgerichtig scheint. So habe ich noch eine weitere Szene seines Buches nach Oostende verlegt.

Federico Fellini, *Amarcord*

Bernardo Bertolucci, *1900*

Brüder Taviani, *Die Nacht von San Lorenzo*

Pier Paolo Pasolini, *Die 120 Tage von Sodom*

Mit den italienischen Inspirationen ist es nicht ganz so einfach, sie konkret zu benennen. Kennengelernt habe ich das Land über seine Filme und seine Literatur, bevor ich es selbst bereisen konnte.

Durch eine Ausstellung in Kempen bin ich auf das eigenwillige fotografische Werk Wilhelm von Gloedens aufmerksam geworden. In Taormina lebend, stellte er um die Jahrhundertwende hübsche Fischerknaben meist nackt in antikes Dekor und lichtete sie so ab. Selbst wenn man seine Vorlieben nicht teilt und wenn man bereit ist, die unfreiwillige Komik, die auch von manchen dieser Fotos ausgeht, zu akzeptieren, sind es fotografische Dokumente der Unbeschwertheit und Schönheit.

Fernando Pessoa, *Das Buch der Unruhe*

Mísia, *Pura Vida*

Wenn ich an Portugal denke, fallen mir unweigerlich diese zwei Namen ein.

Fernando Pessoas Sätze beleuchten die Wirklichkeit auf geheimnisvolle Weise. Seine Sprache klingt. So hat man immerzu das Bedürfnis, die Sätze laut vorzulesen. Wenn man sie dann noch im portugiesischen Original hört, ist es, als könnte die Sprache das Herz, auch ohne dass sich uns der Sinn unmittelbar erschließt, erreichen.

Die kraftvolle, verlorene Stimme der modernen Fadosängerin Mísia scheint über der schönen portugiesischen Landschaft zu liegen wie ein vor dem Schmerz schützender Teppich. Es klingt, als riefe sie nach etwas, wovon nur unser Herz weiß. Dem Verstand bleibt, wovon sie singt, unzugänglich.

Hans Christian Andersen, Märchen

Wie kein anderer Autor hat Andersen es verstanden, seinen Märchen einen ironischen und zeitkritischen Subtext unterzulegen, der sie in jedem Lesealter zum Vergnügen macht.

P. G. Wodehouse, *Jeeves and Wooster*

Hier empfehle ich neben den Romanen und Erzählungen vor allem die Serienverfilmung mit Hugh Laurie und Stephen Fry, die man an verregneten Wochenenden genießen kann.

Washington Irving, *Rip Van Winkle*

Eine meiner literarischen Lieblingsfiguren. Aus der Zeit fallen. Asynchronität prägt das gesamte Werk Washington Irvings, der, noch ein Autor der Alten Welt, die Erzähltradition der Neuen Welt begründet.

Danksagung

Es sind viele, denen ich für die Hilfe bei der Entstehung des Buches zu danken habe.

Als Erstes ist da mal Heike, meine Liebste, die mich in unendlicher Geduld ertragen hat, meine verschrobenen Sätze hinterfragt, zurechtgebogen und in Fragen der Orthografie beraten hat. Ihr habe ich zu verdanken, dass das Buch tatsächlich fertig geworden ist.

Claudia Berg, deren Zeichnungen das Buch mit einer weiteren Dimension versehen, ohne die es unvollständig wäre. Die Schönheit ihrer Arbeiten muss man nicht erklären.

Helmut Brade, sowohl Reisegefährte auf einer der Reisen als auch beratender Freund und Buchgestalter. Auf überraschende Weise hat er sogar noch einen Text beigesteuert.

Maximilian Van Poele, Freund, Reisegefährte und Fotograf, wie ich ihn mir nicht besser wünschen konnte. Seine Waldhaus-Fotos sind eine erst spät hinzugekommene, aber wichtige Ergänzung meiner Texte. Da warten noch weitere Reisen auf uns, mein Freund!

Urs Hunziker, der mir zu einem Zeitpunkt vertraut hat, als ich selbst noch nicht wusste, ob ich es schaffe. Er hat das Projekt immer mit der nötigen Zuversicht ausgestattet.

Urs Kienberger, der uns den Zugang zu den Leuten des Waldhauses verschafft hat.

Bart Wallaeys, der Direktor des Thermae Palace, der uns viele Fragen beantwortet hat.

Lilo, die mir die Kammer im Roches Noires für einige Tage überlassen hat. Einen besseren Ort zum Schreiben hätte ich kaum finden können.

Estella Hormes, mit der ich mich über ein Thema unterhalten habe, das es dann doch nicht ins Buch geschafft hat, deren bodenständige Lebensklugheit mir aber einen anderen unerwarteten Zugang eröffnet hat.

Ohne die Arbeit von Claudia Jürgens, meiner Lektorin, hätte der Leser es mit einem vermutlich verwirrenden Textdschungel zu tun, den sie klug und sanft gebändigt hat. Besser kann man das nicht machen.

Danke an alle – auch die, die ich aus Vergesslichkeit nicht genannt habe.

Herausgeber: Gerd Wagner
Lektorat: Claudia Jürgens, Berlin
Gestaltung: Helmut Brade und Andreas Richter
Schrift: Vendôme
Papier: Werkdruck Fly hochweiss, 115 g/m^2
Druck und Bindearbeiten: Kösel, Krugzell
Printed in Germany

Abbildungsnachweis:
Seite 76–87 Zeichnungen von Claudia Berg,
Seite 88, 96, 109, 125, 127 Fotos von Helmut Brade,
Seite 175–201 Fotos von Maximilian Van Poele,
alle anderen Abbildungen stammen aus dem
Privatarchiv des Autors

Der AT Verlag, AZ Fachverlage AG, wird vom
Bundesamt für Kultur mit einem Strukturbeitrag
für die Jahre 2016–2020 unterstützt.

www.editionzeitblende.de

ISBN 978-3-03800-023-5